晚唐齐梁诗风研究

张一南 著

北京大学出版社
PEKING UNIVERSITY PRESS

图书在版编目(CIP)数据

晚唐齐梁诗风研究 / 张一南著. —北京：北京大学出版社，2021.6
(博雅文学论丛)

ISBN 978-7-301-32199-7

Ⅰ. ①晚… Ⅱ. ①张… Ⅲ. ①古典诗歌—诗歌研究—中国—晚唐 ②古典诗歌—诗歌研究—中国—南朝时代 Ⅳ. ①I207.22

中国版本图书馆 CIP 数据核字(2021)第 094581 号

本书为国家社科青年基金项目“晚唐齐梁诗风研究”(14CZW022)研究成果

书　　名	晚唐齐梁诗风研究 WANTANG QI-LIANG SHIFENG YANJIU
著作责任者	张一南　著
责任编辑	张　晗　郑子欣
标准书号	ISBN 978-7-301-32199-7
出版发行	北京大学出版社
地　　址	北京市海淀区成府路 205 号　100871
网　　址	http://www.pku.cn　　新浪微博：@北京大学出版社
电子信箱	pkuwsz@126.com
电　　话	邮购部 010-62752015　发行部 010-62750672 编辑部 010-62752022
印 刷 者	三河市北燕印装有限公司
经 销 者	新华书店 965 毫米×1300 毫米　16 开本　34.75 印张　519 千字 2021 年 6 月第 1 版　2021 年 6 月第 1 次印刷
定　　价	98.00 元

序

钱志熙

张一南博士的《晚唐齐梁诗风研究》要出版了,邀我写一篇小序。2011 年夏天,一南以与此书同题的论文在北大获得博士学位后,就职于中国社会科学院文学所。2016 年调回北大工作。她的博士论文对晚唐齐梁体的梳理,着重于体制与艺术表现的手法,如三韵诗的研究,晚唐齐梁体比喻模式的研究。三韵诗的研究,受到夏承焘先生观点的启发,而比喻模式的提法,又受到日本学者川合康三的启发。有些地方,如晚唐生命观与齐梁体创作,晚唐齐梁体对赋题传统的继承,受到我的影响。可见她是能转益多师,并且可以后出转精的。前人语焉未详,推究未精处,她的发展很不少。博士论文中关于比喻模式的部分,修改后以《汉唐诗歌中两种比喻模式的交替演进》为题发表于《文学遗产》,深受陶文鹏先生的赞赏。

这本专著虽然与博士学位论文同题,但改动很大。博士学位论文中后来发表过的部分,在这本书中都不再收入。她这个态度是认真的,但这也就意味着论文的主体部分,要重新地发凡起例。如果说博士论文尚多局限在点,更多体现作者的悟性;本书对晚唐齐梁体的研究,则已从点推到面,并且采用了时下学术界更属主流的实证式的研究方法。她的工作径路,首先是考察古人诗话及近人研究两方面关于晚唐齐梁诗风的论述,大略相当于晚唐齐梁诗风的研究史梳理。研究史上对晚唐齐梁体的把握,在不同的时期,不同的诗学流派与研究模式中,无论是内涵还是关键词,都是很不一样的。比如齐梁格诗、齐梁体、齐梁诗风,这样三个概念,内涵的确很不一样。从诗歌的发展史的整体把握来讲,齐梁诗风是一个比较准确的概念,本书中也选择了“齐梁诗风”这个概念。又如宫体、艳体、女色诗、玉台诗,这些概念也是前人分别使用过的,其实都侧重于齐梁陈隋至初唐诗风中的绮艳特点,亦即《周书·王褒庾信传论》中所说的“轻险”“淫放”之风。当然两个概念也不能只从其表现对象涉及女性(偏向于情色)主题来理解,就是古人所说的“淫放”两字,不仅是一种情色的文学趣味,也包括反映在音乐风格上的过度华艳与写作作风上的过度修辞这样的因素在内。本于这样的考虑,本书处理晚唐齐梁诗风,主要使用了“宫体”这个概念,并将其作为一个中性的概念来处理,并不特别地寓含贬义。我认为这也是比较可取的。当然,对于齐梁体、齐梁诗风与宫体之间究竟是什么关系,还有深入研究的必要。

本书研究晚唐时期的齐梁体,是从五代后蜀韦縠《才调集》入手的。在唐诗历史业已完成的时候,韦氏这个选本,正如其书名“才调”二字所标榜,选录的标准与此前提倡复古、讽喻的各派的确有所不同,更重视艺术本身,所谓“韵高而桂魄争光,词丽而春色斗美”(韦縠《才调集》序),即体现作者的这种倾向,从体裁来讲,也是以唐人称为“今体”的近体及流丽歌行为主的。虽然不能说《才调集》即是晚唐齐梁诗风流行的产物,但其中的确反映了晚唐齐梁诗风流行的一部分事实。本书依据《才调集》来归纳比较典型的晚唐齐梁体,其思路是可取的。作者认为:“《才调集》提供了晚唐人意识中齐梁诗风的样本,从形式、功能、风格偏好等方面为‘晚唐齐梁诗风’的界定提供了完整的框架。本书对晚唐齐梁诗风的论述,即大体在这一框架下进行。”其后的第二章是从诗人群体方面来建构的,作者以“晚唐齐梁诗风的先声”、典型的齐梁体诗人、齐梁诗风的边缘诗人三种标准来归类齐梁诗风流风之中的作者群,用近乎实证的方法,从诗人方面勾勒晚唐齐梁体流行的事实。对晚唐齐梁诗风的整体性的呈现,终究要落实在具体的文体与文本上面,本书的第三、四章即处理这样的问题。本书作者认为,存在典型的齐梁体与非典型的齐梁体,它们在齐梁格诗、拟乐府及五言古诗、五七言律绝中都有体现。

综观本书的作法,是侧重于选集及诗人群、文体与文本这几个方面来处理晚唐齐梁诗风问题的。相比博士论文的论题式处理方法,这本正式出版的《晚唐齐梁诗风研究》更趋于实证、归纳。但是作者最为优长之处仍在于诗体把握与文本分析,即她运用自己在诗学方面的修养,比较准确,或者说比较明确地描述出晚唐齐梁体的一些特征。对于普通读者来说,全书易读之处,也在于作者从齐梁体的角度对大量中晚唐作品进行的鉴赏性艺术分析。如第三章第三节,论温李五律中表现女性主题的齐梁体写法时,举李商隐《无题四首》其三"楼响将登怯,帘烘欲过难"两句诗说:"并没有出现女性形象的描写,而只描写了奢华的物象:绣楼、垂帘。然后在'楼'上加一'响'字,暗示女主人公脚下的高屐;在'帘'上加一'烘'字,暗示居室内的暖香。"像这样的精彩分析,书中比比皆是。又如第三章"典型齐梁诗体的使用"中对于齐梁体咏物特征的归纳。作者在对谢朓《灯》《烛》《席》《镜台》《落梅》的分析中指出,齐梁艳体性质的咏物诗,特点是映带女色,但有些所咏之物本是女性意象而自然体现女色因素,还有些本非女性意象,通过一些勾连让意象指向女性内容。这样的归纳也是有价值的。作者的长处,不仅在对诗歌艺术具有较好的把握能力,更在善于归纳、总结一些具体艺术表现方式。希望作者在不断地积累诗学与艺术修养的同时,将这种归纳、总结、揭示的特长保持住,并向更纯精的境地发展。或许这也应该是新一代"说诗人"(借用叶嘉莹的说法)的一个努力方向。传统的批评方式在于审美判断,其特点是运用传统诗学范畴来评论,重于鉴照与真赏。但这种传统方法在现代的学术环境中也遭遇了困境。前辈学者如钱锺书、叶嘉莹等家,在古典诗歌的艺术分析方面都有探索,希望新一代的"说诗人"能在融汇古今的基础上,在古典诗歌的艺术分析、艺术研究方面有所发展。但前提是要谙熟中国古代的诗学传统,并且在文体与文本方面,不仅有广泛深入的阅读,而且有所实践,才有可能较好地完成这一学术任务。

唐诗与齐梁体的关系应该是一个整体,但在各段又各有其特点。从诗史传统(包括丰富的诗体、诗风、诗语等具体方面的传统)来说,诗骚之外,有三大渊源,分别是中古诗中的汉魏、晋宋、齐梁三段,唐人对于这三段诗风的区别是有体会的,甚至可以说是比较明确的。所以从接受史的角度来说,唐诗的整个发展进程,就体现为对上述三段诗风的取舍,当然也包含三者之间的融摄。初唐诗风的基本特点就是沿承齐梁诗风,这一点古今诗史家论述甚多,但如以现代的诗歌史研究方法来全面地阐述,应该说仍有很多空白点。初盛唐诗学的另一发展趋势,无疑是复汉魏之古的诗学思想与方法。此一方法于初唐发轫,至盛唐完成,而唐诗的典范风格也因此而建立。揆其要点,就是自然、性情、风骨、兴寄等美学原则的实现。这也是中国传统诗学中被视为主流与典范的盛唐派的基本内涵。其中的复变之迹,需要深入研究的地方仍有不少。中晚唐齐梁体重新流行,就是相对于初盛唐以复古为主要内涵的诗风而言。正如古人指出的那样,唐人之古体乃唐之古体,非汉魏晋之古体;同样,中晚唐的齐梁体,也是中晚唐之齐梁体,非齐梁人之齐梁体。还有一点,初盛唐复汉魏之古,有一种明确的主张;与之相比,中晚唐齐梁诗风虽流行,却未有明确的主张。即以浸染齐梁体最深的温庭筠、李商隐及吴融、韩偓等人而言,也没有多少明确的主张,至少没有像陈子昂、李白那样大力标榜复古。中唐皎然《诗式》是推崇齐梁的,但《诗式》也并不否定汉魏,只是对学汉魏的陈子昂有所贬低。这大概算是中晚唐齐梁体的一个理论表述了。为什么初盛唐复汉魏之古与中晚唐重新学习齐梁体这两种相对的作风,在实践与理论上的表现会有上述的差别呢?我认为这也是一个值得研究的问题。

齐梁体或齐梁诗风,的确是很复杂、多层次的问题,古今人因此有不同的把握。但我想,把握齐梁体,仍要与汉魏体相对来处理。同样,把握唐人的学齐梁体,也要与唐人的学汉魏体相对来处理。从语言的表现来看,汉魏体是倾向于自然地、更多地体现诗歌的音乐特性的一种语言艺术;齐梁体的最大特点是人工藻饰,包括对汉魏晋宋语料的采用。它是更加案头化的诗,也带有近于雕绘的特点。这其中的一部分原因,是诗歌艺术发展的必然,另一部分则是社会生活与意识的影响。还有,盛唐复汉魏之古重在性情的自然表现,中晚唐的齐梁体则将精力更多地放在藻饰上。但中晚唐诗人没有扬弃初盛唐诗复古的实绩,他们主要还是继承初盛唐的艺术传统的。只在局部,如一些需要极力发挥人工藻饰的写作对象上,或者一些特殊的趣味上,如女性主题,重新学习齐梁诗的艺术方法。这也是盛唐风骨气象盛极而难以为继的一种变化。当然,社会生活及文化方面的原因也是不可忽略的。

总之,唐诗中齐梁体是一个大问题。张一南的这部专著解决了晚唐一段的不少问题,尤其是建立了一个把握晚唐齐梁诗风的框架。这是很有意义的。循此以往,作者以及其他的研究者,可以对唐诗中的齐梁体问题展开进一步的研究。

庚子年七月十二日草于京北龙泽

目 录

绪 论

在传统诗话中,“晚唐体”存在两种形象。一种形象是颇具写实精神,但格局却难免窄小卑下;另一种形象则富于优美的意象,却失之绮艳柔弱,多涉艳情。事实上,这两种形象指向的是不同的诗歌流派。前者多与元和诗坛的某一流派呈现出相似性,较为明显地表现出师法元和诗人的痕迹,或近于韩孟的奇崛险怪,或近于元白的朴实忧时,或近于姚贾的幽冷苦涩。对于这样的诗风,历代诗话和当代的研究都给予了很多的关注和较高的评价。

然而,在这些诗风之外,仍然存在着一种侧艳的诗风,这种诗风以李商隐、温庭筠、韩偓等人为代表,与前一种诗风形成了鲜明的对比。相形之下,对于晚唐的侧艳之体,诗学家往往并不肯花费大量的篇幅来描述,更不肯给予太多的赞美。这些侧艳之诗,连同它们的作者,都受到了有意无意的冷落。即使是像李商隐这样取得了杰出艺术成就的诗人,人们在谈到他的艳体创作时,如果不能讨论其中的兴寄,就往往尽量一笔带过,很少深入分析。

尽管如此,侧艳的诗风毕竟在人们心目中很大程度地代表了晚唐诗坛的形象,作为诗歌史上的客观存在,显示出独特的艺术价值和诗学意义,故本书将这一诗风作为研究的对象。

晚唐的侧艳诗风又经常被与“齐梁”联系起来。这种联系的建立,当主要是着眼于题材、意象等较为表象的因素,从这些因素来看,这二者之间的确不无近似之处。然而,如果从审美意识、句法等更深入的层次研究,就会发现,齐梁与晚唐这两个时代的艳诗之间既存在一定的联系,也存在深刻的差异。后者对前者的回归，是建立在吸收了有唐一代的很多技巧、风格的基础上的。本书所谓“晚唐齐梁诗风”一词，用以指称写作艳丽诗作并在主观上认为——或在客观上被认为——学习齐梁的一种晚唐诗风，即本书的关注对象。这种诗风可以体现为某位诗人的主要风格，也可以体现为一首偶然之作呈现的风格；可以体现为形式、技巧与内容对齐梁全方位的模拟，也可以体现为某一方面带有齐梁因素而与非齐梁因素的其他方面结合；可以在横向上与晚唐的其他诗风并置，也可以在纵向上与唐宋其他时代的齐梁诗风勾连。

在古代诗话中，尽管很少有人对晚唐齐梁诗风与齐梁风格的内在关系做出阐释，但将晚唐与齐梁两个时代的侧艳诗风归为一类者仍复不少；二十世纪以来，特别是新时期以来，随着人们以日益理性的态度看待文学遗产，随着学术禁区的打破与学科体系的完善，齐梁诗风本身得到了较好的研究，唐代各个时期对齐梁诗风的继承情况也得到了较为系统的叙述；在漫长的诗学史上，出现了不少有关晚唐齐梁诗风的名词，这些概念互相交叉重合，本书为行文方便起见，也须对这些概念做一人为的厘清。在展开正式的研究之前，本章先就以上三个方面进行陈述。

第一节　前人诗话对晚唐齐梁诗风的指认

在古人的叙述中，已经存有不少将晚唐某类作品与齐梁诗歌归为一类的说法。这种看法已经成为一种共识，一种传统的叙述。本节无意于穷尽这些说法，仅在此举出其中影响最大的一部分。

生活在晚唐五代的人们对自己的时代存在着齐梁体创作这一事实是有所察觉的。诗人们喜欢在诗题中标注“拟齐梁体”的字样。开成君臣也对元和诗风有所反思，在科举考试中鼓励超越元和而复盛唐之古，甚至要求在科举考试中“诗则依齐梁体格”①。在五代人韦縠编选的《才调集》

① ［宋］计有功：《唐诗纪事》卷五二，上海：上海古籍出版社，2008 年，第 788 页。

中,便专门有“齐梁体”之目,且将晚唐诗人温庭筠标举为代表。《才调集》的自序也有模拟《玉台新咏》自序的痕迹[①]。

尽管如此,宋人却对晚唐的齐梁体很少提及。宋人对齐梁和晚唐多有抨击,却很少将二者联系在一起。这可能与韩愈对齐梁的批判有关。尽管唐人从未终止过对南朝这一与自己相去不远而又表现得不甚成功的前朝加以批判,但韩愈对齐梁的批判即使在唐人中也显得格外不遗余力,他曾在《荐士》诗中激烈地写道:“齐梁及陈隋,众作等蝉噪。”遵奉韩愈的宋人对此语印象极为深刻。大概正是因此,很多宋人认为,初唐是直接继承齐梁的,而在韩愈“振起”之后,晚唐已不再存在齐梁体。在宋人心目中,“晚唐”往往意味着幽冷清瘦的姚贾体,或自白体演化出来的平淡疏野的闲适诗。

北宋范温在《潜溪诗眼》中论及:

> 上自齐梁诸公,下至刘梦得、温飞卿辈,往往以绮丽风花累其正气,其过在于理不胜而词有余也。[②]

这是很明显地将齐梁与晚唐联系在一起的说法。但遗憾的是,这只是《竹庄诗话》的引文,而《草堂诗话》的引文恰无“温飞卿”三字,故尚不足以证明时人已将晚唐和齐梁联系在了一起。

北宋张戒又曾在《岁寒堂诗话》中论及:

> 六朝颜、鲍、徐、庾,唐李义山,国朝黄鲁直,乃邪思之尤者。[③]

将一些六朝诗人与李商隐、黄庭坚放在一起批判。在这些诗人中,鲍照、

① 参见[后蜀]韦縠编《才调集》,傅璇琮、陈尚君、徐俊编《唐人选唐诗新编》(增订本),北京:中华书局,2014 年。

② 郭绍虞辑《宋诗话辑佚》,北京:中华书局,1980 年,第 326 页。

③ [宋]张戒:《岁寒堂诗话》卷上,北京:中华书局,1985 年,第 14 页。

徐庾和李商隐长于艳体，而颜延之和黄庭坚不长于艳体，因此这一批评并非就香艳题材而发，而晚唐其他诗人也尚未被提及。从诗人评价的角度看，张戒的这种说法或许道出了这些诗人注重技巧的共同本质，但这种批评显然并非着眼于某一流派的特性，或几种流派之间的相似性，因此，仍然不能看作对晚唐齐梁诗风的描述。

又洪迈在《容斋诗话》中提到：

> 自齐、梁以来，诗人作乐府《子夜四时歌》之类，每以前句比兴引喻，而后句实言以证之。至唐张祜、李商隐、温庭筠、陆龟蒙，亦多此体。①

从具体文体的角度，指出了晚唐诗人对齐梁文人拟乐府的学习，但仍未从整体诗风的角度来考察齐梁诗风对晚唐的影响。

南宋严羽的《沧浪诗话》明确从诗体的高度，将晚唐的侧艳诗体与齐梁的诗体联系起来。《沧浪诗话·诗体》将选体、柏梁体、玉台体、西昆体、香奁体、宫体并列在一起，其中，玉台体和宫体都属齐梁体，而西昆体下注"即李商隐体，然兼温庭筠及本朝杨刘诸公而名之也"，香奁体下注"即韩偓之诗，皆裾裙脂粉之语，有《香奁集》"②（按，此语有误，冯班《严氏纠谬》已辩之），则西昆体和香奁体是指晚唐的诗体。在这里，严氏虽是以罗列为主，评释很少，但他已明显将齐梁体与晚唐齐梁体混杂排列，视为一类。又南宋刘克庄有《鹧鸪天·戏题周登乐府》，起首有"诗变齐梁体已浇，香奁新制出唐朝"之语，亦是将齐梁与香奁并称。但总的来说，这种后世习见的提法在宋代还是很少见的。

到了元代，将齐梁与晚唐并称已成为常见的说法。如吴复在《铁崖古

---

① ［宋］洪迈著，孔凡礼点校：《容斋随笔》三笔卷一六，北京：中华书局，2005年，第625页。

② 参见［宋］严羽：《沧浪诗话·诗体》，［清］何文焕辑《历代诗话》，北京：中华书局，2004年，第690页。

乐府》序中说：

然则求诗于删后者，既得其情性，而离去齐梁、晚唐、季宋之格者，君子谓之得诗人之古，可也。①

元人将晚唐与齐梁并称之时，也并非都有贬抑之意，如杨维桢本人的《冶春口号·寄昆山袁郭吕三才士》即称颂对方曰：

南朝宫体袁才子，更说西昆郭孝廉。自是玉台新句好，风流无复数香奁。②

到了明清，关于晚唐齐梁诗风的讨论开始多了起来。明代杨慎指出：

李义山、杜牧之学杜甫，温庭筠、权德舆学六朝。③

明确提出了“学”的概念，而非将二者简单归为相似。杨慎将温李拆分开来，以为一学杜甫，一学六朝，看到了温李之间的差异。何良俊《四友斋丛说》亦指出温李学六朝：

齐梁体自盛唐一变之后，不复有为之者。至温、李出，始复追之。④

---

① [元]吴复：《铁崖古乐府原序》，[元]杨维桢：《铁崖古乐府》，明成化刊本。

② 同上书，卷一〇。

③ [明]杨慎著，王仲镛笺证：《升庵诗话笺证》卷四，上海：上海古籍出版社，1987年，第123页。

④ [明]何良俊著，李剑雄校点：《四友斋丛说》卷二五，上海：上海古籍出版社，2012年，第166页。

并列举了温李效法齐梁的诗作，称赞其“此作杂之《玉台新咏》中，夫孰有能辨之者”，标举其与齐梁诗歌相似的程度。何氏所列的作品，大多确为温李直接模拟齐梁的作品。

许学夷《诗源辩体》指出：

> 庭筠五言律，有六朝体，酷相类。①

明确从“体”的角度指出晚唐诗人对六朝的学习。且从温庭筠的实际创作来看，此“六朝”，当不是指晋宋，而是指齐梁。

陆时雍在论及温李的艳丽风格时指出：

> 凡诗以雅始，以丽终，丽即敝败随之。陈、梁其前鉴也。②

不仅仅着眼于晚唐是否学习齐梁，更关心晚唐与齐梁的相似性，试图探讨这一相似性背后体现出的诗歌发展规律。

钱龙惕有《玉溪生诗笺》，又曾称赞李义山曰：

> 义山《无题》诸什，掇宫体、《玉台》之菁英，加以声势律切，令读者咀吟不倦，诚千古之绝调也。③

亦认为李商隐学齐梁之精华。

冯班《钝吟杂录》卷三《正俗》，系统阐述了齐梁体在唐代的地位，又

---

① ［明］许学夷著，杜维沫校点：《诗源辩体》卷三〇，北京：人民文学出版社，1987年，第291页。

② 《唐诗镜》卷四九，［明］陆时雍著，任文京、赵东岚点校：《诗镜》，保定：河北大学出版社，2010年，第1137页。

③ ［明］钱龙惕：《大究集》，《清代诗文集汇编》第三三册，上海：上海古籍出版社，2010年，第482页。

在卷五《严氏纠谬》中辨析了“齐梁体”这一概念。这些成为我们研究晚唐齐梁体的重要依据。同时,冯班也是较早地注意到声律意义上的“齐梁体”在篇制上介乎古律之间的特点,并从这个角度展开论述的诗学家。冯班另有多处论温李学齐梁、似齐梁的言论,散见于《钝吟杂录》《钝吟文稿》中。钱良择《唐音审体》采冯班之说,并取初唐诸家、白居易和温李作为齐梁体的代表。程梦星在《重订李义山诗集笺注凡例》中也说,李商隐“转益多师”,“有学齐梁者”。赵执信从声律角度研究齐梁体,其成果见于《谈龙录》和《声调谱》。

又钱良择在评论李商隐《南朝》(玄武湖中)一诗时指出:

> 罗列故实,其意盖本《玉台》艳体作咏史诗也。义山创此格,遂为西昆诸公之祖。①

咏史诗并非香艳题材,此诗为七律,亦非齐梁本有的体裁。但钱良择认为,这样的作品是与齐梁体存在渊源的,因为这样的诗是“艳体作咏史”,亦即以齐梁的辞藻、笔法写齐梁故事,实际上带有代齐梁人写齐梁事的性质。齐梁人以艳体写当时之事,则与《玉台新咏》之体有了相近之处。因此,这种作品虽不是齐梁曾有之体,却不妨为晚唐人想象中的齐梁之体。故此体为李商隐所开创,而为宋代的西昆体所效仿。事实上,在西昆体之前,晚唐的诗人,如温庭筠、唐彦谦等,亦多有此体。钱良择将艳体咏史作为晚唐齐梁体之一格,是有其独到见解的。

何焯在《义门读书记》中指出,李商隐《小园独酌》与《小桃园》“皆是宫体”②。何焯所称的两诗分别为:

> 柳带谁能结,花房未肯开。空余双蝶舞,竟绝一人来。半展龙须

① [清]钱良择:《唐音审体》卷一六,上海:上海医学书局,1927年。

② [清]何焯:《义门读书记》卷五八,上海:上海古籍出版社,1992年,影印本。

席，轻斟玛瑙杯。年年春不定，虚信岁前梅。（《小园独酌》）

竟日小桃园，休寒亦未暄。坐莺当酒重，送客出墙繁。啼久艳粉薄，舞多香雪翻。犹怜未圆月，先出照黄昏。（《小桃园》）①

这两首诗均为五律，刻画工细，多涉香艳意象，故何焯直称其为“宫体”，认为其为标准的齐梁体。这种说法是符合晚唐齐梁诗风的实际创作情况的。何焯同样注意到了李商隐七言诗受到齐梁影响之处，如其评李商隐《人日即事》云：

齐梁中本有此体，今变为七言耳。②

《人日即事》原诗为：

文王喻复今朝是，子晋吹笙此日同。舜格有苗旬太远，周称流火月难穷。镂金作胜传荆俗，翦彩为人起晋风。独想道衡诗思苦，离家恨得二年中。

此诗为七律，非齐梁时所有的体裁。但在写作对象上，本诗着眼于“人日即事”这样的题目，近于齐梁风气，仍显示出齐梁的影响。晚唐诗人在使用与齐梁相去较远的题材创作时，所受到的齐梁诗风的影响，也是应当引起充分注意的。

纪昀论及温李与齐梁关系之处甚多。如《删正二冯评阅〈才调集〉》定义齐梁体曰：

---

① 《全唐诗》（增订本），北京：中华书局，1999年。本章所引唐诗，均据该版本，以下不再出注。

② 《义门读书记》卷五八。

> 齐,即所谓"永明体";梁,即所谓"宫体"。后人总谓之齐梁体。……喜作艳词而乏风旨。①

此论作为"齐梁体"的定义,至为简明。"永明体"和"宫体"着眼于齐梁体的声律篇制,"喜作艳词而乏风旨"则着眼于齐梁体的诗学特质。纪氏之论齐梁,往往能兼顾篇制特征和艺术特征,较为公允详尽。其《删正二冯评阅〈才调集〉》《玉溪生诗说》《瀛奎律髓刊误》《四库全书总目提要》等著作,对晚唐与齐梁的关系往往有精当论述。

第二节 晚唐齐梁诗风研究文献综述

唐末五代至宋元的诗学家对唐诗的收集整理,为我们研究晚唐齐梁诗风的诗体结构、系联主要作家提供了方向和线索。后蜀韦縠的《才调集》虽然并非晚唐齐梁诗风的专门选本,但其欣赏品味却是明显倾向于齐梁诗风的。《才调集》中并非所有作品都属典型的晚唐齐梁诗风产物,但晚唐齐梁诗风代表性的作家作品却大多见于《才调集》。《才调集》为我们考察晚唐人心目中的齐梁诗风及其重要作家提供了很好的样本。根据《才调集》,我们可以大致勾勒出晚唐齐梁诗风所涉及的体裁和题材,认识晚唐齐梁诗风的主要作家及其认可的前代资源。《才调集》可以视为最早选录晚唐齐梁诗风的选本,为今天的晚唐齐梁诗风研究提供了便利。清人冯班、纪昀对《才调集》的研究,实际也是对晚唐齐梁诗风的研究。宋人计有功所撰《唐诗纪事》记录唐代诗人的生平事迹及作品,其中不乏与晚唐齐梁诗风有关的作家作品。元人辛文房所撰《唐才子传》则比《唐诗纪事》范围更广,叙事更详。这两本著作也为晚唐齐梁诗风的研究提供了重要线索。

在20世纪前半叶,齐梁诗风的研究受到的重视不足。新时期以来,

---

① [清]纪昀:《删正二冯评阅〈才调集〉》,镜烟堂版。

关于齐梁时代诗歌风格本身,以及唐代各期吸收齐梁诗风状况的研究日趋完善,几乎已经形成了一个系列。其中,初唐的研究最为完善,中唐次之,盛唐再次,中唐后期与唐末五代之间的衔接比较薄弱,本书的研究亦可视为对这一薄弱环节的补充。在此,本节对这一研究系列的重要论著做一梳理。

齐梁诗歌的研究已经比较充分,与本书有关的部分主要是最典型的齐梁诗,即宫体诗,包括艳情诗、咏物诗、赋题诗等。齐梁宫体诗的研究指明了齐梁诗风的基本特征,为唐代齐梁诗风的研究提供了范式。

闻一多的《宫体诗的自赎》[①]是较早的以宫体诗为主要研究对象的论文。文中划定宫体诗的时间界限为"谢朓已死,陈子昂未生之间一段时期",在题材层面讨论到女色诗和咏物诗,在体裁层面论及五言律体与七言歌行体,基本划定了宫体诗的范围。王瑶《隶事·声律·宫体——论齐梁诗》[②]一文,将南朝文学分为南朝初期(刘宋)、永明、梁陈三个阶段,分别以隶事、声律、宫体来概括这三个时期的主要特征,进一步明确了宫体诗的时间范围,限定了讨论的主要范围。罗宗强在《魏晋南北朝文学思想史》[③]一书中指出,宫体诗具有重娱乐、尚写实的特点,追求写作技巧,揭示了宫体诗女色外衣下更为深刻的本质。

进入新时期后,关于齐梁诗歌的一般性讨论而涉及宫体作家者,有胡国瑞《魏晋南北朝文学史》[④],葛晓音《八代诗史》[⑤]。另外,葛晓音《论齐梁文人革新晋宋诗风的功绩》[⑥],论述了齐梁对晋宋诗风的变革,指出了齐梁诗歌在日常化、声律化、技巧化方面的特点,并指出了齐梁诗风对形象的重视,提高了对齐梁诗歌的评价。

---

① 闻一多:《闻一多全集》第六册,武汉:湖北人民出版社,2004年,第18—28页。

② 王瑶:《中古文学史论集》,上海:古典文学出版社,1956年。

③ 罗宗强:《魏晋南北朝文学思想史》,北京:中华书局,1996年。

④ 胡国瑞:《魏晋南北朝文学史》,上海:上海文艺出版社,1980年。

⑤ 葛晓音:《八代诗史》,西安:陕西人民出版社,1989年。

⑥ 葛晓音:《论齐梁文人革新晋宋诗风的功绩》,《北京大学学报》,1985年第3期。

宫体诗方面,新时期的学者有大量讨论。胡大雷《宫体诗研究》[①]梳理了先秦至初唐宫体诗的源流,深入阐述宫体诗的结构主题、抒情方式与风格特征,力图揭示这一文学现象与梁陈时期文学集团、文学理论发展的内在联系。归青《南朝宫体诗研究》[②]以齐梁为中心,考察南朝的宫体诗,针对宫体界说、宫体背景、宫体诗学观及其物质论、分期论等问题,进行了全面深入的探讨,并重新考订了萧纲的年谱、佚诗及僚属等重要参考资料。两本著作界定了宫体诗的范围和艺术特色,为本书识别唐代典型齐梁风格作品提供了依据。傅刚《魏晋南北朝诗歌史论》[③]中分析宫体诗对女性形象的描写,也可作为分析晚唐齐梁诗风下女性形象描写的参照。

论文方面,阎采平《梁陈边塞乐府论》[④]较早地提到了南朝存在大量边塞题材乐府的现象。曹旭《论宫体诗的审美意识新变》[⑤]介绍了宫体诗的题材、体物方法和情绪特点,探讨了宫体诗审美意识新变的原因和意义,并认为宫体诗是建安与盛唐之间不可或缺的一环,对其给予了一定肯定。吴云、董志广《梁代宫体诗新论》[⑥]较为全面地介绍了梁代宫体诗。傅刚《永明文学至宫体文学的嬗变与梁代前期文学状态》[⑦]讨论了早期宫体诗的嬗变过程。钱志熙《齐梁拟乐府诗赋题法初探——兼论乐府诗写作方法之流变》[⑧]研究齐梁时期拟乐府诗“赋题法”的产生,将“赋题”的概念引入了齐梁诗歌研究,厘清了宫体诗、齐梁边塞诗与齐梁拟乐府之间的关系,拓展了齐梁诗歌的研究视野,并指出其对唐代拟乐府诗创作的深

---

① 胡大雷:《宫体诗研究》,北京:商务印书馆,2004年。

② 归青:《南朝宫体诗研究》,上海:上海古籍出版社,2006年。

③ 傅刚:《魏晋南北朝诗歌史论》,长春:吉林教育出版社,1995年。

④ 阎采平:《梁陈边塞乐府论》,《文学遗产》,1988年第6期。

⑤ 曹旭:《论宫体诗的审美意识新变》,《文学遗产》,1988年第6期。

⑥ 吴云、董志广:《梁代宫体诗新论》,《文学遗产》,1990年第4期。

⑦ 傅刚:《永明文学至宫体文学的嬗变与梁代前期文学状态》,《社会科学战线》,1997年第3期。

⑧ 钱志熙:《齐梁拟乐府诗赋题法初探——兼论乐府诗写作方法之流变》,《北京大学学报》,1995年第4期。

远影响。又其《表现与再现的消长互补——中国诗歌发展史上的一种规律》[①]一文指出："写作方法上的再现诗美观，是在南朝时期才真正确立起来。这也是南朝诗歌对诗史发展的最大的贡献。"胡大雷《试论南朝宫体诗的历程》[②]较为系统地梳理了宫体诗及其美学特征在南朝发生、发展和演化的过程，以及在各代的表现形态，与其体现出的内在情感矛盾，较为全面地揭示了宫体诗的艺术特点。钱志熙《谈谈宫体诗》[③]指出宫体诗以形式化和唯美化为主要特征，并指出宫体诗与温庭筠词存在相似性。傅刚《宫体诗论》[④]讨论了宫体诗与永明体的关系，从题材与形式两个方面阐述了宫体诗的特异性。归青《论体物潮流对宫体诗成形的影响——宫体诗渊源论之一》[⑤]讨论了体物与宫体诗的关系。又其《宫体界说辨——兼论宫体诗的类型》[⑥]将宫体诗划分为三种类型，划分的标准实际是体物与缘情的程度不同，这种划分对唐代齐梁诗风的研究也有启发。

在齐梁诗的形式特点方面，特别是其对五律形式的贡献，新时期也展开了探讨。吴小平《论五言八句式诗的形成》[⑦]《论五言律诗的形成》[⑧]两篇论文从形式的角度讨论齐梁诗，指出了宫体诗对五律形成的贡献。又其《论"齐梁体"及其与五言声律形式的关系》[⑨]将"齐梁体"的概念引入了五律形式的讨论。邝健行《吴体与齐梁体》[⑩]开始注意到存在于唐代的

---

① 钱志熙：《表现与再现的消长互补——中国诗歌发展史上的一种规律》，《文学遗产》，1996年第1期。

② 胡大雷：《试论南朝宫体诗的历程》，《文学评论》，1998年第4期。

③ 钱志熙：《谈谈宫体诗》，《文史知识》，2003年第3期。

④ 傅刚：《宫体诗论》，《中国典籍与文化》，2004年第1期。

⑤ 归青：《论体物潮流对宫体诗成形的影响——宫体诗渊源论之一》，《上海大学学报》，2004年第4期。

⑥ 归青：《宫体界说辨——兼论宫体诗的类型》，《华东师范大学学报》，2000年第6期。

⑦ 吴小平：《论五言八句式诗的形成》，《文学遗产》，1985年第2期。

⑧ 吴小平：《论五言律诗的形成》，《文学遗产》，1987年第6期。

⑨ 吴小平：《论"齐梁体"及其与五言声律形式的关系》，《辽宁大学学报》，1987年第2期。

⑩ 邝健行：《吴体与齐梁体》，《唐代文学研究》第五辑，桂林：广西师范大学出版社，1994年。

介乎古律之间的诗体,较早从形式角度讨论唐代的"齐梁体"。

咏物诗也是齐梁诗风的重要组成部分,有不少论著专门讨论齐梁宫体咏物诗,其中一些已经涉及齐梁咏物诗与晚唐咏物诗之间的呼应关系。赵红菊《南朝咏物诗研究》①,对南朝宫体诗中的咏物诗做了专门研究。赵红菊的论文《论南朝咏物诗对唐代咏物诗的影响》②更是涉及唐代咏物诗对南朝宫体咏物诗的接受,其中有关晚唐的部分对本书关于晚唐齐梁体咏物诗的论述有所启迪。又其《南朝咏物诗对促进五言诗律化的意义》③将"咏物"与"律化"两个齐梁体的因素结合起来讨论,亦与本书相关。其《"体物"诗学观与南朝咏物诗的兴盛》④则与本书讨论的体物问题相关。兰甲云《简论唐代咏物诗发展轨迹》⑤专论唐代咏物诗发展轨迹,对晚唐咏物诗的体物艺术有所论述,亦可与南朝宫体诗中的咏物诗相比对。

初唐对齐梁诗风的继承方面,主要专著有杜晓勤《齐梁诗歌向盛唐诗歌的嬗变》⑥。该书从声律和风骨两个角度,深入研究了齐梁诗歌向盛唐诗歌嬗变的轨迹。"上编"对齐梁至初唐时期新体诗声律发展情况进行全面分析和考察,钩稽出不少为人所忽视的五言律体形成过程中的重要环节,对初唐直承齐梁诗风的现象做了较为全面的探讨,特别是形式上的探讨。"下编"结合南北朝士族文化向唐代庶族文化转型这一大背景,对理解初唐齐梁诗风的命运亦有帮助。论文方面,较重要的有:葛晓音《初唐四杰与齐梁文风》⑦,讨论了初唐四杰对齐梁文风的继承与突破;吴相

---

① 赵红菊:《南朝咏物诗研究》,上海:上海古籍出版社,2009 年。
② 赵红菊:《论南朝咏物诗对唐代咏物诗的影响》,《内蒙古大学学报》,2008 年第 2 期。
③ 赵红菊:《南朝咏物诗对促进五言诗律化的意义》,《内蒙古大学学报》,2010 年第 2 期。
④ 赵红菊:《"体物"诗学观与南朝咏物诗的兴盛》,《内蒙古大学学报》,2011 年第 4 期。
⑤ 兰甲云:《简论唐代咏物诗发展轨迹》,《中国文学研究》,1995 年第 2 期。
⑥ 杜晓勤:《齐梁诗歌向盛唐诗歌的嬗变》,北京:北京大学出版社,2009 年。
⑦ 葛晓音:《初唐四杰与齐梁文风》,《求索》,1990 年第 3 期。

洲《论浮靡诗风与近体声律的关系》①,以初唐诗歌为研究对象,指出浮靡与声律化分别为齐梁诗风的形式与内容,存在互为表里的关系;钱志熙《论初唐诗歌沿袭齐梁陈隋诗风及其具体表现》②,从诗歌体制、创作方法及基本的审美趣味等多个方面,论述了齐梁诗风对初唐的影响;又其《论隋唐之际诗学中雅正与浮艳的对立——兼论两种体制和创作观念的各自流变》③论述了初唐诗坛弃浮艳而趋雅正,以晋宋典范代替齐梁体的过程。

盛唐及中唐前期(大历)齐梁诗风的研究目前还比较薄弱。一些学者已经注意到,盛唐诗除了被讨论较多的复古诗风之外,仍然存在着直接受到以齐梁诗风为源头的近体诗传统沾溉的主流诗风,而大历诗风的形成也受到了齐梁诗风的影响。杜晓勤《盛唐"齐梁体"诗及相关问题考论》④讨论了盛唐"齐梁体"现象,并将"齐梁体"与其他类似诗体做了区分和界定。吴光兴的专著《八世纪诗风——探索唐诗史上"沈宋的世纪"(705—805)》⑤以"八世纪"为断限,全面讨论了开天、大历直至贞元诗坛上存在的种种诗风,其中有不少内容是关于直接继承齐梁传统的诗人的,复原了这段历史时期"宗沈宋"的诗歌流派,为研究盛唐齐梁诗风提供了线索。蒋寅则在专著《大历诗风》⑥中论述了大历至贞元间诗人接受齐梁诗风影响的现象。

关于中唐后期即元和时代对齐梁诗风的继承,孟二冬的论文《论齐梁

---

① 吴相洲:《论浮靡诗风与近体声律的关系》,《唐代文学研究》第十一辑,桂林:广西师范大学出版社,2006 年。

② 钱志熙:《论初唐诗歌沿袭齐梁陈隋诗风及其具体表现》,《唐代文学研究》第十一辑,桂林:广西师范大学出版社,2006 年。

③ 钱志熙:《论隋唐之际诗学中雅正与浮艳的对立——兼论两种体制和创作观念的各自流变》,《复旦学报》,2014 年第 6 期。

④ 杜晓勤:《盛唐"齐梁体"诗及相关问题考论》,《北京大学学报》,2011 年第 2 期。

⑤ 吴光兴:《八世纪诗风——探索唐诗史上"沈宋的世纪"(705—805)》,北京:社会科学文献出版社,2013 年。

⑥ 蒋寅:《大历诗风》,上海:上海古籍出版社,1992 年。

诗风在中唐时期的复兴》[①]论述了齐梁诗风在中唐复兴的现象，其中大致勾勒了元和诗人学习齐梁诗风的状况，本书研究的时代即直接接续该文研究的时代。

中晚唐的齐梁诗风与元和时代的元白诗派、雅正诗派、韩孟怪奇诗派和姚贾诗派密切相关，因此，除直接的元和齐梁诗风研究外，对元和诗风新变的论述也与本书的研究相接。孟二冬《中唐诗歌之开拓与新变》[②]、吴相洲《中唐诗文新变》[③]论述中唐诗文新变，不限于元和齐梁诗风，但对元和齐梁诗风多有涉及。姜剑云《审美的游离——论唐代怪奇诗派》[④]提出了元和“雅正派”的概念，可视为晚唐齐梁诗风的先声，书中对怪奇诗派的论述也对理解晚唐齐梁诗风的文学资源大有裨益。又其论文《唐代怪奇诗派之衰变探微》[⑤]谈及怪奇诗派与晚唐诗风衔接的问题。陈才智的专著《元白诗派研究》[⑥]论及元白诗派涉及艳丽风格的创作。蒋寅的论文《贾岛与中晚唐诗歌的意象化进程》[⑦]指出：“贾岛范式在晚唐的普及，提高了五律的意象化程度，最终加快了古典诗歌的意象化进程。”论及中唐后期姚贾诗派对晚唐诗意象化的贡献，亦与齐梁诗风有关。

目前或针对晚唐齐梁诗风前期（开成、会昌）的研究多为温李的专人研究，鲜有将其作为一个整体风气研究者。蒋长栋《李商隐及晚唐缘情诗派》[⑧]将李商隐、温庭筠、杜牧、段成式、李群玉、唐彦谦、韩偓、吴融划为一派，与本书观点相近，然其以“缘情”概括这一诗派，甚至称这一诗派“重神而轻形”，则其着眼点与笔者有较大差异。许总《论晚唐诗歌唯美倾向

---

① 孟二冬：《论齐梁诗风在中唐时期的复兴》，《文学遗产》，1995 年第 2 期。
② 孟二冬：《中唐诗歌之开拓与新变》，北京：北京大学出版社，2006 年。
③ 吴相洲：《中唐诗文新变》，北京：学苑出版社，2007 年。
④ 姜剑云：《审美的游离——论唐代怪奇诗派》，北京：东方出版社，2002 年。
⑤ 姜剑云：《唐代怪奇诗派之衰变探微》，《河北大学学报》，2001 年第 3 期。
⑥ 陈才智：《元白诗派研究》，北京：社会科学文献出版社，2007 年。
⑦ 蒋寅：《贾岛与中晚唐诗歌的意象化进程》，《文学遗产》，2008 年第 5 期。
⑧ 蒋长栋：《李商隐及晚唐缘情诗派》，《阴山学刊》，1999 年第 1 期。

的心理内涵与文化渊源——以许、杜、李、温四家诗为中心》[①]将许浑、杜牧、李商隐、温庭筠四人划为一个群体，概括以“唯美倾向”，别具只眼。

涉及晚唐齐梁诗风后期的研究论著相对较多。贺中复《五代十国的温李、贾姚诗风》[②]，文中论及“温李诗风”在五代十国的延续，亦即晚唐齐梁诗风末期的相关情况，指出“五代学温的新变，体现着五代诗歌出唐入宋的倾向：于古、近两诗体更倾重近体”。余恕诚《晚唐两大诗人群落及其风貌特征》[③]，将晚唐诗风分为宗元白与宗韩孟两大阵营，其中也论及温李等晚唐齐梁诗风代表人物及其作品，但文中关于晚唐齐梁诗风的论述仍然依托于元白诗派，尚未指明其与齐梁诗风及前代齐梁诗风的相似性和相承性。又其《中晚唐诗歌流派与晚唐五代词风》[④]论及中晚唐诗歌流派的差异对温韦词风差异的影响。刘宁的专著《唐宋之际诗歌演变研究——以元白之元和体的创作影响为中心》[⑤]仍将晚唐齐梁诗风依托于元白诗派，倾向于研究晚唐后期(咸通、乾符)及五代的诗人，对晚唐齐梁诗风特别是其后期的文学现象多有精到之论。此外，尹楚彬《咸、乾士风与艳情诗风》[⑥]、罗时进《咸乾士风及其才调歌诗》[⑦]、刘宁《论唐末的香艳诗人》[⑧]，在“艳情”“才调”“香艳”的名义下，以士风与诗风相联系，专论晚唐后期的齐梁诗风，为本书的研究提供了基础。王小兰《唐宋之际清丽诗风的传承与递变》[⑨]着眼于“清丽”，涉及唐末五代齐梁诗风相关作家作

---

① 许总：《论晚唐诗歌唯美倾向的心理内涵与文化渊源——以许、杜、李、温四家诗为中心》，《东南大学学报》，2001 年第 3 期。

② 贺中复：《五代十国的温李、贾姚诗风》，《阴山学刊》，1996 年第 1 期。

③ 余恕诚：《晚唐两大诗人群落及其风貌特征》，《安徽师大学报》，1996 年第 2 期。

④ 余恕诚：《中晚唐诗歌流派与晚唐五代词风》，《文学评论》，2009 年第 4 期。

⑤ 刘宁：《唐宋之际诗歌演变研究——以元白之元和体的创作影响为中心》，北京：北京师范大学出版社，2002 年。

⑥ 尹楚彬：《咸、乾士风与艳情诗风》，《文学遗产》，2002 年第 6 期。

⑦ 罗时进：《咸乾士风及其才调歌诗》，《文学评论》，2003 年第 2 期。

⑧ 刘宁：《论唐末的香艳诗人》，《唐代文学研究》第九辑，桂林：广西师范大学出版社，2002 年。

⑨ 王小兰：《唐宋之际清丽诗风的传承与递变》，《杭州师范大学学报》，2011 年第 6 期。

品，对以上数篇论文又有所补充。

一些着眼于“晚唐”的论著涉及与晚唐齐梁诗风有关的问题。赵荣蔚《晚唐士风与诗风》①亦从士风的角度研究诗风，虽非专论齐梁诗风，却对晚唐齐梁诗风相关作家有所涉及。陈鹏的学位论文《唐末文学研究——以罗隐、韦庄、韩偓为中心》②讨论唐末文坛状况，关注到与晚唐齐梁诗风有关的三位诗人。余海珍《唐代布衣诗人及其诗歌研究——以晚唐布衣诗人及其诗歌为例》③着眼于“布衣诗人”，也涉及晚唐的“温李艳情诗风”。孙振涛的博士学位论文《唐末五代西蜀文人群体及文学思想研究》④以“西蜀”为限，进行唐末五代文人群体的研究，其中很多文人涉及齐梁诗风。论文方面，李定广《“晚唐体”详辨》⑤较早梳理了宋人对晚唐的讨论；刘亮《晚唐乐府诗人述论》⑥论及晚唐齐梁诗风下的乐府诗创作，将其称为“绮丽派诗人群”。

近年来，从“艳诗”“艳体”等角度、围绕整个唐代或唐代某一时段展开，而涉及与晚唐齐梁诗风相关内容的研究越来越多。从研究角度来说，这些论著更多着眼于题材，而非对齐梁这一时代的学习，与本书的关注点不同。但从实际涉及的作品来说，这些论著的讨论范围跟本书多有重合。专著方面，刘艳萍《中晚唐艳体诗歌研究》⑦评述中晚唐主要艳诗作家的创作，讨论的重点在于中唐后期和晚唐前期。学位论文方面，熊啸的《中晚唐艳诗研究》⑧指出，“齐梁陈时期、中晚唐时期及明中叶之后三个阶

---

① 赵荣蔚：《晚唐士风与诗风》，上海：上海古籍出版社，2004 年。

② 陈鹏：《唐末文学研究——以罗隐、韦庄、韩偓为中心》，武汉大学，2004 年，硕士学位论文。

③ 余海珍：《唐代布衣诗人及其诗歌研究——以晚唐布衣诗人及其诗歌为例》，曲阜师范大学，2007 年，硕士学位论文。

④ 孙振涛：《唐末五代西蜀文人群体及文学思想研究》，南开大学，2012 年，博士学位论文。

⑤ 李定广：《“晚唐体”详辨》，《古代文学理论研究》第二十三辑，上海：华东师范大学出版社，2005 年。

⑥ 刘亮：《晚唐乐府诗人述论》，《海南大学学报》，2009 年第 2 期。

⑦ 刘艳萍：《中晚唐艳体诗歌研究》，郑州：河南大学出版社，2011 年。

⑧ 熊啸：《中晚唐艳诗研究》，江西师范大学，2012 年，硕士学位论文。

段,而魏晋、中唐、明中叶则正是中国古代社会的三大转捩点”,即艳诗与诗体变革密切相关,同时指出中晚唐艳诗是在齐梁宫体的基础上融合了齐梁诗学倡导的“缘情”因素,这些看法是颇有见地的。刘丽华《唐末艳诗论稿》[①]首先梳理了晚唐以前艳诗的源流,其次从“一体化”角度探讨了唐末艳诗与曲子词的关系,最后重点分析了郑谷、韦庄两位诗人,切入的角度颇具学术价值。类似的学位论文还有陈妍的博士论文《南朝与唐代艳诗繁盛探微》[②]、刘万川《唐末艳诗平议》[③]、胡言午《晚唐艳情诗探微》[④]、廖怡《唐末艳情诗研究》[⑤]、孙媛《晚唐艳情诗研究》[⑥]等。单篇论文方面,熊啸《论艳诗在中晚唐的发展新变》[⑦]指出,中晚唐艳诗相对于齐梁宫体诗加入了更多的缘情因素,且更为浅俗。这方面的论文还包括刘艳萍《唐末艳诗论析》[⑧]、刘艳萍《中晚唐诗学观念之变化与艳诗创作》[⑨]等。

关于晚唐齐梁诗风的具体问题,杜晓勤《唐开成试诗变体与文宗朝党争之关系》[⑩]讨论了“齐梁体”“齐梁格”诗的具体含义,解读了开成试诗效“齐梁体格”的意义。李定广《唐诗的最后一次新变——论唐末近体诗的艺术开拓》[⑪]从近体诗的角度讨论唐末诗歌,称其为“唐诗的最后一次新变”,并认为此次新变的重点在于七律和七绝,颇见识力,文中讨论了罗隐、韩偓、韦庄、陆龟蒙、崔涂等与晚唐齐梁诗风关系密切的诗人的七言近

---

① 刘丽华:《唐末艳诗论稿》,哈尔滨师范大学,2013 年,硕士学位论文。

② 陈妍:《南朝与唐代艳诗繁盛探微》,西北大学,2007 年,博士学位论文。

③ 刘万川:《唐末艳诗平议》,厦门大学,2002 年,硕士学位论文。

④ 胡言午:《晚唐艳情诗探微》,上海社会科学院,2010 年,硕士学位论文。

⑤ 廖怡:《唐末艳情诗研究》,广西师范大学,2012 年,硕士学位论文。

⑥ 孙媛:《晚唐艳情诗研究》,青海师范大学,2013 年,硕士学位论文。

⑦ 熊啸:《论艳诗在中晚唐的发展新变》,《河南师范大学学报》,2013 年第 4 期。

⑧ 刘艳萍:《唐末艳诗论析》,《齐齐哈尔大学学报》,2007 年第 6 期。

⑨ 刘艳萍:《中晚唐诗学观念之变化与艳诗创作》,《洛阳师范学院学报》,2008 年第 6 期。

⑩ 杜晓勤:《唐开成试诗变体与文宗朝党争之关系》,《文学遗产》,2013 年第 1 期。

⑪ 李定广:《唐诗的最后一次新变——论唐末近体诗的艺术开拓》,《上海师范大学学报》,2011 年第 1 期。

体诗创作。刘青海《论唐诗中南朝主题的演变》[①]从意象的角度研究唐诗对齐梁的追慕,其中涉及晚唐的部分与本书的研究对象有关。

晚唐诗人创作的与闺怨诗结合的边塞诗,实际是对齐梁边塞诗的继承,是晚唐齐梁诗风的重要组成部分。这部分作品,被放在“边塞诗”或“闺怨诗”的背景下受到关注。部分研究诗歌专题的论著因此涉及晚唐齐梁诗风的具体作品,其中专著有任文京《唐代边塞诗的文化阐释》[②]等;学位论文有李红《唐代闺怨诗研究》[③]、卓若望《中晚唐乐府题边塞诗研究》[④]、张琼文《中晚唐边塞诗意象研究》[⑤]等;单篇论文有葛培岭《论晚唐边塞诗的萧飒风格》[⑥]、周建军《论边塞诗在晚唐的余韵与沉响》[⑦]等。

关于涉及齐梁诗风的晚唐咏物诗与咏史诗,学位论文有赵望秦《唐代咏史组诗研究》[⑧]、王娟《李商隐咏史诗研究》[⑨]、毛德胜《论中晚唐咏史诗》[⑩]等;单篇论文有杨恩成《论唐代咏史诗》[⑪]、莫砺锋《论晚唐的咏史组诗》[⑫]、罗时进《晚唐咏史诗的修辞策略》[⑬]等。

关于《才调集》的研究,专著有刘浏《〈才调集〉研究》[⑭];学位论文有

---

① 刘青海:《论唐诗中南朝主题的演变》,《陕西师范大学学报》,2015 年第 1 期。
② 任文京:《唐代边塞诗的文化阐释》,北京:人民出版社,2005 年。
③ 李红:《唐代闺怨诗研究》,暨南大学,2002 年,硕士学位论文。
④ 卓若望:《中晚唐乐府题边塞诗研究》,广西师范大学,2005 年,硕士学位论文。
⑤ 张琼文:《中晚唐边塞诗意象研究》,复旦大学,2013 年,硕士学位论文。
⑥ 葛培岭:《论晚唐边塞诗的萧飒风格》,《中州学刊》,1986 年第 6 期。
⑦ 周建军:《论边塞诗在晚唐的余韵与沉响》,《贵州社会科学》,2003 年第 3 期。
⑧ 赵望秦:《唐代咏史组诗研究》,南京师范大学,2002 年,博士学位论文。
⑨ 王娟:《李商隐咏史诗研究》,陕西师范大学,2003 年,硕士学位论文。
⑩ 毛德胜:《论中晚唐咏史诗》,华中师范大学,2003 年,硕士学位论文。
⑪ 杨恩成:《论唐代咏史诗》,《陕西师范大学学报》,1990 年第 1 期。
⑫ 莫砺锋:《论晚唐的咏史组诗》,《社会科学战线》,2000 年第 4 期。
⑬ 罗时进:《晚唐咏史诗的修辞策略》,《山西大学学报》,2007 年第 1 期。
⑭ 刘浏:《〈才调集〉研究》,北京:对外经济贸易大学出版社,2008 年。

顾玉文《韦縠〈才调集〉研究》[①];单篇论文有傅璇琮、龚祖培《〈才调集〉考》[②]、刘浏《唐末五代温李诗风的唯美内涵——以〈才调集〉选诗为例》[③]、周小艳《二冯校本〈才调集〉考略》[④]等。这些论著以《才调集》专书为研究对象,为本书的研究提供了基础。

关于其他与晚唐齐梁诗风有关的诗歌选本的研究,学位论文有何卉《〈唐人选唐诗(十种)〉的诗学观念》[⑤]等;单篇论文有贾晋华《〈汉上题襟集〉与襄阳诗人群研究》[⑥]等。

五代以后,齐梁诗风仍在宋初发挥影响,其中经过晚唐齐梁诗风过滤和变异的特征较为突出,是为西昆体。西昆诗人实际是通过李商隐等晚唐齐梁体诗人,间接地接受了齐梁诗风的影响。关于西昆体接受齐梁诗风影响的研究,较为重要的有吴小如的论文《"西昆体"平议》[⑦]、傅蓉蓉的专著《西昆体与宋型诗建构》[⑧]等。

着眼于整个唐代对齐梁诗风接受状况的研究,有仲瑶的博士论文《庾信在唐代诗坛的接受》[⑨]。该文着眼于庾信一家,讨论其在整个唐代诗坛被接受的情况,实际涉及齐梁诗风被唐代诗坛接受的情况,其中晚唐部分的讨论与本书相关。

从文体学的角度讨论整个唐代诗坛,而对晚唐齐梁诗风相关内容有

---

① 顾玉文:《韦縠〈才调集〉研究》,南京师范大学,2004年,硕士学位论文。

② 傅璇琮、龚祖培:《〈才调集〉考》,《唐代文学研究》第五辑,桂林:广西师范大学出版社,1994年。

③ 刘浏:《唐末五代温李诗风的唯美内涵——以〈才调集〉选诗为例》,《北方文学(下半月)》,2010年第4期。

④ 周小艳:《二冯校本〈才调集〉考略》,《中国典籍与文化》,2013年第2期。

⑤ 何卉:《〈唐人选唐诗(十种)〉的诗学观念》,河北大学,2013年,硕士学位论文。

⑥ 贾晋华:《〈汉上题襟集〉与襄阳诗人群研究》,《文学遗产》,2001年第5期。

⑦ 吴小如:《"西昆体"平议》,《文学评论》,1990年第5期。

⑧ 傅蓉蓉:《西昆体与宋型诗建构》,上海:文汇出版社,2004年。

⑨ 仲瑶:《庾信在唐代诗坛的接受》,北京大学,2013年,博士学位论文。

所涉及者,主要是一些学位论文,如刘亮的博士论文《晚唐乐府诗研究》[①]、谢泉《唐代七言绝句研究》[②]、李正春《论唐代组诗的文体学意义》[③]、孙江南《唐代五言排律研究》[④]、李启坤《唐代五言绝句研究》[⑤]、王安琪《唐代杂体诗研究》[⑥]等。

对于晚唐齐梁诗风所涉及的诗人,学者时有专门研究。李商隐是研究的热门,但关于李商隐的研究中,有很大一部分与齐梁诗风并不直接相关。刘学锴、余恕诚所撰《李商隐诗歌集解》[⑦]全面地整理了李商隐诗作及历代评注,并多附有先生多年研究李商隐诗作的心得,于义山效法齐梁之处,每有卓见。又刘学锴、余恕诚《李商隐文编年校注》[⑧],董乃斌《李商隐的心灵世界》[⑨],刘学锴《李商隐传论》[⑩]等著作,都对了解李商隐生平有很大帮助。

关于李商隐与齐梁诗风相关的生平创作及文学史源流的研究,董乃斌《李商隐诗风格分期论纲》[⑪]将李商隐生平创作按风格分为四期。又其《李商隐与杜牧之比较——从李商隐赠杜牧的两首诗说起》[⑫]从党派、文体宗尚、家庭背景等角度分析了李商隐与杜牧的差异,指出从同辈诗人杜牧的视角来看,李商隐具有李党、今体骈文、寒素背景等属性,这些属性对

---

① 刘亮:《晚唐乐府诗研究》,南京师范大学,2005 年,博士学位论文。

② 谢泉:《唐代七言绝句研究》,武汉大学,2005 年,硕士学位论文。

③ 李正春:《论唐代组诗的文体学意义》,苏州大学,2006 年,硕士学位论文。

④ 孙江南:《唐代五言排律研究》,河北大学,2010 年,硕士学位论文。

⑤ 李启坤:《唐代五言绝句研究》,复旦大学,2012 年,硕士学位论文。

⑥ 王安琪:《唐代杂体诗研究》,华侨大学,2014 年,硕士学位论文。

⑦ 刘学锴、余恕诚:《李商隐诗歌集解》,北京:中华书局,2004 年。

⑧ 刘学锴、余恕诚:《李商隐文编年校注》,北京:中华书局,2002 年。

⑨ 董乃斌:《李商隐的心灵世界》,上海:上海古籍出版社,2012 年。

⑩ 刘学锴:《李商隐传论》,合肥:安徽大学出版社,2002 年。

⑪ 董乃斌:《李商隐诗风格分期论纲》,《西北大学学报》,1982 年第 3 期。

⑫ 董乃斌:《李商隐与杜牧之比较——从李商隐赠杜牧的两首诗说起》,《上海大学学报》,2005 年第 1 期。

李商隐的创作有深刻影响。谢思炜《白居易与李商隐》[①]论述了李商隐与白体的关系，评述了李商隐早年与白居易的交往和相关文学思想，并从创作的角度认为李商隐与白居易同属所谓“绮靡”一派，且李商隐的创作范围比白居易有所收缩；此外，与白居易的创作相较，李商隐的咏史诗更加隐曲，艳情诗更加迷离，白诗与李诗存在着世俗化与高尚化的区别。余恕诚《诗歌：从韩愈到李商隐——兼谈文学演进中的穿透与移位现象》[②]指出元和怪奇诗人韩愈对李商隐的影响，及其透过李贺对李商隐的影响，并指出李商隐诗强烈的主观性与这种影响有关。张巍《李商隐与西昆后学》[③]《论李商隐对江西诗派的影响》[④]讨论了李商隐诗对宋代西昆体、江西诗派的影响。何世剑《试论李商隐对庾信诗赋的接受》[⑤]讨论了李商隐对齐梁诗风集大成者庾信的接受。李璐璐的学位论文《李贺、李商隐诗歌色彩艺术比较研究》[⑥]从色彩的角度研究李商隐对李贺的继承和发展，指出李贺更尚怪奇，更注重情感的两面性，而李商隐则更重描绘，更重情感的注入。这实际上也是李商隐的艺术追求与一般中晚唐齐梁诗风的差异。

关于李商隐创作中与齐梁诗风有关的文体问题，余恕诚《赋对李商隐诗歌创作的影响》[⑦]论析了李商隐诗对赋的体物艺术的继承。刘学锴《樊南文的诗情诗境》[⑧]、余恕诚《樊南文与玉溪诗——论李商隐四六文对其

---

① 谢思炜：《白居易与李商隐》，《文学遗产》，1996 年第 3 期。

② 余恕诚：《诗歌：从韩愈到李商隐——兼谈文学演进中的穿透与移位现象》，《文学遗产》，1999 年第 4 期。

③ 张巍：《李商隐与西昆后学》，《华南师范大学学报》，2011 年第 1 期。

④ 张巍：《论李商隐对江西诗派的影响》，《北京大学学报》，2012 年第 6 期。

⑤ 何世剑：《试论李商隐对庾信诗赋的接受》，《河北师范大学学报》，2012 年第 3 期。

⑥ 李璐璐：《李贺、李商隐诗歌色彩艺术比较研究》，湖南大学，2013 年，硕士学位论文。

⑦ 余恕诚：《赋对李商隐诗歌创作的影响》，《文学遗产》，2004 年第 5 期。

⑧ 刘学锴：《樊南文的诗情诗境》，《文学遗产》，1997 年第 2 期。

诗歌的影响》[1]论析了李商隐骈文与诗的相通之处。刘学锴《李义山诗与唐宋婉约词》[2]从跨文体的角度,论述了李商隐诗对唐宋词的影响。又其《李商隐的七言律诗》[3]以"深情绵邈"概括李商隐七律的风格,并进一步将之分为"典丽精工"与"清空流美"二体。刘雄《李商隐七律浅探》[4]将李商隐七律的特点概括为"意象的错综""章法的变化""对仗的精工与灵活"三个方面。

关于李商隐的宫体咏物诗和咏史诗,较重要的单篇论文有:陈贻焮《谈李商隐的咏史诗和咏物诗》[5]、刘学锴《李商隐的托物寓怀诗及其对古代咏物诗的发展》[6]、刘学锴《李商隐咏史诗的主要特征及其对古代咏史诗的发展》[7]等。谢琰《论晚唐的虚化咏物诗——从李商隐〈泪〉谈起》[8],以李商隐《泪》为切入点,提出"虚化咏物诗"的概念,包括咏情诗、咏理诗和咏景诗,指出这类作品盛行于晚唐,其吟咏对象皆具有虚渺空玄的特征,在手法上也异于传统咏物诗,代表了晚唐咏物诗的发展和新变。该文准确地描述了晚唐咏物诗中的一类与齐梁诗风有关的文学现象。

近年来研究李商隐与齐梁诗风相关创作的学位论文还有:余新《论李

---

① 余恕诚:《樊南文与玉溪诗——论李商隐四六文对其诗歌的影响》,《文学遗产》,2003年第4期。

② 刘学锴:《李义山诗与唐宋婉约词》,《安徽师大学报》,1988年第3期。

③ 刘学锴:《李商隐的七言律诗》,《安徽师范大学学报》,2002年第1期。按,《安徽师大学报》自1999年更名为《安徽师范大学学报》。

④ 刘雄:《李商隐七律浅探》,《唐代文学研究》第十辑,桂林:广西师范大学出版社,2004年。

⑤ 陈贻焮:《谈李商隐的咏史诗和咏物诗》,《文学评论》,1962年第6期。

⑥ 刘学锴:《李商隐的托物寓怀诗及其对古代咏物诗的发展》,《安徽师大学报》,1991年第1期。

⑦ 刘学锴:《李商隐咏史诗的主要特征及其对古代咏史诗的发展》,《文学遗产》,1993年第1期。

⑧ 谢琰:《论晚唐的虚化咏物诗——从李商隐〈泪〉谈起》,《励耘学刊(文学卷)》,2008年第2期。

商隐的骈文理论及骈文创作》[①]、栾巧云《李商隐杜牧咏史诗研究》[②]、钱晓琳《李商隐诗歌与骈文比较研究》[③]、周俊海《李商隐骈文研究》[④]、刘子闻《李商隐骈文研究》[⑤]、吴春侠《李商隐绝句研究》[⑥]、杨娟娟《李商隐公牍文研究》[⑦]等。

关于温庭筠的生平，刘学锴有《温庭筠传论》[⑧]，对温庭筠人生和创作轨迹的叙述较为全面。又刘学锴作《温庭筠全集校注》[⑨]，集录前人对温庭筠诗、词、文的评注，并附自己的研究心得为按语，对温庭筠师法齐梁之处多有发明。较早较重要的研究温庭筠生平的单篇论文还有顾学颉《温庭筠交游考》[⑩]、刘学锴《温庭筠文笺证暨庭筠晚年事迹考辨》[⑪]等。

关于温庭筠体现典型齐梁诗风的创作，较早的研究论文包括：林邦钧《论温庭筠和他的诗》[⑫]、张晶《温庭筠乐府诗中的女性形象》[⑬]、刘尊明《温庭筠笔下的女性形象及其审美意义》[⑭]、山本敏雄《温庭筠文学一侧面——时间流逝中的不稳定的存在》[⑮]、黄崑《衰绝晚唐——飞卿：温庭筠诗歌简论》[⑯]等。

---

① 余新：《论李商隐的骈文理论及骈文创作》，华中科技大学，2006 年，硕士学位论文。

② 栾巧云：《李商隐杜牧咏史诗研究》，贵州大学，2009 年，硕士学位论文。

③ 钱晓琳：《李商隐诗歌与骈文比较研究》，辽宁师范大学，2009 年，硕士学位论文。

④ 周俊海：《李商隐骈文研究》，西北师范大学，2013 年，硕士学位论文。

⑤ 刘子闻：《李商隐骈文研究》，华东师范大学，2014 年，硕士学位论文。

⑥ 吴春侠：《李商隐绝句研究》，辽宁大学，2014 年，硕士学位论文。

⑦ 杨娟娟：《李商隐公牍文研究》，福建师范大学，2014 年，硕士学位论文。

⑧ 刘学锴：《温庭筠传论》，合肥：安徽大学出版社，2008 年。

⑨ 刘学锴：《温庭筠全集校注》，北京：中华书局，2007 年。

⑩ 顾学颉：《温庭筠交游考》，《北京师范大学学报》，1982 年第 5 期。

⑪ 刘学锴：《温庭筠文笺证暨庭筠晚年事迹考辨》，《文学遗产》，2006 年第 3 期。

⑫ 林邦钧：《论温庭筠和他的诗》，《文学遗产》，1981 年第 4 期。

⑬ 张晶：《温庭筠乐府诗中的女性形象》，《辽宁师范大学学报》，1985 年第 4 期。

⑭ 刘尊明：《温庭筠笔下的女性形象及其审美意义》，《湖北大学学报》，1989 年第 5 期。

⑮ ［日］山本敏雄著，许总译：《温庭筠文学一侧面——时间流逝中的不稳定的存在》（上、下），《古典文学知识》，1996 年第 2、3 期。

⑯ 黄崑：《衰绝晚唐——飞卿：温庭筠诗歌简论》，《江苏教育学院学报》，1993 年第 4 期。

学位论文方面，张煜《温庭筠歌诗研究》[1]指出温庭筠乐府歌诗多有近体，并认为其中女性的心态多为喜悦而非悲怨；李然《温庭筠的诗词比较——兼论晚唐文人的诗体与词体观念》[2]指出温庭筠的艳诗“流丽动宕”，艳词则“浓艳静谧”，在追求客观化审美的共性基础上，存在分体意识；赵丹《温庭筠诗歌论稿》[3]用分体的方法分析了温庭筠的诗歌。此外，类似的学位论文还有：张自华的博士论文《温庭筠诗歌研究》[4]、朱明鹤《论温庭筠诗词的同向性》[5]、徐秀燕《温庭筠女性题材诗歌研究》[6]、刘霁《温庭筠诗歌艺术研究》[7]、熊伟《温庭筠文考论》[8]等。

近年来的单篇论文方面，成松柳《中晚唐诗风与温庭筠词的内在特质》[9]指出词体脱离文人诗而形成的最初风格，与晚唐温庭筠等人宗尚的齐梁诗风有关。张煜《论温庭筠的新乐府》[10]指出，温庭筠乐府中的讽喻多依托于前代，与元白新乐府直写现实不同。笔者从晚唐齐梁诗风的角度来看，认为这实际上是指出了齐梁诗风的特点，亦即齐梁诗风与元白新乐府体的不同。汪艳菊《论温庭筠乐府诗的娱乐性——以其取材历史的乐府诗为例》[11]指出，温庭筠乐府诗有很强的娱乐性，在讽喻之余追求感官刺激，体现出齐梁诗风的影响。张巍《温庭筠词与齐梁诗》[12]指出，温庭

---

① 张煜：《温庭筠歌诗研究》，首都师范大学，2002 年，硕士学位论文。

② 李然：《温庭筠的诗词比较——兼论晚唐文人的诗体与词体观念》，东北师范大学，2002 年，硕士学位论文。

③ 赵丹：《温庭筠诗歌论稿》，吉林大学，2009 年，硕士学位论文。

④ 张自华：《温庭筠诗歌研究》，广西师范大学，2011 年，博士学位论文。

⑤ 朱明鹤：《论温庭筠诗词的同向性》，华东师范大学，2004 年，硕士学位论文。

⑥ 徐秀燕：《温庭筠女性题材诗歌研究》，山东师范大学，2005 年，硕士学位论文。

⑦ 刘霁：《温庭筠诗歌艺术研究》，南京师范大学，2006 年，硕士学位论文。

⑧ 熊伟：《温庭筠文考论》，陕西师范大学，2014 年，硕士学位论文。

⑨ 成松柳：《中晚唐诗风与温庭筠词的内在特质》，《中国韵文学刊》，2004 年第 4 期。

⑩ 张煜：《论温庭筠的新乐府》，《乐府学》第一辑，北京：学苑出版社，2006 年。

⑪ 汪艳菊：《论温庭筠乐府诗的娱乐性——以其取材历史的乐府诗为例》，《广西师范学院学报》，2007 年第 3 期。

⑫ 张巍：《温庭筠词与齐梁诗》，《聊城大学学报》，2012 年第 5 期。

筠词在体写女色方面远承齐梁诗,并对齐梁诗有所超越。类似的论文还有:金昌庆《温庭筠咏史诗的讽谕精神及其艺术表现形式》①、成松柳《论晚唐社会背景下温庭筠诗歌的时代特征》②、汪艳菊《论温庭筠的咏史乐府——兼论中晚唐诗人革新乐府诗的努力》③、刘艳萍《从李贺、温庭筠艳诗看中晚唐艳诗的词化倾向》④、郑诚《浅谈温庭筠的"齐梁体"诗歌》⑤、陈毓文《浅析温庭筠在晚唐五代的转型意义》⑥、刘青海《论温庭筠乐府体的艺术渊源及其对词体的影响》⑦等。

关于温李异同的研究,李奇珊的学位论文《温李并称研究》⑧梳理了温李并称的材料,着重分析了温李咏史诗和爱情诗的异同,得出温李共同反映了晚唐"惟美尚丽"趋势的结论;相关的学位论文还有韩雪晴《三十六体骈文述论》⑨等。单篇论文方面,李定广《"温李"齐名与唐末诗歌的演变趋向》⑩着眼于晚唐后期对晚唐前期齐梁诗风的学习,角度新颖,认为唐末五代香艳诗风宗温庭筠多于宗李商隐,指出"温庭筠诗名雄霸晚唐,他的人生遭际和倔强个性在唐末产生共鸣,温诗对唐末五代诗歌的影响远在李商隐之上。唐末不同风格流派的代表诗人普遍效法温庭筠的诗风和笔法。唐末诗歌对温李二家的不同取舍,显示出晚唐五代诗歌的走向及递嬗规律。从中唐开始的文学俗化倾向发展到温庭筠时代,已然和

---

① 金昌庆:《温庭筠咏史诗的讽谕精神及其艺术表现形式》,《殷都学刊》,1999 年第 4 期。

② 成松柳:《论晚唐社会背景下温庭筠诗歌的时代特征》,《湖南社会科学》,2004 年第 6 期。

③ 汪艳菊:《论温庭筠的咏史乐府——兼论中晚唐诗人革新乐府诗的努力》,《唐都学刊》,2007 年第 1 期。

④ 刘艳萍:《从李贺、温庭筠艳诗看中晚唐艳诗的词化倾向》,《天中学刊》,2008 年第 6 期。

⑤ 郑诚:《浅谈温庭筠的"齐梁体"诗歌》,《三峡大学学报》,2007 年第 S2 期。

⑥ 陈毓文:《浅析温庭筠在晚唐五代的转型意义》,《漳州师范学院学报》,2007 年第 2 期。

⑦ 刘青海:《论温庭筠乐府体的艺术渊源及其对词体的影响》,《文艺理论研究》,2013 年第 6 期。

⑧ 李奇珊:《温李并称研究》,浙江大学,2010 年,硕士学位论文。

⑨ 韩雪晴:《三十六体骈文述论》,内蒙古师范大学,2005 年,硕士学位论文。

⑩ 李定广:《"温李"齐名与唐末诗歌的演变趋向》,《中南民族大学学报》,2006 年第 2 期。

雅文学分庭抗礼,到唐末五代文坛终于形成整体性的时代特征"。张巍《温李诗与齐梁诗》[①]从温李对齐梁诗人的尊崇、温李对宫体诗的学习、温李对齐梁乐府的学习三个方面,论述了温李诗与齐梁诗的渊源。陈伯海《"温李新声"与词体艺术之先导——唐诗意象艺术转型之另面观》[②]指出了对形象本身的塑造在唐诗向宋词转型的过程中具有重要的意义。此类论文还有李中华《晚唐"三十六体"辨说》[③]、张巍《温李诗的对仗、声律、用典技巧——兼论类书和骈文对温李诗的影响》[④]等。

关于杜牧的专人研究,诗集整理本有吴在庆校注《杜牧集系年校注》[⑤]、陈允吉校点《樊川文集》[⑥]等。与杜牧受齐梁诗风影响有关的学位论文有段双喜《杜牧轻艳诗风研究》[⑦],文中指出,杜牧诗有近于宫体的一体,受到《玉台新咏》的影响,喜好涉及与女性相关的事物,喜好以女性做喻体;并指出杜牧诗中的轻艳倾向,一方面继承自前代诗人元白,一方面受到交游诗人许浑、赵嘏的影响。涉及相关问题的学位论文还有:李愚镛《杜牧诗歌研究》[⑧]、王海鹰《李贺、杜牧、李商隐三家咏物诗研究》[⑨]、朱婧《杜牧女性题材作品研究》[⑩]、马海玲《许浑与杜牧咏史怀古诗比较研究》[⑪]等。单篇论文方面,刘艳萍《杜牧艳诗的雅化色彩及

---

① 张巍:《温李诗与齐梁诗》,《聊城大学学报》,2010 年第 3 期。

② 陈伯海:《"温李新声"与词体艺术之先导——唐诗意象艺术转型之另面观》,《江海学刊》,2014 年第 1 期。

③ 李中华:《晚唐"三十六体"辨说》,《文学遗产》,2001 年第 3 期。

④ 张巍:《温李诗的对仗、声律、用典技巧——兼论类书和骈文对温李诗的影响》,《江西师范大学学报》,2011 年第 5 期。

⑤ 吴在庆:《杜牧集系年校注》,北京:中华书局,2008 年。

⑥ [唐]杜牧著,陈允吉校点:《樊川文集》,上海:上海古籍出版社,2009 年。

⑦ 段双喜:《杜牧轻艳诗风研究》,安徽大学,2004 年,硕士学位论文。

⑧ 李愚镛:《杜牧诗歌研究》,复旦大学,2007 年,博士学位论文。

⑨ 王海鹰:《李贺、杜牧、李商隐三家咏物诗研究》,华东师范大学,2009 年,硕士学位论文。

⑩ 朱婧:《杜牧女性题材作品研究》,西南大学,2012 年,硕士学位论文。

⑪ 马海玲:《许浑与杜牧咏史怀古诗比较研究》,辽宁大学,2013 年,硕士学位论文。

其与元白艳诗之异同——从杜牧对元稹、白居易艳诗的批评说起》[①]指出,较之元白的艳诗,杜牧的艳诗有雅化倾向。龚颖仪《杜牧宫怨诗与王建宫词的比较与探析》[②]论述了杜牧的宫怨诗作为艳诗的一个类型与前代宫词的关系。

关于"小李杜"异同的研究,张舒的学位论文《李白、杜牧、李商隐怀古诗之比较》[③]指出,"小李杜"的怀古诗在情绪上有低回与向上之别,且李商隐怀古诗与咏史结合更为紧密。韦异才的学位论文《杜牧与李商隐骈文比较研究》[④]指出杜牧骈文略具古文化特征而李商隐骈文更为骈化,接近六朝。同类学位论文还有栾巧云《李商隐杜牧咏史诗研究》[⑤]等。这方面的单篇论文则有张国伟《杜牧、李商隐的咏史绝句》[⑥]等。

关于曹唐的专人研究,集中在其游仙诗相关内容。学位论文有赵婷婷《曹唐游仙诗论稿》[⑦]、金丙燕《曹唐及其诗歌研究》[⑧]、张英夫《曹唐游仙诗缘起及成就》[⑨]等。单篇论文有陈继明《曹唐诗歌略论》[⑩]、梁超然《晚唐桂林诗人曹唐考略》[⑪]、李丰楙《曹唐大游仙诗与道教传说》[⑫]、李乃

---

① 刘艳萍:《杜牧艳诗的雅化色彩及其与元白艳诗之异同——从杜牧对元稹、白居易艳诗的批评说起》,《长春大学学报》,2009 年第 9 期。

② 龚颖仪:《杜牧宫怨诗与王建宫词的比较与探析》,《中北大学学报》,2010 年第 4 期。

③ 张舒:《李白、杜牧、李商隐怀古诗之比较》,西北师范大学,2010 年,硕士学位论文。

④ 韦异才:《杜牧与李商隐骈文比较研究》,辽宁大学,2014 年,硕士学位论文。

⑤ 栾巧云:《李商隐杜牧咏史诗研究》,贵州大学,2009 年,硕士学位论文。

⑥ 张国伟:《杜牧、李商隐的咏史绝句》,《河北学刊》,1989 年第 5 期。

⑦ 赵婷婷:《曹唐游仙诗论稿》,吉林大学,2007 年,硕士学位论文。

⑧ 金丙燕:《曹唐及其诗歌研究》,南京师范大学,2008 年,硕士学位论文。

⑨ 张英夫:《曹唐游仙诗缘起及成就》,首都师范大学,2009 年,硕士学位论文。

⑩ 陈继明:《曹唐诗歌略论》,《中南民族学院学报》,1986 年第 4 期。

⑪ 梁超然:《晚唐桂林诗人曹唐考略》,《广西师范大学学报》,1989 年第 4 期。

⑫ 李丰楙:《曹唐大游仙诗与道教传说》,《唐代文学研究》第三辑,桂林:广西师范大学出版社,1992 年。

龙《论曹唐小游仙诗的文学意义》[①]、张振谦《曹唐游仙诗恋情倾向探析》[②]等。

关于李群玉的专人研究，诗集整理本有《李群玉诗集》[③]。专著有毛丽珠《李群玉诗歌探微》[④]。学位论文有曹启娥《论李群玉的诗歌创作》[⑤]、林华《李群玉诗歌艺术研究》[⑥]、王可瑞《李群玉及其诗歌研究》[⑦]等。单篇论文有万松《李群玉和他的诗》[⑧]、邝振华《诗人李群玉生平试探》[⑨]、汤基猛《关于李群玉生平几个问题初探》[⑩]、马积高《论晚唐湖湘诗人李群玉》[⑪]、胡湘荣《试论李群玉诗歌的哀怨特色》[⑫]、王定璋《柔情缱绻与恋物情结——李群玉〈黄陵庙〉诗品鉴及其他》[⑬]、毛炳汉《论李群玉及其诗歌》[⑭]、周建军和伍玖清《李群玉及其诗歌考论》[⑮]等。

关于李郢的专人研究，学位论文有潘敏《李郢研究》[⑯]，单篇论文有梁超然《李郢考略》[⑰]、刘全志《李郢籍贯、生年再论》[⑱]等。

---

① 李乃龙：《论曹唐小游仙诗的文学意义》，《广西社会科学》，1998 年第 6 期。

② 张振谦：《曹唐游仙诗恋情倾向探析》，《中南大学学报》，2009 年第 2 期。

③ [唐]李群玉著，羊春秋辑注：《李群玉诗集》，长沙：岳麓书社，1987 年。

④ 毛丽珠：《李群玉诗歌探微》，台北：秀威资讯科技股份有限公司，2007 年。

⑤ 曹启娥：《论李群玉的诗歌创作》，河南大学，2004 年，硕士学位论文。

⑥ 林华：《李群玉诗歌艺术研究》，南京师范大学，2004 年，硕士学位论文。

⑦ 王可瑞：《李群玉及其诗歌研究》，兰州大学，2012 年，硕士学位论文。

⑧ 万松：《李群玉和他的诗》，《求索》，1983 年第 1 期。

⑨ 邝振华：《诗人李群玉生平试探》，《湖北大学学报》，1984 年第 2 期。

⑩ 汤基猛：《关于李群玉生平几个问题初探》，《中国文学研究》，1986 年第 1 期。

⑪ 马积高：《论晚唐湖湘诗人李群玉》，《益阳师专学报》，1990 年第 4 期。

⑫ 胡湘荣：《试论李群玉诗歌的哀怨特色》，《中国文学研究》，1991 年第 2 期。

⑬ 王定璋：《柔情缱绻与恋物情结——李群玉〈黄陵庙〉诗品鉴及其他》，《古典文学知识》，1994 年第 3 期。

⑭ 毛炳汉：《论李群玉及其诗歌》，《船山学刊》，1998 年第 2 期。

⑮ 周建军、伍玖清：《李群玉及其诗歌考论》，《中国韵文学刊》，2006 年第 3 期。

⑯ 潘敏：《李郢研究》，湘潭大学，2011 年，硕士学位论文。

⑰ 梁超然：《李郢考略》，《唐代文学研究》第八辑，桂林：广西师范大学出版社，2000 年。

⑱ 刘全志：《李郢籍贯、生年再论》，《唐都学刊》，2011 年第 6 期。

关于薛能的专人研究，学位论文有岳五九《论薛能》[①]、赵素青《晚唐诗人薛能研究》[②]、白雪莲《晚唐诗人薛能研究》[③]等。单篇论文有莫砺锋《大家阴影下的焦虑——唐代诗人薛能论》[④]等。

关于许赵体诗人，目前的研究重点在于山水、怀古题材，对其受齐梁诗风影响的部分鲜有论及。近年来，许赵体诗人刘沧逐渐进入研究者的视野，在对刘沧的讨论中，经常会涉及许赵体乃至整个晚唐七律的重要问题，这些问题也与晚唐齐梁诗风不无相关之处。其中，学位论文有李婷婷《刘沧诗歌研究》[⑤]等。单篇论文有韩玺吾《论刘沧在晚唐诗坛的地位兼及刘沧与许浑怀古咏史诗的比较》[⑥]、吴怀东和张敏《刘沧与晚唐七律的发展——从刘沧与许浑比较的角度》[⑦]等。

关于韩偓的专人研究，涉及韩偓整体创作或香奁体的，诗歌整理本有齐涛《韩偓诗集笺注》[⑧]、陈继龙《韩偓诗注》[⑨]等。专著有陈继龙《韩偓事迹考略》[⑩]等。学位论文方面，宗瑞冰《韩偓诗歌艺术研究》[⑪]指出了《香奁集》"以动作写心曲"的特点；张晓霞《李商隐与韩偓诗歌比较研究》[⑫]指出《香奁集》"对于闺中女性日常生活、精神风貌、内心世界的表现却是

---

① 岳五九：《论薛能》，安徽大学，2007 年，硕士学位论文。

② 赵素青：《晚唐诗人薛能研究》，四川师范大学，2008 年，硕士学位论文。

③ 白雪莲：《晚唐诗人薛能研究》，南京师范大学，2008 年，硕士学位论文。

④ 莫砺锋：《大家阴影下的焦虑——唐代诗人薛能论》，《中国文学研究》，2005 年第 2 期。

⑤ 李婷婷：《刘沧诗歌研究》，西南大学，2009 年，硕士学位论文。

⑥ 韩玺吾：《论刘沧在晚唐诗坛的地位兼及刘沧与许浑怀古咏史诗的比较》，《荆州师专学报》，1998 年第 3 期。

⑦ 吴怀东、张敏：《刘沧与晚唐七律的发展——从刘沧与许浑比较的角度》，《阅江学刊》，2013 年第 2 期。

⑧ [唐]韩偓著，齐涛笺注：《韩偓诗集笺注》，济南：山东教育出版社，2000 年。

⑨ [唐]韩偓著，陈继龙注：《韩偓诗注》，上海：学林出版社，2001 年。

⑩ 陈继龙：《韩偓事迹考略》，上海：上海古籍出版社，2004 年。

⑪ 宗瑞冰：《韩偓诗歌艺术研究》，南京师范大学，2006 年，硕士学位论文。

⑫ 张晓霞：《李商隐与韩偓诗歌比较研究》，西北师范大学，2008 年，硕士学位论文。

非常成功的”;徐建芳《韩偓艳情诗与晚唐词化现象》[①]讨论了韩偓艳情诗与晚唐词的关系,在文体学角度颇见新意;李静《韩偓诗歌意象研究——以李商隐诗歌意象为参照进行比较研究》[②]从意象角度比较李商隐与韩偓的诗歌,指出韩偓在继承李商隐的同时,创造出了带有自己个性特色的独特意象组合,不再晦涩,而显得清晰明朗,在组合上疏朗有间、清丽冲淡。其他有关学位论文还有白爱平《韩偓和他的诗歌》[③]、于飞《韩偓诗歌论稿》[④]、张迪《韩偓诗歌创作研究》[⑤]、王碧昱《韩偓诗歌艺术特点及影响》[⑥]、李倩《韩偓研究》[⑦]、张丽娜《韩偓诗风略论》[⑧]、白笑天《韩偓诗歌研究》[⑨]等。

韩偓年谱及诗歌系年相关论文有霍松林、邓小军《韩偓年谱》[⑩],周祖譔、叶之桦《韩偓年谱补正》[⑪],周祖譔《韩偓诗的编集、流传与版本》[⑫]、吴在庆《韩偓生平诗文系年简谱》[⑬]等。其他相关论文有黄世中《论韩偓及其“香奁诗”》[⑭]、康正果《晚唐诗人韩偓》[⑮]、齐涛《论韩偓与韩偓诗》[⑯]、张

---

① 徐建芳:《韩偓艳情诗与晚唐词化现象》,东北师范大学,2008年,硕士学位论文。

② 李静:《韩偓诗歌意象研究——以李商隐诗歌意象为参照进行比较研究》,辽宁师范大学,2010年,硕士学位论文。

③ 白爱平:《韩偓和他的诗歌》,西北大学,2002年,硕士学位论文。

④ 于飞:《韩偓诗歌论稿》,吉林大学,2004年,硕士学位论文。

⑤ 张迪:《韩偓诗歌创作研究》,黑龙江大学,2007年,硕士学位论文。

⑥ 王碧昱:《韩偓诗歌艺术特点及影响》,河北大学,2008年,硕士学位论文。

⑦ 李倩:《韩偓研究》,四川师范大学,2010年,硕士学位论文。

⑧ 张丽娜:《韩偓诗风略论》,北京师范大学,2011年,硕士学位论文。

⑨ 白笑天:《韩偓诗歌研究》,兰州大学,2011年,硕士学位论文。

⑩ 霍松林、邓小军:《韩偓年谱》(上、中、下),《陕西师范大学学报》,1988年第3、4期,1989年第1期。

⑪ 周祖譔、叶之桦:《韩偓年谱补正》,《唐代文学研究》第六辑,桂林:广西师范大学出版社,1996年。

⑫ 周祖譔:《韩偓诗的编集、流传与版本》,《文学遗产》,2000年第1期。

⑬ 吴在庆:《韩偓生平诗文系年简谱》(上、下),《广东技术师范学院学报》,2013年第1、2期。

⑭ 黄世中:《论韩偓及其“香奁诗”》,《温州师专学报》,1984年第2期。

⑮ 康正果:《晚唐诗人韩偓》,《陕西师大学报》,1983年第1期。

⑯ 齐涛:《论韩偓与韩偓诗》,《山东大学学报》,1997年第3期。

巍《韩偓香奁诗的词体特质》[①]、张巍《韩偓与江湖诗派》[②]、周蓉《唐末台阁诗人的生存状态与其诗歌主题关系的考察——以韩偓濮州之贬前后的创作为中心》[③]、木斋和孙艳红《论晚唐五代诗客曲子词的演变历程——以皇甫松、和凝、韩偓、孙光宪为中心》[④]等。

关于吴融的专人研究,学位论文有张淑玉《吴融及其诗歌研究》[⑤]、朱畅《吴融论析》[⑥]等。涉及吴融齐梁诗风的单篇论文有张艳辉《论吴融的艳情诗》[⑦]等。另外,柏俊才编撰有《吴融年谱》[⑧]。

关于唐彦谦的专人研究,学位论文方面,刘莹莹《唐彦谦及其诗歌研究》[⑨]以"轻绮凄怆""典丽精工"概括唐彦谦倾向于齐梁诗风的部分创作,并探讨了唐彦谦学习李商隐的问题。邱雯慧《唐彦谦诗歌创作研究》[⑩]、金野《唐彦谦研究》[⑪]等学位论文也讨论了相关问题。单篇论文方面,有刘莹莹《晚唐诗人唐彦谦生平的几点考述》[⑫]《论唐彦谦艳诗风格》[⑬]等。

关于韦庄的专人研究,诗文整理本有聂安福笺注《韦庄集笺注》[⑭],研

---

① 张巍:《韩偓香奁诗的词体特质》,《华南师范大学学报》,2006 年第 2 期。

② 张巍:《韩偓与江湖诗派》,《深圳大学学报》,2006 年第 4 期。

③ 周蓉:《唐末台阁诗人的生存状态与其诗歌主题关系的考察——以韩偓濮州之贬前后的创作为中心》,《西北师大学报》,2010 年第 5 期。

④ 木斋、孙艳红:《论晚唐五代诗客曲子词的演变历程——以皇甫松、和凝、韩偓、孙光宪为中心》,《社会科学战线》,2012 年第 7 期。

⑤ 张淑玉:《吴融及其诗歌研究》,四川师范大学,2012 年,硕士学位论文。

⑥ 朱畅:《吴融论析》,华中师范大学,2013 年,硕士学位论文。

⑦ 张艳辉:《论吴融的艳情诗》,《阜阳师范学院学报》,2007 年第 5 期。

⑧ 柏俊才:《吴融年谱》,《文献》,1998 年第 4 期。

⑨ 刘莹莹:《唐彦谦及其诗歌研究》,南京师范大学,2008 年,硕士学位论文。

⑩ 邱雯慧:《唐彦谦诗歌创作研究》,西北师范大学,2009 年,硕士学位论文。

⑪ 金野:《唐彦谦研究》,辽宁师范大学,2010 年,硕士学位论文。

⑫ 刘莹莹:《晚唐诗人唐彦谦生平的几点考述》,《吉林省教育学院学报》,2010 年第 4 期。

⑬ 刘莹莹:《论唐彦谦艳诗风格》,《南昌教育学院学报》,2011 年第 11 期。

⑭ [五代]韦庄著,聂安福笺注:《韦庄集笺注》,上海:上海古籍出版社,2002 年。

究专著有张美丽《韦庄诗研究》[①]等。又齐涛有《韦庄诗系年》[②]。

郑谷诗歌整理本有赵昌平等笺注《郑谷诗集笺注》[③]。涉及郑谷与齐梁诗风相关创作的研究，学位论文有张小红《郑谷诗歌研究》[④]、吕红光《郑谷诗歌及其诗歌思想研究》[⑤]等。单篇论文中，崔霞的《郑谷承袭温李绮艳诗风论》[⑥]指出郑谷学习温李，表现出好用色彩、喜使事用典、情调悲怆等特点，又比温李诗略显清丽。

关于崔涂的专人研究，学位论文有何苇《晚唐诗人崔涂研究》[⑦]、张译丹《崔涂及其诗歌研究》[⑧]等。单篇论文有张静秋《崔涂诗浅论》[⑨]等。

家族传统与文学的关系也成为近年来文学研究的热点。与晚唐齐梁诗风关系较为密切的家族，计有：清河/博陵崔氏、弘农杨氏、河东薛氏等。谷芳平的学位论文《唐代崔氏诗研究》[⑩]，在晚唐部分论及崔珏、崔涂、崔道融等与齐梁诗风有关的诗人，并讨论了其"闺怨诗"的创作。孟子勋的学位论文《唐代弘农杨氏家族文学研究》[⑪]标举了不少晚唐以前与齐梁诗风存在渊源的杨氏诗人，如杨炯、杨巨源、杨凭、杨凝等，客观上揭示出弘农杨氏与齐梁诗风、元白诗派的关系。宋宁娜《李商隐与弘农杨氏家族的渊源关系》[⑫]谈及李商隐与弘农杨氏的交游对其创作的影响，角度新颖。

---

① 张美丽：《韦庄诗研究》，北京：中国社会科学出版社，2010年。

② 齐涛：《韦庄诗系年》，《山东大学学报》，1996年第2期。

③ ［唐］郑谷著，严寿澂、黄明、赵昌平笺注：《郑谷诗集笺注》，上海：上海古籍出版社，2009年。

④ 张小红：《郑谷诗歌研究》，西北大学，2004年，硕士学位论文。

⑤ 吕红光：《郑谷诗歌及其诗歌思想研究》，黑龙江大学，2007年，硕士学位论文。

⑥ 崔霞：《郑谷承袭温李绮艳诗风论》，《前沿》，2012年第20期。

⑦ 何苇：《晚唐诗人崔涂研究》，安徽大学，2014年，硕士学位论文。

⑧ 张译丹：《崔涂及其诗歌研究》，西南大学，2014年，硕士学位论文。

⑨ 张静秋：《崔涂诗浅论》，《南京师大学报》，1995年第3期。

⑩ 谷芳平：《唐代崔氏诗研究》，浙江工业大学，2012年，硕士学位论文。

⑪ 孟子勋：《唐代弘农杨氏家族文学研究》，陕西理工学院，2012年，硕士学位论文。

⑫ 宋宁娜：《李商隐与弘农杨氏家族的渊源关系》，《南通大学学报》，2008年第4期。

胡可先《杨氏家族与中晚唐文学生态》①指出杨氏家族在中晚唐倾向于牛党,多由进士出身,并通过婚姻、党援对中晚唐文学发挥影响。梁静《中古河东薛氏与文学概述》②谈及薛能、薛逢等与晚唐齐梁诗风有关的诗人。

另外还偶有一些对其他晚唐齐梁诗风相关诗人的研究,学位论文如曾维刚《"咸通十哲"及其诗歌创作研究》③,提到了"咸通十哲"的艳诗创作学李商隐而流于韩偓之下者。此外还有孙丽丽《段成式研究》④、刘文宙《晚唐陈陶诗歌论稿》⑤等。单篇论文有张固也《中晚唐诗人于武陵考》⑥等。

对晚唐齐梁诗风相关诗人的关注日渐加强,是近期学位论文和期刊论文的趋势。这与古代文学研究的不断细化有关,也与学人日益接受、喜爱、重视晚唐齐梁诗风有关。目前这方面的研究大多限于诗人生平创作的轮廓性描述,对传统叙述框架没有大的突破,仍有深入研究的余地。

一些并非研究齐梁及唐代齐梁诗风的著作,从文学原理的层面提出有效的理论,可以用于更好地诠释齐梁诗风。在形式研究层面,王力《汉语诗律学》⑦讨论齐梁及中晚唐齐梁格诗的格律问题,蒋绍愚《唐诗语言研究》⑧从音韵、语法等角度讨论唐诗中的文学现象,龙榆生《词曲概论》⑨用"声情"的概念讨论诗歌,亦可用于晚唐齐梁诗风下不同体裁声情的讨论。在意象研究层面,陈植锷《诗歌意象论》⑩,对中晚唐诗歌运用意象的特点做了有益的讨论。另如张晓梅《男子作闺音——中国古典文学

---

① 胡可先:《杨氏家族与中晚唐文学生态》,《北京大学学报》,2010年第5期。

② 梁静:《中古河东薛氏与文学概述》,《山西大学学报》,2009年第5期。

③ 曾维刚:《"咸通十哲"及其诗歌创作研究》,西北师范大学,2003年,硕士学位论文。

④ 孙丽丽:《段成式研究》,杭州师范大学,2011年,硕士学位论文。

⑤ 刘文宙:《晚唐陈陶诗歌论稿》,吉林大学,2014年,硕士学位论文。

⑥ 张固也:《中晚唐诗人于武陵考》,《吉林大学社会科学学报》,2008年第5期。

⑦ 王力:《汉语诗律学》,上海:上海教育出版社,2005年。

⑧ 蒋绍愚:《唐诗语言研究》,郑州:中州古籍出版社,1990年。

⑨ 龙榆生:《词曲概论》,北京:北京出版社,2004年。

⑩ 陈植锷:《诗歌意象论》,北京:中国社会科学出版社,1990年。

中的男扮女装现象研究》[①]提出的"男扮女装"概念,对包括晚唐齐梁诗风在内的宫体诗创作有一定解释力。周汝昌《陆机〈文赋〉"缘情绮靡"说的意义》[②]探讨"缘情绮靡"的意义,对本书研究晚唐齐梁诗风的缘情艺术及与之相对的体物艺术不无裨益。孙昌武《道教与唐代文学》[③]论述道教与唐代文学的关系,也有助于理解具有道教信仰背景的晚唐齐梁体诗人的创作。

一些海外汉学的研究专著也与晚唐齐梁诗风有关。松浦友久《节奏的美学——日中诗歌论》[④]发现诗歌中的节奏问题,有助于齐梁体诗歌的节奏问题研究。又氏著《中国诗歌原理》[⑤]对齐梁诗、唐诗中女性形象的分析论述,也启迪了本书关于晚唐齐梁诗风女性形象的研究。吉川幸次郎的《中国诗史》[⑥]提出六朝诗、唐型诗与宋型诗的分别。晚唐齐梁诗风在唐型诗的背景下,带有更多六朝诗和宋型诗的特质,是唐宋诗转型中的重要文学现象,吉川先生对唐型诗、宋型诗的论述,有助于对晚唐齐梁诗风的理解。川合康三的《终南山的变容——中唐文学论集》[⑦]在论述中唐后期诗歌时不乏新见,特别是其中关于李贺诗中比喻、形象等问题的论述,可为晚唐齐梁诗风的研究所借鉴。宇文所安的《晚唐——九世纪中叶的中国诗歌(827—860)》[⑧]在全局性介绍晚唐前期诗坛时,侧重于齐梁诗

---

① 张晓梅:《男子作闺音——中国古典文学中的男扮女装现象研究》,北京:人民出版社,2008年。

② 周汝昌:《陆机〈文赋〉"缘情绮靡"说的意义》,《文史哲》,1963年第2期。

③ 孙昌武:《道教与唐代文学》,北京:人民文学出版社,2001年。

④ 〔日〕松浦友久著,石观海、赵德玉、赖幸译:《节奏的美学——日中诗歌论》,沈阳:辽宁大学出版社,1995年。

⑤ 〔日〕松浦友久著,孙昌武、郑天刚译:《中国诗歌原理》,沈阳:辽宁教育出版社,1990年。

⑥ 〔日〕吉川幸次郎著,章培恒等译:《中国诗史》,上海:复旦大学出版社,2001年。

⑦ 〔日〕川合康三著,刘维治、张剑、蒋寅译:《终南山的变容——中唐文学论集》,上海:上海古籍出版社,2007年。

⑧ 〔美〕宇文所安著,贾晋华、钱彦译:《晚唐——九世纪中叶的中国诗歌(827—860)》,北京:生活·读书·新知三联书店,2011年。

风,其所标举的李商隐、温庭筠、曹唐、许赵体、晚唐山水诗、《才调集》等内容,与晚唐齐梁诗风密切相关。另外,兴膳宏《六朝文学论稿》[①]对六朝诗歌的论述、浅见洋二《距离与想象——中国诗学的唐宋转型》[②]对唐宋诗歌的论述,也为本书所借鉴。

一些当代西方文学理论著作也从文学原理层面给本书的研究以启迪。里尔克《给一个青年诗人的十封信》[③]指出了相对于"情感"的"经验"在诗歌中的作用。萨义德的《论晚期风格——反本质的音乐与文学》[④]提及"晚期风格"的概念。弗洛姆《人类的破坏性剖析》[⑤]对文学作品中人类身体描写与生命意识之间关系的论述影响了本书分析诗歌的角度。苏珊·桑塔格《反对阐释》[⑥]关于形式、风格问题多有精到论述,其文学观念多为笔者所认同和吸纳。

综上所述,本书研究的学术背景可以概括如下:

1. 文体研究的迅猛发展

文体学在中国古代有着悠久的传统,地位崇高。新时期以来,成熟学者对文体学研究投入了很大热情,取得了丰硕成果。唐诗各体在各时期的发展状况已初步清晰。与此同时,文体学研究仍存在着巨大的潜力。而西方当代文学理论家也对文体学相关问题做出了新的阐述。在此背景下,本书对晚唐齐梁诗风的讨论以文体学的讨论为主。

---

① 〔日〕兴膳宏著,彭恩华译:《六朝文学论稿》,长沙:岳麓书社,1986 年。

② 〔日〕浅见洋二著,金程宇、〔日〕冈田千穗译:《距离与想象——中国诗学的唐宋转型》,上海:上海古籍出版社,2005 年。

③ 〔奥〕里尔克著,冯至译:《给一个青年诗人的十封信》,北京:生活·读书·新知三联书店,1994 年。

④ 〔美〕萨义德著,阎嘉译:《论晚期风格——反本质的音乐与文学》,北京:生活·读书·新知三联书店,2009 年。

⑤ 〔德〕E·弗洛姆著,孟禅森译:《人类的破坏性剖析》,北京:中央民族大学出版社,2000 年。

⑥ 〔美〕苏珊·桑塔格著,程巍译:《反对阐释》,上海:上海译文出版社,2011 年。

2. 齐梁诗风谱系的研究趋于完备

齐梁诗风作为一种风气，流行于齐梁至晚唐。在这个序列中，齐梁、初唐的研究已经基本完备，元和时代的研究也出现了经典的研究成果。盛唐、大历和晚唐的齐梁诗风偶被提及，但基本未上升到“齐梁诗风”的高度。其中，晚唐的齐梁诗风又明显较盛。因此，晚唐齐梁诗风亟待得到系统的研究。

3. 艳诗研究和晚唐诗人研究的勃兴

艳诗研究和晚唐单个诗人的研究，成为近年来青年学者感兴趣的热点，他们的工作为本书的研究提供了基础。本书着眼于体式之“齐梁”而不着眼于题材之“艳”，但笔者选择这一研究题目，与平辈学者对于艳诗和晚唐诗人的兴趣点不无关系。

本书涉及的具体作家作品并不生僻，经常为研究者所提及，但相关的研究较为零散。本书试图在“晚唐齐梁诗风”的标签下将有关的重要作家作品统合为一个体系，并进行细致的文体分析，以期在前人的基础上有所创获。

晚唐诗重出、误署的情况甚为复杂，今人与晚唐诗相关的辨伪也取得了丰厚的成果。考虑到本文的研究重点在于晚唐齐梁诗风的发展趋势，而目前的辨伪成果一般不至在诗风的层面改变一个时代或一位诗人的观感，亦不至对统计数据有显著的影响，为避免枝蔓，本文除必要之处外，一般不再讨论辨伪问题。

第三节　名义辨析

出于行文简洁的考虑，本书借用了一些传统诗学概念，来指称对本书的研究有意义的诗歌集合。这些概念在不同诗学家的叙述中有着不同的所指，本书在选择这些概念的含义时，从本书研究对象的实际出发，尽量使所用概念之间有清晰的边界，并能有效描述有意义的诗歌现象，而不拘泥于概念产生之初的本意。因此，这里将一些概念在本书中的所指，做出统一的约定：

一、大历/元和

晚唐直接继承中唐后期，中唐后期与本书的研究对象之间存在密切的联系，简便起见，本书以“元和体”或“元和诗风”“元和风气”等说法指代整个中唐后期的诗歌风格，包括韩孟怪奇诗派、元白诗派、姚贾诗派、张王乐府诗派和雅正诗派等中唐后期一切诗派。

历史上，人们在使用“元和体”这一概念时，其所指是千差万别的。其中，最小的范围仅指元和年间元稹、白居易二人唱和的近体诗，最广阔的范围则在时间上覆盖了贞元至大和，在人员上覆盖了韩孟、元白两派及同时代的中间人物，甚至涵盖到晚唐学习“元和体”的末流。对此，陈才智在《元白诗派研究》中做了专门的梳理，辨析了历代重要诗学家在使用“元和体”这一概念时的所指①。

针对本书关心的问题，相对于晚唐的中唐后期是一个重要的作品集合，在实际论述中，经常有必要统言韩孟、元白等不同诗派。而当有必要区别韩孟诗派与元白诗派对晚唐齐梁诗风的不同影响时，则可以直接以“韩孟体”“元白体”称之。因此，本书遵从唐人李肇、李珏及明清之际诗学家许学夷、冯班的说法，将“元和体”作为整个中唐后期诗风的统称。包括贞元至宝历年间（785—827）的代表性创作，特别是韩孟、元白两大诗派的共同诗歌风格，包括不事浮华、尚实尚奇、体物刻尽、审美倾向人工化等。

元和体向后与本书研究的晚唐衔接，向前与中唐前期衔接。本书将中唐前期统称为“大历”，实际包括至德至兴元年间（756—784）的代表性创作，以大历才子为代表，在风格上倾向于淡雅自然，与元和诗风形成对比。

二、齐梁格诗/齐梁体/齐梁诗风

“齐梁格诗”与“齐梁体”的概念有交叉。“齐梁体”这一概念的使用

---

① 参见陈才智：《元白诗派研究》第四章第一节《元和体名义辨析》，北京：社会科学文献出版社，2007 年，第 195—230 页。

情况较为复杂，包括形式与风格两个方面，而其风格层面又不能涵盖本书所关心的所有作品。

历史上，“齐梁格诗”一般仅着眼于形式。本书以“齐梁格诗”指代形式上比较特殊的一个诗歌集合，即介乎古律之间，讲究声律，但不完全符合格律要求者。包括形似五律但偶尔出律者，也包括仄韵律诗、仄韵排律和律体三韵诗等。六言诗等在齐梁本不流行的杂体诗也附入此类。永明体歌行严格说来也符合这一定义，但因传统上从未将歌行称为“齐梁格诗”，故本书将歌行另辟为一类。

本书使用“齐梁诗风”这一概念，着眼于艺术风格而非内容，指称受到齐梁风格影响的一切诗作，可以包括任何诗体。使用齐梁格诗或宫体五律、转韵歌行等形式固然本身就是受到齐梁诗风影响的表现，使用七律、七绝等典型唐诗形式也完全可以表现为齐梁诗风的影响。齐梁诗风是一种风气、一种倾向，在不同的作品中有深浅之别。典型的体现齐梁诗风的作家、作品是本书研究的重点，而偶尔受到齐梁诗风影响的作家或作品形式，也在本书考察的范围之内。

传统上，“齐梁体”这一概念有时等同于“齐梁格诗”，或为齐梁格诗与规整的宫体五律的合称，是形式的概念；有时又包含了风格的概念，被用于指称表现出齐梁风格的一切近体诗，甚至包括七律和七绝。在拥有了形式上的“齐梁格诗”和风格上的“齐梁诗风”这一对概念后，“齐梁体”的概念已无存在的必要。因此，本书不将“齐梁体”作为独立的概念。由于《才调集》所称的“齐梁体”除了“齐梁格诗”，也包括规整的宫体五律，故本书在分析《才调集》中“齐梁体”的概念时，会依《才调集》的说法，用“齐梁体”指代“齐梁格诗”与“规整宫体五律”的合集。

除此以外，文中在提到“齐梁体”时，一般仅仅是出于调节文句的需要，等同于“齐梁诗风”。本书在说“齐梁体”时，实际上是与“韩孟体”“元白体”等流派平行的，是流派意义上的诗体概念，指称一个近乎流派的诗人群体及其诗歌创作。对于体现了“齐梁诗风”的诗人，则简称为“齐梁体诗人”或“齐梁体创作者”；对于体现了“齐梁诗风”的作品，则简称为“齐梁体作品”。

三、宫体/艳体/女色诗/玉台体

目前学界指称的“宫体诗”，一般必须包括以下四个特征：创作于齐梁至初唐；讲究声律，大体合律，形式上接近五律；用字华艳，以穷形尽相的体物为追求；以女色、咏物、赋题、边塞为题材。

本书为行文简洁起见，将创作于晚唐而其他方面完全符合宫体诗特征的作品，也称为“宫体诗”，用以指称在形式和风格方面具有双重典型意义的晚唐齐梁体作品，亦即形式属于齐梁格诗、五律、五言排律之一，同时题材属于女色、赋题、咏物、边塞之一，且设色华丽、重物轻情、体物刻尽的作品。当特指这一诗歌集合中的一部分时，则称之为宫体五律、宫体排律、宫体咏物诗等。非典型齐梁诗体，如果明显体现出华丽、体物的齐梁风格，且使用典型宫体题材者，必要时也在体裁之前冠以“宫体”称谓，如“宫体七律”等。

“艳体”是着眼于题材的分类方法，而本书划定研究对象不着眼于题材。不体物的艳体诗并不是宫体诗，也不属于本书研究的范围，而宫体诗除女色以外的其他题材，又不能称为“艳体诗”。因此，“艳体”的概念不适用于本书的实际，本书尽量避免使用“艳体”概念。

在着眼于题材，有必要将关于女性的题材单独划出加以论述时，本书使用“女色诗”这一概念，代替“艳诗”“艳体”的说法。本书所谓“女色诗”，指涉及美丽女性形象的一切诗作，包括运用体物、缘情、聚象等不同手法，描写女性外貌、心理、行为、爱情的一切作品，不考虑诗作具体内容是华丽还是朴素，是露骨还是含蓄，是否有详细的描写。本书将“女色”视为齐梁诗风的典型题材之一，而不视为一种“体”。辞色艳丽而不以女性为主要题材的作品，如咏物诗，则在相应题材下论述，不再以“艳体”的名义与女色诗合在一起论述。女色诗、咏物诗、边塞诗、赋题诗同为典型的宫体题材，地位平等，不以“艳”的概念再做区分。

与此类似，虽然《玉台新咏》的编纂者为宫体诗人，但《玉台新咏》中很多前代的作品只能算是艳诗，与齐梁诗风尚不相同。因此，“玉台体”

的概念对本书没有意义，本书也不使用“玉台体”一词。

四、温李体/香奁体/西昆体

温李体、香奁体、西昆体都曾被用于指称齐梁诗风，而其间的界限较为模糊。本书以“温李体”指代流行于晚唐前期且在形式和风格上都较为典型的齐梁诗风，以“香奁体”指代流行于唐末五代且形式和风格都不甚典型的齐梁诗风。一般说来，“温李体”更多使用五律、歌行，典重精工，有浪漫色彩；“香奁体”更倾向于七律和七绝，相对浅易，长于现实描写。

西昆体是指宋初学习李商隐的诗风，目前学界已不再以“西昆体”来指称晚唐齐梁诗风。本书亦以“西昆体”专指宋初杨亿等人受到晚唐齐梁诗风影响的创作。

五、姚贾体/许赵体/韦庄体/晚唐体

本书以“姚贾体”指称以姚合、贾岛为代表的山水五律风格，其主要特点为：体物刻尽，物象幽僻，少用典故，造语清苦。

本书以“许赵体”指称以许浑、赵嘏为代表的山水、怀古七律风格，其主要特点为：重视物象，关注自然，造语清丽，形式考究，语言平易。

晚唐七律除以李商隐为代表的浓丽一派以外，还有以韦庄为代表的清丽一派。这些七律不以体物见长，而以直接叙述人生经验见长；文字比义山体浅显易懂；句法考究，但不务典重，喜好叠字、当句对等形式。本书将此类七律称为“韦庄体”，与典重的“义山体”相对。

晚唐齐梁体诗人在典型齐梁体之外，大多会涉及姚贾体、许赵体、韦庄体等风格，这三种风格与晚唐齐梁诗风密切相关。但晚唐齐梁体诗人在涉及这些风格时，表现得往往不像各体的代表人物那么典型，而是会比各体的典型风格更加柔美化一些。宋人有“晚唐体”一说，最初是指姚贾体，但许赵体、韦庄体等接近白体而更加规整的七律，也被纳入了“晚唐体”的范围，而且“晚唐体”是一个较为模糊的概念，比典型的姚贾体、许赵体、韦庄体的范围要更大一些。因此，本书以“晚唐体”泛称晚唐齐梁体诗人创作的、接近姚贾/许赵/韦庄诸体、略加柔美化的诗作。

本书所说的“晚唐体”，有五言与七言两体。五言体接近姚贾体，但没有太险怪的意象，偶用艳字点染；七言体接近许赵体，或流易如韦庄体而稍加色泽。这两种“晚唐体”本身具有相关性，五言“晚唐体”的创作者经常同时创作七言“晚唐体”，因此，本书认为，在称呼上归并这两种“晚唐体”是合理的。

六、歌行/七古/乐府

歌行本为乐府的一体，最初为五言体。明清以来通常所说的歌行，是指一种七言长诗。永明以后，出现了讲究声律的转韵体七言歌行，唐代转韵体七言歌行发展出了自己的特点，与汉魏五言歌行的艺术追求不尽相同。本书以“歌行”指称转韵、讲究声律的七言诗或杂言诗，视之为典型齐梁诗体，与齐梁格诗、五律、排律同列。不转韵、不讲声律的七言长诗视为七古，认为七古之体起于唐代，不属于齐梁诗风范畴，不予讨论。对于声律险拗、不涉及齐梁式题材的五言诗，视为五古，亦不予讨论。对于不拘声律对仗、涉及女色等齐梁式题材、学习汉魏六朝乐府声调的五言诗，视为五言拟乐府，简称乐府，认为其虽非继承宫体诗传统，然可能向齐梁乐府学习，亦属齐梁诗风范畴，宜加以讨论。因乐府体并非起自齐梁，故将五言拟乐府一体列为非典型齐梁诗体，与绝句、律诗同列。又五绝与乐府体关系密切，晚唐五绝多有模拟吴声西曲者，故五绝又可与乐府体放在一起讨论。本书虽承认歌行体出自乐府，但在讨论中不再将歌行称为乐府。

七、六朝/汉魏/晋宋/齐梁/梁陈/南朝

在指称晚唐齐梁诗风可能借鉴的唐前资源时，本书可能使用这些概念。

“六朝”指魏晋宋齐梁陈六朝。晚唐齐梁体诗人对六朝典故的使用基本不加区别，没有魏晋与齐梁的差异。本书一般在讨论晚唐齐梁体诗人使用的典故时使用“六朝”概念，在讨论诗歌形式时避免使用“六朝”概念。晚唐齐梁体诗人使用六朝典故，本书视为追慕齐梁的一种形式。其

中，有时也包括使用汉代典故，则本书称其为“汉魏六朝”。

本书使用“齐梁”这一概念指称晚唐齐梁体诗人的师法对象。“齐”即南齐，在本书中与“永明”等同；“梁”即萧梁，本书有时不与陈隋区分。永明倾向于格律问题，萧梁倾向于体物等创作技法。当偏指一方时，本书使用“永明”“萧梁”的概念。

陈代宫体诗比齐梁更为香艳露骨，本书在专指香艳露骨的诗风时，会使用“梁陈”的概念。本书以“晋宋”代指西晋至刘宋重视排偶、注意体物但还不讲声律、略具古意的诗风。其中，刘宋比西晋更近排偶。所以，在统言宋齐梁陈诗风时，本书会使用“南朝”概念，以与魏晋相区别。

第一章　从《才调集》看晚唐齐梁诗风

晚唐诗歌创作中存在着一种齐梁化的风气。这种风气以力厚色浓、大胆侧艳为特色，热衷于女色和体物，迷恋齐梁的意象和创作方法，孕育了温庭筠、李商隐等杰出诗人，绵延八十年，直至唐王朝结束。

在多元化的晚唐诗坛上，齐梁诗风既不是诗学的全部，也不是一个明显的诗派，而是如盐在水，作为一种风气一直在发生影响，却难于划定边界。或许，不妨将齐梁诗风看作部分晚唐人审美趣味的体现，因此一些人对其深恶痛绝，一些人不置可否、偶一为之，而另一些人对其热情追捧、努力实践。

对于晚唐齐梁诗风，晚唐五代的文人并非没有做过总结的尝试。诗歌选集《才调集》就可以为我们提供追踪晚唐齐梁诗风的线索。《才调集》的编者显然是温庭筠的崇拜者，因此，入选《才调集》的作品都是温庭筠的崇拜者所喜爱的作品。而温庭筠本人是晚唐齐梁诗风最典型的作家，所以《才调集》中的作品至少在审美上都是与晚唐齐梁诗风不相斥的，并很可能属于晚唐齐梁诗风。

当然，不能说《才调集》中的所有作品都是典型的齐梁体，更不能说《才调集》涵盖了整个晚唐齐梁诗风。本章要做的，首先是从作家和诗体（包括篇制与风格）的角度梳理出《才调集》的诗学谱系，并将《才调集》的内容区分为“晚唐齐梁体”与“晚唐齐梁体外围”两部分，进而大致勾勒出晚唐齐梁诗风的体系结构，为晚唐齐梁诗风的进一步研究划定边界、提供框架。

第一节 《才调集》及其诗人谱系

一、《才调集》：晚唐诗坛的美丽侧影

美国汉学家宇文所安认为：

> 九世纪后半叶出现许多诗歌评价，但通常未提到李商隐和温庭筠。……也许最好将“温李”现象理解为反映了某个群体的品位，此品位可能建立于九世纪五十年代，然后继续在少数人中存在，甚至流行于“地下”，直到十世纪这种诗歌才最终找到充分赞赏它的社会群体。[①]

这里的“十世纪”，指的是五代时期，特别是其中的前蜀和后蜀。五代为晚唐诗风的延伸期，在这段时间里，晚唐齐梁诗风主要是在地处成都的割据政权得到褒扬。生于晚唐、成长于前蜀的文人在后蜀编纂了诗集《才调集》和词集《花间集》，在这两种文体的选集中，温庭筠都得到了绝对的尊崇。足见温庭筠受到后蜀文人喜爱的程度。

在唐王朝灭亡之前，温庭筠的诗风似乎并未受到这样的礼遇。正如宇文所安指出的，晚唐的人们至少在表面上拒绝承认温李是自己这个时代最优秀的作家。有趣的是，后世的一般读者在提到“晚唐”时，第一反应却是属于温李的那个华艳的晚唐，其次才是属于姚贾的那个幽冷的晚唐，至于祖述元白的闲适的晚唐，继承韩孟的刺世嫉邪的晚唐，虽然令晚唐人自豪，却要被后人放在更次要的位置上。被晚唐人有意无意忽视的温李反而成了后人眼中晚唐的标志。

也许温李在晚唐受到的冷遇并未达到宇文所安想象中的程度，但欣赏温李只是“某个群体的品位”当是可信的。后蜀的《才调集》是这种相

---

① 〔美〕宇文所安著，贾晋华、钱彦译：《晚唐——九世纪中叶的中国诗歌（827—860）》，北京：生活·读书·新知三联书店，2011年，第513—514页。

对小众的爱好第一次编订成传世诗集,较多地保留了所谓"某个群体的品位"的原始状态,对我们认识晚唐齐梁诗风有极大的帮助。

《才调集》的编纂者韦縠,出身于京兆韦氏家族,是晚唐著名诗人、《又玄集》编纂者韦庄的同族后辈。韦縠生于884年前后,去世不晚于960年,官至后蜀的监察御史①。《才调集》成书于943年,此时韦縠已近花甲之年。韦縠出生时,唐彦谦、吴融、韩偓尚处于创作活跃期;《才调集》编成时,韩偓已去世约三十年。

韦縠为《才调集》撰写了一篇简短而低调的序言。在序言中,韦縠称自己采录这些"韵高而桂魄争光,词丽而春色斗美"的作品,只是为了"自乐所好",供人"闲窗展卷""月榭行吟"之用,而不期望"垂诸后昆"。② 这样的自我定位,与数百年前的《玉台新咏》却有几分相似。韦縠的选诗理念比较私人化,无意于教化当世和后世的诗人,因此也不求建构一个权威而完整的文学谱系。也许《才调集》并不全面,但在反映某一时代、某一群体的爱好时,却格外真实。

韦縠编纂《才调集》时,脑海中并没有一个预设的谱系。但作为一部业已成型的文本,这部涉及初唐至五代的诗歌选本完全可以被分析、归纳,从而提炼出一个结构。韦縠代表的时代和群体的品味,对每一个时代的作品都有好恶、去取。由此形成的结果虽不是唐诗的谱系,却是一个群体的谱系,即以温庭筠为中心的晚唐齐梁诗风的谱系,包括晚唐齐梁诗风的文学史资源。《才调集》反映不出整个晚唐,只是形神兼备地留下了晚唐诗坛的一个侧影,而且是较为美丽的那个侧影。

二、《才调集》的诗人谱系

《才调集》首先为我们提供了一个诗人谱系,即喜欢温、韦的晚唐人还喜欢哪些诗人。《才调集》共涉及从初唐到五代的139位诗人。其中,

---

① 参见刘浏:《〈才调集〉研究》,北京:对外经贸大学出版社,2008年,第19页。

② [后蜀]韦縠:《才调集·叙》,傅璇宗、陈尚君、徐俊编《唐人选唐诗新编》(增订本),北京:中华书局,2014年,第919页。

晚唐的诗人可视为温庭筠的同道——即晚唐齐梁诗风的主要代表——及其外围诗人，晚唐以前的诗人可视为晚唐齐梁诗风的诗学资源。当然，这139位诗人的地位并非同等重要。韦庄、温庭筠分别有62、61首作品入选《才调集》，是最重要的作者，而只有1首诗入选的作者比比皆是。后者显然是不重要的。《才调集》共选诗889首，平均每人6.4首。本章认为，超过均值，即入选7首及以上作品的诗人，是《才调集》比较看重而较有意义的，达不到均值的诗人，则入选有一定偶然性，可不做重点考虑。由此得出《才调集》中较重要的作家包括：

元和前诗人：李白28首，卢纶7首。

元和诗人：元稹57首，白居易27首，刘禹锡17首，李涉16首，王建13首，顾况11首，贾岛、姚合、张籍各7首。

晚唐诗人：温庭筠61首，杜牧、李商隐各40首，曹唐24首，许浑19首，唐彦谦17首，李廓16首，赵嘏11首，薛能10首，于武陵9首，秦韬玉8首，崔珏7首。

唐末诗人：韦庄62首，张泌18首，罗隐17首，王涣13首，郑谷11首，胡曾、罗邺各9首，杜荀鹤、李山甫各8首，崔涂、钱珝、刘象、于鹄各7首。

可以看出，晚唐和五代是《才调集》的重点，稍早的元和是其祖述的主要文学资源，而元和以前的唐诗并非重点。在此，对以上作家的状况做一简要分析：

1. 元和前诗人

《才调集》选初唐诗很少，于盛唐诗人中则独重李白。《才调集》选李白，侧重其受到齐梁诗风影响的一面。具体说来，包括其继承了南朝歌行的歌行与继承了宫体诗的五言诗。

歌行是李白入选《才调集》的主要原因。李白入选的28首作品中，有9首为歌行，而《才调集》选元和前歌行总共不过16首。王夫之认为，七言歌行始自鲍照，“前虽有作者，正荒忽中鸟径耳”①。歌行的第一次繁

① [清]王夫之著，张国星点校：《古诗评选》，保定：河北大学出版社，2008年，第50页。

盛实际已到萧梁。歌行在立体之初本是一种南朝新体。《才调集》所选李白歌行,题目多取自南朝人常用的乐府题,如《白头吟》《乌夜啼》《捣衣篇》等,充满了对南朝的怀恋。入选歌行多非李白惊心动魄的代表作,而大多语言流丽、重视形象、体物华艳,模拟鲍照的痕迹较明显,接近萧梁歌行的特点。

除歌行和 1 首赋外,李白入选《才调集》的作品均为五言,以五律为主,兼及五言乐府及五绝。萧梁宫体诗是五律的直接源头,李白入选的五律皆为宫体写法。其中,《紫骝马》为萧梁的赋题写法,所用题目也是萧梁新体赋题喜欢用的。《宫中行乐三首》《紫宫乐五首》用体物之笔,详细地描摹雍容华贵的宫人形貌,是典型的宫体诗。李白入选的五言乐府和五绝,则可看作对南朝乐府的继承。

由此可见,李白完全是作为齐梁诗风的继承者入选的。

大历诗人中,只有卢纶一人勉强达到了均值,可见大历诗风与《才调集》的审美甚不相容。卢纶有 2 首排律入选,是唯一有排律入选的元和前诗人[①]。卢纶的排律偶有佳句,或体物浏亮,达到了“韵高词丽”的标准;或缘情绮靡,以道得人心中事为工;或指称物名,带有猎奇色彩。除排律外,卢纶入选的绝句多涉艳情,七律略似韦庄。

综上可知,《才调集》选元和前诗人的作品,着眼于齐梁风格的显现,重点在歌行、五律,偶有绝句入选。

2. 元和诗人

《才调集》几乎未选韩孟派诗人的作品,而元白派的两位领军人物,以及与元白派关系密切的刘禹锡,却是《才调集》选诗最多的三位元和诗人。由此可见《才调集》对元白诗派的偏重。

《才调集》选元、白、刘的作品,都以七绝为最多。

除七绝外,元稹还有 9 首五律入选,在《才调集》中算是入选五律较多的。在元和前诗人中,只有李白有这么多五律入选;在元和、晚唐诗人

---

① 《才调集》选入隋代诗人薛道衡的《昔昔盐》,误属刘长卿,今不计入。

中,入选五律在此以上的也寥寥无几。足见《才调集》对元稹五律的认可。

白居易有 7 首排律入选,是《才调集》入选排律最多的诗人,说明《才调集》把白居易当作排律的典范。排律亦兴起于萧梁,在句法上具备五律的一切特点,可以继承宫体诗的写法;同时篇幅较大,可以吸纳赋的写法,极尽铺陈。因此,排律也是承载齐梁诗风的一种重要体裁。

此外,白居易还有 11 首五言乐府入选,远远超过了李白。但事实上,白居易的古体乐府大致属于"新乐府"风格,并未继承南朝乐府的艺术传统,不属齐梁体裁。"新乐府"其实远非《才调集》热衷的体裁。在《才调集》中,其他诗人都没有同类作品入选。白居易的"新乐府"之所以能入选,恐怕只是因为白居易本人及其倡导的"新乐府"名声太高,又貌似与乐府传统有关,不便忽略。

《才调集》选元和歌行不多。除元稹有 4 首入选外,另顾况入选的 11 首诗中有 6 首歌行,李涉入选的 16 首诗中有 7 首歌行,可见顾李二人都是因歌行入选。元、顾、李入选的歌行均有艳丽铺陈的特点,多与女色故事有关。

在元和诗风中,《才调集》明显倾向于元白体,且最重其七绝,艳体歌行次之,排律、五律又次之,七律有少量入选。这是《才调集》为其喜爱的晚唐诗人找到的诗学源头。

3. 晚唐诗人

作为《才调集》最推崇的诗人之一,温庭筠各诗体的创作得到了全面的选录。温庭筠的创作可以作为《才调集》推崇的诗风之一的样板,即晚唐齐梁诗风的样板。

温庭筠歌行受到的推崇尤为突出,入选多达 23 首,远远超过以 9 首居第二位的李白,可见在韦縠看来,歌行是温庭筠最具代表性的诗体,温庭筠的歌行也是最值得欣赏的歌行。

除歌行外,温庭筠入选的七律多达 15 首,仅次于入选七律最多的韦庄和以游仙七律见长的曹唐,而超过了李商隐。与诗人的其他诗体相比,温庭筠的七律呈现出不同的风格，多数显得不甚绮艳。温庭筠与韦庄的诗风歧异很大，唯独七律与韦庄最为相近，即以格言式的警句取胜，重在传达相对普遍的人生经验，而非进行曲折深入的心理描写，造语讲究但用词并不特别华艳。温庭筠的七律受到欣赏，可能与其近于韦庄的风格有关。或者说，温韦的七律代表了晚唐较为普遍的七律风格。

值得注意的是，温庭筠有 7 首近乎古律之间的“齐梁体”作品入选，是《才调集》唯一有齐梁体作品入选的诗人，同时这 7 首作品也被明确标为“齐梁体”。说明《才调集》认为温庭筠是形式上的“齐梁体”的唯一规范。温庭筠又有 5 首五律、2 首排律入选，除完全符合格律外，风格与萧梁宫体诗或“齐梁体”极为相近，不妨视为合律的“齐梁体”。

此外，与其他元和、晚唐大家相比，温庭筠入选的绝句相对较少。

李商隐入选最多的作品为七绝，七律次之，另有 6 首排律。李商隐入选的七绝长于缘情，且多涉女色，与《才调集》中其他诗人的七绝可以构成一个整体；其五律和排律均设色华艳，体物工细，体现出齐梁宫体的特点。很显然，《才调集》是故意从李商隐的诗集中寻找此类作品的。应该说，李商隐入选的七绝和五律都符合《才调集》的一般标准。至于李商隐的七律，则显示出与韦庄七律明显不同的风格，力厚色浓，仿佛是其宫体五言的变体。《才调集》是把李商隐七律当作晚唐齐梁诗风的一种变体来接受的。

晚唐的另外一位重要诗人杜牧也是入选七绝最多，且多涉艳情，同样汇入了晚唐齐梁诗风下七绝以艳体缘情为务的潮流。除此以外，杜牧入选的律诗也较多，五律近于宫体，七律近于韦庄。

曹唐入选作品多达 24 首，其中 21 首为七律，3 首为七绝，题材均为游仙。曹唐以游仙诗著称，《才调集》也完全是将其作为写作游仙诗的特色诗人选入的。曹唐的游仙诗在造语上与李商隐的七律相似，亦可看作晚唐齐梁体的重要组成部分。

李廓即使在晚唐诗人中也不算著名，却是《才调集》入选五律最多的诗人。李廓主要是凭一组 10 首的五律《长安少年行》入选的。这组诗很难说有很高的艺术水平，不过是以华丽的笔调铺叙物象，描绘了长安的都市生活。李廓的五律突出地体现了晚唐宫体五律重物轻情的特点。此外，大型组诗的体式也收到了一定骇众取名的效果，故为《才调集》所取。除五律外，李廓也有一些艳体歌行入选。

《才调集》多选唐彦谦、秦韬玉、崔珏等人的七律。他们的七律不避华靡，形似义山而稍加流易，亦可视为晚唐齐梁诗风的核心成分。此外，《才调集》还多选许浑、赵嘏的七律，盖因二人亦为一时七律名手。二人的七律流易与韦庄近似，而物象高华过之，介乎李商隐与韦庄之间，故可视为晚唐齐梁诗风的外围。

在《才调集》中，与温李平辈的晚唐诗人，以及年辈略晚的唐彦谦等人，大多呈现出齐梁风格的影响。部分诗人的七律近于韦庄诗风，属于晚唐齐梁诗风的外围。

4. 唐末诗人

《才调集》中入选的诗人，年代都不太晚，即使是活到了朱温称帝(907)之后，其主要活动时间亦都在晚唐，可以算作晚唐诗人。然而，晚唐诗人是《才调集》选录的重点，人数较多，值得做较细的区分。根据年辈的差异，晚唐诗人又可大致分为两代。老一代为温李的同辈人，以温庭筠为代表，风格较绮丽；后一代为温李的晚辈，以韦庄为代表，风格有所变化。方便起见，本书称后者为“唐末诗人”。凡确定卒年在公元907年之后者，划为“唐末诗人”。如卒年不能确定，而能大致确定生年晚于公元833年(即比李商隐年少二十岁以上)者，亦划为“唐末诗人”。

唐末诗人韦庄是《才调集》选诗最多的诗人，这与选诗者韦縠为韦庄族人有很大关系。可以说韦縠的审美倾向受到了韦庄诗的影响，但不能说韦庄最能代表《才调集》的真正好尚。如果一首作品与韦庄的风格并不相同而能入选《才调集》，则毫无疑问是因纯文学的原因受到欣赏；而如果一首作品近于韦庄的风格，则可能仅仅是因为近似韦庄而入选。《才调集》中与韦庄风格相异的晚唐诗歌多为浓艳的齐梁体，这些作品更能代表《才调集》的真实偏好。尽管如此，晚唐齐梁体与韦庄体毕竟有着相同的受众，不能说没有关联。韦庄体可以被作为晚唐齐梁诗风的外围来处理。

韦庄入选的62首作品中，七律多达33首，显然被韦縠视为七律正体。与李商隐等人不同，韦庄的七律语言朴素，以传递人生经验的警句见长，与齐梁诗风颇有距离。不过，韦庄入选的几首五律，却与温李五律相似，可见齐梁遗意。

类似地，唐末诗人张泌、罗隐也主要是因七律入选。张泌的七律稍见点染，工于写景，接近许浑、赵嘏的风格，偶有义山体七律。罗隐的七律语言则在浅易的道路上比韦庄走得更远，专注于人生经验的传达，很多句子近乎俗谚，与晚唐齐梁诗风的距离更远，而只是与韦庄体有一定关系。

另有一些入选数量中等、在文学史上历来不很受重视的诗人，也明显是因七律入选。胡曾入选的9首均为七律，当系七律专家。胡曾的七律设色较为华艳，近乎义山体，且多赋齐梁乐府旧题，接近翁绶的作法，受齐梁诗风的影响十分明显。吴商浩的七律亦明显注重辞藻，与唐彦谦等人相似，体现出齐梁诗风的影响。李山甫的七律重视辞藻，但实际诗格不高，仍沉迷于一些世俗经验的传达，甚或世俗富贵的夸耀，体现出介乎义山体与韦庄体之间的风格，勉强亦可看出齐梁诗风的影响。罗邺与罗隐同为咸通“三罗”之一，七律风格与罗隐相似，可归为晚唐齐梁诗风的外围。

钱珝入选作品中有6首为绝句，可见是因绝句被取中。钱珝入选的绝句多有齐梁风味。其中的《未展芭蕉》与贺知章《柳枝词》一样，以齐梁式比喻体物，如：

冷烛无烟绿蜡干，芳心犹卷怯春寒。一缄书札藏何事，会被东风暗拆看。①

---

① ［后蜀］韦縠编《才调集》，傅璇宗、陈尚君、徐俊编《唐人选唐诗新编》（增订本），北京：中华书局，2014年。本章所引唐诗未出注者，均据该版本。

把有生命的芭蕉比作“冷烛”“绿蜡”，静穆而珠光宝气；将卷曲的蕉叶比作“芳心”“书札”，将东风吹开芭蕉比作拆看书信，引导人联想到美女的形象，富于情爱的暗示。

另一些绝句则以男女情爱为题材，着重发掘爱情中的特殊心理，如：

佩兰应语宫臣道，莫向金盘进荔枝。（《蜀国偶题》）
身轻愿比兰阶蝶，万里还寻塞草飞。（《春恨》）

继承的是南朝诗歌中的缘情艺术①。

王涣入选作品以七绝为主，题材香艳，工于缘情，与《才调集》中呈现齐梁诗风的七绝一脉相承。故王涣也属于受齐梁诗风泽被的唐末诗人。

还有一些诗人，入选数量中等，但文体分布比较均匀，如郑谷、杜荀鹤、崔涂、刘象、于鹄等。这些诗人入选七律不多，而都有便捷的七绝入选，又有五律入选，或为体物浓艳的齐梁体，或为写景淡雅的晚唐体，与温李的五律创作状况相似。这些诗人也体现出晚唐齐梁诗风的影响。

《才调集》中的唐末诗人，有相当一部分属于韦庄体，因而只能视为晚唐齐梁诗风的外围。另一些诗人则仍然体现齐梁风格，接近于温李的创作。

5. 其他值得一提的诗人

有一些在文学史上颇受重视的诗人，虽然也入选了《才调集》，却不受重视，甚至入选作品的数量都没有达到均值。《才调集》对这些诗人的处理，也反映了一些问题，在此做简要的分析。

初唐诗直承齐梁余绪，却并非《才调集》的诗学资源。整个初唐仅入选 4 首，且各自代表了不同文体在齐梁时代的原始形态。如沈佺期《古意呈乔补阙知之》介乎歌行与七律之间，上承齐梁歌行；其《杂诗》为五律，

① 缘情不等同于抒情，是对感情的描写，而未必是主观情绪的抒发。详见本书第五章的定义，及第三、四章的实例论述。

呈现典型的齐梁宫体风格；张谔的五律《还京》通首平稳，呈现齐梁山水诗体物的特点；贺知章的《柳枝词》来源于齐梁乐府题目，且使用了典型的齐梁式比喻。《才调集》选初唐诗，注重其原始的一面，带有猎奇的色彩，并不将其视为经典。

王昌龄在盛唐诗坛占据重要地位，却只有 2 首五律、3 首七绝入选。五律和七绝都是中晚唐齐梁诗风的常用文体。王昌龄入选的五律有宫体遗意，七绝亦为典型的齐梁题材。王昌龄的整体诗风并不能算是齐梁风格，《才调集》所选王昌龄诗也不反映王昌龄的整体风格，但入选的几首王昌龄诗却可能对晚唐齐梁诗风产生过重要影响。与此类似，岑参入选的 4 首七绝也不足以代表岑参的风格，但涉及闺情、边塞等题材，不失为齐梁之遗响，晚唐齐梁诗风之先声。孟浩然有宫体五律、艳体七绝各 1 首入选，亦属类似情况。

崔国辅传世作品不多，以五绝见长，题材较为香艳。《才调集》选入了崔国辅的 4 首香艳五绝。崔国辅的五绝应该也是晚唐齐梁诗风的诗学资源。

刘长卿为大历诗人的代表，号称“五言长城”。《才调集》却只选其 2 首五律。其中一首类似宫体，另一首写景诗透露“晚唐体”消息，亦不体现刘长卿的风格。可见，《才调集》并不欣赏大历诗风。

元和时代的李贺追求艳异，对温李的审美风格、特别是歌行创作有直接的影响。李贺虽然写近体不多，但其诗歌中的齐梁意象是不少的，应该是晚唐齐梁诗风的重要诗学资源。《才调集》却只选了李贺的 1 首宫体五律，忽略了晚唐齐梁诗风的一个重要来源。同样，元和诗人刘商与李贺风格相近，也只有 1 首歌行入选，且并不能很好地体现其齐梁风格。

元和时代著名的歌行作手张籍、王建虽都入选《才调集》，但竟然均无一首歌行入选，可见《才调集》亦不欣赏张王歌行的风格。王建是被作为杂体诗人选入的，其 13 首诗中，有 6 首六言，4 首“调笑令”。在韦縠看来，这些娱乐性极强的新奇形式，比王建的歌行有价值得多。至于张籍，在《才调集》中并未太受重视，入选相对稍多的文体还是五律，风格大致为体物细腻而略比姚贾清浅的“晚唐体”。

元和时代的五律名家姚合、贾岛亦未太受重视，各只有 2 首五律入选。贾岛入选的作品并非“独行潭底影，数息树边身”这样具有明显贾岛特点的“苦吟”之作，而是“旅情斜日后，春色早烟中”这样的流丽清浅之作，更多地表现“晚唐体”的共性而非贾岛的个性。姚合入选的五律则更无刻尽之语。可见，《才调集》欣赏姚贾的个别作品，但并不推崇“姚贾体”。

一些体现出晚唐齐梁诗风的诗人入选《才调集》的作品较少，他们又可分为两种情况。有的诗人传世作品已经不多，或主体风格并非齐梁诗风，《才调集》选录了其典型的齐梁风格作品，可谓独具只眼；另一些诗人传世作品较多，也较明显地呈现出齐梁风格，入选作品却不多，仍需要我们做进一步的研究。前者包括韩琮、李频、李洞、张乔、高骈、高蟾、纪唐夫、李郢等，后者包括陈陶、李群玉、赵光远、吴融、韩偓、徐夤[①]等。

《才调集》卷十专录无名氏及女诗人的作品。唐代女诗人的诗学修养总体上远远不及同时代的男诗人，作诗更多地倚仗性灵。与温李相比，女诗人的作品往往显得清浅，也不能很好地运用齐梁的历史典故和诗歌技法，更无法以男性的眼光，对女性的外在形貌做穷形尽相的描写，因此，很少有女诗人的作品真正体现出齐梁风格。只不过，由于女性长期成为齐梁体描写的对象，女诗人凭借女性的生活经验，可以写出一些在物象上与宫体相关的作品来，女性独特的情感体验也可以为这些作品增色。对于身为男性的编选者韦縠来说，女性作诗这一事件本身已足以满足其与齐梁诗风有关的想象了，应该说，韦縠在选录女性作品时，无论在艺术水平上还是风格上，都采取了比较宽泛的标准。

当然，也有一些诗学修养较好的大家闺秀，突破了女性的天然视角，写出了体现齐梁诗风的作品[②]。对于这些作家作品，《才调集》也有足够

① 《才调集》作徐寅。

② 参见张一南：《我见犹怜——唐代女诗人的齐梁体创作》，《文史知识》，2014 年第 3 期。

敏锐的发掘。

女诗人入选《才调集》的作品很少超过3首,入选数超过男性诗人均值的只有盛唐的李冶和唐末的鱼玄机。李冶和鱼玄机的作品都没有典型地体现出齐梁风格。相比之下,元和时代的女诗人薛涛也许创作更加规整,体现出更多的宫体风格,与中晚唐的重要诗人也有一些交往,但她仅有3首诗入选《才调集》,未引起足够重视。

借助《才调集》,可以初步梳理出与晚唐齐梁诗风密切相关的诗人及体裁。

晚唐齐梁诗风的诗学资源包括:李白的歌行、五律及五言乐府;崔国辅的五绝;王昌龄等盛唐诗人的部分作品;卢纶、元稹、白居易、刘禹锡等诗人的七绝;元稹的五律;白居易的排律;元稹、顾况、李涉的歌行等。

晚唐齐梁诗风的核心包括:温庭筠的歌行、五律、排律和"齐梁体";李商隐、杜牧、王涣、钱珝的七绝;李商隐、杜牧、李廓、韦庄的部分五律、排律。李商隐、唐彦谦、秦韬玉、崔珏、胡曾、吴商浩、李山甫的七律为晚唐齐梁诗风的重要变体。以曹唐为代表的游仙诗也是晚唐齐梁诗风的组成部分。韩琮、李频、纪唐夫、李郢等传世作品不多的诗人,李洞、张乔、高骈、高蟾、郑谷、杜荀鹤、崔涂、刘象、于鹄等诗人的部分创作也应引起注意。

此外,许浑、赵嘏、张泌的七律虽不属于典型的晚唐齐梁诗风,却与晚唐齐梁诗风关系密切。韦庄及与其风格相似的罗隐、罗邺与齐梁诗风有较大差异,但同样为《才调集》所重视,可视为晚唐齐梁诗风的外围作家。

一些被《才调集》忽视的诗人也应引起注意,包括元和时代的李贺、刘商和薛涛,晚唐的陈陶、李群玉、赵光远、吴融、韩偓、徐夤等。

第二节 《才调集》的文体偏好

从体裁来看,《才调集》涉及近体诗的所有体式,兼及七言歌行和五言古风。从风格题材来看,《才调集》涉及很多题材,语言风格多样。如果单从体裁或题材来分析，似乎《才调集》并不存在明显的文体偏好。但在阅读《才调集》时，我们又分明可以感到某种强烈的倾向性。很显然，《才调集》不是一部博采众长、脍炙人口的选本，而是像宇文所安先生指出的那样，“反映了某个群体的品位”。事实上，《才调集》的文体偏好，是体现在体裁与风格的结合之中的。例如，《才调集》于五律会青睐典重一体，重视体物；于七绝却倾向于尖新的风格，强调缘情；同时并不欣赏语言尖新的五律。因此，只有通过分体研究，才能概括出《才调集》的文体偏好。

《才调集》是晚唐人编纂的选本，选诗范围却不限于晚唐。正如严羽在《沧浪诗话》中指出的，“盛唐人诗，亦有一二滥觞晚唐者，晚唐人诗，亦有一二可入盛唐者”①。《才调集》中的盛中唐诗，正是所谓“滥觞晚唐者”，也是晚唐诗人欣赏的诗学资源，因而对我们认识晚唐齐梁诗风有同等重要的作用。因此，本文在对晚唐齐梁诗风进行分体考察时，也引入《才调集》所选的非晚唐诗作为参考。

一、五律、排律和齐梁格诗

五言律诗在齐梁时代已基本定型，因而是最适合模仿齐梁作风、特别是宫体作风的诗体。在晚唐，有很多诗人用五律模拟宫体诗，笔涉闺阁，遣词华艳，有强烈的体物倾向，《才调集》即选录了不少这样的作品。需要说明的是，梁陈宫体诗中包含相当数量的边塞诗，这些边塞诗与闺阁题材的宫体诗风格一致、内容相关，应当归入宫体诗范畴。

除模拟宫体以外，《才调集》也选录了不少晚唐诗人描写山水自然的五律。看起来，这些作品与齐梁宫体有较大的差异，但事实上，山水诗在齐梁时代也曾得到很大发展，形成了一定的风格，并被大量运用于齐梁新体的写作。尽管山水诗的创作传统在唐代从未中断，但在齐梁诗风回归的背景下，晚唐山水诗对齐梁山水诗的承继关系仍不可忽视。不妨认为，

---

① ［宋］严羽著，郭绍虞校释：《沧浪诗话校释》卷四，北京：人民文学出版社，1983 年，第 143 页。

以五律写作而接近齐梁山水诗风格的作品，也不失为一种广义的“齐梁体”。《才调集》选录的五律，只有宫体和山水两种题材类型，明显呈现追步齐梁的倾向。

齐梁时代已经存在完全符合近体规则的五言八句诗，却仍有大量接近近体规则而偶有出律的作品。在晚唐，大体符合格律而偶有出律的作品，被称为“齐梁体”或“齐梁格诗”，成为承载晚唐齐梁诗风的标志性文体。此外，齐梁时代的新体诗的长度有时会超过八句，成为唐代排律的先声。在晚唐，排律也成为模拟齐梁的利器，并受到《才调集》的重视。

以宫体和山水为题材的五律、排律和齐梁体都是齐梁时代的标志性文体，也是晚唐模拟齐梁的基本文体，故本节将它们归为一个大类。

1. 宫体五律

初唐直承齐梁，有不少宫体作品，但《才调集》对初唐的宫体五律并未加以强调，只选录了一首沈佺期的《杂诗》。更引人注目的是，《才调集》选录了盛唐诗人李白以《宫中行乐三者》《紫宫乐五首》为主的一批宫体五律。李白的这些作品具有典型的齐梁宫体风格，如《紫宫乐五首》其一：

> 小小生金屋，盈盈在紫微。山花插宝髻，石竹绣罗衣。每出深宫里，常随步辇归。只愁歌舞散，化作彩云飞。

此诗的描写对象是一个女子。首联写其深宫事君的荣华地位；颔联写其外貌，重点仍落在华贵的装饰；颈联写其在宫中的行动，仍意在夸耀其荣华地位；尾联写一位男性的观感，仍然是将能歌善舞的女子作为易散的彩云来观赏，把有生命的女子当作无生命的彩云来写。此诗是很典型的齐梁笔法：重视女子的容饰而不涉及其情感，甚至可以用服饰之美代替肌肤容色之美；遣词华艳，色调凝重，感情节制；着力于塑造形象，而主题只是一般的慨叹，以鲜明的形象见长，但不会引发强烈的感动或特别的思考。总的来说，就是梁陈宫体诗重象轻意、重物轻情的特点。正如里尔克所说："诗并不象一般人所说的是情感（情感人们早就很够了），——诗是经验。"①宫体诗所要着力表现的，并非情感，特别是并非诗人自身的情感，而是世俗生活五光十色的经验，而这些经验，固然可以用缘情之笔直接道出，但大多还是要不同程度地依托于物象，甚至往往是只与物象本身有关的经验。这首诗在李白的作品中实在算不上上乘之作，能被《才调集》选入，显然只是因为其华艳的物象，这也是《才调集》对宫体五律的期待。

除李白外，《才调集》还选录其他盛唐诗人的宫体五律，如孟浩然《春怨》：

> 闺人能画眉，妆罢出帘帏。照水空自爱，折花将遗谁。春情多逸艳，春意倍相思。愁心极杨柳，一种乱如丝。

这首诗与我们熟悉的孟浩然清雅淡远的山水诗风有极大反差。《才调集》甚至未选孟浩然的山水五律，却单单选出这首，可见《才调集》选诗的倾向性。此诗体写佳人的动作、心情，声调舒缓，抒情古朴含蓄，虽比李白的《紫宫乐五首》其一略见兴寄，但仍体现出梁陈宫体诗的特点。全诗格律严谨，独颈联以"春意"对"春情"，也是模拟齐梁诗歌的体式。同见于《才调集》的祖咏《七夕》、李华《长门怨》也呈现与《紫宫乐五首》相近的风格。

《才调集》选大历时代的作品普遍较少，宫体五律仅选了两首，这与大历时代的创作实际有关。但入选的两首诗都十分典型，如刘长卿②《扬州雨中张十七宅观妓》：

> 夜色滞春烟，灯花拂更燃。残妆添石黛，艳舞落金钿。掩笑频欹扇，迎歌乍动弦。不知巫峡雨，何事海西边。

---

① 〔奥〕里尔克著，冯至译：《给一个青年诗人的十封信》，北京：生活·读书·新知三联书店，1994年，第73页。

② 一作张谓。

“观妓”是典型的宫体诗题材。刘长卿亦不以艳诗见长,此诗却是十分标准的宫体诗。首联写夜宴的背景,颔联写女子的外貌妆饰,颈联写女子的行动,尾联从男性旁观者的视角发一点议论,与上文所引的李白诗结构完全相同,这也几乎是写女性的宫体诗的标准程式。在技巧上,此诗显得比李白诗更加成熟,力图在固有的程式中写出一点趣味,努力用行动带出物象,避免炫耀意味十足的平铺直叙。如以“春烟”烘托“夜色”,以“拂更燃”的行动带出“灯花”。不直接写用“石黛”画眉,而用在残妆上直接描补而后登台的行动带出“石黛”的装饰;不直接写用“金钿”装饰,而用舞蹈中首饰掉落的富有暗示意味的行动带出“金钿”。颈联写女子的行动,虽用“扇”“弦”这样的物象点染,但行动更为突出,暗示舞女对席上男子似有某种情意。这样的写法加强了体写对象的主体性,更多地暗示了对象的内心情感(尽管仍是程式化的情感),因而显得更有生机。同时,暗示性语言的增加,引导读者去想象舞女在华艳物象背后的华艳生活。物象看似被不经意地带出,这种对奢靡物象的随意态度,反而加强了对奢靡本身的表现效果。

又如李端《巫山高》:

巫山十二重,皆在碧虚中。回合云藏日,霏微雨带风。猿声寒度水,树色暮连空。愁向高唐去,千秋见楚宫。

《巫山高》是汉乐府旧题,也是梁陈宫体诗赋题的常用题目。此诗想象巫山的景象,细加体写,与梁陈宫体赋题的作法完全相同,因此也属于宫体五律,是大历诗人模拟齐梁作风的证据。

元和时代,在盛唐和大历处于低潮的齐梁诗风又见复兴[①]。元和时代也是《才调集》选录宫体五律的一个重点。《才调集》大量地选录了元稹的宫体五律。元稹的宫体五律有时相当程式化,如《闺晚》:

---

① 参见孟二冬:《论齐梁诗风在中唐时期的复兴》,《文学遗产》,1995 年第 2 期。

红裙委砖阶，玉爪[①]劈朱橘。素臆光如砑，明瞳艳凝溢。调弦不成曲，学书徒弄笔。夜色侵洞房，香烟透帘出。

这是一首仄韵律诗，押入声韵，其他体式规则与五律相同，实际是格律有所变通的律诗，是齐梁格诗的一种。首联写女子此时的行动，颔联写女子的形象，颈联写女子平日的行为，尾联写男子的观感，是宫体诗的标准程式。只不过，在体物生新的程度上，元稹比刘长卿又进了一步。如在描写女子外貌时，元稹不满足于写容饰，而大胆地写到了"素臆""明瞳"。以"玉爪"破橘、偶然调弦学书而无所成的形象，也与前代宫体诗中成熟端庄的淑女有别，显示出元和时代的审美偏好。尾联写到夜晚从"洞房"透出香气，为帘外的男子感知的情节，也显得大胆刻尽，不同于泛泛的议论感叹。又如《赠双文》：

艳极翻含怨，怜多转自娇。有时还暂笑，闲坐爱无憀。晓月行看堕，春苏见欲消。何因肯垂手，不敢望回腰。

在宫体五律的背景下看，这首艳诗其实是渊源有自的。元稹对双文的描写完全是物象化的。无论是"艳""娇"的形容，"暂笑""闲坐"的意态，还是"垂手""回腰"的动作，都是梁陈宫体诗中常见的。元稹对这位现实中的心上人的描写，移之任何一位梁陈淑女，似乎都无不可。如果说有区别，则是此诗比元和以前的宫体诗更为尖新。这样的五律完全因袭宫体诗的传统修辞，几乎不加入个人化的抒情。又如咏物的《蔷薇架（清水驿）》：

① 《才调集》作"瓜"，《全唐诗》作"爪"。《全唐诗》卷四二二，北京：中华书局，1999 年，第 4649 页。

五色阶前架，一张笼上被。殷红稠叠花，半绿鲜明地。风蔓罗裙带，露英莲脸泪。多逢走马郎，可惜帘边思。

咏物也是梁陈宫体诗的重要内容。此诗也是一首仄韵律诗，属齐梁格诗，设色华艳，体物工细，带有宫体咏物诗的特点。颔联体物生动，不惜使用浓艳色彩，给人留下鲜明印象。颈联更将花比作美人，属典型的齐梁式比喻。尾联借花写人，纤巧尖新，然前三联多属铺陈物象，与尾联的议论并无必然关联。元稹在元和之世还肯写作这样的咏物诗，不能不说是对宫体诗写作手法的认同。

元稹对前代的宫体五律诗似乎存在有意的继承和恢复，《才调集》多选其宫体五律诗，也是将其作为晚唐齐梁体五律的直接源头。

温庭筠入选的三首宫体五律可以作为晚唐齐梁诗风影响下宫体五律的典型。温庭筠继承了宫体五律重物轻情的传统，而在宫体五律固有的体物工细的特点上越发着力。如《陈宫词》：

鸡鸣人草草，香辇出宫花。妓语细腰转，马嘶金面斜。早莺随彩仗，惊雉避凝笳。淅沥湘风外，红轮映曙霞。

这首诗的主旨勉强可以说是对陈朝奢靡生活的讽刺，但这一主旨在此诗中表达得如此含蓄，与华丽的物象相比是如此的微不足道，恐怕只能起到讽一劝百的作用。毋宁说，讽喻是温庭筠为体写那个逝去时代的奢靡物象而找到的合法借口。诗中的纷繁物象令人目不暇接，尤其是中间二联，写到“妓语”“马嘶”时附带的微小的身体动作，写到莺的飞行是追随彩仗，雉因笳声而受惊，可谓观察入微。而妓、马、莺、雉又都是无关紧要的小物，温诗一味追求体物精微，难免给人琐碎之感。又如《偶题》：

孔雀眠高阁，樱桃拂短檐。画明金冉冉，筝语玉纤纤。细雨无妨烛，轻寒不隔帘。欲将红锦段，因梦寄江淹。

“细雨”一联，从最轻微的光感、温度着笔，将不易察觉的微小感官体验写得真切，体现了诗人的敏锐，虽纤小而不失为佳句。作为背景的孔雀、樱桃、高阁、短檐、以金粉装饰的画、以玉手拨弄的筝，都凭借本身的华美将愉悦带给了读者，因而使全诗收到了较好的整体效果，不可谓之“有句无篇”。但它们只能作为烘托颈联写作技巧的背景而存在，如果不是这个较险的韵脚，很可能被作者随意地替换掉。尾联“因梦寄江淹”的略带意趣的情节，也为“红锦段”这样的华美物象所淹没。温庭筠的宫体五律也许比李白的《紫宫乐五首》更能激发读者的阅读兴趣，但其重物轻情的作法是一脉相承的。

与温庭筠大致同时的杜牧、李商隐也有同类作品入选。如杜牧《旧游》：

闲吟芍药诗，怅望久颦眉。盼眄回眸远，纤衫整鬓迟。重寻春昼梦，笑把浅花枝。小市长陵住，非郎争得知。

与元稹的同类作品一样，杜牧不满足于刻画静态的物象，而热衷于写女子的动作，写到的内容则大致不出梁陈宫体诗的范围。杜牧笔下的女子比元稹同类作品中的女子显得更为温柔贤淑，更接近梁陈宫体诗中仕女的形象，显示出晚唐诗人已开始走出元和的时代风气，向齐梁的品味回归。

又如李商隐《晓起》：

拟杯当晓气，呵镜有微寒。隔箔山樱发，褰帏桂烛残。书长为报晚[①]，梦好更寻难。影响输双蝶，偏过旧畹兰。

这首诗模拟梁代萧纲、庚肩吾等人《冬晓》诗的痕迹十分明显。诗的主旨

---

① 《才调集》作“晓”，《全唐诗》作“晚”。《全唐诗》卷五三九，北京：中华书局，1999 年，第 6229 页。

不过是一个无关大局的普通人在某个普通清晨的行动和心境,但“书长”一联对生活经验的真切体察却给人留下深刻印象,这是宫体写法的优势。与温庭筠不同,李商隐于梁陈宫体诗的技巧,更多地继承其“缘情”的一面,而非“体物”的一面。李商隐会用一种行动带出另一种行动,而非仅仅带出需要夸耀的物象。如“书长为报晚”并非只是为了夸耀“书”,而是为了带出“书长”这一事实,因为“书长”意味着恋人之间缠绵的情意;“梦好更寻难”更非为了夸耀“梦”,而是为了带出“梦好”这一事实,因为这意味着对美好爱情的留恋。但是正面描写“书长”“梦好”难免伤于直致,了无诗趣。而用映带的写法,想多写情话,反而耽误了回复的时间,梦做得太好,反而难以在现实中看见,这就构成了两组有趣的矛盾,在淡淡的趣意下,又貌似不经意地带出了深情。这样的诗句就比单纯的罗列物象更无可替代。李商隐吸收了宫体诗的精华,而进行了最合理的运用,既袭用了宫体诗美丽的外表,又最大限度地发掘了其包容情感的可能性。

《才调集》还高调选入了李廓的《长安少年行》。《长安少年行》为五律组诗,铺陈物象,在写作技巧上对李白的《宫中行乐三首》《紫宫乐五首》无所超越。如:

> 新年高殿上,始见有光辉。玉雁排方带,金鹅立仗衣。酒深和碗赐,马疾打珂飞。朝下人争看,香街意气归。

无非是对荣华物象的简单铺排。在《才调集》看来,有这样的特征便足以入选,亦即对物象及其代表的华贵生活的赞美便足以构成最简单的诗性。由此可见华贵物象在《才调集》代表的晚唐审美中的重要性。

与温李同时而不以艳诗见称的诗人也有宫体五律创作。温李身后,宫体五律也不乏继承者。《才调集》也选录了他们的艳丽诗句,如:

> 凤箫抛旧曲,鸾镜懒新妆。(李频《古意》)
> 宫妆临晓日,锦段落东风。(唐彦谦《玫瑰》)

拂黛月生指，理鬟云满梳。（于武陵《长信愁》）
店香风起夜，村白雨休朝。（温宪《杏花》）

足见这种标准的齐梁诗体在晚唐影响之广。又如杜荀鹤的名作《春宫怨》：

早被婵娟误，欲妆临镜慵。承恩不在貌，教妾若为容。风暖鸟声碎，日高花影重。年年越溪女，相忆采芙蓉。

此诗因长于兴寄而成为经典，应该指出的是，此诗是一首深受齐梁诗风影响的晚唐宫体五律。仅一联严格对仗的体式、颔联含蓄节制的抒情、颈联纤丽的体物、尾联的采莲事项，都是齐梁风格的典型体现。这首诗能在有所兴寄的同时呈现端庄温雅的风格，与晚唐齐梁诗风的泽被是分不开的。虽然晚唐的宫体五律不要求有很深的兴寄，但李商隐和杜荀鹤的宫体五律告诉我们，这种诗体也并不排斥兴寄，反而会因兴寄的引入而成为经典。

值得一提的是，与温李风格大相径庭的韦庄也有不少宫体五律、甚至齐梁格诗入选。比起温李，韦庄的宫体五律不甚在体物缘情上下功夫，而是善于运用齐梁诗歌中习见的地名、物名，往往给读者造成似曾相识的感觉，富于书卷气，同时韦庄善于营造声情，也给人古雅的感觉，如：

芳草已云暮，故人殊未来。（《章台夜思》）
芳草五陵道，美人金犊车。（《延兴门外作》）
挥剑邯郸市，走马梁王苑。（《少年行》）
明月照前除，烟华蕙兰湿。（《闺月》）

似乎对韦庄来说，宫体五律更多是一种拟古，而非对一种文体技巧的借鉴。

从《才调集》中的作品可以初步看出，在晚唐齐梁诗风下，宫体五律最基本的特征是重象轻意、重物轻情，对作品的立意没有要求，但也并不排斥含蓄的兴寄；华丽的物象、舒缓的语调、节制甚至虚无的感情构成宫体五律的艺术特性；继承自梁陈宫体诗的体物艺术是诗人逞才的重点，接近体物的缘情与同体物相关的聚象也是重要的技巧。宫体五律在盛唐、大历间亦未绝迹，在元和时代的白体诗人中得到复兴，在温李手中重新成为重要文体，并影响到其同时及后代的诗人。

2. 齐梁格诗

广义的“齐梁体”是诗体的概念，指具有齐梁风格的作品。狭义的“齐梁体”，即齐梁格诗，则是体裁的概念，可与律诗、绝句、古风并列。关于作为体裁的“齐梁体”，清人冯班在《严氏纠谬》中论述道：

> 自永明至唐初，皆齐梁体也。至沈佺期、宋之问，变为新体。声律益严，谓之律诗。陈子昂学阮公为古诗，后代文人，始为古体诗。唐诗有古、律二体，始变齐梁之格矣。……若以诗体言，则直至唐初皆齐梁体也。白太傅尚有格诗，李义山、温飞卿皆有齐梁格诗，但律诗已盛，齐梁体遂微。后人不知，或以为古诗。①

冯班指出，从永明到唐初，本不存在古律之间的差别，五言诗整体向近体发展而尚未完备，这时的诗都是“齐梁体”。直到陈子昂时，人们有了近体的意识，才会有意识地作古体，才有了古体和律体的分别。冯班认为，所谓的“齐梁格诗”虽然不是律诗，但也不是古诗，只是因为律诗占据了相对优势，致使后世的人认为凡不是律诗的都是古诗，才把“齐梁格诗”粗略地归于古诗。冯班同时指出，中晚唐的白居易、温庭筠、李商隐都创作过“齐梁格诗”。

---

① ［清］冯班：《严氏纠谬》，［清］冯班、周中孚：《钝吟杂录 郑堂札记》，南京：凤凰出版社，2017年，第73页。

从冯班的论述可以推知,“齐梁体”的原始含义是形成中的近体诗,是一个历史的、过渡性的状态,接近近体诗,但与近体诗的要求有少许出入。鉴于齐梁时代已存在完全合律的五言诗,“齐梁体”的概念原本也是包括了五律的。到了盛唐之后,尤其是元和之后,在古律有别的背景下,当时人创作的“齐梁体”既非古体,亦非律体,应理解为像齐梁诗歌那样,大体合律而小有变通的诗体。“齐梁体”不能简单地视为古体,而应理解为一种虽非律体、却与律体有密切关系的诗体。“齐梁体”既有近体诗讲究声情的优点,又获得了相对的自由,在一定范围内具有独特的功能。

《才调集》中明确标为“齐梁体”的作品,毫无疑问是晚唐人眼中体裁意义上的“齐梁体”,其中最具代表性的是温庭筠的七首“齐梁体”。这七首诗共可分为四种情况:

1)完全合律

如《咏颦》:

毛羽敛愁翠,黛娇攒艳春。恨容偏落泪,低态定思人。枕上梦随月,扇边歌绕尘。玉钩鸾不住,波浅石磷磷。

此诗虽酷似梁陈宫体诗,却无一处不符合五律的要求,其之所以为“齐梁体”,完全在于题材和风格,而不在于体裁。齐梁时代,诗人们努力地建立声律、对仗的规则,已经写出了符合近体诗要求的五律,将标准五律包含在“齐梁体”内是有道理的。

《太子池》二首也属于这种情况。这三首诗与温庭筠的《陈宫词》等诗没有区别,其实就是宫体五律。《才调集》标明的七首“齐梁体”中,竟有三首典型的宫体五律,足见“齐梁体”与宫体五律的密切关系。“齐梁体”与宫体五律的功能在一定程度上是可以互相代换的,不必做过多区分,需要区分的只是“齐梁体”与古体的界限和功能差异。

鉴于标准五律是强势文体,为避免概念交叉,本文在讨论体裁意义上的“齐梁体”即“齐梁格诗”时,仍不包括标准五律,但会注意到二者间的联系。

2)偶尔失粘、失对

如《春日》:

> 柳暗杏花稀,梅染乳燕飞。美人鸾镜笑,嘶马雁门归。楚宫云影薄,台城心赏违。从来千里恨,边色满戎衣。

颔联与颈联之间失粘,颈联声律失对,其他地方均符合五律的要求,与正常的宫体五律无区别。齐梁时代,诗人们尚未很好地掌握新体的格律,在能写作大量律句的同时,难免常有相当于"出律"的现象发生,特别是失粘和失对。这样偶有失粘失对的作品,是最典型的"齐梁体"。

中晚唐诗人写作这样的"齐梁体",其实不过是在宫体五律的基础上稍作声律变化,以求得一点古朴的感觉。这样的变化,甚至对声情的影响也是不大的,不大会造成拗怒的效果。失粘失对属于效法齐梁,在一首基本合律的五言八句诗中插入一个不合律的句子,也应视为"齐梁体"。

3)仄韵律诗

如《边笳曲》:

> 朔管迎秋动,雕阴雁来早。上郡隐黄云,天山吹白草。嘶马渡寒碛,朝阳照霜堡。江南戍客心,门外芙蓉老。

单独来看,每个句子都可以算律句。"嘶马渡寒碛"在近体诗中如果在对句救,亦可接受;"平平仄平仄"的声律既不违反近体诗的要求,又较多地见于齐梁诗和初唐诗。这两种平仄模式都可以看作典型的"齐梁体"。在体式上,全诗五言八句,中二联工整对仗首尾联不对仗,偶数句押韵。这些都符合律诗的要求。不同的是,此诗押仄声韵,不入韵的句尾字平仄相间,应视为一种变通了的律诗①。在齐梁时代,诗人们尝试过以仄韵写

---

① 参见王力:《汉语诗律学》,上海:上海教育出版社,2005年,第81页。

作新体,但在近体诗定型后,仄韵基本被放弃了。中晚唐诗人写作的仄韵律诗,也是在体式上模拟齐梁的一种尝试。另外,此诗首联与颔联、颔联与颈联之间失粘,也属“齐梁体”。

仄韵律诗多为五言,但也有七言,如《才调集》选录的温庭筠《春晓曲》即是:

> 家临长信往来道,乳燕双双拂烟草。油壁车轻金犊肥,流苏帐晓春鸡早。笼中娇鸟暖犹睡,帘外落花闲不扫。衰桃一树近前池,似惜红颜镜中老。

全诗七言八句,除可救的拗句外均为律句,有由典型的齐梁声律“平平仄平仄”变化来的“仄仄平平仄平仄”,中二联对仗,首尾联不对仗,押仄声韵,不入韵的句尾平仄相间,有一处失粘,体式规则与五言的《边笳曲》基本可以类比。可见作者是刻意地遵守了一些规则,不可视为一般的古体,甚至也与一般的转韵体歌行不同。

仄韵律诗声情相对比较拗怒①,在充分注意诗歌的规则之美的同时,具有一些古体的特点,有可能被用来表现相对激越的情感。

4)三韵诗

如《侠客行》:

> 欲出鸿都门,阴云蔽城阙。宝剑黯如水,微红湿余血。白马夜频惊,三更灞陵雪。

近体诗在形成过程中,体式尚未固定,常有多于四韵和少于四韵者。多于四韵者为排律先声。短于四韵又长于绝句的三韵诗,在唐代也一直存在,

---

① 关于造成声情拗怒的原因,参见龙榆生:《词曲概论》,北京:北京出版社,2004年。本书不再论述。

尤其是在元和时代曾繁盛一时[①]。中晚唐诗人创作的大体合律的三韵诗,也属于“齐梁体”的一种。

温庭筠此诗,并非不顾及格律,而声情拗怒。全诗押入声韵;首联以三平调与齐梁式平仄相对,中联和尾联各以两个齐梁式平仄相对,三联全部采用齐梁式格律,但未尝不计格律;三联均失粘,但未尝失对;讲究声律,但语词不对仗。这种拗怒的声情给人带来凄恻诡异的心理感受,塑造了“侠客”的形象。温庭筠此诗,并非以叙事精彩、出语豪放取胜,而以字句的精心修饰取胜;很好地利用了声情效果,而非抛弃格律。此诗仍是与近体有关的“齐梁体”,而非古体。

除了上述情况外,还应注意到,全诗合律,但并非中二联对仗者,也应视为“齐梁体”,因为齐梁新体也不乏这种情况。如首联、颈联对仗,颔联不对仗的“偷春格”;首联、颔联都不对仗,只有颈联对仗的“蜂腰格”[②];甚至通首不对,却全合声律者,其实都是齐梁和初唐五律中经常出现的状况,应视为“齐梁体”。这样的“齐梁体”只是在对仗上有所调整,其实比失粘的诗离标准五律更近,只不过这样的诗往往因不对仗而被粗略地归为古体,不容易被发现。又如八句中仅一句出律,其余遵守五律规则,也应视为“齐梁体”。

另外,三平调、三仄尾出现在五言八句中,当与“仄仄仄平仄”和“平平仄平仄”一样,视为齐梁格律,不视为出律。如温庭筠《侠客行》一诗即无对仗,又犯三平调,仍被视为“齐梁体”。

按照以上标准,在《才调集》中还可以找出一些不属于古体的“齐梁体”。这些作品在艺术特性上与宫体五律十分接近,只是因为声情拗怒,偶尔会表达相对激越的情感。

李白平生创作了不少齐梁格诗,其中也有部分为《才调集》选录,如

---

① 参见张一南:《中唐三韵诗结构研究》,《北京大学中国古文献研究中心集刊》第十辑,北京:北京大学出版社,2011 年。

② [宋]魏庆之著,王仲荦点校:《诗人玉屑》卷二,北京:中华书局,2007 年,第 42—43 页。

《紫骝马》：

> 紫骝行且嘶，双翻碧玉蹄。临流不肯渡，似惜锦障泥。白雪关山远，黄云海树迷。挥鞭万里去，安得念春闺。

《紫骝马》是梁陈宫体诗赋题的常用题目，兼具咏物诗与边塞诗的性质。除首联失对外，此诗在可以出现三仄尾的两处均作三仄尾，形成了特殊的节奏。全诗只有颈联对仗，对仗却十分工整，物象鲜明，是齐梁体的作法。又如《大堤曲》：

> 汉水横襄阳，花开大堤暖。佳期大堤下，泪向南云满。春风复无情，吹我魂梦乱。不见眼中人，天长音信断。

全诗押仄声韵，不曾对仗。八句中四次出现齐梁式平仄，一处出律兼失粘，当是有意为之。讲究的声律塑造出说话人柔肠百转的性格，上声韵脚则渲染了平韵律诗难于渲染的悲剧气氛。齐梁格律得到了很好的运用。

《才调集》所选盛唐齐梁格诗多为边塞诗，如常建《吊王将军》：

> 嫖姚北伐时，深入几千里。战余落日黄，军败鼓声死。常闻汉飞将，可夺单于垒。今与山鬼邻，残兵哭辽水。

全诗押仄声韵，注意了奇数句尾平仄的相间，中二联均对仗，意象密集。有两处出律，四处齐梁式格律，从不失对，但仅一处不失粘，是一首比较拗怒的仄韵律诗。颔联凄清奇谲，开李贺、温庭筠法门，为盛唐所不多见，故常为人称引。然此诗的齐梁格诗身份却往往被忽视。

元和时代，齐梁格诗的创作变得繁盛。前述元稹的一些宫体五律就是齐梁格诗。温庭筠更是经常创作齐梁格诗，被《才调集》当作“齐梁体”的范式。年辈晚于温李的诗人没有齐梁格诗入选，他们的齐梁格诗创作状况如何,仍有待于进一步的研究。

齐梁格诗与律诗相近,共有偶失粘对、对仗变通、仄韵律诗、三韵诗四种形式,且与宫体五律没有绝对的界限,可共称为"齐梁体"。"齐梁体"实际是宫体五律的补充,可以承担宫体五律的功能,而略为自由、拗怒。齐梁格诗在盛唐仍然存在,并在元和时代复兴,在晚唐得到较多运用。

3. 排律

排律亦始自萧梁,即超过了四韵的新体诗,萧衍和萧纲均有创作。初盛唐排律率多颂圣之作,《才调集》未取。大历排律只入选两首,分别为边塞和山水题材。元和诗人中,《才调集》首选白居易排律,作为全书开篇。白居易有两首百韵排律、一首五十韵排律入选。早期的排律篇幅并不很长,一般不超过十二韵。元和时代,古诗和排律都越写越长,成为诗人炫耀技巧的工具,失去了文体的本来面貌。白居易的这几首大型排律都是用于酬赠,艺术水平不高,与《才调集》中其他排律的风格也不统一。《才调集》大概是慑于其巨大的篇幅,才将其收录进来的,这些作品可不做考虑。

排律诞生之初,是宫体诗的一种,因此自然打上了宫体的烙印。《才调集》中的排律,大多具有浓艳的宫体风格,白居易篇幅较小的排律也不例外,如《杨柳枝二十韵》通篇均为工整的对仗,穷形尽相地描绘女子的形貌,今试摘几句:

> ……便想人如树,先将发比丝。风条垂两带,烟叶帖双眉。口动樱桃破,鬟低翡翠垂。枝柔腰袅娜,荑嫩手葳蕤。……

专注于一肌一容的玩赏,完全是梁陈宫体的声调。就连写景之句,也带有浓艳的宫体色调,如:

> 金钿耀桃李,丝管骇凫鹥。(《祓禊日游于斗门亭》)

紫蜡粘为蒂，红苏点作蕤。（《玩半开花赠皇甫郎中》）

元稹的排律也是浓艳的宫体诗，最有名的如《会真诗三十韵》：

……珠莹光文履，花明隐绣笼。宝钗行彩凤，罗帔掩丹虹。言自瑶华浦，将朝碧帝宫。因游李城北，偶向宋家东。……

通篇全是这样的语句。元稹对其有名和无名的恋人，总是做物化的描写，实从梁陈宫体诗中得力不少。

其他元和诗人的排律中，也不难找到这些富丽堂皇的描写，如张祜《贵家郎》：

……绿鬓深小院，清管下高楼。醉把金船掷，闲敲玉镫游。……

以清雅著称的姚合的排律把目光投向了山水，也仍免不了用华丽字面点染，如姚合《游宜义池亭》：

……细草乱如发，幽禽鸣似弦。苔文翻古篆，石色学秋天。花落能漂酒，萍开解避船。……

在《才调集》中，元和排律呈现出一片华丽气象。

进入晚唐，排律的绮丽越发登峰造极，往往近乎赋体。如年辈较高的韩琮所作《公子行》：

紫袖长衫色，银蝉半臂花。带装盘水玉，鞍绣坐云霞。别殿承恩泽，飞龙赐渥洼。控罗青裛辔，镂象碧重葩。意气倾歌舞，阑珊走钿车。……

不厌其烦地写主人公的服饰、受到的恩宠，这都是宫体诗人最愿关注的角度，设象极尽奢华之能事。作者对这位"公子"是美是刺，从诗中看不分明，读者从文本中并不是必然能感觉到"公子"是怎样的罪恶或愚蠢，其奢华的物象、豪放的态度却难免激起读者的羡慕。这样的作品客观上成为对奢华生活的歌颂。

《才调集》所选杜牧《为人题二首》，也是以宫体笔法写女性的排律，或夸耀华丽物象，如：

桂席尘瑶佩，琼炉烬水沉。

或以行动带出最富女性特征的器物，如：

和簪抛凤髻，将泪入鸳衾。

或直写女性肌肤容色，如：

半月缅双脸，凝腰素一围。
镜敛青蛾黛，灯抛皓腕肌。

或体写闺中女性慵懒的情态，如：

有恨簪花懒，无憀斗草稀。
避人匀迸泪，拖袖倚残晖。

无不表现出典型的宫体特征。

温庭筠入选的两首排律，《过华清宫二十二韵》追忆天宝故事，《洞户二十二韵》写亲身经历的庄恪太子事[①]，都与诗人的政治观点不无关系，但诗中对罗列或描摹宫廷华美物象的兴趣远远大于叙事，更大于议论。其明显的宫体诗句如：

……月白霓裳殿，风干羯鼓楼。斗鸡花蔽膝，骑马玉搔头。绣毂千门妓，金鞍万户侯。薄云攲雀扇，轻雪犯貂裘。过客闻韶濩，居人识冕旒。气和春不觉，烟暖霁难收。……（《过华清宫二十二韵》）

……素手琉璃扇，玄髻玳瑁簪。昔邪看寄迹，栀子咏同心。树列千秋胜，楼悬七夕针。旧词翻白纻，新赋换黄金。唳鹤调蛮鼓，惊蝉应宝琴。舞疑繁易度，歌转断难寻。……（《洞户二十二韵》）

《过华清宫二十二韵》一诗模仿了白居易《长恨歌》的叙事结构，从天宝盛世写到安史之乱，以玄宗遗恨独居作结，但在笔力分配上，排律体的《过华清宫二十二韵》与歌行体的《长恨歌》明显不同。《过华清宫二十二韵》中，写天宝奢靡生活的就达十四韵，显然是因为写天宝可以产生更多华靡的对句，而入蜀的离乱、死别的凄惨，是作者不太愿意写的。值得注意的是，《过华清宫》是张祜、杜牧、温庭筠同题、同体唱和之作，却只有温庭筠的这首入选。杜牧的《华清宫三十韵》更多地写到了战争场面和政治大局，颇有元和歌行的神韵；张祜的《华清宫和杜舍人》更是几乎不曾写到宫廷女子的形象。张、杜二诗都几乎没有体现出宫体风格，故为《才调集》不取。

李商隐入选的六首排律可分为咏物与缘写情事两类（《锦槛》一首两属均可），均为典型的宫体题材。李商隐的咏物排律，穷形尽相，善于从不同角度、不同背景去设想所咏之物的情态，直承齐梁咏物诗的作法，如：

---

① 参见［唐］温庭筠著，刘学锴校注：《温庭筠全集校注》，北京：中华书局，2007 年，第 585—618 页。

皎洁终无倦，煎熬亦自求。花时随酒远，雨夜背窗休。冷暗黄茅驿，暄明紫桂楼。……(《灯》)

……镜拂铅华腻，炉藏桂烬温。终应催竹叶，先拟咏桃根。……(《杏花》)

其入选的缘情诗同样充满了齐梁宫体诗的意象，如：

麝重秋风逼，罗疏畏月侵。怨魂迷恐断，娇喘细疑沉。数急芙蓉带，频抽翡翠簪。……(《独居有怀》)

……细意经春物，伤酲属暮愁。望赊殊易断，恨久欲难收。……(《即目》)

由此可见，《才调集》选温李以前的排律，唯重宫体。

温李以下，入选排律仍以宫体风格为主，如：

绮陌夜来雨，春楼寒望迷。远客迎燕戏，乱响隔莺啼。有恨开兰室，无言对李蹊。花欹浑拂槛，柳重欲垂堤。……(唐彦谦《春雨》)

汉代金为屋，吴宫绮作寮。艳词传静婉，新曲定娇娆。箭响犹残梦，签声报早朝。鲜明临晓日，回转度春宵。……(唐彦谦《汉代》)

碧户扃鱼锁，兰窗掩镜台。落花疑怅望，归燕自徘徊。咏絮知难敌，伤春不易裁。恨从芳草起，愁为晚风来。……(张泌《碧户》)

《才调集》选唐末排律，也选入了一些清奇之作。如李洞《终南山二十韵》。这个题目本可通过仙道题材而与宫体笔法发生联系，或至少铺排一些壮丽的景色，但诗人却没有这样做，反而使用了一些韩孟诗派喜爱的怪奇意象，如：

……雨侵诸县黑，云破九门青。暂看犹无暇，长栖信有灵。古苔秋渍斗，积雾夜昏萤。怒恐撞天漏，深疑隐地形。盘根连北岳，转影落南溟。……劚竹烟岚冻，偷湫雨雹腥。闲房僧灌顶，浴涧鹤遗翎。梯滑危缘索，云深静唱经。……

似是有意回避宫体风格。《才调集》选入，大概是取中其善于铺陈，有猎奇的性质。曹邺入选的两首排律，也属此类。《才调集》并不排斥这些能带来新奇之感的排律，但于排律一体倾向于宫体风格，还是很明显的。《才调集》选排律的标准与选宫体五律大体是一致的，并且不太重视元和以前的传统，入选的很多作品有赋化的倾向。在《才调集》中，齐梁格诗与排律都是宫体五律略带新意的附庸。

4. 山水五律

提到“齐梁”，人们自然会想到“宫体”，而容易忽略山水诗同样是在齐梁成长起来的诗体。山水诗成形于刘宋谢灵运，与此同时，五言诗趋于排偶，近体诗正呼之欲出。其后，永明山水诗更是为人们津津乐道，而五言的声律正于此时提出。梁陈时代，新体诗人在创作宫体之余，也创作了大量山水诗。山水诗在梁陈同样迅速地与新体结合，并同样具有专注物象、体物工细、设象唯美的特点。无论从哪个角度说，山水诗原本都有资格与宫体一样被称为“齐梁体”。只不过，山水诗在唐代继续繁盛，写山水与写女色得到的道德评价又天差地别，人们便不再强调山水诗与齐梁体的关系。

在唐人的意识中，山水题材五律与宫体题材五律有着明显的差异。在唐人的诗歌选本中，会存在侧重于选山水题材与宫体题材的分别。笔者对唐代 7 种较为重要的诗歌选本所选五律的题材分布做了统计。统计对象包括盛唐的《河岳英灵集》《国秀集》，大历的《中兴间气集》，元和雅正派的《御览集》，元和姚贾派的《极玄集》《又玄集》和晚唐五代的《才调集》。作品的题材划分为山水、抒情[①]、应制、边塞、女色、咏物六大类。分别统计各选本中不同题材所占比例，可得表 1-1：

① 涉及山水、边塞、女色等题材同时又含有抒情成分的作品，分别归入相应的题材，这里的“抒情”仅指不借助其他题材的直抒胸臆之作。

表 1-1　唐代 7 种较重要诗歌选本所选五律的不同题材所占比例

诗歌选本	山水	抒情	边塞	女色	咏物	应制
《河岳英灵集》	0.58	0.23	0.14	0.05	0	0
《国秀集》	0.34	0.16	0.07	0.11	0.1	0.22
《中兴间气集》	0.53	0.29	0.04	0	0.08	0.06
《御览集》	0.17	0.06	0.23	0.3	0.17	0.06
《极玄集》	0.66	0.26	0.05	0	0.02	0.01
《又玄集》	0.54	0.29	0.08	0.03	0.04	0.02
《才调集》	0.33	0.12	0.14	0.33	0.08	0
平均值	0.45	0.20	0.11	0.12	0.07	0.05

这些题材在不同选本中的分布是否有规律可循呢？笔者又对表 1-1 中的数据进行了相关性分析，得表 1-2：

表 1-2　唐代 7 种较重要诗歌选本所选五律的题材的相关性

题材	山水	抒情	边塞	女色	咏物	应制
山水	1	——	——	——	——	——
抒情	0.9107	1	——	——	——	——
边塞	-0.7117	-0.8086	1	——	——	——
女色	-0.8658	-0.9230	0.78416	1	——	——
咏物	-0.9128	-0.7482	0.53166	0.6720	1	——
应制	-0.3978	-0.2364	-0.1887	-0.0083	0.4544	1

在表 1-2 中，两种题材的交叉点代表两种题材的相关性。数值为正且绝对值越大，表示正相关性越强，即一方较多时，另一方也会较多；数值为负且绝对值越大，表示负相关性越强，即一方较多时，另一方会较少。由表 1-2 可以看出，山水与抒情表现强烈的正相关性，即当一个选本倾向于多选山水诗时，就会强烈地倾向于多选抒情诗，反之亦然。类似地，边塞与女色、女色与咏物之间也呈现相当强的相关性，边塞与咏物之间也存

在一定的相关性。这表明边塞、女色和咏物题材在选本中是同进退的。相反，山水、抒情题材与边塞、女色、咏物题材都表现出强烈的负相关性，这意味着，当一个选本倾向于山水或抒情题材时，边塞、女色、咏物题材就会明显减少。由此可见，这五类题材可明显分为两大阵营，一为山水和抒情，一为边塞、女色和咏物。鉴于边塞、女色和咏物都是典型的宫体诗题材，故这三者不妨统称为“宫体题材”。这两大阵营在唐代的诗歌选本中呈现此消彼长的关系。山水诗，以及与之密切相关的抒情诗，与宫体题材是泾渭分明的。回观表 1-1 可知，《河岳英灵集》《中兴间气集》《极玄集》和《又玄集》明显倾向于山水、抒情诗，《国秀集》《御览诗》和《才调集》明显倾向于宫体诗。在这两大阵营之外，应制诗只与咏物诗呈现一定的正相关性（这可能与初盛唐的创作实际有关），而与其他题材都呈现微弱的负相关性。这说明，应制诗在每个时代都不可或缺却又并非主流，可以不做考虑。

显然，在唐人眼中，宫体诗与山水诗并非同一范畴，然而，在讨论晚唐宫体诗时，却又不应该完全忽视山水诗。事实上，晚唐的山水诗仍然繁盛，晚唐齐梁诗风的代表人物，如温庭筠、李商隐，都在写得一手艳丽宫体五律的同时，又创作了大量工致的山水五律。晚唐诗人在写作艳诗的同时工于山水五律是一个普遍现象，而非个别诗人呈现多重人格所致。晚唐的山水五律多近姚贾风格，而去其怪奇，少加温丽，即为所谓“晚唐体”。在风貌上与姚贾体特别是贾岛诗其实略有不同，但无明显界线。鉴于唐代山水诗取得的辉煌成就，如果说晚唐山水诗只是齐梁山水诗的复归，显然有欠公允。但一个应该注意的现象是，艳体五律与山水五律的共生，在齐梁时代就是存在着的。这种情形在盛唐和中唐很不明显，在晚唐再次出现，不能不说与齐梁诗风的复归有关。除了女色诗本身外，女色诗与山水诗的共生关系，乃至与女色诗共生的山水诗所呈现的风格，也应成为晚唐齐梁诗风的组成元素。

在明显倾向于宫体诗的《才调集》中，仍然有相当多的山水五律，远远超过元和时代的《御览诗》中山水诗的比例。《才调集》所选五律，除宫体外，大多为山水诗,那么,能为温庭筠的崇拜者所欣赏的山水诗,会是什么样的呢?

山水诗在盛唐有很大发展,《才调集》却完全没有选王孟的山水诗,于盛唐山水五律只选了刘方平和陶翰各一首。这说明,王孟山水诗并非《才调集》欣赏的对象。《才调集》所选盛唐山水五律,色调幽冷,或写富于禅理的个人经验,如:

万影皆因月,千声各为秋。(刘方平《秋夜泛舟》)

或写幽寂凋敝的景象:

古戍悬渔网,空林露鸟巢。(陶翰《新安江林》)

或寓目直书,客观地呈现所见的特殊景象,不避细碎,如:

雪晴山脊见,沙浅浪痕交。(同上)

这两首诗虽出自盛唐,却呈现出晚唐体的特点。

《才调集》选大历诗较少,独选大历山水五律略多。入选作品除偏好青山白云式的大历意象外,大多注重物象间的因缘际会,擅长静态地呈现特殊的视觉经验,且透露出衰飒幽冷之气,如:

明河川上没,芳草露中衰。(戴叔伦《秋日行》)
雁回初日暮,人向宛陵稀。(刘长卿《北归次秋浦界青馆》)
风起塞云断,夜深关月开。(戎昱《闻笛》)
野渡花争发,春塘水乱流。(李嘉祐《送王牧往吉州谒王使君》)
乱声千叶下,寒影一巢孤。(姚伦《感秋》)

这些诗句不失为大历诗风的典型代表,同时又是晚唐山水五律的直接来源。

对于元和,《才调集》选录了姚贾的山水五律,但不多。贾岛仅一首《春行》:

> 去去行人远,尘随马不穷。旅情斜日后,春色早烟中。流水穿空馆,闲花发故宫。旧乡千里思,池上绿杨风。

色调清冷,注重特殊经验、特别是视觉经验,注重物象间的关系,擅长静态呈现。这些特征都是贾岛的一贯作风,同时也与入选的大历山水五律一脉相承。但比起贾岛的一些作品,这首诗又显得不够冷僻,"春色""闲花""绿杨"的意象,为诗句平添了一丝温情,而这些意象在贾岛诗中是不多见的。这首诗可以很好地说明通行的晚唐体与贾岛个人风格之间的区别。

姚合入选的作品也体现出晚唐体的特点,如:

> 寻芳愁路尽,逢景畏人多。(《游阳河岸》)
> 雨晴烟树里,日晚古城中。(《闻蝉》)

张籍入选的作品比姚贾更多,同样体现晚唐体的特点,如:

> 月明见潮上,江静觉鸥飞。(《宿溪中驿》)
> 人归渡烟水,遥映野棠枝。(《襄国别人》)

可见晚唐体在元和时代已经萌生,且并不等同于姚贾体(尽管与姚贾有关)。晚唐体的萌生与齐梁宫体的复归发生于同一时代。

晚唐诗人在写作宫体五律的同时写作山水五律是普遍现象,《才调集》很注意收集以艳诗闻名的诗人写作的山水五律。如温庭筠《春日野行》:

骑马踏烟莎,青春奈怨何。蝶翎朝粉尽,鸦背夕阳多。柳艳欺芳带,山愁萦翠蛾。别情无处说,方寸是星河。

此诗以自然为描写对象,并非宫体。颔联是典型的晚唐体山水诗。关注蝶这样的事物,已嫌细小,却又是关注蝶翅上的蝶粉;关注蝶粉,又限定于早晨的蝶粉,关注其此时的去向,可谓至纤至悉。用早晨的蝶粉零落殆尽来写时近黄昏,原本相对宏大的情事,却要尽量从细小的角度来写。同样,写颇为壮观的夕阳,却偏要透过狭小的“鸦背”来观察。由此足以体现出晚唐体迷恋细小事物、细微行动的特点。注意到蝶粉会随时间零落、鸦背的光线会随时间变化,又极尽体物工细之能事。此二句在表现物象时,尽量做静态的呈现,对物象之间的聚合关系颇具兴味。从蝶粉估算时间,从鸦背眺望夕阳,是特殊的视觉经验。这些都体现了晚唐体处理物象的方式。夕阳与昏鸦、落尽铅华的蝴蝶,又是晚唐体偏好的凄清物象,蝶粉之尽,夕阳之多,传达出莫名的寂寥情绪。然而,此诗又不乏与宫体相通的意象,如烟莎、青春、蝶等,特别是将自然界的柳、山拿来与闺阁中的芳带、翠娥做比较,宫体意象的点染使全诗不那么清冷,更加温和易读,更加唯美。这首诗完美地集中了晚唐山水五律的特点,而这样一首诗,正是出于晚唐齐梁诗风的首席代表人物之手。

又如:

自然堪下泪,何必更残阳。(杜牧《池州春日送人》)

虽然不太专注于物象,而更重缘情,但凄清的情调,细腻的感受,对新鲜体验的执着,仍体现出晚唐体的特点,给人留下深刻印象。又如:

雪埋江树短,云压夜城低。(韦庄《岁晏同左生作》)

写雪“埋”江树、云“压”夜城的关系,重在传达江树因雪埋而短、夜城因云压而低的视觉经验，并做静态的呈现，是为晚唐体的写法。再如：

流年川暗度，往事月空明。（崔涂《夕次洛阳道中》）

以“川”“月”的形象隐喻“流年”“往事”，尤其是以月的明而徒劳比喻往事，颇觉新警，在缘情中见出晚唐体形象思维的优势。

一些没有宫体五律选入的晚唐诗人，也有山水五律选入，皆呈现晚唐体的特点，如：

远帆春水阔，高寺夕阳多。（许浑《题潼关西兰若》）

初看之下，远帆春水，高寺夕阳，不失为宏大的意境，但细玩诗句，乃知此句仍是以情理胜，即通过细微的观察得到特殊的经验。上句言眺望远帆时，春水显得更为阔大，盖因极目远眺，视线开阔，而远处的帆影微细，故显得春水阔大，与谢朓“天际识归舟”句意相似。下句则言通过远望高寺而看到更多的夕阳，与温庭筠“鸦背夕阳多”同一构思，都是在观察夕阳下的光影现象，并不因“高寺”比“鸦背”体积更大而改变其观察的纤细。此二句意象是大的，视点却是小的，故仍表现晚唐体的特点。他如：

城晚风高角，江春浪起船。（李频《辞夏口崔尚书》）
碛冷唯逢雁，天春不见花。（于鹄《送客游塞》）
寒阡随日远，雪路向城开。（于武陵《寄北客》）
影动渔边火，声迟语后钟。（曹松《九江暮春书事》）
潮来无别浦，木落见他山。（郑谷《登杭州城》）
莺刷初迁羽，莎拳拟折苗。（刘象《早春池亭独游三首》其二）

也都体现晚唐体的特点。

由此可见，《才调集》中的晚唐诗人无论是否以宫体五律著称，其山水五律都呈现出相似的追求，即物象清冷但不失唯美，近于姚贾但不至险僻；专注物象，客观呈现；体物工细，注重物象之间的关系，热衷于特殊视觉经验的传达；情绪偏于寂寥，感觉敏锐，意象不拘大小，但往往写其细微之处。可以看到，虽然山水题材与闺阁题材看起来存在很大反差，但在艺术追求上，晚唐体的山水诗除了取象清冷，在其他方面与晚唐的宫体诗并无矛盾，写作宫体诗与写作晚唐体的山水五律，需要的心理素质是差不多的。这就可以解释为什么晚唐诗人往往可以同时轻松驾驭宫体与晚唐体，也证明了晚唐体五律是晚唐齐梁诗风的外围。

晚唐体形象思维的特点十分明显，没有写宏大题材的雄心壮志，只是珍惜人生的点滴经验，从细微之处传达出趣意。晚唐体没有宫体的典重，显得相对清新，只是记录现实的经验，而无须像宫体诗那样，加上很多浪漫的想象。与宫体诗相同的是，晚唐体重物轻情，可以充分表现体物的技巧，在情绪上倾向于压抑、节制、寂寥。在表达情绪的功能上，两种五律始终是很近似的，诗人在想要表现内向的心绪时，倾向于选择五律，而具体题材则视写作时的实际情况而定。

《才调集》中的宫体五律与山水五律都与齐梁新体诗存在渊源关系。其中，宫体五律的特点包括：夸耀荣华、设色艳丽、体物工细、重象轻意、声调舒缓、节制感情等，结构相对程式化，对梁陈宫体的赋题、咏物、边塞等诗歌类型多有吸收，其佳者擅长映带的写法，以行动带出物象，由体物入于缘情。山水五律的特点包括：设象唯美、色调清冷、体物工细、静态呈现、注重物象间的关系与特殊的视觉经验、情绪淡泊寂寥等。可以看出，体物工细、感情节制、追求唯美、关注视觉经验是《才调集》五律的共同追求。这是晚唐齐梁诗风的受众对五律的期许，因而也是晚唐齐梁诗风五律的风格边界，乃至于基本特质。另外，宫体与山水的共生是齐梁诗风影响下晚唐五律的普遍状态，宫体为典型的晚唐齐梁体五律，山水五律为其外围。齐梁格诗和排律是宫体五律的补充，前者讲求格律而追求拗怒的声情，后者存在赋化倾向。

二、歌行

与五律一样,歌行与齐梁的关系也很密切。在形式上,歌行为七言或杂言,不限于四韵且篇幅大多较长,声律和对仗没有一定规则。歌行与七言长篇的形式初步结合于建安时代,与文人五言诗的出现同时;基本定型于刘宋鲍照,与五言诗的骈偶化大致同时;在梁陈同样得到了普遍的写作,与五言新体诗共生。热衷于宫体、山水题材的梁陈新体诗人,大多也创作歌行,内容以艳情为主。到了唐代,以"四杰"为代表的初唐诗人对歌行的发展做出了很大的贡献,盛唐诗人更拓展了歌行的题材和写法,使歌行几乎不再能看出"宫体"的面貌。元和时代,歌行在韩孟派诗人手中成为挑战传统审美的利器,一些与齐梁诗风背道而驰的歌行给人留下了深刻印象。在晚唐,歌行又成为齐梁诗风复归的重要载体,这一点从《才调集》对歌行的取舍即可看出。

由于歌行篇幅较大、写作难度较高,并非每位诗人都可以有歌行入选,是否有歌行入选可以成为这位诗人是否重要的标准之一。什么样的诗人会有歌行入选,也可以看出选者的倾向性。每位诗人可以入选的歌行数量也十分有限,在《才调集》中,除温庭筠入选歌行多达 23 首外,其他诗人即使有歌行入选,也大多不过二三首,排名第二的李白也不过有 10 首。在入选作品超过均值(7 首及以上)的 36 位诗人中,只有 9 人有歌行入选。

有趣的是,是否有歌行入选,似乎与该诗人的哪种诗体入选较多存在联系,即有歌行的诗人有更多五律入选,无歌行的诗人有更多七律入选。有歌行的 9 人共有 309 首诗入选,其中 67 首为七律,占总数的 22%,57 首为五律,占总数的 18%,五律对七律的比值为 0.85;无歌行的 27 人共有 334 首诗入选,其中 143 首为七律,占总数的 43%,57 首为五律,占总数的 17%,五律对七律的比值为 0.40。由此可见,在没有歌行入选的同时,诗人入选五律的比例也大大减少,而入选七律的比例大大增加。

几个比较明显的实例是:李白有大量五律和歌行入选,却没有七律(当然,这与李白的创作实际有关,李白很少有典型的七律,却毫不排斥五律创作,这种创作结构也是保守了齐梁的创作结构);顾况、李涉入选的歌行不少,却没有律诗;韦庄入选七律数为第一,但入选的歌行并不多;李商隐、许浑、赵嘏、罗隐、曹唐、唐彦谦、秦韬玉等人都是以七律见长,而都没有歌行入选,入选的五律也极少。这表明,工五律与工歌行的诗人可归为一类,而工七律的诗人则是另一类。考虑到文人五言诗与七言歌行在六朝特别是梁陈的共生关系,可知晚唐人的这种分类方式也体现了齐梁诗风的复归。

通过歌行在齐梁的生存状况以及《才调集》选歌行的特点,可知歌行是齐梁诗风的第二文体,仍属齐梁正体,且与第一文体五律没有对立关系,在功能上很有可能是五律的补充。

对于初变齐梁体式的初唐歌行,《才调集》一首未选。选盛唐歌行以李白最多,这本不出人意料,但《才调集》所选的李白歌行,却非《将进酒》《梦游天姥吟留别》一类大开大合、直抒须眉怀抱的作品,而自有其标准,异乎我们今天的盛唐想象。

葛晓音先生指出,早在与七言形式结合之前,汉代的"行"就表现出其早期特质,与歌唱性更强的"歌"存在区别。葛晓音先生概括了"行"不同于"歌"的四个特点,第一条即"以叙事体和人生教育式的谚语体为主"。与七言的形式结合后,"行"又与"歌"结合,逐渐发展出了节奏复沓、善用虚字的句法,声情流畅,富于音乐性。[①] 也就是说,"以叙事体和人生教育式的谚语体为主"是"行"的原初属性,是其在汉乐府中的传统,是其作为乐府一体的个性;声情的音乐性则是南朝以来定型的七言歌行的风气,是其在齐梁的传统,体现乐府的共性。从《才调集》所选李白歌行中可以看到,这些作品兼具汉乐府的传统与齐梁的传统。

《才调集》中的李白歌行多用乐府旧题,且大多为闺情题材,这既是乐府的普遍倾向,更是齐梁的风气。这些作品中固然不乏叙事,但值得注

---

① 葛晓音:《初盛唐七言歌行的发展——兼论歌行的形成及其与七古的分野》,《文学遗产》,1997 年第 5 期。

意的是，这些叙事可以分为两类。今以《白头吟》为例做一分析。

从大的结构来看，这首歌行的叙事功能比同题古乐府强大得多。不仅包含了司马相如欲聘私室、卓文君作《白头吟》这一通常只作为"本事"而不出现在乐府文辞中的主要情节，更囊括了相如谒见武帝，为武帝、皇后作赋，获得荣华富贵等见于史传的相关情节，以韵文的形式讲述了一个较长的故事，具有一定的娱乐性。这种叙事情节相对曲折，时间跨度长，画面流动快，与史传、传奇的表现特点相通，是为第一种叙事。李白恰当地把握了故事的要点，体现出很强的叙事能力。然而，在第一种叙事之下，还包含着第二种叙事。在交代到"文君欢爱从此毕"的情节后，作品转入细化的叙事：

> 泪如双泉水，行堕紫罗襟。五更鸡三唱，清晨白头吟。

文君的眼泪湿透了罗襟，到五更之时起身作《白头吟》。这仍然是一种叙事，但与前文相比，故事发展的速度明显变慢了，与此同时，事件的细节得到强调，形象得到凸现。与相如先为帝王献赋、再为皇后献赋、一夜暴富而谋娶侧室的传奇经历相比，一个女子因被抛弃而流泪、无眠、作诗的行为太过琐细、普遍，此时读者关注的不是文君的人生轨迹，而是泉水般的眼泪、具体到"紫"色的罗襟，亦即极为具体的、充满了女性色彩的物象。物象是情节的推动力，同时情节只是物象的背景。其后，在借文君之口想象《白头吟》的内容时，作者更是不厌其烦地以物象叙事：

> 头上玉燕钗，是妾嫁时物。赠君表相思，罗袖幸时拂。莫卷龙须席，从他生网丝。且留琥珀枕，还有梦来时。鹔鹴裘在锦屏上，自君一挂无由披。妾有秦楼镜，照心胜照井。愿持照新人，双对可怜影。

铺叙了钗、枕、裘、镜四种闺阁物象，大意不过女子见弃、与夫婿永诀、祝福新人，而反复致意，层层推进，这正是乐府的写法。由钗想到插鬓、由镜想到照镜，从而联想到新人的恩爱；由枕想到做梦，而联想到夫婿梦中对故人的怀念；由不须再穿的华服暗示恩爱永绝，设想了种种情节。这仍是叙事，需要对情节有丰富想象力，而这种叙事是以物象为中心的。这种叙事重点不在情节，时间跨度小，关注角度细微，画面流动缓慢，是为第二种叙事。关注细微、以物象为中心、物象与情节相互映带，本是宫体诗的特点。事实上，作品中对每一件物象的描写，单独来看，都不啻为一首宫体诗。此诗能入选《才调集》，恐怕还是在于这种宫体风格的叙事。

除叙事外，此诗还注重人生经验、特别是爱情经验的传达，类似于"人生教育式的谚语体"，如：

> 东流不作西归水，落花辞枝羞故林。……覆水却收不满杯，相如还谢文君回。古来得意不相负，只今唯有青陵台。

以逝水不会回流、落花不会回到枝头，比喻负心人不可能回心转意。说覆水即使能收，可以挽回的也很少，语极刻尽。李白为故事安排了司马相如终于与文君分手这个与传统说法相反的结局，或有本事，但更多是包含着对普遍人生经验的体悟。自古以来，"得意不相负"的例子少之又少，根本不可能指望。此数句是对无数的爱情经验乃至人际交往经验的总结。没有热情洋溢的高调歌颂，只有对现实冷峻而不留情面的揭露。这不是少年人美好的爱情幻想，而是饱经沧桑者的经验传达。

从这首歌行中，既能看出"行"的原初特质，即叙事和人生经验的传达，又能看出齐梁时代歌行取得的重大进展，即节奏的复沓和声情的音乐性。这两种传统都能很好地与七言歌行的形式相融。七言歌行追求长句长篇，格律自由而又讲究声情，长篇和多变的句法可以容纳叙事性，长句和丰富的声情与人生经验的刻尽揭露相得益彰，歌行鼓励创造而非不顾声律，更有利于文本自足的音乐性的发展。因此，叙事性、经验传达和声情成为传统歌行的基本要素，也可视为唐代齐梁风格歌行的发展原点。与此相对，作为晚唐齐梁诗风第一文体的五律，因句子、篇幅较短，声律、句法严整，则在叙事性和独创性的声情上受到很大局限，宫体五律的文体传统也不允许太过刻尽的人生经验传达。因此，歌行与五律在功能上形成了很好的互补。这或许可以解释，为什么在六朝和唐代，特别是梁陈和齐梁诗风影响到的晚唐，五律与歌行有着密切的共生关系。

除了与五律互补的基本特质，这首歌行还体现出近于宫体诗的特征，即以物象为中心，另有叙事缓慢、体写细微、长于映带等相关特征。在李白入选《才调集》的歌行中，这样的例子并不鲜见，如：

> 赵瑟初停凤凰柱，蜀琴欲奏鸳鸯弦。（《长相思》）

叙述的事情很简单，只是女子拨弄琴瑟，而句中的物象被华丽的修辞突出出来。此时诗人只是在夸耀，在呈现，画面几乎停止了流动。这种对物象的执着，向上可以追溯到鲍照的歌行，向下开启了李商隐七律的法门，但并非歌行一体的必然。又如：

> 别来几春未还家，玉窗五见樱桃花。……此肠断，彼心绝，云鬟绿鬓罢梳结，愁如回飙乱白雪。（《久别离》）

别离五年，却要用“樱桃花”的形象来直观表现，连计算时间的理性思维都不能存在。“肠断”“心绝”的抽象感情，要用“云鬟绿鬓罢梳结”的形象来表现。这些形象除了表现悲痛的情绪、独处的寂寥，同时又极富女性魅力甚至诱惑意味。而抽象的“愁”更被比作视觉效果强烈的回飙、乱雪。情节并无新意，但形象被提到了重要的位置。再如《青山独酌》：

> 蒲萄酒，金叵罗，吴姬十五细马驮。青黛画眉红锦靴，道字不正娇唱歌。玳瑁筵中怀里醉，芙蓉帐底奈君何。

华丽的道具与衣着，是宫体诗的喜好。骑马的少女，讲不好汉语的胡姬，是梁陈宫体诗中不太会出现的形象，这使得这首歌行似乎透露出宫体所不具备的野性美。但说到底，这样的形象也不过是一种物象，一种被作为物来体写的女性形象，不甚温柔敦厚的形象仍是满足了对新鲜女性形象的猎奇心理，且仍不失去基本的女性美，只是女性的一体而已。作为《宫中行乐三首》等诗的作者，李白成功地在歌行中运用了宫体诗的体物艺术，从宫体诗读者关心的种种角度描绘了一位女性，尽管这位女性的形象并不会在宫廷中出现。放诞的末尾二句，在选取角度时像宫体诗那样无所避忌，在措辞时却又体现出歌行的特点，远比宫体诗大胆直率。这首看似豪放、与胡人和酒有关的歌行，实际上却是一首宫体色彩浓厚的歌行。再如：

……晓吹员管随落花，夜捣戎衣向明月。明月高高刻漏长，真珠帘箔掩兰堂。横垂宝幄同心结，半拂琼筵苏合香。琼筵宝幄连枝锦，灯烛荧荧照孤寝。有使凭将金剪刀，为君留下相思枕。摘尽庭兰不见君，红巾拭泪生氤氲。(《捣衣篇》)

纷繁的物象，令人目不暇接。李白在歌行里夸耀的，仍然是宫体诗的意象。歌行中的女主人公几乎与宫体诗的女主人公做着同样的事情，仅仅是借助歌行流动的声情，才看上去多了一点自由和生气。

除李白外，《才调集》又选入了王维的《陇头吟》和高适的《燕歌行》两首边塞题材的盛唐歌行。边塞题材也是有着齐梁背景的，这两首作品色调相对浓重，题目均取自六朝乐府旧题，因此仍与齐梁诗风有关。由此可见，《才调集》所选盛唐歌行，几乎都与齐梁风气有关，甚至都体现出宫体诗的特点。

《才调集》所选大历歌行唯顾况一家，所选元和歌行仍以艳体为主流。在元和歌行中，完全没有选最负盛名的张王歌行或白居易的歌行，说明这种叙事性极强的歌行并不受《才调集》青睐。

擅长宫体五律的元稹同样有艳体歌行入选，不过他的歌行几乎不承担宫体诗的功能。一首《和乐天示杨琼》有很强的叙事性，主人公与歌妓杨琼互相嘲弄，又暗寓人生慨叹，宛如一篇微型小说。此诗的艳情体现于同歌妓亲昵嘲戏的情节，机智刻尽的言辞，这大概也是《才调集》所欣赏的地方，但诗中几乎没有宫体诗那样对女性形貌的认真描写。另一些歌行则热衷于传递人生经验，充满了洞察世情的警句，如：

君王掌上容一人，更有轻身何处立？（《月暗》）

对面且如此，背面当何如？（《古决绝词三首》其一）

幸他人之既不我先，又安能后他人之终不我夺？（《古决绝词三首》其二）

夜夜相抱眠，幽怀尚沉结。那堪一年事，长遣一宵说？（《古决绝词三首》其三）

措辞之大胆，有汉乐府之遗意，非宫体诗之所能及。而深刻地思考爱情中的情理，是这些作品共同的爱好，其思考的结论往往出人意料，又大合情理。这些思考，可以看作“缘情”之一体，而与体物无关。在三首《古决绝词》中，甚至没有出现女性的形貌描写。可见，元稹的这些歌行与缓慢的、热衷于物象的宫体诗关系不大。当然，不难看出，这些句子的铿锵音节，直接受到鲍照的影响，这种大胆的爱情议论也是受到了南朝乐府的鼓舞，元稹的这些歌行直接继承了南朝乐府的艺术特点，是齐梁诗风另一个侧面的体现。

《才调集》中的另一些元和歌行却表现出浓艳的宫体风格，如施肩吾《夜宴曲》：

兰缸如昼买不眠，玉炉夜起沉香烟。青娥一行十二仙，欲笑不笑桃花燃。碧窗弄妆梳洗晚，户外不知银汉转。被郎嗔罚屠苏盏，酒入四肢红玉软。

这首诗竟被《才调集》意犹未尽地选入了两次，其中又可见到令人目不暇接的宫体诗物象和女子形貌。尾句体物尽情而涉于淫靡,符合宫体诗放荡的精神,却是一般的宫体诗所不敢写的。此诗声情考究,发挥了歌行的特长,同时却几乎没有叙事性,像宫体诗一样只是专注于一个画面。可以说,这是一首以歌行声情表现的宫体诗。又如李涉的《六叹》,也都是写女子在封闭空间中的一个画面,与宫体诗相似,几乎没有叙事性。只不过,比起宫体诗,歌行更偏重叙述女子的行动而非容色。

此外,《才调集》选入的晚唐以前的歌行,也有少量以险怪的物象和人生经验的概括见长,但并非主流。

晚唐的歌行,仍首先以温庭筠为代表。温庭筠的歌行甚至不啻为整个《才调集》歌行的样板。在温庭筠的歌行中,叙事性减弱和物象核心两个特点表现得更为明显。即使是在有明确历史背景的歌行中,温庭筠也不像一般预期的那样注重叙事性,历史题材只是温庭筠经营物象的背景。刘学锴先生评论温庭筠《湖阴词》时指出:

> 所咏者虽为东晋军事政治大事,且颇具戏剧性情节,然诗人之兴趣,主要不在事件本身之整个过程,亦不在通过事件的吟咏,抒发对历史事件及人物的看法,故既非叙事之作,亦非一般意义的咏史诗。诗所要着意表现的,乃是一种历史事件的整体氛围,一种对当时场景的鲜明想像。①

并指出这种咏史方法自李贺来。此论可谓精当。温庭筠的历史歌行不重叙事,甚至不在乎议论的新颖和深刻,而是一切以物象为中心,形象塑造是其目的,想象是其手段。

在没有明确历史背景的歌行中,温庭筠更是尽情地表现物象。温庭筠的歌行给很多诗评家留下了重色轻情,甚至意旨不明的印象。如贺裳

---

① [唐]温庭筠著,刘学锴校注:《温庭筠全集校注》,北京:中华书局,2007 年,第 88—89 页。

在《载酒园诗话又编》中指出：

> 《塞寒行》后曰："心许凌烟名不灭，年年锦字伤离别。彩毫一画竟何荣，空使青楼泪成血！"《照影曲》结云："桃花百媚如欲语，曾为无双今两身。"《莲浦谣》末曰："荷心有露似骊珠，不是真圆亦摇荡。"《织锦词》末云："象尺熏炉未觉秋，碧池已长新莲子。"皆意浅体轻，然实秀色可餐。此真所谓应对之才，不必督之干理；蛾眉之质，无俟绳之井臼也。①

所谓"意浅体轻"即于思理并不求深；所谓"秀色可餐"，则指其塑造的形象鲜明艳丽，给人以美的享受。即以艺术性（包括物象的美丽与造语的新奇）见长，而不以深意见长。贺裳认为，温庭筠塑造形象的才能属于"应对之才""蛾眉之质"，具有独立的价值，尽管其在承担教化世俗的社会功能方面显得颇有欠缺，但不能因此抹杀其审美价值。这种看法是中肯而不失通达的。贺裳所举的例子，无一例外地选入了《才调集》。

又如陆时雍评《懊恼曲》云：

> 末二语最奇丽。庭筠诗只欲词色相当，不必定情何似。②

所谓"词色"即物象，是温诗着力之处；而"情"即抒情性，并不为温庭筠所关心。又评《兰塘词》云：

> 深著语，浅著情，是温家本色。③

---

① ［清］贺裳：《载酒园诗话又编》，郭绍虞编选，富寿荪校点：《清诗话续编》，上海：上海古籍出版社，1983年，第372—373页。

② 《唐诗镜》卷五一，［明］陆时雍著，任文京、赵东岚点校：《诗镜》，保定：河北大学出版社，2010年，第1171页。

③ 同上书，第1170页。

所谓"著语"即体物,所谓"著情"即抒情。温庭筠在体物时务求刻尽,而于情感则不刻意渲染。皆谓其弃情、意而重语、色。

温庭筠的歌行抛弃了歌行的叙事和抒情传统,代之以物象的崇拜和语词的创造,这使得歌行的功能极大地靠近晚唐宫体五律。晚唐的宫体五律与艳体歌行共同尊奉重物轻情的诗学理念。

即便如此,温庭筠的歌行与宫体五律在功能上仍然存在区别,许学夷指出,温李的七言歌行"声调婉媚,尽入诗余"[①],具有曲子词的风格,并举温庭筠的《春江花月夜词》《织锦曲》等歌行为例。刘学锴先生在论《春愁曲》时指出,温庭筠歌行之似其词,除了"辞藻丽密"外,还在于"对女主人公之外貌、心理、行动均不作正面描绘刻画,完全借环境气氛之烘托渲染与自然景物之映衬暗示透露,写法细腻婉曲,俨然花间词境"。[②] "不作正面描绘刻画"的描述,并不能适用于温庭筠的所有歌行,事实上,温庭筠的歌行仍然很热衷对女性身体的正面展示,如:

抱月飘烟一尺腰,麝脐龙髓怜娇娆。(《张静婉采莲曲》)

但与其宫体五律相比,歌行中的描写最多只是点出物象,而不做穷形尽相的描绘,在更多的时候,则相对更偏向于缘情而非体物。由此可见,温庭筠的歌行比五律更接近曲子词。同时应考虑到,歌行在形式上比五律更为自由。温庭筠在写作宫体五律时,经常使用声律有所突破的齐梁体,或许正是感到了五律声情单调的局限性。而歌行更能发挥诗人在声情上的创造性。在歌行的传统中,温庭筠唯一继承的就是声情的经营。而曲子词的声情是相当复杂的。因此,在声情婉媚方面,歌行也更接近曲子词而

---

① [明]许学夷著,杜维沫校点:《诗源辩体》卷三十,北京:人民文学出版社,1987年,第290页。

② 参见《温庭筠全集校注》,第169页。

非五律。

与此同时,温庭筠歌行在功能上仍与曲子词有着明显的界限。刘学锴先生同时指出:

> 此类作品由于刻意追摹李贺,不仅意境较为隐晦,语言亦时有生硬晦涩之处,与其词之圆融自然有别。表现亦嫌繁尽,不如其词之含蓄蕴藉。①

词的圆融,很大程度上是为了便于歌唱传诵,属乐府特征。李贺诗的生硬晦涩则是为了炫耀技巧,与案头文学的功能相适应。在这个问题上,温庭筠的歌行从诗而不从词。

由此可见,宫体诗重体物而曲子词重缘情,五律声律严谨而曲子词声情丰富,案头诗作追求晦涩而乐府歌词追求圆融,在这三方面,温庭筠的歌行都介于二者之间。温庭筠的宫体五律、歌行和曲子词都在晚唐五代成为标杆,在温庭筠的诗学体系中,三种文体的功能是不相混淆的。温庭筠歌行的功能定位在宫体诗与曲子词之间。

受元和怪奇诗派,特别是李贺歌行的影响,温庭筠在歌行中会有意运用怪异的语词搭配,以传达新奇的感官经验,如:

> 湖西山浅似相笑,菱刺惹衣攒黛蛾。(《晚归曲》)
> 金梭淅沥透空薄,剪落交刀吹断云。(《舞衣曲》)
> 千里涵空澄水魂,万枝破鼻团香雪。(《春江花月夜词》)

歌行的篇制为自铸新语提供的空间,是其他诗体不能比拟的。这样的语言,也很能吸引《才调集》的读者。温庭筠还善于在歌行结尾处运用声律本身的魅力,使本不高明的立意凭借句子的声响而给读者留下深刻的印

① 《温庭筠全集校注》,第169—170页。

象，如：

野土千年怨不平，至今烧作鸳鸯瓦。(《懊恼曲》)

贺裳评此句云："语诚警丽，细思之有深意否？"[1]其实，这首诗至少在温庭筠的歌行中不算是最无"深意"的，词语间也没有太怪异的搭配，但确实给人乍见惊艳、重读失望的感觉。从声情上看，前句以平声作结，状"怨"之绵长；后句以上声入韵，声情激越，似有不尽之言；此二句为声律相对的律句，句尾平仄倒转，音响起伏入耳；加上较多的虚字，更显摇曳多姿。此二句初看"警丽"，恐与富于表现力的声调有关。采用同样策略的歌行还有很多，如：

莫沾香梦绿杨丝，千里春风正无力。(《郭处士击瓯歌》)
树成寄与望乡人，白帝荒城五千里。(《锦城曲》)

这两句以"仄仄平平仄平仄"代替"仄仄平平平仄仄"，齐梁意味更浓，声音本身带给读者的冲击更大。以平声韵收尾的歌行也在声情上下了功夫，如：

厩马何能啮芳草，路人不敢随流尘。(《阳春曲》)

前句以"仄仄平平仄平仄"代"仄仄平平平仄仄"，后句以三平调作结，并以"何能""不敢"的虚词相呼应，似含无限怅惘之意，使读者几乎忘记追究句子的含义。这样的声情很容易取悦晚唐齐梁体的爱好者。

《才调集》所选晚唐五代其他诗人的歌行中，韩琮《春愁》最接近温庭筠的风格：

---

① 《载酒园诗话又编》，《清诗话续编》，第 372 页。

金乌长飞玉兔走，青鬓长青古无有。秦娥十六语如弦，未解贪花惜杨柳。吴鱼岭雁无消息，水誓兰情别来久。劝君年少莫游春，暖风迟日浓于酒。

另如李廓的《鸡鸣曲》和《镜听词》，都是选取闺阁生活中的一个事件来写，有一定叙事性，但这种叙事只是描述女性在一个小事件中心理发展的流程，从宫体的角度看，也许只是"缘情"的拓展，比起《长恨歌》《白头吟》这样有重大历史背景的叙事，叙事性还是差得多。这种小事件的叙述，也许只是"缘情"的背景，只是为了引出女性某种特殊的心理而营造的特殊情境，如：

妇人上城乱招手，夫婿不闻遥哭声。(《鸡鸣曲》)
门前地黑人未稀，无人错道朝夕归。(《镜听词》)

甚至不排除是为了引出对女子的身体描写：

更深弱体冷如铁，绣带菱花怀里热。(《镜听词》)

一些叙事性略强的作品，如《寄荆娘写真》《与李渤新罗剑歌》，则都是以物为题，从一个极具体的物象想象出一定的情节，仍具有以物象为中心的特点。

唐末韦庄、张泌的歌行同样以艳情见长，但二人的歌行均比温庭筠更为清浅流丽。韦庄的一些歌行与温庭筠比较接近，如《捣练篇》：

月华吐艳明烛烛，青楼妇唱捣衣曲。白夹丝光织鱼目，菱花绶带鸳鸯簇。临风缥缈叠秋雪，月下丁冬捣寒玉。楼兰欲寄在何乡，凭人与系征鸿足。

陆时雍评曰："此诗余中绝妙好辞。"①这首歌行与温庭筠的歌行一样，声调婉媚，给人以"诗余"的感觉，又比真正的"诗余"更重物象，略显凝重。而韦庄的另一些歌行更近白居易的艳体歌行，如《长安春》：

> 长安二月多香尘，六街车马声辚辚。家家楼上如花人，千枝万枝红艳新。帘间笑语自相问，何人占得长安春。长安春色本无主，古来尽属红楼女。如今无奈古园人，骏马轻车拥将去。

内容更接近现实生活，没有奇异的物象，并试图阐发一些正面的感慨。

张泌的歌行则更近曲子词，如：

> 雨微微，烟霏霏，小庭半拆红蔷薇。钿筝斜倚画屏曲，零落几行金雁飞。萧关梦断无寻处，万叠春波起南浦。凌乱杨花扑绣帘，晚窗时有流莺语。(《春晚谣》)

声情更为精致平熟，物象纤小而日常，更关注主人公的内心、注重烘托的手法，"情"相对于"物"的地位有所上升。出现以上歧异，大概只是因为韦、张不如温庭筠极端，而非追求方向的不同。与温庭筠相比，五代的韦庄、张泌进一步褪去了元和诗风带来的险怪特色，但二人的歌行仍可看出与温庭筠近似的基本特征，如叙事性较弱、经营物象和声情、介乎宫体五律和曲子词之间等。

《才调集》中的晚唐五代歌行也有叙事性较强的作品，如杜牧《题桐叶》、李昂《戚夫人楚舞歌》、张乔《杨花落》、韦庄《赠峨嵋山弹琴李处士》等。由此可见晚唐诗人仍可写出叙事性的歌行，并得到《才调集》读者的认可。只不过，这些作品同样拥有较为艳丽新奇的物象。这说明，晚唐齐

---

① 《唐诗镜》卷五四，《诗镜》，第1241页。

梁体歌行并不必然排斥叙事性，但叙事性已可有可无、经常被诗人放弃，而物象的艳丽则是必需的。

《才调集》选入的歌行，均以物象为中心，近于宫体诗而稍加缘情，随时间推移逐步放弃了叙事、减弱了议论，最终发展为以温庭筠为代表的重物轻情、声调媚婉的晚唐齐梁体歌行。晚唐齐梁体歌行在功能上介于宫体五律与曲子词之间，即介于复古雅诗与新兴俗乐之间。在晚唐齐梁体诗歌内部，宫体五律与歌行既有崇尚物象的共性，又存在互补，即五律重体物、歌行偏缘情的分工。

三、七律

如前所述，在《才调集》中，入选五律和歌行较多的诗人，入选七律较少；以七律见称的诗人，则入选五律和歌行较少。七律与五律和歌行，特别是与歌行，存在负相关的倾向。

与五律和歌行不同，梁陈时代尚未形成真正的七律，严格说来，七律并无“齐梁体”可言。但在齐梁诗风流行的时代，不排除七律可以受到影响。鉴于七律与五律和歌行的互补关系，不以五律和歌行见长的诗人也可以用七律来表达自己的齐梁情结。一首七律如果设象华靡、关涉女色，或对六朝意象表现出兴趣，特别是如果像齐梁体的五律和歌行那样，表现出以物象为中心的倾向，则可认为其受到齐梁诗风的影响，甚或是齐梁宫体的变体。七律有五律的格律和歌行的长句，有可能中和二者的特点，这或许也是为什么七律可以替代五律和歌行的组合。

《才调集》中的七律可以分为两体，分别以李商隐和韦庄为代表，前者受到齐梁诗风的影响，后者则不明显。前者代表晚唐齐梁诗风，后者则更多地出于韦縠个人对韦庄的崇拜。前者是本书的研究对象，后者则非重点。为说明二者的区别和联系，本文首先将《才调集》中李商隐和韦庄的七律做一比较。

1. 李商隐和韦庄

《才调集》所选李商隐的七律，以物象为中心的特征十分明显，显示出齐梁诗风的影响。《才调集》中的韦庄七律则恰好与之相反，几乎不以物象为核心。

葛晓音先生曾分析七律作为一种新文体，在写作方法上与五律的不同："每句七个字，一般由两个语法独立的词组构成，如都用实字，意象便较五律为密；如要简化意象，则要多加虚字赘词。"①从大历时代开始，诗人们便面临这样的选择。到了晚唐五代，李商隐和韦庄恰好可分别代表这两个方向。李商隐的七律，一句中往往有两个较为核心的物象，意象"较五律为密"，而宫体五律原本极重物象，因此，如此驾驭齐梁时尚不存在的七律，是与宫体诗的艺术精神没有抵牾的。韦庄的七律则物象颇为稀疏，一般以事理而非物象为中心，多用虚字而"简化意象"，与宫体诗的艺术追求恰好相反。韦庄的七律没有齐梁风味，靠人生经验的传达吸引人；李商隐很少直白地表述人生经验，则须靠齐梁风味来吸引人。这两种七律都可以满足晚唐的读者。

李商隐的七律表现出对闺阁物象和齐梁意象的迷恋，这一点在《才调集》中也有所表现，如：

重衾幽梦他年断，别树羁雌昨夜惊。（《银河吹笙》）

"重衾""幽梦"是梁陈宫体诗中常常出现的女性符号，"别树""羁雌"则时见于六朝骈文。又如：

舞鸾镜匣收残黛，睡鸭香炉换夕薰。（《促漏》）
红楼隔雨相望冷，珠箔飘灯独自归。（《春雨》）

读者在弄清句意之前，先已接受了齐梁风味十足的意象群。每句几乎都有两个富于宫体风味的意象，且得到了巧妙的安排。如写"镜匣""香

① 葛晓音：《刘长卿七律的诗史定位及其诗学依据》，《中山大学学报》，2013 年第 1 期，第 24 页。

炉”，则以同为名词的“舞鸾”“睡鸭”做限定；写“雨”“灯”则用“红楼”“珠箔”做映带。李商隐的七律很少传达抽象的人生经验，而喜欢寻找关于物象本身的经验，特别是视觉经验，如：

星沉海底当窗见，雨过河源隔座看。（《碧城三首》其一）

用想象中仙界所能见到的奇特视觉景观来写仙界，而非直接写仙人的心情。其写听觉经验者则如：

已闻佩响知腰细，更辨弦声觉指纤。（《水天闲话旧事》）

从听觉经验出发，仍归于间接获得的视觉经验。其中不能说没有经验的凝聚，但经验始终是围绕物象本身的。日本学者大冈信在分析和歌的经验特点时指出，与味觉、触觉、嗅觉等暧昧而私人化的感觉不同，听觉和视觉“非常容易测量、能够明确分节”，个体间的差异也不那么大。[1] 也就是说，听觉和视觉，特别是视觉，有着相对的客观性，而与主观性最强的人生经验的归纳站在对立面。这种客观性曾被晋宋齐梁的诗人广泛地迷恋。李商隐的七律同样表现出了这样的客观性，因而与韦庄七律采用的“人生教育式的谚语体”划清了界限。即使是在想要表现情绪、抒发议论时，李商隐也更喜欢使用形象本身而非直白的议论，如：

斑竹岭边无限泪，夕阳宫里及时钟。（《深宫》）

二句均可看作一个大的名词性词组，即广义的“名词句”[2]，以“泪”本身说

---

① 〔日〕大冈信著，尤海燕译：《日本的诗歌——其骨骼和肌肤》，合肥：安徽大学出版社，2010年，第107页。

② 参见王力：《汉语诗律学》，上海：上海教育出版社，2005年，第287页。

明哀痛之深，以“钟”本身形容失落的情绪。又如：

> 此日六军同驻马，当时七夕笑牵牛。（《马嵬》）

虽然旨在对比玄宗杨妃在全盛日的得意与乱中的落魄，但“马”与“牛”的具体形象的借对，不能不说是诗句引人注目之处。

再如引发争议的《泪》：

> 永巷长年怨绮罗，离情终日思风波。湘江竹上痕无限，岘首碑前洒几多。人去紫台秋入塞，兵残楚帐夜闻歌。朝来灞水桥边问，未抵青袍送玉珂。

论者或赏其顿挫，或嫌其堆砌。事实上，围绕题目罗列各种史事，属于赋法，齐梁咏物诗即有此体，李商隐是借鉴了齐梁五言咏物诗的写法，来写自己的七言咏物诗，并寄寓自己的情感。这种咏物的方法，也是以物象为中心的。

李商隐的天才，在于使用以物象为中心的写法时，能够曲折地加入自己的情感。以物象为中心并不排斥立意的高远，立意的高远也并不能改变以物象为中心的道路。作为一种可以被模仿的诗体，以物象为中心是李商隐七律的重要特征，也是其为《才调集》接受的重要原因。

韦庄七律也并非没有夸耀物象的对句，如：

> 西子去时遗笑靥，谢娥行处落金钿。（《叹落花》）
> 金铃犬吠梧桐院，朱鬣马嘶杨柳风。（《贵公子》）
> 桃脸慢长横绿水，玉肌香腻透红纱。（《伤灼灼》）

诗题和用字可看出晚唐齐梁诗风的影响。但与李商隐七律相比，这样的意象堆垛过于机械，意象间的组合也并无新意，几乎不能提供新奇的感官经验。如果说这样的诗句能提供经验，则最多是对豪奢的直白体验，甚或是对纸醉金迷的直接夸耀和企羡。夸耀得更为明显的还有：

西园公子名无忌，南国佳人号莫愁。(《忆昔》)
厮袍公子樽前觉，锦帐佳人梦里知。(《立春》)

只是将人人羡慕的名物，略加技巧，组成对句，了无意蕴。这样的作品，竟都为《才调集》所录。在《才调集》所选韦庄七律中，这类诗句还占了很大比重。在晚唐这个重物象的时代，这样的句子可能被视为属对巧妙。

韦庄真正写得较好的，还是以议论口吻传达人生经验的对句，如：

但见时光流似箭，岂知天道曲如弓。(《关河道中作》)

比李商隐的诗句抽象得多，以深刻的理性思考胜，而不以体物胜。这样的思考深度在韦庄集中不可多得，但这样的句法却是典型的韦庄风格。又如：

因知海上神仙窟，只似人间富贵家。(《陪金陵府相中堂夜宴》)

设想虽浅，但这种议论的口吻，对非直观经验的探求态度，却代表了韦庄的特点。以上二句中，意象的地位相对没那么重要，虚字却有实在的作用，诗句的兴趣在于抽象、普遍经验的探讨。这种努力方向，是与晚唐齐梁体不同的。韦庄还热衷于对反复出现的、历时较长的人生经验做出总结，如：

到处因循缘嗜酒，一生惆怅为判花。(《关山》)
外地见花终寂寞，异乡闻乐更凄凉。(《思归》)
老去不知花有态，乱来唯觉酒多情。(《与东吴生相遇[及第后出关作]》)

这些经验也具有很强的主观性。虚字的作用必不可少，意象只是作为情绪的佐证得到夸耀。韦庄偶尔能做到将夸耀物象隐蔽于感慨议论之下，则可写出较为成功的诗句，如：

> 山色不知秦苑废，水声空傍汉宫流。(《咸阳怀古》)

细味作者本意，或许只是为了夸耀“秦苑”“汉宫”两个宏伟的物象，搭配的“山色”“水声”也是再普通不过的意象，但加上了“不知”“空傍”两个虚字，则显得感慨无尽。由此可见，韦庄的长处不在经营感官经验，而在使用虚字。这只是晚唐体，却并非齐梁体的特点。

韦庄还有一些清新的山水七律，显示出较强的物象性，如：

> 半山残月露华冷，一岸野风莲萼香。(《秋日早行》)
>
> 马惊门外山如活，花笑樽前客似泥。(《和同年韦学士华下途中见寄》)
>
> 落花带雪埋芳草，春雨和风湿画屏。(《奉和观察郎中春暮忆花言怀见寄四韵之什》)

意象唯美，但并不关涉闺阁。比纯说理者温润，而比义山体清冷。同样是专注物象，是自齐梁山水诗而来，但同时也继承了唐代山水诗的成果，故不可目为齐梁体。这样的作品，其实近于许浑、赵嘏之体。

李商隐七律重视物象和感官经验，韦庄七律则不以物象和感官经验见长；李商隐为《才调集》选中的七律并不以虚字见长，几乎没有对人生经验的直白表述，韦庄七律则更善用虚字，以直叙人生经验见长；韦庄体夸耀物象较直接，义山体较婉曲；义山体注重客观性，为齐梁变体，韦庄体主观性强烈，上承白体而下启宋调；义山七律倾向于体物功能，占据五律与歌行的位置，韦庄体倾向于缘情功能，占据歌行与乐府的位置。义山体与韦庄体是《才调集》中不同的两个方向，义山体是晚唐齐梁诗风影响下七律的标准，同时发展方向与韦庄体不一致的晚唐七律可视为受到晚唐齐梁诗风的影响。

2. 李商隐的先声及追随者

《才调集》中，元和以前的七律多呈现出倾向于义山体的风格。《才调集》所选初唐沈佺期“卢家少妇郁金堂”一诗，讲究声律对仗，而语言风格带有明显的歌行特点，显示了七律从齐梁歌行的母体中产生出来的痕迹。《才调集》选入的盛唐梁锽《代征人妻喜夫还》与大历李端《代弃妇答贾客》，无论题目还是语言，也都保留了齐梁乐府的痕迹，因此虽然算不上七律史上的经典，也仍被选入。

《才调集》还选入了张祜关于柘枝妓的四首七律。无论在梁陈宫体诗还是晚唐宫体五律中，柘枝妓都是一个典型的主题。张祜的这四首七律重在描绘女子容色，如：

> 金丝蹙雾江衫薄，银蔓垂花紫带长。（《周员外席上观柘枝》）
> 紫罗衫宛蹲身处，红锦靴柔踏节时。（《观杨瑗柘枝》）

详细地描绘声色之美，实际上承担了宫体五律的功能。这四首诗连同梁锽、李端的作品，都是用齐梁所无的新体承担齐梁宫体诗的功能。《才调集》对这样的作品感到新奇因而格外欣赏，所选的较早的七律几乎同属此类。而盛唐时代大量主流风格的七律则没有入选。

《才调集》所选元稹的七律亦均为女色诗，且呈现出由单纯的齐梁宫体功能向晚唐的义山体转化的倾向，即色调变得幽暗，加入了个人化的抒情和感伤情调，如其在《寄旧诗与薛涛因成长句》中写道：

> ……月夜咏花怜暗澹，雨朝题柳为攲垂。长教碧玉藏深处，总向红笺写自随。……

因对方是名媛,所以使用了女性化的意象;又因为以诗代书,所以使用了尺牍般的语气。这样的诗作并非偶然。元稹的七律,一方面模仿宫体五律,热衷于柔美华丽的物象,体物细微;一方面又能在体物中流露出似有还无的情感,因而能打动人心,如:

微风暗度香囊转,胧月斜穿隔子明。(《友封体》)

似此已开义山体的先声。元稹的七律中也有比较标准的齐梁式体物,如:

急挥舞破催飞燕,慢逐歌词弄小娘。(《筝》)

以一物为题,展开形容和想象,是标准的齐梁宫体的作法,元稹的这首七律仍是承担了标准宫体诗的功能。另如张祜(一题袁不约)的《病宫人》亦属此例。以"宫人"为题而以体物之笔赋写,是宫体诗的作法;而上着一"病"字,则是中晚唐人的癖好。

另一些元和七律也已体现出义山体华丽幽暗的风格,如:

歌声缓过青楼月,香霭潜来紫陌风。(袁不约《长安夜游》)
辇前月照罗衣泪,宫里风吹蜡烛灰。(王建《华清宫感旧》)

温庭筠的歌行得力于李贺,李商隐的七律则是在这些元和七律基础上的再创造。

与李商隐同时而年辈稍早的诗人,也有类似诗句,如:

仙掌月明孤影过,长门灯暗数声来。(杜牧《早雁》)
红锦机头抛皓腕,绿云鬟下送横波。(韩琮《题商山店》)

前者虽非专写闺情,但物象幽暗华丽,由体物入于缘情。后者用意虽浅,却能在七律中大胆地体写艳情，又在体写女色时杂有仙道之气。这些因素都自梁陈宫体诗来，又强化了一些宫体诗固有但尚未得到很好发挥的因素，对李商隐七律当不无启发。

温庭筠的女色七律占其创作的比例并不大，但也被《才调集》充分地发掘出来。与李商隐相比，温庭筠的女色七律夸耀物象的倾向有过之而无不及，而由体物入于缘情之处却往往显得立意较浅，如：

香灯怅望飞琼鬓，凉月殷勤碧玉箫。（《怀真珠亭》）

不但意象唯美、涉于仙道，而且句法精巧宛转，置之义山集中，几不能辨。但仔细玩味，便觉并无深意，非义山集中之上品。又如：

银烛有光妨宿燕，画屏无睡待牵牛。（《池塘七夕》）

出句体物精微，不减义山，然对句便觉粗浅无味，至如此诗前联"杨家绣作鸳鸯幔，张氏金为翡翠钩"则几乎纯为夸耀。这说明温庭筠能努力追求物象之美，但不能保证在体物之外再下功夫。至如：

窗间谢女青蛾敛，门外萧郎白马嘶。（《赠知音》）
屏上楼台陈后主，镜中金翠李夫人。（《和友人溪居别业》）

更显凑泊率意。而温庭筠在凑泊意象时，最先想到的必是典型的六朝意象。又如：

香随静婉歌尘起，影伴娇娆舞袖垂。（《题柳》）
窗间桃蕊宿妆在，雨后牡丹春睡浓。（《春暮宴罢寄宋寿先辈》）

则与其宫体五律的写法几乎没有差别。可见，温庭筠的艳体七律放弃了主流七律的功能，同时写情意味较义山体更淡，因此几乎与宫体五律的功能重合。温庭筠的女色七律表明，义山体的意象、句法都并非孤立，而是在时风影响下形成的，只不过李商隐在由体物入于缘情的道路上走得更远。

《才调集》还注意到了年辈与温庭筠大体相同的曹唐。曹唐以游仙诗著称，《唐才子传》谓其有《大游仙诗》五十首，又有《小游仙诗》。从今见曹唐诗来看，盖《小游仙诗》为七绝，《大游仙诗》为七律。《大游仙诗》的意象、句法大体与义山七律相同，其诗句"洞里有天春寂寂，人间无路月茫茫"为人所称，如黄子云《野鸿诗的》即称许此二句云："玉溪《无题诗》，千妖百媚，不如此二语缥缈销魂。"①

《大游仙诗》题目繁复，有似齐梁赋题，诗中重视物象的作法也近于宫体诗。与李商隐一样，曹唐能做到由体物入于缘情，不满足于想象到传说中的仙人所能遭遇的物象，而更热衷于想象仙人在遇到特殊情境时的心理。曹唐的存在同样可以证明义山体产生的时代基础，只可惜，曹唐没有更多题材的七律传世。今《全唐诗》所录十七首曹唐《大游仙诗》，均见于《才调集》。由此可见，曹唐的《大游仙诗》很能代表《才调集》对七律的欣赏品味。

除《大游仙诗》外，《才调集》还选录曹唐《病马五首呈郑校书章三吴十五先辈》。《病马》之题与《病宫人》类似，马同样是齐梁赋题、咏物的常见诗题，而着一"病"字，即见晚唐趣味。曹唐《病马》有自况身世之意，在写法上却完全采用齐梁的赋题咏物之法，用词也较为华丽。可见，与李商隐一样，曹唐也在充分吸收齐梁写作技巧的基础上，能做到由体物入于缘情，自然地加入自己的情感。从这个意义上说，曹唐的七律比温庭筠更接近李商隐。

李商隐的追随者，即年辈低于李商隐而创作艳体七律者，也引起了《才调集》的充分注意。这些追随者中，工于体物者众，及于缘情者寡。

---

① ［清］黄子云：《野鸿诗的》，丁福保辑《清诗话》，上海：上海古籍出版社，1978年，第865页。

如与李商隐同龄却在李商隐接近去世时才出仕的李群玉所作《同郑相并歌姬小饮因以赠献》：

> 裙拖八幅湘江水，鬟耸巫山一片云。风格只应天上有，歌声岂合世间闻。胸前瑞雪灯斜照，眼底桃花酒半醺。不是相如怜赋客，肯教容易见文君。

前三联热衷于体写女色，并组成对仗，甚至写到了“胸前瑞雪”这样连梁陈宫体诗都不曾涉及的物象，肆无忌惮地以物象暗示情色。与李商隐不同的是，此诗对女主人公的内心世界漠不关心。此诗的作法是与梁陈宫体诗完全相同的，甚至比梁陈宫体诗更少缘情成分，更大胆放诞地表现物象。它如：

> 汉浦蔑闻虚解佩，临邛焉用枉当垆。（薛能《赠歌者》）
> 烟分顶上三层绿，剑截眸中一寸光。（崔珏《有赠二首》其一）
> 两脸酒醺红杏妒，半胸苏嫩白云饶。（李洞《赠庞炼师》）
> 见了又休真似梦，坐来虽近远于天。（吴融《浙东筵上有寄》）
> 霞杯醉唤刘郎赌，云髻慵邀阿母梳。（孙棨《赠妓人》）
> 翠眉颦处楚边月，画卷开时塞外云。（吉师老《看蜀女转昭君变》）

均属此类。与梁陈描写女色的宫体诗不同，这些作品往往并非男性士大夫之间自娱自乐的唱和，而多是寄赠之作。也就是说，作诗的男子与被观赏的女子之间，并非不存在精神层面的交往，被观赏的女子是这些诗句的目标读者。诗中如此直接地描写被赠诗者的色相，即使被赠者并非良家女子，仍然令人感到惊异。而这样的赠诗远非孤例，且都被赞赏地收入了《才调集》，只能说，这是这个时代这种文体的风气使然①。甚至一些对于

① 同一时代同种题材的七绝就不这样执着于色相，参见本节关于七绝的描述。

更为高贵矜持的女子不涉及声色的相思，也被用同样的物象来表现：

烟垂柳带纤腰软，露滴花房怨脸明。（张泌《春夕言怀》）
腰肢暗想风欺柳，粉态难忘露洗花。（王涣《悼亡》）

春夕独处时思念一位可望而不可即的女子，或是思念已经去世的妻子，这本来都是较为高尚的爱情，又与筵间狎妓不同，但诗人仍然不忌讳使用这样的语言。即使在“文章且须放荡”的梁陈，诗人也几乎不曾用这样的语言去写自己的妻子[①]。可见晚唐诗人玩赏女性色相之风较梁陈更甚。

除体写女色外，晚唐七律中夸耀豪奢物象之风很盛，尤其是关于宫掖、权贵、仙道的意象，如：

初分隆准山河秀，再点重瞳日月明。（李远《赠写御真李长史》）
雕没夜云知御苑，马随春仗识天香。（李郢《江上逢王将军》）
醉凭青琐窥韩寿，闲掷金梭恼谢琨。（赵光远《题北里妓人壁》）
自伤白发辞金屋，喜戴黄冠向雪峰。（于鹄《送宫人入道》）
邠王玉笛三更咽，虢国金车十里香。（薛逢《开元后乐》）
柳遮门户横金锁，花拥弦歌咽画楼。（李山甫《公子家二首》其一）

富丽而繁多的物象流露出钦羡之意。为了避免显得过于村俗，一些夸耀是在批判前朝奢靡的掩护下进行的。一些晚唐的咏史诗并无新鲜议论，字面却颇为好看，则很可能不是意在深刻反思，而是意在夸耀物象。出于对浪漫物象的痴迷，晚唐诗人甚至会以富丽之语写荒凉之景，如：

露华凝夜渚莲尽，月彩满轮山驿孤。（吴商浩《宿山驿》）

① 参见胡大雷：《宫体诗研究》，北京：商务印书馆，2004 年，第 101—102 页。

荒凉的山驿竟写得如此浓墨重彩，仿佛梁陈帝王的奢华水殿。此类意象都曾在李商隐的七律中反复出现，尽管这不是李商隐七律最大的艺术价值所在，却难免成为吸引读者、模仿者，以及模仿者吸引其读者的不可或缺的因素。这些物象往往与齐梁的典故或齐梁的审美趣味有关，因此也是齐梁风情通过李商隐而作用于晚唐七律的重要方面。

出于对物象的痴迷，晚唐的七律像齐梁的新体诗一样，会被用来写作较单纯的咏物诗，即只是刻画所咏之物的形象和相关事物，时常关涉女色，而不必有寓意。如《才调集》所录三首《咏手》：

一双十指玉纤纤，不是风流物不拈。鸾镜巧梳匀翠黛，画楼闲望擘珠帘。金杯有喜轻轻点，银鸭无香旋旋添。因把剪刀嫌道冷，泥人呵了弄人髯。（秦韬玉）

妆成皓腕洗凝脂，背接红巾掬水时。薄雾袖中拈玉斝，斜阳屏上撚青丝。唤人急拍临前槛，摘杏高揎近曲池。好是琵琶弦畔见，细圆无节玉参差。（赵光远）

撚玉磋琼软复圆，绿窗谁见上琴弦。慢笼彩笔闲书字，斜指瑶阶笑打钱。指面试香添麝炷，舌头轻点贴金钿。象床珍簟宫棋处，拈定文楸占角边。（同上）

《咏手》是齐梁新体的常见题目，在初、盛、中唐均未见吟咏，而被晚唐诗人移之七律。“手”并非女子所独有，“咏手”一题本来有很多可生发的内容。但很明显，这些作品都是吟咏女子之手，诗中通过“手”的一系列动作生发出来的意象都具有典型的女性色彩，这也是齐梁咏手诗的惯例。这种生发意象的思路，是齐梁咏物诗的特点。以上三首《咏手》，都是第一句直接描写“手”，后七句写“手”的行动，以大量的动词生发大量绮艳的意象，从而借吟“咏手”，想象出一幅幅女性生活图景。除《才调集》选录的这三首外，晚唐诗人尚有崔珏和韩偓写过这个题目，写法与此如出一辙。秦诗中“不是风流物不拈”之句，可谓道出这几首诗的精髓。几位诗人之所以选择“手”来吟咏，除了互相影响的因素外，恐怕也是因为“手”是格外灵巧的，能够做出各种动作，从而便于生发出各种绮艳的意象。因此，从选择“咏手”这个题目就可以看出，诗人们是在有意地练习以动词生发名词的写法。而这种写法，正是齐梁咏物诗的写法。

晚唐的七律咏物之风很盛，所咏之物多为芍药牡丹、鸳鸯鹦鹉之类，皆穷形尽相、用词华丽，如：

数苞仙艳火中出，一片异香天上来。（李山甫《牡丹》）

闲倚晚风生怅望，静留迟日学因循。（张泌《芍药》）

片才着地轻轻陷，力不禁风旋旋销。（秦韬玉《春雪》）

早是翠衿争爱惜，可堪红嘴强分明。（秦韬玉《鹦鹉》）

映雾尽迷珠殿瓦，逐梭齐上玉人机。（崔珏《和友人鸳鸯之什三首》其一）

其中，崔珏以三首鸳鸯诗获得了“崔鸳鸯”的美名。一首咏物七律完全不需要多少深意即可成为经典，读者只是期待诗人以华丽的语言写出所咏之物的形象、色彩、功用、情态。

秦韬玉的《贫女》《织锦妇》历来被认为同情劳动人民、立意深远而得到好评。然而，考虑到这两首诗都被收入《才调集》，而《才调集》所录晚唐七律有很多是单纯的咏物诗，则应该指出这两首诗是以一个崇尚单纯咏物的时代为背景的，不能排除这两首诗带有女色诗和咏物诗的延伸的性质。当人们看腻了珠光宝气的贵族歌姬，就有可能想要了解同为美丽女性而过着不同生活的劳动妇女；当人们习惯了吟咏鸳鸯鹦鹉，也难免会试着把纯熟的体物技巧用在陌生人物的身上。必须看到，秦韬玉同样会以相对庸俗的眼光，去描写酒席歌场上的女子，这一点和齐梁宫廷中的调笑之作是没有区别的。从秦韬玉的其他诗作来看，这位诗人写咏物诗和女色诗是轻车熟路的，把这些技巧移植来写贫女并非难事。鉴于晚唐并不要求咏物七律皆有深意，所以很难说秦韬玉是真心为贫女鸣不平，还是在此名义下寻找新奇的女性经验。秦韬玉之所以会涉及下层妇女题材，除了与其对社会现实的认识有关，恐怕也有在众多宫体佳制的压力下另辟蹊径的成分。秦韬玉的这些作品往往能做到一诗围绕同一主题，并加入一些讽喻性内容，因此不嫌堆砌。这些作品偏重于写实，注重从现实中发现新奇的经验，但想象力的作用较弱。

"寒食"也是晚唐七律喜爱的题材，盖因此时春意盎然，又多有少女出门踏青，从自然和女色两方面都便于赋写。《才调集》中共录晚唐寒食七律三首。

当然，晚唐的七律并非只有奢靡和机械，出色的晚唐诗人也可以达到由体物入于缘情的境界。在这方面，唐彦谦较为突出，如其《牡丹》：

> 为云为雨徒虚语，倾国倾城不在人。

本是寻常咏物之题，竟寄寓无限人生感慨。又如其《春阴》：

> 天涯已有销魂别，楼上宁无拥鼻吟。

诗状"春阴"而春阴无形，此二句分别以离别的情绪、拥鼻吟诗的声音形容之，不着形迹，含混而见佳，取象又与"春阴"不即不离，落想出奇而又不觉生硬。唐彦谦还善用虚字，近乎端己法门，却声情媚婉，得义山神韵，如：

> 尘埃一别杨朱路，风月三年宋玉墙。（《离鸾》）
> 梅向好风唯是笑，柳因微雨不胜垂。（《寄怀》）

不作危言，而自觉销魂。

《才调集》所录薛能的几首咏物诗，虽以物象为核心，却能不作皮相之语，如：

传情每向馨香得,不语还应彼此知。(《牡丹》)

体物而见人情。又如李远《失鹤》:

来时白雪翎犹短,去日丹砂顶渐深。

“失鹤”的经验比较特殊,这个诗题带有一定的赋题性质,或可视为增加了难度的咏物诗,而李远此句加入了细腻的经验,符合晚唐人的趣味。再如:

只合双飞便双死,岂悲相失与相忘。(吴融《富水驿东楹有人题诗[笔迹柔媚出自纤指]》)

从具体的物象(女子字迹)展开香艳的想象,却未止步于女子容色的想象,而以近乎韦体的笔调,对女子的心情做了猜测。

齐梁新体诗还有“赋题”这种重要的创作形式①。由于七律与齐梁宫体既不同源又不同时,有唐一代,很少有人用赋题法创作七律。到了唐末,赋题突然被广泛应用于七律,甚至出现了以七律赋齐梁乐府题的作法。《才调集》也选入了这样的作品,如胡曾、卢弼《薄命妾》,胡曾《独不见》《交河塞下曲》《车遥遥》都属此类,吴商浩《塞上即事》也带有以七律模仿梁陈宫体边塞诗的性质。

《才调集》中的女色七律大多有追摹齐梁新体诗的痕迹。义山体七律的先声至少可以追溯到元和。李商隐同时人的艳体七律呈现出物象华美,句法精致,体物精微,迷恋六朝及仙道意象的特点,成为义山体七律形成的时代基础。温庭筠等人的七律着意体物,功能大致与其宫体五律相

---

① 参见钱志熙:《齐梁拟乐府诗赋题法初探——兼论乐府诗写作方法之流变》,《北京大学学报》,1995年第4期。

似,在缘情方面逊于义山,但也比宫体五律体现出更多的缘情倾向。李商隐身后,其追随者的七律呈现出工于体物、艳丽放诞、痴迷物象、夸耀豪奢的特点,仍以体物为重心,但也有缘情成分;涉及女色、咏物、赋题等原本由梁陈宫体诗承担的诗歌门类,体现出对齐梁诗风的追慕和在功能上取代梁陈宫体诗的意向。总体说来,晚唐艳体七律以体物为主而及于缘情,承担了齐梁时代五言新体加七言歌行的诗歌功能。

3. 白体七律与韦庄的同道

韦庄七律形成于唐末五代白体风行的背景下[①],其七律的主体风格近于白体,与义山体并无直接渊源。《才调集》在第一卷中收录白居易、刘禹锡的作品时,均未收入其七律,直到第五卷才收入了白居易的一首七律和刘禹锡的三首有关白居易的七律。《才调集》的编纂虽无严密体系,但也大致可以推测,《才调集》最初并未打算选入刘白的七律,后来出于某种考虑——很可能是对韦庄七律的欣赏——才在第三卷选录韦庄诗之后很久,勉强补入了数首刘、白七律。也就是说,真正的白体七律并不符合《才调集》的口味,只是因为韦庄受到推崇才被提及。因此,我们不必考虑白居易七律的特点,而只需考虑韦庄七律的特点。

《才调集》中可为韦庄先声的晚唐以前七律,尚有大历诗人卢纶、戎昱、李嘉祐(一作刘长卿或郎士元)的数首七律。这些大历七律仍是以山水景物为题材,但写景清新,且比义山体的七律显示出更强的主观性,使用了更多的虚字,更热衷于表现物我之间的关系,如:

> 细雨湿衣看不见,闲花满地落无声。(李嘉祐《赠别严士元》)
> 贾客昼眠知浪静,舟人夜语觉潮生。(卢纶《晚次鄂州》)

《才调集》中另有一些元和七律体现出韦庄七律钦羡豪奢名物的倾

① 参见刘宁:《唐宋之际诗歌演变研究——以元白之元和体的创作影响为中心》,北京:北京师范大学出版社,2002年。

向,如:

妻是九重天子女,身为一品令公孙。(贾岛《上杜驸马》)
脱下御衣先赐着,进来龙马便教骑。(王建《赠枢密》)

这种夸耀是与李商隐的追随者相通的,属时代风气,只不过李商隐追随者的夸耀更为浪漫,这种夸耀更为世俗、写实而已。

晚唐齐梁体诗人也偶尔会写作韦庄体的七律,显示出其在浪漫之外把握现实经验的能力,体现出时代风气的广泛影响,如:

尘世难逢开口笑,菊花须插满头归。(杜牧《九日登高》)
愁肠断处春何限,病眼开时月正圆。(温庭筠《李羽处士故里》)
众饮不欢逃席酒,独行无味放游缰。(唐彦谦《春深独行马上有作》)
长有归心悬马首,可堪无寐枕蛩声。(秦韬玉《长安书怀》)
禅伏诗魔归净域,酒冲愁阵出奇兵。(韩偓《残春旅舍》)
昼梦却因惆怅得,晚愁多为别离生。(张泌《惆怅吟》)

这些诗作都被《才调集》收录。晚唐齐梁体诗人多能写出这样的诗句,也说明这种风格的七律是晚唐齐梁体的外围。

韦庄七律在唐末最典型的同道当属罗隐和罗邺,今摘其入选数句:

静思贵族谋身易,危觉文皇创业难。(罗隐《偶怀》)
买栽池馆恐无地,看到子孙能几家。(罗邺《牡丹》)
家山如画不归去,客舍似仇谁遣来。(罗邺《巴南旅舍言怀》)

其写风景静物亦多用虚字,关注意态和抽象经验,而不以物象为中心,如:

尽日无人疑怨望，有时经雨乍凄凉。（罗隐《桃花》）

芳草有情皆碍马，好云无处不遮楼。（罗隐《绵谷回寄蔡氏昆仲》）

当庭始觉春风贵，带雨方知国色寒。（罗隐《牡丹》）

罗隐还擅长使用"当句对"，即句内有重复的字样或可以对仗的结构，同时句间再构成对仗①。《才调集》所录仅一例：

花开花谢长如此，人去人来自不同。（《春日题禅智寺》）

实际上，这种句法是罗隐频繁使用的，也构成了晚唐七律的一大特色。"当句对"原本是歌行的一种标志性句法，以句内的重复用字造成节奏的复沓②。盛唐以后，特别是到了晚唐，"当句对"被越来越多地纳入了七律，为人们所津津乐道。

在更早些时候的晚唐齐梁体诗人中，"当句对"也有使用，仅以《才调集》所录者为例：

鸟去鸟来山色里，人歌人哭水声中。（杜牧《题宣州开元寺水阁[阁下宛陵夹溪居人]》）

三春月照千山道，十日花开一夜风。（温庭筠《春日将欲东归寄新及第苗绅先辈》）

尽管端庄凝重的义山体不能经常容纳"当句对"，但很明显，"当句对"同样得到了晚唐齐梁体诗人的喜爱。"当句对"也是晚唐不同流派七律间

---

① 关于当句对的更多例证，参见钱锺书：《谈艺录》，北京：中华书局，1984 年，第 11—12 页。

② 参见葛晓音：《初盛唐七言歌行的发展——兼论歌行的形成及其与七古的分野》，《文学遗产》，1997 年第 5 期。

相通的风气之一。

除罗隐和罗邺外,在七律中表现出韦体风格并收入《才调集》的晚唐诗人仍复不少,其写人情世故者如:

官满便寻垂钓侣,家贫已用卖琴钱。(来鹏《宛陵送李明府罢任归江州》)

风清刻漏传三殿,甲第歌钟乐五侯。(陈羽《长安卧病秋夜言怀》)

高情唯怕酒不满,长恸可悲花正开。(郑谷《吊故礼部韦员外》)

其自风景静物中发见理趣者如:

风波尽日依山转,星汉通宵向水连。(李频《湖口送友人》)

立当青草人先见,行傍白莲鱼未知。(雍陶《鹭鸶》)

松梢半露藏云寺,滩势横流出浦船。(郑准《题宛陵北楼》)

雨昏青草湖边过,花落黄陵庙里啼。(郑谷《鹧鸪》)

其用当句对者如:

西江帆挂东风急,夏口城衔楚塞遥。(李频《鄂州头陀寺上方》)

百战市朝千里梦,三年风月几篇诗。(郑准《寄进士崔鲁范》)

高下麦苗新雨后,浅深山色晚晴时。(杜荀鹤《春日闲居寄先达》)

长疑好事皆虚事,却恐闲人是贵人。(李山甫《寓怀》)

在晚唐齐梁诗风流行的同时,这些诗句也得到了欣赏。

韦庄体七律是晚唐齐梁诗风的外围,与晚唐齐梁诗风同时,并得到了同一批读者的喜爱,晚唐齐梁体诗人也会涉足韦庄体七律的创作。韦庄体七律的流行是晚唐齐梁诗风的时代背景,同时也与齐梁诗风在晚唐的变体——义山体七律形成了鲜明的对照。

4. 许赵之风

晚唐还流行着以许浑和赵嘏为代表的一种七律。这种七律以物象为中心，取象追求唯美，但基本以山水风景的描写为兴趣，很少涉及宫体诗喜爱的题材；很少直接总结人生经验，但注重虚词的使用，于写景中似含不尽之意。这种七律清新而温润，句法考究，是介于义山体与韦庄体之间的风格，也是晚唐七律的一种典型面貌。

许浑的警句如：

溪云初起日沉阁，山雨欲来风满楼。（《咸阳城东楼》）

从声律上看，每句三与四、五与六皆平仄相反，在近体诗声律范围内极尽顿挫，可能是诗人有意为之。从物象上看，溪、云、日、阁、山、雨、风、楼均为传统意象，虽不涉闺阁，但绝不冒犯一般人的审美期待。每句之内都有四个物象，各自构成两个意象组，溪与云、山与雨为修饰关系，日与阁、风与楼则存在相对运动关系，而每句的两个意象组之间又构成另一层的相对运动关系。这种相对运动关系是诗人细致观察所得，云起而日沉，雨至而风满，两组动词之间又分别构成一层对立，体物精微，提供了独特而准确的观察经验。"初""欲"两个虚字的使用更加深了精确性。这两句的句法精密，无懈可击。这两句虽不能排除本是单纯的写景，但由于观察精确，透过物象看到了运动的规律，且恰到好处地运用了虚词，给人感觉似乎不单纯是写景，而是可以拓展为人类社会的某些经验。因此，"山雨"句常常被用来形容人类社会的形势。这就是由体物而及于缘情的典型范例。又如：

湘潭云尽暮山出，巴蜀雪消春水来。（《凌歊台》）

高树有风闻夜磬，远山无月见秋灯。（《南庭夜坐贻开元禅定二道者》）

句法也非常类似,可见这种句法是许浑十分熟练而屡试不爽的。再如:

一樽酒尽青山暮,千里书回碧树秋。(《郊园秋日寄洛中友人》)

对句而用散句句法,潇洒而似寓苍凉之意,此亦为晚唐人所擅。

赵嘏的警句如:

残星几点雁横塞,长笛一声人倚楼。(《长安秋望》)

每句各有三个物象,却只有一个动词,足见物象在诗人心目中的重要性。即便如此,诗人还是巧妙地运用虚字,以量词代替动词,将物象纯粹客观地呈现出来,并通过物象之间的巧妙搭配,使人感到客观之中含有不尽之意。又如:

杨柳风多潮未落,蒹葭霜在雁初飞。(《长安月夜与友生话故山》)

杨柳蒹葭,风潮霜雁,均为齐梁诗人喜爱的传统意象。在此基础上巧用虚字,曰"多"曰"在",曰"未"曰"初",一颦一笑,皆若有谓。再如:

江连故国无穷恨,日带残云一片秋。(《自遣》)

各以一个动词勾连三个物象。因物象多动词少而造成语义的暧昧。江不过连故国,而曰连恨;日不过带残云,而曰带秋。用较抽象的名词替代实有之物,便觉秋意无限,恨意无穷。

许赵体在晚唐产生了广泛的影响,在唐末五代仍不乏追随者,如:

胡蝶梦中家万里,子规枝上月三更。(崔涂《春夕旅游》)

诗句本不涉闺情,"胡蝶""子规"却是闺情诗中常见的意象。且蝴蝶和子规并未真实地出现,而只是作为"梦"和"枝"的修饰语,可见诗人对意象的装饰性的强调。又如明显受到齐梁诗风影响的张泌,也有不少许赵体七律,如:

> 青草浪高三月渡,绿杨花扑一溪烟。(《洞庭阻风》)
> 弱柳未胜寒食雨,好花争奈夕阳天。(《春日旅泊桂州》)
> 鸡唱未沉函谷月,雁声新度灞陵烟。(《长安道中早行作》)
> 千里晚霞云梦北,一洲霜橘洞庭南。(《秋晚过洞庭》)

许赵体与义山体在意象唯美和句法精妙方面有一致的追求,只不过许赵体留意于山水而非闺情,且比义山体更注重体察物情。与晚唐体的山水五律类似,许赵体七律是通过继承盛唐所继承的齐梁而继承了齐梁,而非像温李那样,通过反叛盛唐而回到齐梁。与韦庄体相比,许赵体七律与齐梁诗风的关系更为密切。

《才调集》中的七律大致可分为义山体和韦庄体,以及介乎二者之间的许赵体。义山体在缘情上虽因个人能力的高下而水平不齐,但都有注重物象的特点,虽不得梁陈宫体之形,却得梁陈宫体之神,为齐梁诗风在晚唐的变体。义山体七律可以承担梁陈宫体诗的所有功能,包括体写女色、咏物、赋题等。除此以外,义山体七律又能在夸耀物象的同时,承担一定的缘情功能,亦即承担了梁陈歌行的功能。也就是说,可以承担宫体五律加歌行的功能,《才调集》选诗的侧重性也证明了这一点。只不过,宫体五律和歌行意味着保留齐梁诗歌的形式,而义山体七律采用了在盛唐以后发展成熟的新形式,意味着新变。

四、七绝

七绝亦非齐梁诗体,齐梁人很少创作恰为四句的七言诗,遑论讲求声律。七绝与齐梁在形式上的缘分最多只限于拼凑不同齐梁诗体的创作经验。正如七律兼具歌行的长句与五律的规整格律,七绝的短小精警近于子夜吴歌或文人创作的绝句,可用于议论的长句则可借鉴歌行。那么,《才调集》是否要求七绝表现出齐梁风味呢?

《才调集》选七绝很多,达266首,仅次于七律的280首而远高于五律的141首。不同于五律和七律的明显向元和后倾斜,七绝较为均匀地分布于初盛中晚各个时代,盛唐和大历的七绝得到了相当的重视。

然而,与五律、歌行和七律的重视物象不同,《才调集》中的七绝重情轻物,且多发议论,而不限于缘情。比起其他诗体,《才调集》中的七绝不追求客观性,显示出强烈的主观性。《才调集》中的七绝有纯粹的议论,却没有纯粹的景语,即使是纯物象的陈列,也能令读者明确地理解作者的意旨,绝不会像五律和歌行中常见的那样不知所谓,也不会像义山七律那样扑朔迷离。

《才调集》中,七绝的议论与物象结合的方法是多种多样的。根据结合方法的不同,七绝呈现出多方面的特点,本文现对其分别加以评述。分类仅为方便展现七绝议论的不同方法,并不相斥,也不穷尽涉及每种议论方法的所有作品。

1. 以我观物

《才调集》中的七绝不乏纯用景语或以景语作结者。但与五律的穷形尽相不同,七绝中的景语只满足于物象的罗列,而并不热衷于在刻画物象本身上出奇。通过物象的排列,我们可以明确地领会作者想要表达的主题,这一主题也往往比形象重要。作者不是在创造一个形象,而只要求读者按照最常见的形象去想象诗中的事物。如:

寂寞闲庭春欲晚,梨花满院不开门。(刘方平《春怨》)

"梨花满院"代表时近春暮,青春将尽,"不开门"代表意中人不曾光顾,主人公贞静自守。这样的联系是相对固定的,读者看到物象后马上可以领会,因此不烦多做解释。作者只需要读者想象梨花是普通的梨花,然后把重点放在梨花的象征意义或指示意义上,而无意于描绘梨花的形象。入选的盛唐绝句如此，晚唐绝句亦然，如：

寂寞游人寒食后，夜来风雨送梨花。（温庭筠《鄠杜郊居》）
落花寂寂黄昏雨，深院无人独倚门。（韦庄《春愁二首》其一）

意境相似，手法相似。又如：

纵然一夜风吹去，只在芦花浅水边。（司空曙《江村即事》）

虽以“芦花浅水”之象作结，表达的重点却是虚字“只在”传达出的潇洒随意，而不必在意芦花和浅水的形象。再如：

万户千门皆寂寂，月中清露点朝衣。（李德裕《长安秋夜》）

万户千门、月色、露水、朝衣，物象亦自不少，而皆是为写自己身居高位、担当天下的清华与孤介，读者自能领会。

即使是以形象描写为主的绝句，诗人们也热衷于加入自己的意见。或是高调炫耀自己出色的比喻，且将比喻的重点放在由比喻产生的进一步联想，而非比喻本体的形态上，如：

不知细叶谁裁出，二月春风是剪刀。（贺知章《柳枝词》）

春风之似剪刀，并非在于实有的形态，而是在于可以做剪裁的动作。而这个剪裁的动作完全存在于诗人的意想中，带有强烈的主观性。如不经诗人提点，读者在沐浴春风之时，是无从感受到其似剪刀的。与之构思类似的如：

一缄书札藏何事，曾被东风暗拆看。（钱珝《未展芭蕉》）

未展芭蕉固似书札,而芭蕉向风舒展是因东风在拆看书札,则是诗人的联想。此句之妙,尚不在芭蕉似书札的比喻,而在于东风拆看书札的解释,即并非妙在形似,而妙在诗人的评点。再如:

半含惆怅闲看绣,一朵梨花压象床。(元稹《白衣裳二首》其一)

白衣女子坐于象床看绣,若是宫体诗的写法,不愁没有细致的体物之笔。但诗人只是主观地评价其似"一朵梨花",不去过多地把握形象,如此便是绝句的写法。

诗人们在用七绝呈现物象时,还非常热衷于加上主观的评点,如:

高座寂寥尘漠漠,一方明月可中庭。(刘禹锡《生公讲堂》)

句眼在一"可"字。明月中庭,皆为客观物象;相"可"与否,则全在于观者的主观评价了。又如:

黄鸟不堪愁里听,绿杨宜向雨中看。(宋邕《春日》)

"不堪""宜向",乃为景物作月旦之辞。再如:

长安陌上无穷树,唯有垂杨管别离。(刘禹锡《杨柳枝词三首》其三)

昭君溪上年年月,独自婵娟色最浓。(李涉《竹枝词》)

不计垂杨形态如何,因其独关涉人情而特殊;月色无情,只因人心有别,自觉色彩不同。诗人其实并不真的关心自己看到了什么,而只关心自己在想什么,然后几乎是肆意地用心中所想去改造物象。

在《才调集》的七绝中，即使是比较纯粹的物象描写，也深深地打上了诗人个性化的主观视角的烙印，诗人仍然必须去评价一个物象，而不仅仅是感知一个物象，七绝的功能与以体物见长的五律有着显著的不同。

2. 以叙述为议论

《才调集》中的七绝不但在描述物象时必加入主观评论，而且擅长以物象的叙述代替议论。由于七绝重聚象而不重体物，读者可以很容易地通过物象的组合明白作者的意旨，所以作者只需列出物象，就可以完成评论，收到很好的艺术效果。这是七绝中一种常见的议论方式。如：

枕上片时春梦中，行尽江南数千里。（岑参《春梦》）

只是陈述一个事实，而相思之情自见。又如：

日暮汉宫传蜡烛，青烟散入五侯家。（韩翃《寒食》）

不着议论，以温柔敦厚见称，即得所谓“风人之旨”。

元和诗人刘禹锡颇善此体，他的很多名句皆用这种手法写成，如：

旧来王谢堂前燕，飞入寻常百姓家。（《乌衣巷》）

淮水东边旧时月，夜深还过女墙来。（《石头城》）

玄都观里桃千树，尽是刘郎去后栽。（《自朗州至京戏赠看花诸君子》）

他的七绝也被《才调集》选入不少，视为样板。

晚唐诗人杜牧亦善此体，如：

一骑红尘妃子笑，无人知道荔枝来。（《骊山感旧二首》其二）

南朝四百八十寺，多少楼台烟雨中。（《江南春》）

二十四桥明月夜,玉人何处教吹箫。(《寄人》)
欲寄相思千里月,傍溪残照雨霏霏。(《寄远三首》其一)

杜牧也是晚唐七绝的经典作家。

晚唐齐梁诗风的代表人物温庭筠、李商隐也善于在七绝中纯以物象表现情绪,如:

钿蝉金雁皆零落,一曲伊州泪万行。(温庭筠《赠弹筝人》)
雁声远过潇湘去,十二楼中月自明。(温庭筠《瑶瑟怨》)
今月春光大漂荡,谢家轻絮沈郎钱。(李商隐《江东》)
闲倚绣帘吹柳絮,日高深院断无人。(李商隐《访人不遇留题别馆》)

只不过,温庭筠更注重情绪的渲染,较少注重立论的高妙。李商隐则既有这样重视情绪渲染的七绝,更另有识见高远的咏史七绝。

更晚的诗人亦偶作此体,如:

芙蓉生在秋江上,不向东风怨未开。(高蟾《下第后上永崇高侍郎》)
数声风笛离亭晚,君向潇湘我向秦。(郑谷《淮上与友人别》)

这些名句获得的声誉也远远高于该诗人的整体水平。

以叙述为议论的写法,倚象为言而以意为主,既与重视形象思维的晚唐风气没有冲突,也与传统的诗教没有冲突,因而最容易获得成功。

3. 解说物象

然而,并非所有的物象都能凭自身说话。一些平淡无奇的物象经过高明的解释,可以变得富于诗趣。此时,诗表现为解释的艺术。七绝尤其擅长这种解释的艺术。如:

长恨人心不如水,等闲平地起波澜。(刘禹锡《竹枝词三首》其二)

所咏物象为瞿塘峡的险滩,言人心更险于险滩,则是诗人的自由发挥。经过诗人的解释,凶险的瞿塘峡并非最凶险之物,物象被赋予了并非自然包含于物象中的含义。又如:

东边日出西边雨,道是无晴还有晴。(刘禹锡《竹枝词三首》其三)

半晴半雨的自然天气,被与似有还无的人情解释在一起,因而有了诗趣。再如:

行人莫听宫前水,流尽年光是此声。(韩琮《暮春浐水送别》)

年光本非为水所流尽,将水之流与年光之流联系在一起,是诗人解释的艺术,而非体物之工。

一些看似正常的景致,须经诗人解释才见出诗情,如:

清夜满城丝管散,行人不信是边头。(姚合《穷边词二首》其一)

“满城丝管”的景致本非特异,若非诗人指出,读者并不能想到此非边头之所宜有。再如:

应是离魂双不得,至今沙上少鸳鸯。(陆龟蒙《女坟湖》)

诗人指出,沙上本应有鸳鸯,如今没有,是少女的怨魂所致。从本无的景致中写出深情。

有时,普通的景致因为诗人的特殊经历而有了特殊的意义,这种诗情也需待诗人表出，如：

> 还似昔年残梦里，透帘斜月独闻莺。（温庭筠《宿城南亡友别墅》）

在写女性时，男女之间的一些微小动作蕴藏着不曾说出的心事，也必须由诗人表出，如：

> 未必诸郎知曲误，一时偷眼为回腰。（元稹《舞腰》）
> 等闲弄水浮花片，流出门前赚阮郎。（元稹《春词》）
> 但知谑道金钗落，图向人前露指尖。（李群玉《戏赠姬人赋尖字韵》）
> 欲知无限伤春意，尽在停针不语时。（朱绛《春女怨》）

即使是为写女子的色相，仍需用议论的方式说出来，可见七绝与五律功能的不同。这些感情有可能是真实存在的，也可能只是诗人在观察了他人的动作后自行做出的判断。

不仅是对于有情而不能明言的男女，就是对无情之物，诗人也能通过移情，解释它们的情感，如：

> 惊起鸳鸯岂无恨，一双飞去却回头。（杜牧《题水口草市》）
> 蜡烛有心还惜别，替人垂泪到天明。（杜牧《题赠二首》其二）
> 芭蕉不展丁香结，同向春风各自愁。（李商隐《代赠二首》其一）
> 多情只有春庭月，犹为离人照落花。（张泌《寄人》）
> 飘零尽日不归去，帖破清光万里天。（郑准《云》）

或是以物拟人，如：

记得玉人春病校，道家装束厌禳时。（薛能《蜀黄葵》）

诗人想写黄蜀葵似女子，却要解释为女子生病后，为了禳解不祥，才穿上了道家的装束，这样就把毫无女性美的特征解释为了柔弱女子的特征。又如：

青虫也学庄周梦，化作南园蛱蝶飞。（徐寅《初夏戏题》）

青虫化蝶，本非雅事，诗人将青虫的化蝶与庄周的化蝶联系起来，就成了风雅的解释。

七绝作者还热衷于为读者指点客观的景物何处最佳，如：

何事最能伤少妇，夜来依约落边城。（赵嘏《新月》）
无情最是台城柳，依旧烟笼十里堤。（韦庄《台城》）
看多记得伤心事，金谷楼前委地时。（张泌《惜花》）

解释物象虽然仍离不开物象，但其艺术在于议论而不在于物象，反映出作者参与到客观事物中的强烈愿望。

4. 体察情事

七绝作者在解释客观事物时，免不了体察作为客体的美女或其他相关人物的心事。有不少七绝是以体察他人的心理见长的。这种体察可以与表现色相无关，抛弃对物象的迷恋，如：

君前愿报新颜色，团扇须防白露秋。（钱珝《春恨三首》其三）

想象宫人为了重新得宠，请求使者向帝王上报自己容色如新。诗人关心的是宫人的心理以及表现出来的行为，与宫人目前色相如何几乎无关。这种写作近乎缘情。这种缘情并非代言，诗人不必把自己想象成诗中人，而只需以一种置身事外的、男性化的第三方语气叙述、评论。白居易也曾想象王昭君的行动：

君王若问妾颜色，莫道不如宫里时。（《王昭君》）

钱珝当是受其启发。又如：

佩兰应语宫臣道，莫向金盘进荔枝。（钱珝《蜀国偶题》）

诗人想象，玄宗会在流落蜀地时遇到当地盛产的荔枝，而宫女会因怕玄宗看到荔枝而想起爱吃荔枝的杨妃，故不敢进上。诗人的关注点已不在于蜀地有荔枝，而在于玄宗遇到荔枝时的复杂心情。这一切并非诗人亲见，一个“应”字表明了诗人的纯主观猜测，从荔枝一物编造出复杂的情节，是要借助丰富想象的。再如：

休唱贞元供奉曲，当时朝士已无多。（刘禹锡《听旧宫人穆氏唱歌》）

从旧宫人会唱的旧曲一物，联想到旧曲所代表的那个时代的朝士已零落无几的寥落之情。可以看到，同样是听女子唱歌，七绝的写法与宫体五律有显著的不同。宫体五律必须仔细地描写女子的色相，七绝则完全没有提到女子的色相；宫体诗可以没有明显的意旨，七绝则是从心情着笔，并且直接把情绪的矛盾描述出来；宫体诗是纯客观的呈现，七绝是纯主观的评论。他如：

众中不敢分明语，暗掷金钱卜远人。（于鹄《江南曲》）
胸前空带宜男草，嫁得萧郎爱远游。（于鹄《题美人》）
曾缘玉貌君王宠，准拟人看似旧时。（刘得仁《悲老宫人》）

都以体察女子情事见长,以全知视角的局外男性口吻做出评价,既不体物,亦不代言。

5. 行乐词

七绝在体察女子情事时,不重视其色相,而重视其行动,如上文提到的于鹄《江南曲》《题美人》即是。中唐以后,逐渐兴起了以描述女子行动为兴趣点的七绝,如:

推醉唯知弄花钿,潘郎不敢使人催。(卢纶《古艳词二首》其一)

虽不涉及色相,但所写的女子行动突出了女性特点,并极具诱惑意味。其所谓"古"艳词,非汉魏之古,乃齐梁之古。梁陈宫体诗中,原有缘情一体,此诗舍去了梁陈宫体的色相,精神却与之相通,实是以七绝完成了宫体诗的功能。又如:

闲读道书慵未起,水精帘下看梳头。(元稹《离思六首》其三)

女性作为被观照的客体,成为男性闲适生活的调剂,与玩物无异,只不过男性欣赏的不是她的色相,而是她的行动,不是她的长发,而是梳头的动作。这种玩赏女性的态度与齐梁一脉相承,但其关注点不是物象而是行动。

晚唐也不乏这样的写法,如:

好是隔帘花树动,女郎撩乱送秋千。(韦庄《丙辰年鄜州遇寒食城外醉吟七言五首》其一)

最集中体现这种写法的七绝,是《才调集》没有选入的王建《宫词》。王建根据耳闻,以百首七绝写宫女情事,多写其行动,从而为读者提供了与女性相关的新鲜经验。这种宫词虽然不乏女性心理的透露,但其目标只是在于描述女子的一种行动,为与之毫无交集的男性士人世界提供新奇的经验。元和时代,施肩吾的《效古词》、元稹的《离思六首》《杂忆五首》《襄阳为卢窦纪事》也热衷于描述女子的行动和男子对其的欣赏,虽非宫词,但也带有与之类似的性质。

行乐词作为七绝,基本放弃了七绝的议论功能,而向玩赏女性的宫体诗靠拢。行乐词在元和时代突然兴起,可能有两方面的原因:从时代风气上看,对新奇经验的追求是这个时代的风气,元和时代的七律和歌行也在努力地提供新奇的经验,行乐词是男性对女性世界直接的窥视,也是这种时代风气在七绝领域的体现;从文体功能上看,元和时代,五律已经是比较古老的文体,而七绝早已成熟,因而可能开始尝试取代五律的功能,在此之前曾有过五律体的行乐词,如本章提到过的李白的《宫中行乐三首》《紫宫乐五首》,七绝体的行乐词可看作七绝取代五律功能的一次尝试。

行乐词在晚唐仍然繁盛。《才调集》部分选入的曹唐《小游仙诗》以七绝写仙家女性的行动,可看作以仙道为题材的行乐词。另外,韦庄的《丙辰年鄜州遇寒食城外醉吟七言五首》、王涣的《惆怅诗》、孙棨的《题北里妓人壁三首》也都属于行乐词。

行乐词是七绝中最接近齐梁的一体,也是中晚唐齐梁诗风的典型体现。尽管如此,七绝体的行乐词仍然表现出不同于五律体行乐词的特点。比起五律,七绝仍然不太适合体物,而表现出对行动的关注,这是与七绝倾向于议论的本色不无关系的。

6. 直接议论

议论是七绝最具特色的功能。七绝可以容纳直接的议论,以议论取胜。七绝的议论功能从一开始就十分显著,《才调集》中典型的盛唐、大历七绝即多有以议论取胜者,如:

> 劝君更尽一杯酒,西出阳关无故人。(王维《送元二使安西》)
> 玉颜不及寒鸦色,犹带昭阳日影来。(王昌龄《长信愁》)

忽见陌头杨柳色，悔教夫婿觅封侯。（王昌龄《闺怨》）
黄金用尽教歌舞，留与它人乐少年。（司空曙《病中遣妓》）

七绝的议论贵在出人意料，指出表象掩盖下不为人注意的矛盾，指出合理中的不合理，或发掘不合理的合理性。七言歌行原本在叙述的同时即可容纳议论。相比之下，七绝由于体制短小，叙事性大大减弱，而议论性大大增强。一句议论，在歌行中也许只是故事的旁批，而在七绝中却可以是生命。短小的七绝很难分散读者的注意力，一句足够警策的议论可以充分引起读者的注意，并得到有效的记忆和转引。

元和以后，以议论取胜的七绝更加受到追捧。只要议论稍有趣意，描述了人世间的某种规律，即使谈不上有高明的见识，也会被《才调集》选入，留在一部分人的记忆中，如：

毕竟林塘谁是主，主人来少客来多。（白居易《题王侍御池亭》）
依稀似曲才堪听，又被风吹别调中。（高骈《风筝》）
自家飞絮犹无定，争解垂丝绊得人。（罗隐《柳》）
自缘今日人心别，未必秋香一夜衰。（郑谷《十日菊》）
素丝易染髭难染，墨翟当时合泣髭。（刘象《白髭》）

《才调集》中元和以后的七绝，虽以议论胜，亦多与艳情有关，多出自典型的齐梁体诗人之手，如：

自家夫婿无消息，却恨桥头卖卜人。（施肩吾《望夫词》）
今朝此地成惆怅，已后逢春更莫来。（韩琮《二月二日游洛源》）
春风十里扬州郭，卷上珠帘总不如。（杜牧《题赠二首》其一）
商女不知亡国恨，隔江犹唱后庭花。（杜牧《秦淮》）

李商隐是《才调集》入选七绝最多的诗人之一，他的七绝足以代表

《才调集》对七绝的偏好。李商隐的七绝好发议论，多涉艳情，其尖新佚荡者如：

愿得化为红绶带，许教双凤一时衔。(《饮席代官妓赠两从事》)

其立论新颖者如：

争将世上无期别，换得年年一度来。(《七夕》)

其感慨不尽者如：

人世死前唯有别，春风争拟惜长条。(《离亭赋得折杨柳二首》其一)

李商隐的很多七绝都以女色为题材，咏史七绝也多关涉女色，但这些作品皆以议论胜，不以形象胜，有别于其七律的写法，更有别于宫体五律的写法。

李商隐之后，以议论为艳体七绝者尚有不少，如：

朝天御史非韩寿，莫窃香来带累人。(薛能《赠歌妓[妓能诗]》)

"赠歌妓"本为宫体诗常见题材，此处不涉形象而作议论，可见女色七绝与女色五律写法不同。又如：

楚王江畔无端种，饿损宫娥学不成。(唐彦谦《柳》)
止竟多情何处好，少年长抱长年悲。(韦庄《多情》)
不须更学阳台女，为雨为云趁恼人。(张安石《玉女词》)

可见晚唐诗人写作女色七绝时,以议论为主是普遍作法。即使是深受齐梁诗风影响的诗人,在写作七绝时也会倾向于以议论取胜,而不以形象取胜。

7. 咏史

七绝长于议论的特性,使其适合作咏史诗。《才调集》中的咏史诗大多为七绝。

《才调集》中的咏史七绝大多集中在晚唐。在晚唐以前,只有王昌龄的"但使龙城飞将在,不教胡马渡阴山"(《塞上行》)勉强可以算作借史事发感慨。咏史七绝以晚唐的杜牧和李商隐最具代表性。杜牧所作如:

> 东风不与周郎便,铜雀春深锁二乔。(《赤壁》)
> 唯应独伴陈皇后,照见长门望幸心。(《月》)
> 却笑吃虚隋炀帝,破家亡国为何人。(《定子》)

所咏内容皆为与女色有关的汉魏六朝史事,为晚唐齐梁诗风热衷的题材,写法则为典型的议论,发人所未发。李商隐的咏史诗亦热衷于汉魏六朝题材,且大多与男女情爱和贵族生活有关。李商隐的咏史诗常常将遥远的贵族当作身边的人,以自己的人生经验想象他们的情事,如:

> 荆王枕上元无梦,莫枉阳台一片云。(《代元城吴令暗为答》)
> 知有宓妃无限意,春松秋菊可同时。(《代魏宫私赠》)
> 楚天长短黄昏雨,宋玉无愁亦自愁。(《楚吟》)
> 夜半宴归宫漏永,薛王沉醉寿王醒。(《龙池》)
> 侍臣最有相如渴,不赐金茎露一杯。(《汉宫词》)
> 料得也应怜宋玉,一生唯事楚襄王。(《席上作》)

通过李商隐的咏史七绝,读者可以真切地触摸到历史人物的喜怒哀乐。李商隐的咏史七绝多直发议论,但也并非没有以物象为议论者,如:

梁台歌管三更罢，犹自风摇九子铃。(《齐宫词》)

只摆出认为需要提及的事物，便成为议论。李商隐的咏史七绝是李商隐创作的重要成就，也是晚唐齐梁诗风不可忽视的组成部分。

李商隐身后，亦有少量咏史七绝被选入，但已与艳情无关，涉及的题材也非晚唐齐梁诗风关注的典型内容，如：

纪生不向荥阳死，可有山河属汉家。(许浑《经段太尉庙》)
坑灰未冷山东乱，刘项元来不读书。(章碣《焚书坑》)
君王忍把平陈业，只博雷塘数亩田。(罗隐《炀帝陵》)

议论体七绝已走出了艳情，走出了齐梁诗风。但不可否认，在议论体七绝发展的过程中，晚唐齐梁诗风曾做出过贡献。

8. 表露个人经验

鉴于七绝长于议论，《才调集》诗人也会在七绝中直接表露自己的个人经验。有的是对特殊情感体验的记录，如：

身轻愿比兰阶蝶，万里还寻塞草飞。(钱珝《春恨三首》其二)
相逢相失还如梦，为雨为云今不知。(元稹《所思二首》其一)
取次花丛懒回顾，半缘修道半缘君。(元稹《离思六首》其五)
同来看月人何在，风景依稀似去年。(赵嘏《感怀》)
又觉春愁似草生，何人种在情田里。(秦韬玉《独坐吟》)
倚柱寻思倍惆怅，一场春梦不分明。(张泌《寄人》)
夜半酒醒凭槛立，所思多在别离中。(王涣《惆怅诗》)
半夜灯前十年事，一时随雨到心头。(杜荀鹤《旅馆遇雨》)

对个人经验的关注近于白体，但唯美的情调仍与晚唐齐梁诗风有关，作者与晚唐齐梁诗风的关系也比较密切。另一些诗句则直接记录诗人自己的生活场景，以表露男性士人的情趣和境遇，如：

玉关西望肠堪断，况复明朝是岁除。（岑参《玉关寄长安主簿》）
想得家中深夜坐，还应说着远行人。（白居易《邯郸至除夜思家》）
每去驿亭先下马，循墙绕柱觅君诗。（白居易《蓝桥驿见元九诗》）
君看老大逢花树，未折一枝心已阑。（元稹《看花》）
十年一觉扬州梦，赢得青楼薄幸名。（杜牧《题扬州》）
洞门深锁碧窗寒，滴露研朱点《周易》。（高骈《步虚词》）
一年十二度圆月，十一回圆不在家。（李洞《客亭对月》）

这些作品的情调与韦庄体的七律更为相似，最多只能算是晚唐齐梁诗风的外围。

七绝并非齐梁诗体，《才调集》中的七绝也并不用齐梁技法，然而，七绝与晚唐齐梁诗风有密切的共生关系，将七绝从晚唐齐梁诗风中彻底剥离出去是不妥当的。《才调集》中的七绝表现出强烈的议论性，而议论性正是经典的齐梁诗体所欠缺的。因此，七绝在功能上对晚唐齐梁诗风是有力的补充，这就是为什么像李商隐这样深受齐梁影响的晚唐诗人要精心地、大量地创作七绝。七绝是齐梁诗风与晚唐风气结合的重要载体，也是晚唐齐梁诗风不可或缺的一种诗体。

五、五言乐府和五绝

《才调集》中不拘声律的五言诗，多数为乐府，准确地说，是唐人拟作的汉魏六朝乐府。乐府是一种古老的诗体。如果将乐府宽泛地理解为民间歌谣，则自从人类语言产生，乐府即已天然存在。如果将乐府理解为汉魏六朝时代民间歌谣存在的形式，则自秦代设立“乐府”机构至晚唐，乐府也已有一千多年的历史。千百年来，乐府的形式变幻多端，“乐府”是一种诗歌功能的总称，而非一种诗歌形式的总称。乐府的功能决定了其不可能像文人诗那样雕琢体物，而必须以缘情为目标。乐府的这种特性是其吸引文人拟作的魅力所在，因此，文人在拟作乐府时，会自觉不自觉地强调诗歌的缘情功能。

与古体乐府一样，五言绝句也是齐梁业已存在的形式。齐梁时的五绝形式，一部分属于乐府系统，即吴声西曲；一部分属于宫体诗系统，即宫体诗的短小形式。唐代的五绝，在功能上自然已属于文人创作，但仍然时常表现出模拟古乐府的倾向。比起七绝，唐代的五绝要质朴自然得多。唐代的五绝还常常与古体乐府一样，不拘声律。又鉴于《才调集》选古体乐府和五绝都不多，故本书将二者合为一体，不必要做区分时，则统称"古体乐府"，以避繁复。

《才调集》选诗具有近大远小的特点，选晚唐偏多而选元和以前偏少，但于古体乐府却出现了例外。《才调集》于元和以前选了 32 首古体乐府，其中五绝 13 首；于晚唐五代只选了 15 首古体乐府，其中五绝 9 首。由《才调集》可以看出，古体乐府在唐代是衰落的趋势，且古体乐府也很难得到《才调集》的青睐。

古体乐府衰落的时间表与曲子词的兴起是一致的。盛唐时，李白一人兼任古体乐府传统的继承者与文人参与曲子词创作的鼻祖①。元和时，古体乐府发生异变，同时更多的文人参与曲子词的创作。晚唐时，齐梁诗风孕育了曲子词的经典作家温庭筠，但此时的古体乐府创作显得越来越勉强。五代时，韦庄等大批文人认真地投入花间词的创作，同时高水平的古体乐府近乎绝迹。

古体乐府与曲子词呈现此消彼长的关系，很可能是因为二者的功能几乎是重合的。曹辛华先生指出，词与乐府之间为历时性关系，词其实是一种特殊的乐府，亦即律化的乐府，乐府由"格"而"律"化为词，乐府的律化是与当时各种文体的"律"化潮流相应的②。这种看法颇有见地。乐府

---

① 参见木斋：《宋词体演变史》，北京：中华书局，2008 年。

② 曹辛华：《词乃乐府的"格"、"律"化——词体生成问题新论》，《江海学刊》，2011 年第 4 期。

本是功能意义上的命名，曲子词在这一时代承担的正是传统意义上乐府的功能，古体乐府的乐府功能反而日益淡化。作为乐府，古体乐府和晚唐的曲子词都必须承担缘情的功能，如果曲子词能更好地承担这个功能，则创作古体乐府就缺乏必要性了。与此同时，唐代诗歌系统日趋完善，五律、七律、七绝、歌行、古风各司其职，古体乐府很难再挤出一个不以缘情为指归的位置，而跻身文人诗体之列。因此，古体乐府原本并不稳定的形式走向消亡，而其灵魂在曲子词中获得重生。

古体乐府与五律、歌行一样，是齐梁时代真实存在的诗体。在晚唐齐梁诗风下，创作古体乐府与创作五律、歌行一样，代表了一种复古的努力，反之，创作七律和曲子词，则是一种新变的努力。不同的是，在齐梁时代，五律、歌行隶属于文人宫体诗系统，乐府则隶属于民间乐府系统，二者在功能上泾渭分明。因此，尽管南朝乐府的精神可以哺育齐梁宫体诗，但二者的艺术追求却有着不同的方向。到了晚唐，属于文人诗系统的五律、歌行可以正当地复古，而属于民间乐府的古体乐府却缺乏复古的理由。属于文人诗的读者自有文人诗可以欣赏，属于民间乐府的读者却更愿意欣赏谱入新声、传唱市坊的曲子词，而没有必要去欣赏古体的俗乐。因此，晚唐的五律、歌行尚可勉强与七律分庭抗礼，古体乐府却在曲子词的勃兴面前黯然失色。

《才调集》中的五绝，其涉于宫体题材者，多近乎宫体诗的片段，如：

> 朝日点红妆，拟上铜雀台。画眉犹未了，魏帝使人催。（崔国辅《魏宫词》）
>
> 妾有罗衣裳，秦王在时作。为舞春风多，秋来不堪着。（崔国辅《怨词》）
>
> 重叠鱼中素，幽缄手自开。斜红余泪迹，知着脸边来。（元稹《鱼中素》）

女性特征明显的物象仍是诗作的生命。但与宫体五律不同的是，物象所代表的感情是鲜明而有个性的,绝非泛泛的套话。《魏宫词》中宫人为魏文帝所宠的得意之情,以及这得意背后隐藏的诗人的嘲讽之意;《怨词》中秦王旧宫人的物是人非之感;《鱼中素》中信纸上和着脂粉、带着体温的泪迹所代表的女子真实的感情,这些都不是物象的陪衬,而是作品通过物象要表达的重点。这种对世间百态真实的缘写,是乐府的传统,而非宫体诗的传统。

《才调集》中的五绝更有直抒胸臆者如:

> 十年磨一剑,两刃未曾试。今日把似君,谁有不平事?(贾岛《述剑》)

有意地回复乐府传统。

也有以意象胜,不著议论,境界空灵者,如:

> 风吹城上树,草没城边路。城里月明时,精灵自来去。(李端《芜城怀古》)
>
> 反照入闾巷,忧来与谁语。古道无人行,秋风动禾黍。(耿沣《秋日》)
>
> 北苑罗裙带,尘衢锦绣鞋。醉眠芳树下,半被落花埋。(卢纶《春词》)

脱胎于语浅情深、重视形象思维的吴声西曲,而加入了文人的趣味。

《才调集》中晚唐五代的五绝,或于物象中寓不尽之情,如:

> 香灯伴残梦,楚国在天涯。月落子规歇,满庭山杏花。(温庭筠《碧涧驿晓思》)

或叙述某一特殊情境下的人生经验,如:

小院无人夜，烟斜月转明。清宵易惆怅，不必有离情。（唐彦谦《小院》）

夜战桑干雪，秦兵半不归。朝来有乡信，犹自寄征衣。（许浑《塞下曲》）

劝君金屈卮，满酌不须辞。花发多风雨，人生足别离。（于武陵《劝酒》）

或活泼自然，直陈情事，宛如民歌，如：

道却横波字，人前莫谩羞。只应同楚水，长短入淮流。（李商隐《追代卢家人嘲堂内》）

五里复五里，去时无住时。日将家渐远，犹恨马行迟。（杜荀鹤《马上行》）

皆以情为主，以不同方式承续了部分乐府传统。

五绝篇制短小，善于捕捉片刻的感受，且不需赘语，可以迅速给读者留下印象。即使是最短小的曲子词，也需要比五绝更多的铺垫，更多样的声情，更婉转的语言。所以，虽然五绝与曲子词一样具有歌唱性，却并不能相互替代。只不过，在多了曲子词这个选择之后，只适合写成五绝的题材更加有限，造成了晚唐五代五绝创作的缩减。

相比之下，篇幅更长的古体乐府则地位尴尬。《才调集》中的古体乐府往往与其他文体的功能重合。

元和时代元白新乐府运动后，"新乐府"承担起讽喻的功能，这种讽喻是文人的刻意讽喻。《才调集》中即有白居易的《秦中吟》、于濆的《古宴曲》和《苦辛吟》。《才调集》选讽喻类乐府并不热心，只能算是对当时风行的"新乐府"的回应。这种讽喻本非齐梁所有，自然也与晚唐齐梁诗风无关。

《才调集》中又有相当数量的古体乐府承担叙事的功能，实际是远承更为古老的五言歌行传统[1]。李白的五言歌行很多，入选《才调集》的即有《长干行》《寒女吟》《相逢行》等。这些作品都有相当完整、复杂的叙事，具有一定娱乐性。又如：

> 秋露如白玉，团圆下庭绿。我行忽见之，寒草悲岁促。人生鸟过目，胡乃自结束。景公一何愚，牛山泪相续。物苦不知足，登陇又望蜀。人心若波澜，世路有屈曲。三万六千日，夜夜当秉烛。

此诗虽是《古风》中的一首，但从“人生鸟过目”一句以下，已经变成了“人生教育式的谚语体”的乐府歌行，纯做议论，语言通俗，充满了对人生的评论和经验总结，并符合一般民众的人生信条。

再如元稹的《梦游春七十韵》。从开头到“门擺旧桂桓”，均为叙事，并且借叙事不断地夸耀物象，这实际上是歌行的功能。接下来，则是“人生教育式的谚语体”：

> ……卓女白头吟，阿娇金屋赋。重璧盛姬台，青冢明妃墓。尽委穷尘骨，皆随流波注。幸有古如今，何劳缣比素。……
>
> ……不言意不快，快意言多忤。忤诚人所贼，性亦天之付。乍可沉为香，不能浮作瓠。诚为坚所守，未为明所措。……

仍属歌行功能。之后，作品插入了一些元和诗人喜爱的议论，又略带古风的特点。但总体来说，这首纯五言的古体诗是符合歌行的写法的。其入选的另一首古体乐府《桐花落》也是借叙事夸耀物象，亦为歌行写法。与此相似，顾况的《弃妇词》也是以五言写就的拟古歌行。这些作品都是盛中唐的诗人模仿汉乐府的产物，且并未给古体乐府争取到歌

---

① 参见葛晓音：《初盛唐七言歌行的发展——兼论歌行的形成及其与七古的分野》，《文学遗产》，1997 年第 5 期。

行所不能替代的地位。晚唐五代的诗人已经很少有这种作法。唐末韦庄的《杂体联锦》刻意模仿汉代五言歌行中的顶针格,但这种效法只是文字游戏,近乎杂体,虽可满足选诗者的猎奇心理,却没有多少文学价值。

另一种作法则是把古体乐府写成宫体诗,夸耀女性容色,只是不再讲究声律和对仗。李白也尝试过这种作法,如他的另一首《古风》:

> 燕赵有秀色,绮楼青云端。眉目艳皎月,一笑倾城欢。常恐碧草晚,坐泣秋风寒。纤手怨玉琴,清晨起长叹。焉得偶君子,共乘双飞鸾。

设象明艳而含义殊浅,感情也节制淡漠,符合宫体诗的作风。温庭筠的《西州词》也效仿了这种作法。但是,同样是重物轻情,讲究声律对仗的宫体五律更显得声色大开,引人注目。因此,宫体诗式的古乐府同样是缺乏竞争力的。

还有一些古体乐府淡化叙事,也不发普通市民期待的牢骚,而是专注于缘情,锤炼一些警策之句。通体缘情者如李白《会别离》、孟郊《古结爱》,反复致意,专注于形容女子在爱情中的某种情感。另有一些锤炼警策之句如:

> 始知相结密,不及相结疏。(贾岛《寄远》)
> 志士中夜心,良马白日足。(贾岛《古意》)
> 忠言未见信,巧语翻咨嗟。(温庭筠《碌碌词》)
> 身同树上花,一落又经岁。交亲日相薄,知己恩潜替。(于渍《思归引》)

说理尖刻,造语隽永,给人留下深刻印象,因而也为古体乐府争得了一席之地。但这样的作品很少体现出齐梁诗风的影响,似乎诗人在决定拟写古乐府之后，都宁愿模拟汉魏乐府，而较少模拟南朝乐府。因此，这些古体乐府创作很难被归入晚唐齐梁诗风。

《才调集》中的古体乐府具有突出的缘情功能，却遭遇了文体定位的困境，呈现日趋萎缩的势头。除五绝模拟吴声西曲外，较长的古体乐府很难被归入晚唐齐梁诗风。古体乐府主要承担复古的缘情功能。

六、结语：晚唐齐梁诗风的文体结构

《才调集》代表了五代人眼中晚唐齐梁诗风及其外围的经典之作，从《才调集》中可以提炼出晚唐齐梁诗风的文体结构如表 1–3：

表 1–3　晚唐齐梁诗风的文体结构

<table>
<tr><th>诗人谱系</th><th>体物</th><th>半体物</th><th>缘情</th><th>议论</th></tr>
<tr><td>复古</td><td>宫体五律</td><td>歌行</td><td>古体乐府</td><td rowspan="3">七绝</td></tr>
<tr><td>新变</td><td colspan="2">七律(义山体)</td><td>曲子词</td></tr>
<tr><td>外围</td><td>山水五律</td><td colspan="2">七律(韦庄体)</td></tr>
</table>

表 1–3 中的“半体物”是指介乎体物与缘情之间，体物缘情均可的状态；“复古”是指使用齐梁固有的文体；“新变”是指用唐代创制、齐梁所无的文体来承载齐梁文学的精神；“外围”是指并非典型齐梁诗风，只是与晚唐齐梁诗风存在共时的密切关系，亦即晚唐齐梁诗风的边界；宫体五律包括齐梁格诗和排律。

表 1–3 表明：宫体五律、歌行和古体乐府都属复古文体，在同一层面上构成分工。其中，宫体五律承担体物功能，古体乐府承担缘情功能，歌行作为从古体乐府分化出来、与文人诗结合而繁荣昌盛的一体，介乎体物与缘情之间。义山体七律与曲子词都属新变文体，处在同一层面上。义山体七律以体物为主而至于缘情，承担宫体五律加歌行的功能，曲子词则承担缘情功能，亦即原属古体乐府的功能。与晚唐齐梁诗风相关，晚唐尚有承担体物功能的山水五律，以及兼具缘情功能和歌行功能的韦庄体七律流行。七绝承担议论功能，为晚唐齐梁诗风的重要组成部分，其功能为齐梁诗体所无，而被晚唐齐梁诗风的代表诗人广泛接受，无所谓复古或

新变。

不同的文体承担不同的功能,因而其艺术追求也有细微的不同。

宫体五律以物象为中心,重物轻情,体物工细,声调舒缓,感情淡漠。齐梁格诗声情略为拗怒,排律有更强的赋化倾向。宫体五律是最典型的齐梁体。

山水五律同样以物象为中心,重物轻情,体物工细,声调平和,感情淡泊。不同的只是不涉艳情,对盛唐的反叛不明显。比贾岛的风格还要唯美一些。受齐梁诗风影响的诗人普遍会写作这种山水五律。

歌行也以物象为中心,重物轻情,但具有一定的叙事性,可以发表议论。夸耀物象而非体物,声情激越,情感浓至,但不要求有深意寄托。长于宫体五律的诗人往往会同时擅长歌行。

义山体七律重视物象,重视视觉经验。可以像歌行一样夸耀物象并叙述、议论,也可以像五律一样体物,可以承担宫体诗的全部功能。以缘情、有兴寄为佳,但兴寄不可直致,且不少作者在实际创作中已放弃了缘情和兴寄。长于义山体七律的诗人往往在五律和歌行上用力较少。

韦庄体七律不重物象,重在传达人生经验,多缘情而少体物,在记录人生经验时会夸耀相关的物象。一些受齐梁诗风影响的诗人会参与韦庄体七律的创作。

古体乐府专以缘情为务,比歌行离宫体五律更远。古体乐府在曲子词的挤压下日渐式微。

七绝以议论为主,对重象轻意的齐梁诗风是有力的补充。七绝可以直接议论,也可以吸收齐梁诗风的特点而以物象说话,但其主观性始终是明显的。晚唐齐梁诗风的代表诗人几乎都擅长七绝。

《才调集》提供了晚唐人意识中齐梁诗风的样本,从形式、功能、风格偏好等方面为“晚唐齐梁诗风”的界定提供了完整的框架。本书对晚唐齐梁诗风的论述,即大体在这一框架下进行。

第二章　晚唐齐梁诗风相关诗人的生平与创作

通过第一章的梳理,可以大致得知晚唐齐梁诗风涉及的主要诗人。本章即对这些诗人的生平和主要创作风格做一介绍,力图从创作年代、社会阶层、写作风格、文体使用等方面,对这些诗人做出进一步的分类,从而大致勾勒出晚唐齐梁诗风的创作全貌。在此基础上,对李商隐等代表性诗人做更深入的分析,挖掘其生平经历对创作的影响,探讨晚唐诗人接受齐梁诗风影响的动因。此外,本章还将对齐梁诗风影响下晚唐诗坛的诗人群体和文学现象展开探讨。

第一节　晚唐齐梁诗风的先声及典型诗人

本书充分尊重身处五代的韦縠的看法,以在《才调集》中表现出齐梁诗风的晚唐诗人为主要研究对象。在韦縠的基础上,本章根据诗人的实际创作情况,对有关的诗人和作品做了一些小规模的调整,并大致划分了相关诗人在晚唐齐梁诗风中的地位。

在表现出齐梁诗风的晚唐诗人中,一些诗人,如温庭筠、李商隐,以艳体著称,传世作品较多,且传世作品中确有相当大的比例表现出齐梁诗风的影响,这样的诗人被本书视为晚唐齐梁诗风的典型诗人,在本节中加以介绍。而另一些诗人,或是并不以艳体著称,或是传世作品中体现出齐梁诗风的比例并不大,或者是传世作品不多,已难以判定其创作的全貌,这样的诗人,与晚唐齐梁诗风发生联系或有一定偶然性,放在下一节中讨论。必须指出的是,这种划分是相对的,主要依据诗学界对诗人的大致印象,以方便行文和研究。

在中唐后期,齐梁诗风复兴的趋势已非常明显,孟二冬先生对中唐后期齐梁诗风复兴的状况已经做出了整体性的描述①。具体说来,元和时代的元白体、韩孟体、姚贾体和雅正诗派都不同程度地表现出了齐梁诗风的影响。由于中唐齐梁诗风并非本书论述的重点,故在此仅对这一现象做出简要的介绍:

元和时代,元稹和白居易的很多作品已明显体现出齐梁诗风的影响,这些作品也成为晚唐齐梁诗风的直接资源。但元白的主体风格仍与齐梁诗风有很大差异,元白的主体风格也为晚唐齐梁诗风——特别是以温李为代表的晚唐齐梁诗风——前期诗人所扬弃。

韩孟诗派旗帜鲜明地反对齐梁诗风。晚唐齐梁诗风扬弃了韩孟诗派以丑怪为美、崇尚古体的特点,而继承了其尚奇尚新、力厚色浓的特点。与韩孟诗派有密切关系的李贺更是成为温李的直接先声。宇文所安先生在《晚唐》中辟专章论述李贺对晚唐诗人的影响,称之为“李贺的遗产”②。不过,无论是温李本人,还是身处五代的《才调集》编纂者,似乎都在刻意无视李贺对晚唐齐梁诗风的启发作用。

姚贾诗派在山水五律方面深刻地影响了晚唐齐梁诗风的相关诗人。晚唐齐梁诗风的相关诗人往往同时也是姚贾派山水诗人。然而,姚贾派山水诗只宜被视为晚唐齐梁诗风的共生诗体,而非晚唐齐梁诗风的主体风格。

在几大诗派的夹缝中,一些风格较为中庸的元和诗人已经较为明显地表现出齐梁风格,可视为温李的先声,他们包括:顾况、张祜、李涉、刘商、鲍溶、薛涛、武元衡、张碧、沈亚之、张仲素、朱庆馀、杨巨源、章孝标、李绅、张萧远、姚合、王涯、令狐楚、李廓等。这些诗人的齐梁体创作尚未得到足够的研究,他们与晚唐齐梁诗风之间可能有着更为直接的关系,这种

① 参见孟二冬:《论齐梁诗风在中唐时期的复兴》,《文学遗产》,1995 年第 2 期。

② 参见宇文所安:《晚唐——九世纪中叶的中国诗歌(827—860)》第五章,第 157—182 页。

关系仍有待于日后的进一步研究。

承续中唐后期的传统,齐梁诗风在晚唐发展得更为兴旺。其典型诗人大致可按年辈排序如下:

1. 温庭筠

温庭筠,本名岐,字飞卿。生于贞元十七年(801),长李商隐十二岁。累试不第,开成二年(837)尝从庄恪太子游。性放达,与公卿子弟交游,擅填词。大中九年(855)搅扰场屋,次年贬随县尉。咸通七年(866)贬方城尉,卒。与李商隐有酬答,创作时间较李商隐为长。事迹见《旧唐书》卷一九○下《文苑传》下、《新唐书》卷九一《温大雅传》附、《唐诗纪事》卷五四、《唐才子传》卷八、夏承焘《唐宋词人年谱·温飞卿系年》。《全唐诗》录其诗 9 卷,约 340 首,《才调集》选录 61 首。《全唐五代词》录其词 69 首,《花间集》选录 66 首。《全唐文》录其文 1 卷,含赋、状、启等文体。温庭筠又有小说集《干膙子》,为《全唐五代小说》所录。

温庭筠是重要的晚唐齐梁体诗人,其对齐梁的学习体现为多种形式,是晚唐齐梁诗风前期下层人物的代表。本书将对其创作结构进行专节论述,兹不赘述。温庭筠的生平与创作得到较多重视。刘学锴先生著有《温庭筠传论》[①],是目前描述温庭筠生平与创作较为完备的著作。

2. 曹唐

曹唐,字尧宾,桂州人,约生于贞元十八年(802)。初为道士,工诗文。大和中进士,为使府从事。卒于咸通七年(866)。与温庭筠创作时间基本重合,人生经历亦有相似之处。唯其诗大多为仙道题材,可能与其早年做道士的经历有关。事迹见《唐诗纪事》卷五八、《唐才子传》卷八。《全唐诗》录其诗 2 卷,《才调集》选录其诗 24 首。

《唐才子传》谓其有《大游仙诗》五十首,又有《小游仙诗》。今《全唐诗》录其题为《小游仙诗》者九十八首,为七绝,未详《大游仙诗》所谓。今《全唐诗》录其七律体游仙诗十七首,或即《大游仙诗》,其诗句“洞里有天

---

① 刘学锴:《温庭筠传论》,合肥:安徽大学出版社,2008 年。

春寂寂，人间无路月茫茫”为人所称，谓“玉溪《无题诗》，千妖百魅，不如此二语缥缈销魂”[①]。

曹唐的《小游仙诗》采用七绝形式，设色华美，多涉艳情，其中一些情境似对李商隐诗有所启发，如：

玉箫金瑟发商声，桑叶枯干海水清。净扫蓬莱山下路，略邀王母话长生。

忘却教人锁后宫，还丹失尽玉壶空。嫦娥若不偷灵药，争得长生在月中。[②]

在形式上，这类游仙诗与真正的齐梁诗歌相差较大，而更像是元和以来在齐梁诗风影响下兴起的行乐词。毋宁说，曹唐的《小游仙诗》就是仙道化了的行乐词。与中唐以来的行乐词一样，《小游仙诗》以七绝写成，更关注女子的行为、情事，而非其容色。这些作品对贵族女性形象的关注，体现出齐梁宫体诗的影响，这也是七绝这种诗体能体现齐梁诗风的最大限度。

曹唐以七律写成的另一组游仙诗，则带有赋题意味，如：

岂是丹台归路遥，紫鸾烟驾不同飘。一声洛水传幽咽，万片宫花共寂寥。红粉美人愁未散，清华公子笑相邀。缑山碧树青楼月，肠断春风为玉箫。（《萧史携弄玉上升》）

惆怅冰颜不复归，晚秋黄叶满天飞。迎风细荇传香粉，隔水残霞见画衣。白玉帐寒鸳梦绝，紫阳宫远雁书稀。夜深池上兰桡歇，断续歌声彻太微。（《汉武帝思李夫人》）

---

① ［清］黄子云：《野鸿诗的》，丁福保辑《清诗话》，第865页。

② 《全唐诗》（增订本），北京：中华书局，1999年。本章及后两章所引唐诗，均据该版本，以下不再出注。

曹唐七律体游仙诗共存十八首,其中十七首见于《才调集》,均以七律吟咏道教神话传说,似为一组。与泛泛的咏史、怀古诗不同,曹唐的这些诗都在题目中写出了具体的事件,如“携弄玉上升”“思李夫人”等。更有甚者,就刘阮天台遇仙一事,曹唐便写了《刘晨阮肇游天台》《刘阮洞中遇仙子》《仙子送刘阮出洞》《仙子洞中有怀刘阮》《刘阮再到天台不复见仙子》五首诗,每首诗都根据情境不同,写出了不同的特点。这势必要求诗的内容紧扣题目中的情境,切题成为这组诗在创作中的一个重要问题。这组诗是否存在本事或兴寄,已经成为次要的问题。读者首先会惊叹于诗人根据传说构想各种情境的能力,因此这组诗的创作带上了展示技巧的色彩,其性质与很多齐梁组诗类似。

曹唐的游仙诗,色调华艳,关注女性与情爱,将晚唐的道教文化与齐梁的体物技巧结合起来。曹唐游仙诗的存在,也成为李商隐诗不可忽视的背景。

除游仙诗外,曹唐的一些戏赠诗,在与友人调笑时,也倾向于涉及女色问题。这一点也与齐梁的戏赠诗相似。如《暮春戏赠吴端公》:

> 年少英雄好丈夫,大家望拜执金吾。闲眠晓日听鶗鴂,笑倚春风仗辘轳。深院吹笙闻汉婢,静街调马任奚奴。牡丹花下帘钩外,独凭红肌捋虎须。

虽为七律体,但情趣格调可见到宫体诗中调笑之作的影子。一些稍微严肃一点的赠答诗,措辞稍雅,但仍少不了对女色和华丽陈设的铺写,如《长安客舍叙邵陵旧宴寄永州萧使君五首》其一:

> 邵陵佳树碧葱茏,河汉西沉宴未终。残漏五更传海月,清笳三会揭天风。香熏舞席云鬟绿,光射头盘蜡烛红。今日却怀行乐处,两床丝竹水楼中。

齐梁体以外，曹唐也有其他风格的诗作。其中既可见到姚贾体的幽冷，也可见到元白体的闲适。前者如《洛东兰若归》：

> 一衲老禅床，吾生半异乡。管弦愁里老，书剑梦中忙。鸟急山初暝，蝉稀树正凉。又归何处去，尘路月苍苍。

虽然同属与宗教有关的题材，却完全剥落了游仙诗中的艳丽色彩，以刻尽的现实描写代替了同样以刻尽见长的浪漫想象，因而呈现出完全不同的风格。诗中幽冷清淡的物象，在姚贾的五律中是很常见的。后者如《题子侄书院双松》：

> 自种双松费几钱，顿令院落似秋天。能藏此地新晴雨，却惹空山旧烧烟。枝压细风过枕上，影笼残月到窗前。莫教取次成闲梦，使汝悠悠十八年。

造语平易，胸次从容，热衷于发现日常生活中的细小情趣，则又呈现出白体的特色。

3. 陈陶

陈陶，字嵩伯，剑浦人。生于贞元二十年（804）。性狷介，《唐才子传》称其"颇负壮怀，志远心旷"。举进士不第，恣游名山，自称"三教布衣"。传说曾有隐居学仙经历。一生屡入僚幕。卒于乾符元年（874）。事迹见《唐诗纪事》卷六〇、《唐才子传》卷八。《全唐诗》录其诗 2 卷，约 110 首。

《唐才子传》称其诗"无一点尘气。于晚唐诸人中，最得平淡，要非时流所能企及者"①。所谓"无一点尘气"，盖据其多为仙道题材，部分作品又具韩孟苦涩诗风而言。事实上，和曹唐一样，陈陶的仙道题材诗作亦多

① ［元］辛文房著，周绍良笺证：《唐才子传笺证》，北京：中华书局，2010 年，第 1833 页。

涉艳情,此外亦多创作乐府、情诗。从其现存作品来看,并不宜以“平淡”概括其诗风。

陈陶的仙道诗同样较为华艳,但不同于曹唐的是,陈陶并不擅长七律,而是更多地创作歌行和绝句。如《朝元引四首》其一:

> 帝烛荧煌下九天,蓬莱宫晓玉炉烟。无央鸾凤随金母,来贺熏风一万年。

除此以外,陈陶还喜赋乐府旧题。有时是以歌行赋写,所赋题目多与仙道有关,同时兼具华靡与奇诡的风格,近于李贺。如《巫山高》:

> 玉峰青云十二枝,金母和云赐瑶姬。花宫磊砢楚宫外,列仙八面星斗垂。秀色无双怨三峡,春风几梦襄王猎。青鸾不在懒吹箫,斑竹题诗寄江妾。飘摇丝散巴子天,苔裳玉辔红霞幡。归时白帝掩青琐,琼枝草草遗湘烟。

有时则是以绝句赋写,如《陇西行四首》其二:

> 誓扫匈奴不顾身,五千貂锦丧胡尘。可怜无定河边骨,犹是春闺梦里人。

立意警策,发挥了七绝在议论方面的长处,体现出晚唐诗人绝望的心态与清醒的思考。

陈陶除学习齐梁宫体诗的形式外,也拟作民歌、声诗,如《水调词十首》等。晚唐齐梁体创作者往往喜欢模拟民歌,其向齐梁学习的范围,并不仅限于齐梁的宫体诗,也包括齐梁的民歌。

陈陶在齐梁体之外,也有并不华艳的诗作,风格苦涩怪奇,颇似孟郊,如《游子吟》:

> 栖乌喜林曙,惊蓬伤岁阑。关河三尺雪,何处是天山。朔风无重衣,仆马饥且寒。惨戚别妻子,迟回出门难。男儿值休明,岂是长泥蟠。何者为木偶,何人侍金銮。郁郁守贫贱,悠悠亦无端。进不图功名,退不处岩峦。穷通在何日,光景如跳丸。富贵苦不早,令人摧心肝。誓期春之阳,一振摩霄翰。

陈陶创作的这一面,恐与其耿介的性情和与孟郊相似的人生经历有关。

4. 李商隐

李商隐,字义山。唐宗室支系,生于元和八年(813),少孤贫,稍长游于令狐楚门下,开成二年(837)及第,起家秘书省校书郎,复为王茂元婿,后不得志,游于李党之幕,《唐才子传》称其性“廉介可畏”,卒于大中十二年(858)。平生事迹见《旧唐书》卷一九〇下《文苑传》下,《新唐书》卷二〇三《文艺传》下,《唐诗纪事》卷五三、《唐才子传》卷七亦记载其事迹。《全唐诗》录其诗 3 卷,约 560 首,《才调集》选录其诗 40 首。《全唐文》录其文 12 卷,兼备众体。

李商隐是晚唐最杰出的诗人之一,其创作成就并不局限于对齐梁诗风的模拟。尽管如此,李商隐的创作深深地浸润于齐梁诗歌的精华,他本人曾以极大的热情学习齐梁文学。李商隐既有忠实于宫体诗传统的体物五律、模拟南朝乐府风神的五言绝句,更有发展了宫体诗艺术、由体物入于缘情的七律,以及将齐梁诗歌的艳丽精神与晚唐成熟的语言艺术、冷峻的思考习惯结合起来的七言绝句,成就了中国诗史上的经典。李商隐的诗学,由齐梁入手而臻于化境,是将齐梁精华进行合理运用的典范。

李商隐的一生充满了各种矛盾:继承了皇室的荣耀姓氏,却又自幼孤寒;少年得志,却又长期沉沦下僚;曾得到牛党的恩惠,却又受到李党的青睐;受到元白诗派“新艳小律”的影响,却像韩孟诗派一样拥有怨愤的激情和对新奇语言的追求;真诚地学习齐梁的体物艺术,却始终不满足于体物。李商隐是晚唐齐梁诗风的一位有典型意义的代表。

5. 段成式

段成式,字柯古。段文昌子,武元衡外孙。远祖为凌烟功臣,父为显宦。以荫入官,起家秘书省校书郎,累迁尚书郎,主要活动于会昌年间,咸通中,出为江州刺史,官终太常少卿。

其骈文与温李并称“三十六体”。段成式又有《哭李群玉》《嘲飞卿七首》《戏高侍御七首》等诗传世,可知其与晚唐齐梁诗风不同阶段的典型诗人过从甚密,在晚唐齐梁体诗人中地位重要。事迹见《旧唐书》卷一一七、《新唐书》卷八九《段文昌传》附,《唐诗纪事》卷五七。《全唐诗》录其诗 1 卷,计 56 首。《全唐文》录其文 1 卷,其编纂的笔记小说《酉阳杂俎》亦传世。

段成式主要以骈文和小说见称,传世的诗歌在数量上无法与温李相提并论,艺术价值也不突出。尽管如此,段成式的诗歌创作仍然明显地体现出齐梁诗风作用于晚唐一般诗人而出现的特点。

段成式的试律诗《河出荣光》至今尚存,可见他很好地掌握了“诗依齐梁体格”的试帖五言排律写法。但在实际的创作中,段成式的五律却不像温李的宫体五律那样庄重甚至哀怨,而总是在华美工整之余,透出一点嘲戏的色彩,如:

> 磊落风初定,轻明云乍妨。疏中摇月彩,繁处杂星芒。火树枝柯密,烛龙鳞甲张。穷愁读书者,应得假余光。(《观山灯献徐尚书》其三)

首联不避直叙,见宫体诗作法。颔联体物,对仗近密。颈联遣词华丽,让人联想到温李的宫体五律。前三联都是中规中矩的“齐梁体格”。尾联突然笔锋一转,写到穷酸的自己,从“凿壁偷光”上落想,一下子消解了前文的华丽措辞,近乎打诨。作者当是用这样的打诨暗示徐尚书援引自己,但其实用意很浅,未必比温庭筠一些重物轻情的五律高明。而从另一个角度也可以看出,段成式五律的写法与温李不同,作者似乎并不愿在严肃

或唯美中终篇,而觉得要这样写才有趣意。又如:

> 才甘鱼目并,艺怯马蹄间。王谢初飞盖,姬姜尽下山。缚鸡方角逐,射雉岂开颜。乱翠移林色,狂红照座殷。防梭齿虽在,乞帽鬓惭斑。傥恕相如瘦,应容累骑还。(《和周繇见嘲》)

用典、造语与一般的宫体排律相似,却是一首关涉风月的解嘲之作。庄重的文体与不庄重的用途之间形成了巨大的反差,增强了嘲戏的效果。其传世五言残句如:

> 虱暴妨归梦,虫喧彻曙更。
> 捽胡云彩落,疻面月痕消。(光风亭夜宴,妓有醉殴者。)

也都可以看出为嘲戏之作,庄重的用语与琐亵的题材之间构成了反讽效果。齐梁宫体诗中本有嘲戏之体,段成式则更是放大了其卑琐、游戏的一面。

从传世之作来看,段成式写作五律并不多,而更热衷于七绝。段成式的七绝,有的类似于李商隐,热衷于女性的色相和心理,涉及历史、宫廷等浪漫题材,同时擅长发表议论,如:

> 歌舞初承恩宠时,六宫学妾画蛾眉。君王厌世妾头白,闻唱歌声却泪垂。(《汉宫词二首》其一)

无限沧桑感慨,自有震撼人心的力量。与温庭筠等晚唐五代的词人一样,段成式也作有七绝体的《折杨柳》。晚唐人所作的七绝体《折杨柳》常常被视为曲子词,而这个题目本身又来自齐梁的传统乐府。

更多的时候,段成式的七绝还是发挥嘲戏的功能。如其嘲戏温庭筠的七绝,前后达十首,嘲戏“高侍御”者又有七首。与齐梁时代的五言嘲戏诗一样，段成式的七绝嘲戏诗也是以友人的男女风月之事为嘲戏对象。一些嘲戏诗写得尖新大胆、无所顾忌，如：

醉袂几侵鱼子缬，飘缨长罥凤凰钗。知君欲作闲情赋，应愿将身作锦鞋。（《嘲飞卿七首》其二）

花恨红腰柳妒眉，东邻墙短不曾窥。犹怜最小分瓜日，奈许迎春得藕时。（《戏高侍御七首》其三）

段成式欲写友人之风流，却无意间透露了自己的无行浪子形象。总的来说，这些嘲戏诗流于肤浅的色相描写，缺乏精彩之处，甚至互相重复，如其嘲戏温庭筠，起笔作：

曾见当垆一个人，入时装束好腰身。

到嘲戏“高侍御”时，起笔又作：

百媚城中一个人，紫罗垂手见精神。

以一俚语自鸣得意，至于反复使用，足见其成诗容易，艺术价值不高。

像李商隐一样，段成式的七绝也喜欢使用六朝意象，如：

若为萧史通家客，情愿扛壶入醉乡。（《牛尊师宅看牡丹》）
他时谒帝铜池晓，便赌宣城太守无。（《观棋》）
岂同叔夜终无分，空向人间著养生。（《哭房处士》）
若逢金马门前客，为说虞卿久著书。（《送穆郎中赴阙》）

这也是受到齐梁诗风影响的一种体现。不过，与李商隐相比，段成式使用六朝意象要显得粗浅、笨拙得多。

段成式的其他绝句往往努力作惊人之句，如：

草衰乍觉径增险，叶尽却疑溪不深。（《题谷隐兰若三首》其一）
人间荣辱不常定，唯有南山依旧青。（《醉中吟》）

前句写景，力图表现物象间的新奇关系，这是元和诗人与晚唐齐梁体诗人共同的努力方向。可惜此句更无深意，写景过于刻尽，反觉俚俗。后句写情，努力地表现通达，与白体的追求类似，带有晚唐特有的遁世之情，却不免落入俗套。

段成式唯一一首传世的七律写得富丽堂皇：

云雨轩悬莺语新，一篇佳句占阳春。银黄年少偏欺酒，金紫风流不让人。连璧座中斜日满，贯珠歌里落花频。莫辞倒载吟归去，看欲东山又吐茵。（《和徐商贺卢员外赐绯》）

像很多晚唐齐梁体诗人一样，将五言宫体诗的审美追求移植给了七律。

6. 李群玉

李群玉，字文山。尝称陇西李远为“吾兄”，或为陇西李氏。约生于元和六年（811）至八年间。应举不第。与李商隐有唱和。大中八年（854）因令狐绹自荐，授弘文馆校书郎。大中十二年（858），令狐绹见黜，李群玉归湘中。咸通三年（862）卒。两《唐书》无传，事迹见《唐诗纪事》卷五四、《唐才子传》卷七。

《唐才子传》称李群玉“诗笔遒丽，文体丰妍”①。其主体风格较为艳丽，齐梁特点较为明显。如五律《长沙九日登东楼观舞》：

南国有佳人，轻盈绿腰舞。华筵九秋暮，飞袂拂云雨。翩如兰苕

① 《唐才子传笺证》，第1805页。

翠,婉如游龙举。越艳罢前溪,吴姬停白纻。

慢态不能穷,繁姿曲向终。低回莲破浪,凌乱雪萦风。坠珥时流盼,修裾欲溯空。唯愁捉不住,飞去逐惊鸿。

在近体诗系统中,五律和宫体诗的形态最为接近,而"观舞"又是宫体诗中习见的题材,诗中工致的描摹,华丽的造语,也可看出宫体诗的影响。除"观舞"外,晓宴、内人、咏物、女道之类的典型宫体诗题材以及男女艳情,也都比较频繁地出现在李群玉诗中。此外,和曹唐类似,仙道题材和与友人赠答中关于女色的调笑,也是李群玉诗的内容。体裁上,李群玉此类题材的诗作以近体为主,尤其以接近宫体诗的五律为主,兼有拟乐府、拟民歌和绝句。

齐梁体以外,李群玉尚有大量诗作,但流派风格不明显,倾向于白体。贺裳《载酒园诗话又编》称其"五言古颇有素风,但警拔处亦少。其于温、李不为,亦不能也"①。恐未为确论。又其比较李群玉与温李在性情、人生际遇上的差异云:"温、李皆厄于令狐,文山则承其荐,而班敕降制,备文人之荣。且温、李咸属旧知,李仅一时附托,洵知贫贱骄人,自误不浅。"②事实上,李商隐获得校书郎的荣耀远远早于李群玉,李群玉也并未获得比李商隐更高的职位,从某种意义上说,连温庭筠也比李群玉享受过更多的荣华。李群玉与温李基本处于一个阶层,且出道较晚。贺裳当是并未对三人的生平和性情做过足够的了解。

7. 李郢

李郢,字楚望。大中十年(856)进士。为藩镇从事,官终侍御史。与贾岛相善,与李商隐有酬答。两《唐书》无传,事迹见《唐诗纪事》卷五八、《唐才子传》卷八。

---

① 《载酒园诗话又编》,《清诗话续编》,第371页。

② 同上。

《唐才子传》称其"理密词娴","其清丽极能写景状怀"。[①] 李郢诗风与李商隐相近,善赋情事,亦多咏物及仙道题材。如《中元夜》:

江南水寺中元夜,金粟栏边见月娥。红烛影回仙态近,翠鬟光动看人多。香飘彩殿凝兰麝,露绕轻衣杂绮罗。湘水夜空巫峡远,不知归路欲如何。

齐梁体外,李郢亦多感怀时事之作。

8. 于武陵

于武陵,一说即于邺,会昌年间已有诗名,大中、咸通年间举进士。两《唐书》无传,事迹见《唐诗纪事》卷五八、《唐才子传》卷八。《全唐诗》存于武陵、于邺诗各 1 卷,去其重出,共 66 首,《才调集》选录于武陵诗 9 首。

诗多五言,善赋情事,如《高楼》:

远天明月出,照此谁家楼。上有罗衣裳,凉风吹不休。

亦善咏物,如《匣中琴》:

世人无正心,虫网匣中琴。何以经时废,非为娱耳音。独令高韵在,谁感隙尘深。应是南风曲,声声不合今。

于齐梁笔法中,加入兴寄,与李商隐的很多咏物诗相似。亦有咏史事者如《长信宫》,效齐梁咏行乐者如《王将军宅夜听歌》等。齐梁体之外的创作,颇似白体。

9. 崔珏

崔珏,字梦之。大中年间及第,与李商隐有酬答,与赵光远同时。初

---

① 《唐才子传笺证》,第 1815 页。

入幕,后拜芸阁雠校。两《唐书》无传,事迹见《唐诗纪事》卷五八、《唐才子传》卷九。

崔珏擅长以七律咏物,不主兴寄,专工刻画,与齐梁作风相近。如其得名的《鸳鸯》诗即是如此。崔珏亦工于刻画美人形象和男女爱情。胡震亨言:

> 崔侍御(珏)与李义山善。《岳麓》长歌,《鸳鸯》近体,分有义山余艳,岂亦"三十六体"之一耶?①

认为崔珏可与温李、段成式划为一个群体。

10. 唐彦谦

唐彦谦,字茂业,唐高祖重臣唐俭之后,父祖累为进士、高官。咸通末年及第。乾符末年避乱汉南,王重荣辟为河中从事,中和、光启年间历任晋、绛二州刺史,光启三年(887),贬为兴元参军。后为阆、壁二州刺史,龙纪元年(889)尚在阆州司马任,终官壁州刺史。与李商隐有酬答。事迹见于《旧唐书》卷一九〇下《文苑传》下、《新唐书》卷八九《唐俭传》附、《唐诗纪事》卷六八、《唐才子传》卷九。《全唐诗》录其诗 2 卷,计 186 首,又《全唐诗补遗》录其诗 11 首,《才调集》选录其诗 17 首。

唐彦谦为诗初学温庭筠,亦受李商隐影响。后期转学杜甫。《旧唐书》称其"博学多艺,文词壮丽,至于书画音乐博饮之技,无不出于辈流。尤能七言诗,少时师温庭筠,故文格类之"②。事实上,唐彦谦诗体结构全面,五言与七言兼善,七言诗的成就并不能与李商隐相比,五言诗的娴熟程度相对于其他唐末诗人,却是颇为突出的。《唐才子传》称其"博学足艺,尤长于诗,亦其道古心雄,发言不苟,极能用事,如自己出",并认为"初师温庭筠,调度逼似,故多纤丽之词;后变淳雅,尊崇工部。唐人效甫

---

① [明]胡震亨:《唐音癸签》,上海:上海古籍出版社,1981 年,第 77 页。

② [后晋]刘昫等:《旧唐书》,北京:中华书局,1975 年,第 5063 页。

者惟彦谦一人而已”。①

11. 秦韬玉

秦韬玉，字仲明，京兆人，父为左军军将。中和二年（882）得准敕及第，引擢工部侍郎，为“芳林十哲”之一。两《唐书》无传，事迹见《唐诗纪事》卷六三、《唐才子传》卷九。《全唐诗》录其诗36首，《才调集》选录其诗8首。

《唐才子传》称其“有词藻，工歌吟，恬和浏亮”。又称“韬玉歌诗每作，人必传诵”。②

秦韬玉有七律咏物之作，为变通了形式的齐梁风格，如《咏手》：

> 一双十指玉纤纤，不是风流物不拈。鸾镜巧梳匀翠黛，画楼闲望擘珠帘。金杯有喜轻轻点，银鸭无香旋旋添。因把剪刀嫌道冷，泥人呵了弄人髯。

另一些描写女性的七律，如名作《贫女》《织锦妇》等，亦属这一系列。与温李七律大多以仙道和贵族女性为描写对象不同，秦韬玉的七律会涉及相对下层的女性。但也必须看到，秦韬玉同样会以相对庸俗的眼光，去描摹珠光宝气的贵族姬妾，这一点和齐梁宫廷中的调笑之作是没有本质区别的。秦韬玉之所以会涉及下层妇女题材，除了与其对社会现实的认识有关外，恐怕也有在温李经典之作的压力下另辟蹊径的成分。

12. 韩偓

韩偓，字致尧，小字冬郎，京兆人，王茂元外孙，李商隐外甥。生于会昌二年（842）。久困名场，龙纪元年（889）及第。后荐为翰林学士，迁中书舍人。从昭宗南窜，天复元年（901）进为翰林承旨。昭宗反正，论为功臣，为昭宗倚重。后为朱全忠构陷，贬濮州司马。天祐二年（905），复召

---

① 《唐才子传笺证》，第2015—2016页。

② 同上书，第2084页。

为学士,偓不敢入朝。乾化四年(914)卒。传见《新唐书》卷一八三、《十国春秋》卷九五,事迹又见《唐诗纪事》卷六五、《唐才子传》卷九等诸家史料。《全唐诗》选录其诗 4 卷,约 320 首,含《香奁集》1 卷,约 100 首,《才调集》选录其诗 5 首。《全唐诗》录其赋 2 篇,疏、论、状、自序各 1 篇,简 11 帖,计 17 篇。

韩偓平生诗作多感时忧世,记录了唐王朝覆灭过程中的社会现实。其《香奁集》则率皆艳情,以各种方式体现了齐梁诗风的影响。胡震亨认为:

> 韩致尧(偓)冶游情篇,艳夺温、李,自是少年时笔。翰林及南窜后,顿趋浅率矣。①

即《香奁集》为韩偓早期作品,感时忧世者为其后期作品。其实亦不尽然,如其排律《无题》,吴融次其韵时题为《和韩致光侍郎无题三首十四韵》,则有可能是较晚的作品,并非少年之作。

就韩偓本人的创作来看,模拟齐梁体只是其创作的一部分。但就晚唐齐梁体而言,韩偓的《香奁集》具有很强的典型性。因此,韩偓仍是晚唐齐梁体最重要的创作者之一。

13. 吴融

吴融,字子华,越州人。与韩偓同有久困名场的经历。未第前尝与皮陆唱和。龙纪元年(889)及第,与韩偓同榜。有从军、去官经历。天复元年(901)拜中书舍人,天复三年(903)迁翰林承旨,是年卒官。传见《新唐书》卷二〇三《文艺传》下,事迹又见《唐诗纪事》卷六八、《唐才子传》卷九。《全唐诗》录其诗 4 卷,约 290 首,《才调集》选录其诗 2 首。《全唐文》选录其文 19 篇,其中赋 4 篇,余皆属应用文。

---

① 《唐音癸签》,第 80 页。

《唐才子传》称其“为诗靡丽有余,而雅重不足”①。

吴融的齐梁体创作比较浓艳,讲究形式。多有排律体咏物,如《败帘六韵》:

有客编来久,弥年断不收。不堪风作候,岂复燕为仇。尽见三重阁,难迷百尺楼。伴灯微掩梦,兼扇劣遮羞。零落亡珠缀,殷勤谢玉钩。凉宵何必卷,月自入轩流。

从选题到用语、写法,都近乎齐梁。吴融还常与韩偓互相步韵唱和,如《和韩致光侍郎无题三首十四韵》其一:

珠佩元消暑,犀簪自辟尘。掩灯容燕宿,开镜待鸡晨。去懒都忘旧,来多未厌新。每逢忧是梦,长忆故延真。杏小双圆压,山浓两点颦。瘦难胜宝带,轻欲驭飙轮。篦凤金雕翼,钗鱼玉镂鳞。月明无睡夜,花落断肠春。解舞何须楚,能筝可在秦。怯探同海底,稀遇极天津。绿柰攀宫艳,青梅弄岭珍。管纤银字咽,梭密锦书匀。厌胜还随俗,无疑不避人。可怜三五夕,妩媚善为邻。

韩偓原作收入《香奁集》中,亦为齐梁风格的排律。韩、吴二人还曾“倒次元韵”,韩偓之作为:

白下同归路,乌衣枉作邻。佩声犹隔箔,香气已迎人。酒劝杯须满,书羞字不匀。歌怜黄竹怨,味实碧桃珍。翦烛非良策,当关是要津。东阿初度洛,杨恽旧家秦。粉化横波溢,衫轻晓雾春。鸦黄双凤翅,麝月半鱼鳞。别袂翻如浪,回肠转似轮。后期才注脚,前事又含颦。纵有才难咏,宁无画逼真。天香闻更有,琼树见长新。斗草常更

① 《唐才子传笺证》,第2135页。

仆,迷阍误达晨。嗅花判不得,檀注惹风尘。

吴融之作为:

南陌来寻伴,东城去卜邻。生憎无赖客,死忆有情人。似束腰支细,如描发彩匀。黄鹂裁帽贵,紫燕刻钗珍。身近从淄右,家元接观津。雨台谁属楚,花洞不知秦。泪滴空床冷,妆浓满镜春。枕凉敧琥珀,簟洁展麒麟。茂苑廊千步,昭阳扇九轮。阳城迷处笑,京兆画时颦。鱼子封笺短,蝇头学字真。易判期已远,难讳事还新。艇子愁冲夜,骊驹怕拂晨。如何断岐路,免得见行尘。

具有很强的形式感。此外,吴融描写美人、情事之作尚多,风格大多与此类似。其采用七律、七绝形式者,亦与晚唐同类作品风格相近。

齐梁体以外,吴融尚有白体的闲适风格,设象较为清淡,如《山居即事四首》:

桂树秋来风满枝,碧岩归日免乖期。故人尽向蟾宫折,独我攀条欲寄谁。

不傲南窗且采樵,干松每带湿云烧。庖厨却得长兼味,三秀芝根五术苗。

万事翛然只有棋,小轩高净簟凉时。阑珊半局和微醉,花落中庭树影移。

无邻无里不成村,水曲云重掩石门。何用深求避秦客,吾家便是武陵源。

郑振铎先生认为吴融:

他的作风虽说是学温、李,却没有他们的燠暖缛丽,反时露凄楚之音；这是温、李派中所罕见的。[1]

得出这样的结论，当是未区分吴融诗中齐梁体与白体两种风格所致。吴融效法齐梁体的作品，绝非没有“燠暖缛丽”。而郑振铎所说“凄楚之音”当不是指从“燠暖缛丽”之作中透露出的悲剧意识，因为这种悲剧意识在温李诗卷中是屡见不鲜的，不应当成为吴融有别于温李的特色。所谓“凄楚之音”，当是指与“燠暖缛丽”相对的，清冷直露的作品。而这实际上是吴融的另一种风格，而非其齐梁体诗作的风格。

14. 张泌

字子澄，韩偓同时人，唐末登进士第，唐亡后漂泊湖湘。李定广先生《千年张泌疑案断是非》[2]一文曾考订其生平。《全唐诗》录其诗 1 卷，共计 19 首。张泌又工词，见于《花间集》。

张泌传世的五律和排律各只有一首，然均为典型的齐梁体，其排律为：

碧户扃鱼锁，兰窗掩镜台。落花疑怅望，归燕自裴回。咏絮知难敌，伤春不易裁。恨从芳草起，愁为晚风来。衣惹湘云薄，眉分楚岫开。香浓眠旧枕，梦好醉春杯。小障明金凤，幽屏点翠苔。宝筝横塞雁，怨笛落江梅。卓氏仍多酒，相如正富才。莫教琴上意，翻作鹤声哀。(《碧户》)

显系模拟温李的宫体排律，与同时代的唐彦谦、韩偓、吴融的宫体排律也十分相似。其五律为：

交趾同星坐，龙泉佩斗文。烧香翠羽帐，看舞郁金裙。鹢首冲泷

① 郑振铎：《插图本中国文学史》，北京：人民文学出版社，1957 年，第 400 页。

② 李定广：《唐末五代乱世文学研究》附录，北京：中国社会科学出版社，2006 年。

浪,犀渠拂岭云。莫教铜柱北,只说马将军。(《送容州中丞赴镇》)

措辞的齐梁色彩十分明显。

张泌的七律多为许赵体,今摘数联:

千里暮烟愁不尽,一川秋草恨无穷。(《边上》)
青草浪高三月渡,绿杨花扑一溪烟。(《洞庭阻风》)
一曲晚烟浮渭水,半桥斜日照咸阳。(《题华严寺木塔》)

亦见艳体七律,如:

香清粉澹怨残春,蝶翅蜂须恋蕊尘。闲倚晚风生怅望,静留迟日学因循。休将薜荔为青琐,好与玫瑰作近邻。零落若教随暮雨,又应愁杀别离人。(《芍药》)

风透疏帘月满庭,倚栏无事倍伤情。烟垂柳带纤腰软,露滴花房怨脸明。愁逐野云销不尽,情随春浪去难平。幽窗谩结相思梦,欲化西园蝶未成。(《春夕言怀》)

前首咏物,承担宫体诗功能;后首写闺情,充分体现宫体诗的审美模式。

张泌的四首七绝均带有艳丽哀愁的温李七绝格调:

蝶散莺啼尚数枝,日斜风定更离披。看多记得伤心事,金谷楼前委地时。(《惜花》)

别梦依依到谢家,小廊回合曲阑斜。多情只有春庭月,犹为离人照落花。(《寄人》其一)

酷怜风月为多情,还到春时别恨生。倚柱寻思倍惆怅,一场春梦不分明。(《寄人》其二)

暂到高唐晚又还,丁香结梦水潺潺。不知云雨归何处,历历空留

十二山。(《经旧游》)

张泌的十九首诗中,尚有三首齐梁体歌行,比例是相当高的。这些歌行除延续飞卿歌行重物轻情的传统外,比飞卿歌行更近曲子词,兹摘数句:

雨微微,烟霏霏,小庭半拆红蔷薇。钿筝斜倚画屏曲,零落几行金雁飞。(《春晚谣》)

雨溟溟,风泠泠,老松瘦竹临烟汀。空江冷落野云重,村中鬼火微如星。(《春江雨》)

空塘水碧春雨微,东风散漫杨柳飞。依依南浦梦犹在,脉脉高唐云不归。(《所思》)

同为为数不多的有诗传世的晚唐词人之一,张泌在传世诗作数量上无法与温庭筠相比,但其创作结构却颇具可比性。张泌几乎所有作品都与晚唐齐梁诗风相关。在张泌仅有的十几首传世诗作中,体现晚唐齐梁诗风影响的形式十分多样,包括宫体五律、宫体排律、承担宫体功能的七律、女色七绝和转韵体歌行等。由此足以见出,张泌是一位深受晚唐齐梁诗风浸润的诗人。同时,张泌又是《花间集》中人,由此可见花间词派与晚唐齐梁诗风的密切联系。

15. 徐夤

徐夤,字昭梦,莆田人。乾宁元年(894)进士,光化三年(900)入朱全忠幕,贞明元年(915)卒于闽中,为本书涉及的卒年最晚的诗人。两《唐书》无传。事迹见于《唐才子传》卷一〇等诸史料。《全唐诗》录其诗 4 卷,约 250 首,《才调集》选录其诗 1 首。《全唐文》录其赋 28 篇,《唐文拾遗》补其赋 21 篇,又存《雅道机要》1 卷。

作为一位赋家,徐夤的诗与赋体关系密切,因而对宫体诗的体物、用典呈现出更浓厚的兴趣。徐夤认真地创作过五律体的宫体咏物诗,如:

名参十二属，花入羽毛深。守信催朝日，能鸣送晓阴。峨冠装瑞璧，利爪削黄金。徒有稻粱感，何由报德音。(《鸡》)

不假陶熔妙，谁教羽翼全。五金池畔质，百和口中烟。嘴钝鱼难啄，心空火自燃。御炉如有阙，须进圣君前。(《香鸭》)

在晚唐后期，很少能见到如此标准的体物五律。另如《白鸽》《龟》《银结条冠子》《蜀葵》等作，也属同类作品。

《全唐诗》卷七一〇集中收入了徐夤的七十三首七律，大多数为咏物诗，少量为咏史诗。咏物诗上至唐前历史朝代，下至动植物、日常用品、世俗人情等细小事项，无所不包，颇具赋家之心，又似类书条目。其中杂入的咏史诗，也不妨视为以历史事物为对象的咏物诗。徐夤的七律咏物诗，恰与初唐时李峤的五律体“百咏”遥相呼应。两组诗性质相同，写法相似，不同的只是直承齐梁的初唐诗选用了五律体，而吸收了有唐一代文体演进成果的唐末诗则选择了七律体。由此也可见出晚唐七律替代五言宫体诗功能的程度。

除这一组成规模的咏物组诗外，徐夤尚有不少七律咏物诗，同样承担宫体诗的功能，如：

点蜡烧银却胜栽，九华红艳吐玫瑰。独含冬夜寒光拆，不傍春风暖处开。难见只因能送喜，莫挑唯恐堕成灰。贪膏附热多相误，为报飞蛾罢拂来。(《灯花》)

翠染琅玕粉渐开，东南移得会稽栽。游丝挂处渔竿去，绿水夹时龙影来。风触有声含六律，露沾如洗绝浮埃。王猷旧宅无人到，抱却清阴盖绿苔。(《竹》)

武夷春暖月初圆，采摘新芽献地仙。飞鹊印成香蜡片，啼猿溪走木兰船。金槽和碾沉香末，冰碗轻涵翠缕烟。分赠恩深知最异，晚铛宜煮北山泉。(《尚书惠蜡面茶》)

措辞艳丽,体物工细。另外,徐夤有不少七律体牡丹诗,亦值得研究。

徐夤七律绝大多数为咏物诗,但也有咏史诗和艳情诗,如:

> 十二琼楼锁翠微,暮霞遗却六铢衣。桐枯丹穴凤何去,天在鼎湖龙不归。帘影罢添新翡翠,露华犹湿旧珠玑。君王魂断骊山路,且向蓬瀛伴贵妃。(《华清宫》)
>
> 飞书一幅锦文回,恨写深情寄雁来。机上月残香阁掩,树梢烟澹绿窗开。霏霏雨罢歌终曲,漠漠云深酒满杯。归日几人行问卜,徽音想望倚高台。(《回文诗二首》其一)
>
> 点点苔钱上玉墀,日斜空望六龙西。妆台尘暗青鸾掩,宫树月明黄鸟啼。庭草可怜分雨露,君恩深恨隔云泥。银蟾借与金波路,得入重轮伴羿妻。(《上阳宫词》)

徐夤的创作与齐梁诗风密切相关,在晚唐后期很有代表性,其创作结构值得进一步研究。

以上 15 位诗人是晚唐齐梁诗风最有代表性的诗人,本书将在后面的两章中,对其创作结构和艺术特点进行更为深入细致的分析。

第二节　晚唐齐梁诗风的边缘诗人

除了上一节提到的典型诗人外,还有大量晚唐诗人处于齐梁诗风的边缘。他们并不以“艳体”著称,但也或多或少有一些作品体现出齐梁诗风的影响。本节也将这些诗人的生平情况按其年辈顺序列举于下。由于这些诗人受齐梁诗风影响的作品相对较少,本节尽量对其相关作品做穷尽的列举,或至少穷尽其受齐梁诗风影响作品的类型,后文则不再专门分析。

1. 韩琮

韩琮,字成封。生年不详,长庆四年(824)李郡榜进士,其时温庭筠二十四岁，李商隐十二岁，可知韩琮年辈不低于温庭筠，远高于李商隐。李商隐有《为濮阳公陈许奏韩琮等四人充判官状》，可知韩琮曾为王茂元幕僚，韩琮于开成五年至会昌三年间，表充判官，其活动时间与温李有重合。大中五年（851），为户部郎中。大中八年（854），任中书舍人。大中十二年（858）已在湖南观察使任，五月军乱见逐。咸通八年（867）尚在，官右散骑常侍。李商隐《状》中称韩琮为人"谋之既臧，刚亦不吐"[①]。《唐才子传》称其"有诗名，多清新之制，锦绮不如也"。两《唐书》无传，事迹见《唐诗纪事》卷五八、《唐才子传》卷六。《全唐诗》录其诗 1 卷，计 24 首，《才调集》选录 7 首。

韩琮诗的突出特点是以七律咏物。其所咏多为云、霞、牡丹等齐梁人喜好吟咏之物，语言艳丽，工于体物。如《云》：

> 深惹离情霭落晖，如车如盖早依依。山头触石应常在，天际从龙自不归。莫向隙窗笼夜月，好来仙洞湿行衣。春风淡荡无心后，见说襄王梦亦稀。

以齐梁所无的七律体，承担齐梁宫体诗的咏物功能。韩琮的七律语言华美考究，体物工致，物象典重，多涉情爱，又富于仙道色彩，喜用汉魏六朝典故，上承齐梁诗风，下启义山句法，如：

> 佯嗔阿母留宾客，暗为王孙换绮罗。（《题商山店》）
> 凉飞玉管来秦甸，暗袅花枝入楚宫。（《风》）
> 夜浦涨归天堑阔，春风洒入御沟平。（《雨》）

五律方面，韩琮亦曾以赋题法赋写乐府诗题。如《公子行》：

---

① 刘学锴、余恕诚：《李商隐文编年校注》，北京：中华书局，2002 年，第 483 页。

紫袖长衫色,银蝉半臂花。带装盘水玉,鞍绣坐云霞。别殿承恩泽,飞龙赐渥洼。控罗青袅辔,镂象碧熏葩。意气倾歌舞,阑珊走钿车。袖障云缥缈,钗转凤攲斜。珠卷迎归箔,雕笼晃醉纱。唯无难夜日,不得似仙家。

以五言排律赋写题目中的"公子"二字,极尽铺陈之能事。这种富丽华艳的写法,在温李等人的五律中是很常见的。

韩琮还有一些绝句,缅怀六朝旧事,语言华美,情绪惆怅,亦开李商隐之先声。如其《杨柳枝》:

梁苑隋堤事已空,万条犹舞旧春风。那堪更想千年后,谁见杨花入汉宫。

晚唐诗人常有七绝体的《杨柳枝》。《杨柳枝》既是六朝乐府旧题,又常被视为唐代的"杂曲歌辞",同时又常被录为唐代曲子词。可以肯定的是,《杨柳枝》与乐府关系密切,在晚唐是可歌的,但其实际演唱时所属的音乐系统不明。此诗引入汉代和隋代的典故,与李商隐的爱好相似,而"谁见杨花入汉宫"之句,似乎过早地为李唐王朝唱出了亡国之音,无怪乎韩琮会被讹传为五代诗人①。

韩琮是晚唐早期比较典型的齐梁体创作者,传世之诗不多,大多体现出典型的齐梁风格和末世情怀。在一位年辈高于温李的诗人身上出现这样的现象,是值得我们注意的。

2. 杜牧

杜牧,字牧之,京兆万年人,杜佑之孙,生于贞元十九年(803),大和二年(828)进士,尝为牛僧孺幕僚,官终中书舍人,卒于大中六年(852)。

---

① 如杨慎《升庵诗话》卷一一引此诗,以为"韩琮在蜀作此,以讽王宗衍"。持此说者尚有数家,非是。韩琮生平资料俱在,兹不详辩。《升庵诗话笺证》,第379页。

善文,喜兵法,《唐才子传》称其“刚直有奇节”,“诗情豪迈”。[①] 两《唐书》附《杜佑传》后。事迹又见于《唐诗纪事》卷五六、《唐才子传》卷六。《全唐诗》录其诗 8 卷,约 500 首,《才调集》选录其诗 40 首。《全唐文》录其文 9 卷。

杜牧在晚唐诗人中年辈较高,浸润儒学较深,诗学追求相对保守,保留着不少元和诗人的特点。在写法上,杜牧并未放弃主观情感的抒发,并未专注于物象;在诗作体式上,杜牧有不少古体诗,有意打破近体诗的富丽齐整,不肯沾染齐梁的脂粉之气,与元和诗人的作法相似。

然而,在杜牧的创作中,仍有一些作品不同程度地体现出齐梁诗风的影响。

杜牧曾创作过工整艳丽的宫体五律,如:

> 娟娟却月眉,新鬓学鸦飞。暗砌匀檀粉,晴窗画夹衣。袖红垂寂寞,眉黛敛衣稀。还向长陵去,今宵归不归。(《闺情》)
>
> 岂君心的的,嗟我泪涓涓。绵羽啼来久,锦鳞书未传。兽垆凝冷焰,罗幕蔽晴烟。自是求佳梦,何须讶昼眠。(《春思》)
>
> 谁家洛浦神,十四五来人。媚发轻垂额,香衫软著身。摘莲红袖湿,窥渌翠蛾频。飞鹊徒来往,平阳公主亲。(《书情》)

这种作品在杜牧的创作中所占比例并不太大,却是标准的宫体风格。

杜牧的怀古诗也会写成标准的宫体五律,如:

> 炀帝雷塘土,迷藏有旧楼。谁家唱水调,明月满扬州。骏马宜闲出,千金好旧游。喧阗醉年少,半脱紫茸裘。(《扬州三首》其一)
>
> 越兵驱绮罗,越女唱吴歌。宫烬花声少,台荒麋迹多。茱萸垂晓露,菡萏落秋波。无遣君王醉,满城颦翠蛾。(《吴宫词二首》其一)

---

① 《唐才子传笺证》,第 1554 页。

同样，杜牧也会以标准的宫体语言写作五律体的咏物诗，如：

轻盈照溪水，掩敛下瑶台。妒雪聊相比，欺春不逐来。偶同佳客见，似为冻醪开。若在秦楼畔，堪为弄玉媒。（《梅》）

扰扰复翻翻，黄昏扬冷烟。毛欺皇后发，声感楚姬弦。蔓垒盘风下，霜林接翅眠。只如西旅样，头白岂无缘。（《鸦》）

聚散竟无形，回肠自结成。古今留不得，离别又潜生。降虏将军思，穷秋远客情。何人更憔悴，落第泣秦京。（《愁》）

但更多的时候，杜牧的五律仍然是以山水为题材，呈现出晚唐体的风格，兹摘数句：

川光初媚日，山色正矜秋。（《秋晚与沈十七舍人期游樊川不至》）
暮霭生深树，斜阳下小楼。（《题扬州禅智寺》）
微雨池塘见，好风襟袖知。（《秋思》）
残月留山影，高风耗水痕。（《石池》）
书回秋欲尽，酒醒夜初长。（《秋夕有怀》）

体物细微，暗与宫体诗相通。然其摒落铅华，则迥异于宫体面貌。苍凉萧杀的意境，对人类情感和感官体验的细微察觉，正与晚唐的心境相应；唯美的物象，着力的动词，清丽的气质，则与齐梁山水诗暗通消息。

与温李一样，杜牧的山水五律中，偶尔也会出现艳丽的字眼，如：

山秀白云腻，溪光红粉鲜。（《春日茶山病不饮酒因呈宾客》）
晴梅朱粉艳，嫩水碧罗光。（《早春赠军事薛判官》）
绿眉甘弃坠，红脸恨飘流。（《秋日偶题》）

虽为山水题材，却无意中透露出宫体审美的影响。

一方面，杜牧的五律中，晚唐体山水题材数量远大于女色题材；另一方面，杜牧的五律中仍存在标准的宫体诗，其山水诗也受到广义的齐梁诗学的影响。

杜牧的排律中，共有四首为标准的宫体排律，并以女色为题材，如《赠沈学士张歌人》：

> 拖袖事当年，郎教唱客前。断时轻裂玉，收处远缲烟。孤直絙云定，光明滴水圆。泥情迟急管，流恨咽长弦。吴苑春风起，河桥酒旆悬。凭君更一醉，家在杜陵边。

另如《代人作》《为人题赠二首》亦为同类作品。这四首排律是地道的宫体诗，但数量很少，创作有极大的偶然性。

更多的时候，杜牧会写作一些富丽堂皇的排律，称颂他人功业。这些作品不涉女色，但其富丽工整之处，难免得力于齐梁，兹摘数句：

> 别风嘶玉勒，残日望金茎。（《夏州崔常侍自少常亚列出领麾幢十韵》）
>
> 貂簪荆玉润，丹穴凤毛光。（《春日言怀寄虢州李常侍十韵》）

杜牧也会用排律写作一些宫体诗的常见题目，其咏物者如：

> 徒云逢剪削，岂谓见偏装。凤节轻雕日，鸾花薄饰香。问屏何屈曲，怜帐解周防。下渍金阶露，斜分碧瓦霜。沉沉伴春梦，寂寂侍华堂。谁见昭阳殿，真珠十二行。（《帘》）
>
> 新果真琼液，人应宴紫兰。圆疑窃龙颔，色已夺鸡冠。远火微微辨，繁星历历看。茂先知味好，曼倩恨偷难。忍用烹酥酪，从将玩玉盘。流年如可驻，何必九华丹。（《和裴杰秀才新樱桃》）

其赋乐府旧题者如：

官为骏马监，职帅羽林儿。两绶藏不见，落花何处期。猎敲白玉镫，怒袖紫金锤。田窦长留醉，苏辛曲让岐。豪持出塞节，笑别远山眉。捷报云台贺，公卿拜寿卮。（《少年行》）

可见，杜牧的排律体现出齐梁宫体诗的影响，但并不以女色为重点。

杜牧以排律写山水题材者亦复不少。其中偶有清丽平易，体现出晚唐体特点者，如：

山密夕阳多，人稀芳草远。（《长安送友人游湖南》）

兰畹晴香嫩，筠溪翠影疏。（《许七侍御弃官东归潇洒江南颇闻自适高秋企望题诗寄赠十韵》）

值得注意的是，更多的时候，杜牧的山水五律并不这样轻松，而是像宫体诗人在女色、咏物题材中通常所做的那样，呈现了一种力厚色浓的风格，兹摘数句：

日痕絙翠巘，陂影堕晴霓。蜗壁斓斑藓，银筵豆蔻泥。（《朱坡》）

泉嫩黄金涌，牙香紫璧裁。（《题茶山》）

鸟翼舒华屋，鱼鳞棹短桡。浪花机乍织，云叶匠新雕。（《题吴兴消暑楼十二韵》）

虽得力于六朝，却与齐梁新体山水诗的审美趣味迥异，其寻奇尚怪的艺术追求，当是直接受到元和时代韩孟诗派的影响。然而，排律这种体式本身，却属于齐梁新体，并不受韩孟诗派青睐。杜牧的这些山水排律，是齐梁体式与元和审美趣味的奇特结合，因而似与晋宋山水诗存在内在的呼应。

杜牧的歌行不多，更鲜见在声律和题材上接近齐梁歌行者，《才调集》选入其《题桐叶》，亦嫌牵强。与温庭筠不同，杜牧在歌行方面谈不上继承齐梁诗学资源。

杜牧的五言古诗更多地继承了古乐府的资源，其《杜秋娘诗》《张好好诗》俱为名作，兼具古乐府质朴与艳异的特点。杜牧的一些艳体五言绝句则不失南朝乐府遗意，如：

> 只影随惊雁，单栖锁画笼。向春罗袖薄，谁念舞台风。（《寄远》）
> 云阔烟深树，江澄水浴秋。美人何处在，明月万山头。（《有寄》）
> 终日求人卜，回回道好音。那时离别后，入梦到如今。（《寄远人》）

可以算是对齐梁乐府一脉传统的继承和发展。

在晚唐诗人中，杜牧还是创作三韵诗较多的诗人。杜牧共有 7 首三韵诗，其中：从字数上看，纯五言者 6 首，五七杂言者 1 首；从韵脚来看，押平声韵者 6 首，仄声韵 1 首；从声律上看，完全合律者 5 首，声律偶有出入者 2 首，无不拘声律者；从体式上看，中联严对者 4 首，宽对者 2 首，不对者 1 首。总体说来，律化程度是很高的，出律的频率不超过一般齐梁格式的范围。可见杜牧所作为律化的三韵诗，即标准的齐梁格诗。

从内容上看，杜牧的三韵诗有咏史者，较为华丽，近乎宫体风格，如：

> 整整复斜斜，随旗簇晚沙。门外韩擒虎，楼头张丽华。谁怜容足地，却羡井中蛙。（《台城曲二首》其一）

但也只是夸耀物象，不作刻尽之语。更多的时候，仍是素雅的晚唐体，如：

> 废寺林溪上，颓垣倚乱峰。看栖归树鸟，犹想过山钟。石路寻僧

去，此生应不逢。（《池州废林泉寺》）

可见，杜牧三韵诗对齐梁的继承主要在于诗歌体式，而非题材和风格，其题材和风格仍以晚唐体为主。

与同时代受到齐梁诗风影响的其他诗人一样，杜牧也有一些呈现宫体风格的七律，亦即宫体诗在晚唐的变体，或为调笑酬赠之作，如：

远风南浦万重波，未似生离别恨多。楚管能吹柳花怨，吴姬争唱竹枝歌。金钗横处绿云堕，玉箸凝时红粉和。待得枚皋相见日，自应妆镜笑蹉跎。（《见刘秀才与池州妓别》）

楚女梅簪白雪姿，前溪碧水冻醪时。云罍心凸知难捧，凤管簧寒不受吹。南国剑眸能盼眄，侍臣香袖爱僛垂。自怜穷律穷途客，正怯孤灯一局棋。（《寄李起居四韵》）

或为刻尽铺陈的咏物之作，如：

日落水流西复东，春光不尽柳何穷。巫娥庙里低含雨，宋玉宅前斜带风。不嫌榆荚共争翠，深与桃花相映红。灞上汉南千万树，几人游宦别离中。（《柳长句》）

金河秋半虏弦开，云外惊飞四散哀。仙掌月明孤影过，长门灯暗数声来。须知胡骑纷纷在，岂逐春风一一回。莫厌潇湘少人处，水多菰米岸莓苔。（《早雁》）

或以代言体描写女色，如：

梧桐叶落雁初归，迢递无因寄远衣。月照石泉金点冷，凤酣箫管玉声微。佳人刀杵秋风外，荡子从征梦寐希。遥望戍楼天欲晓，满城冬鼓白云飞。（《闺情代作》）

或以华丽声调描述豪奢生活，如：

> 朝回佩马草萋萋，年少恩深卫霍齐。斧钺旧威龙塞北，池台新赐凤城西。门通碧树开金锁，楼对青山倚玉梯。南陌行人尽回首，笙歌一曲暮云低。（《贵游》）

尽管只是偶一为之，却也很好地承担了原本由五言宫体诗实现的功能，是为温李同调。

杜牧以七绝体写作了不少艳诗，如：

> 多情却似总无情，唯觉尊前笑不成。蜡烛有心还惜别，替人垂泪到天明。（《赠别二首》其二）
>
> 红烛秋光冷画屏，轻罗小扇扑流萤。天阶夜色凉如水，坐看牵牛织女星。（《秋夕》）
>
> 落魄江南载酒行，楚腰肠断掌中轻。十年一觉扬州梦，赢得青楼薄幸名。（《遣怀》）

在文学史上不失为引人追想的佳话。但从齐梁诗风的角度讲，这样的艳诗已离齐梁较远，成为一种主观化的抒情，很难说体现了齐梁诗风的影响。

不过，杜牧的一些七绝还是颇有重物轻情的齐梁风味的，如：

> 钿尺裁量减四分，纤纤玉笋裹轻云。五陵年少欺他醉，笑把花前出画裙。（《咏袜》）
>
> 蝉翼轻绡傅体红，玉肤如醉向春风。深宫锁闭犹疑惑，更取丹沙试辟宫。（《宫词二首》其一）

与温李一样，杜牧同样热衷于怀古，以诗歌的形式缅怀从屈宋到天宝的历史，特别是南北朝的历史，其缅怀的角度大多涉及女色，如：

长安回望绣成堆，山顶千门次第开。一骑红尘妃子笑，无人知是荔枝来。（《过华清宫绝句三首》其一）

折戟沉沙铁未销，自将磨洗认前朝。东风不与周郎便，铜雀春深锁二乔。（《赤壁》）

锦缆龙舟隋炀帝，平台复道汉梁王。游人闲起前朝念，折柳孤吟断杀肠。（《汴河怀古》）

又如比较泛化的怀古：

千里莺啼绿映红，水村山郭酒旗风。南朝四百八十寺，多少楼台烟雨中。（《江南春绝句》）

烟笼寒水月笼沙，夜泊秦淮近酒家。商女不知亡国恨，隔江犹唱后庭花。（《泊秦淮》）

以一种合法的语势念诵着六朝物象，在厚重的历史背景下，悄悄地怀念曾经存在过的六朝金粉。即使在一般性的酬赠中，杜牧也喜欢提到六朝人物，以为风雅。怀古是杜牧缅怀齐梁的另一种方式，这种缅怀往往是与齐梁的诗歌体式相分离的。

杜牧的创作中会出现齐梁的诗歌体式。在极少见的情况下，杜牧甚至可以写出标准的齐梁宫体诗。但更多的时候，杜牧对齐梁的学习止步于诗歌体式，而并不同时继承齐梁宫体诗的题材与体物手法，甚至会改造齐梁的审美。在诗歌体式层面，杜牧受到齐梁诗风的影响较为明显，但在诗歌精神上，杜牧更多地保留了元和诗人的特点，较温李为保守。杜牧还大量创作晚唐体山水诗，即晚唐齐梁诗风的边缘风格。与温李一样，杜牧也会以“怀古”为名，在诗歌内容上追忆齐梁。

3. 李远

李远，字求古，蜀人，郡望陇西，大和五年（831）进士。早历下邑，以文词称。大中间因令狐绹进为杭州刺史，官终御史中丞。性俭朴。两《唐书》无传，事迹见于《唐诗纪事》卷五六、《唐才子传》卷七。《全唐诗》录其诗1卷，34首，《才调集》选录其诗2首。《全唐文》录其文5篇，三赋二序。

《唐才子传》称李远"为诗多逸气，五彩成文"[①]。今观其诗，主体风格属白体。如其《失鹤》：

> 秋风吹却九皋禽，一片闲云万里心。碧落有情应怅望，青天无路可追寻。来时白雪翎犹短，去日丹砂顶渐深。华表柱头留语后，更无消息到如今。

"失鹤"这样的题目，寓高雅情趣于日常琐事，包含有小小的特异性和矛盾，是元白所喜欢的。此诗的语言工整而浅近，充满了适于近体诗表现的小情趣，白体的特点很明显。又如令狐绹举荐李远时，宣宗以李远诗句"青山不厌三杯酒，长日惟消一局棋"，疑其"疏放如此，岂可临郡理人"[②]。这一联诗句大概是李远为时人传颂的代表作，其疏放的句法、颓唐的情调、浅近的语言，包括以"三杯酒""一局棋"作对的习气，无不鲜明地体现出白氏闲适诗的特点。当时的牛党领袖令狐绹则为此诗辩解说："诗人托此以写高兴耳，未必实然。"[③]体现出对白体审美范式的偏好和维护。据说，李远其人也果有政绩，并非真的疏放，这一点也似乎能看出白居易的影子。

李远的一些五律较为浓艳，相当于白居易所作"新艳小律"。元白诗

---

① 《唐才子传笺证》，第1590页。

② 此事多部笔记均有记载，今取《唐才子传》之说。《唐才子传笺证》，第1590页。

③ 同上。

派模拟齐梁的一面，在李远诗中表现得尤为突出。如其《立春日》：

暖日傍帘晓，浓春开箧红。钗斜穿彩燕，罗薄剪春虫。巧著金刀力，寒侵玉指风。娉婷何处戴，山鬓绿成丛。

以闺阁物事为题材，重视物象，设色浓丽，笔触工细，是典型的晚唐宫体诗，置之温李的同类五律中，几不可辨。这说明李远是曾经写过标准的“齐梁体”的。在其不多的几首现存五律中，《剪彩》《观廉女真葬》也属同样类型。又如其《悲铜雀台》：

西陵树已尽，铜雀思偏多。雪密疑楼阁，花开想绮罗。影销堂上舞，声断帐前歌。唯有漳河水，年年旧绿波。

“铜雀台”是晚唐齐梁体诗人喜爱的意象，因其时代为汉魏，属于晚唐齐梁体诗人怀念的范围，同时又关涉女色，便于赋写。此诗齐梁风味浓郁，“雪密”一联，落想尖新，是典型的齐梁式比喻；“影销”一联，关注于“堂上舞”“帐前歌”，与齐梁宫体诗人的关注点一致，当然也与晚唐齐梁体诗人的关注点一致；首联和尾联寄意甚浅，笔力较弱，符合一般的晚唐齐梁体诗人重物轻情、不肯在立意上着力的特点。因而，此诗也是一首典型的晚唐齐梁体作品。再如其《咏雁》：

早晚辞沙漠，南来处处飞。关山多雨雪，风水损毛衣。碧海魂应断，红楼信自稀。不知矰缴外，留得几行归。

全诗注重体物，描绘的形象十分具体，是齐梁咏物诗的写法。诗中提到“关山”“红楼”的意象，在宫体诗中也是很常见的。全诗的寄托用意仍然嫌浅，这也是宫体诗的特点。

在并非典型宫体题材的五律中，李远也会呈现出近乎姚贾的风格，如其《闲居》：

尘事久相弃，沉浮皆不知。牛羊归古巷，燕雀绕疏篱。买药经年晒，留僧尽日棋。唯忧钓鱼伴，秋水隔波时。

而在另外一些并非典型宫体题材的五律中，李远仍然不时呈露一些齐梁式的艳笔，如《游故王驸马池亭》：

花树杳玲珑，渔舟处处通。醉销罗绮艳，香暖芰荷风。野鸟翻萍绿，斜桥印水红。子猷箫管绝，谁爱碧鲜浓。

这种题目，本来不一定要用齐梁体来写，但李远同样写得唯美、艳丽。颔联几乎是没有必要地向齐梁字眼靠拢，颈联则把姚贾式的纤微与齐梁式的色彩感结合在了一起。又如其《咏壁鱼》：

鳞细粉光鲜，开书乱眼前。透窗疑漏网，落砚似流泉。潜穴河图内，吞钩乙字边。莫言鬐鬣小，食尽白蘋篇。

壁鱼亦即蠹虫，本非唯美之物，但喜爱日常的元白派和以丑为美的韩孟派都有可能青睐这样的物象。李远选择这样的吟咏对象，当是受到白体的影响。但诗中却不吝选择唯美的字眼，如"粉光""窗""网""砚""泉""白蘋"等经常出现在齐梁体中的意象。这是一首白体的游戏之作，但在游戏之中，不经意地体现出齐梁诗风的影响。

李远的七律多为酬赠之作，白体特征明显，且大多乏善可陈，但其中仍然不难找到齐梁式的物象，如：

佳人惜别看嘶马，公子含情向翠蛾。(《赠友人》)
霞拂故城疑转旆，月依荒树想颦蛾。(《吴越怀古》)

泉如珠泪侵阶滴，花似红妆满岸愁。（《听王氏话归州昭君庙》）

此外，李远的绝句中也有赋写女子情事之作，如《赠筝妓伍卿》：

轻轻没后更无筝，玉腕红纱到伍卿。座客满筵都不语，一行哀雁十三声。

作为一位晚唐白体诗人，李远进一步发挥了元白诗派中追慕齐梁的一面。李远的作品虽然不是以模拟齐梁见长，却也鲜明地体现了齐梁诗风的影响。

4. 许浑

许浑，字用晦，传为宰相许圉师的后裔。生于贞元七年（791），大和六年（832）进士，起家从事，官终州刺史，大中十二年（858）尚在世。两《唐书》无传，事迹见《唐诗纪事》卷五六、《唐才子传》卷七。《全唐诗》录其诗 11 卷，约 510 首，《才调集》选录其诗 19 首。《全唐文》录其序文 1 篇。《唐才子传》称"浑乐林泉，亦慷慨悲歌之士"，其诗以怀古为特色，"格调豪丽"。[①]

许浑的作品以近体诗为主，五律以山水见长，呈现明显的晚唐体风格；七律以怀古见长，格调整丽，与赵嘏、刘沧等人类似，在晚唐自成一脉。在一般的认识中，许浑的创作与齐梁体关系不大，但事实上，在许浑的五律创作中，仍有近乎宫体诗的存在，如其《对雪》：

飞舞北风凉，玉人歌玉堂。帘帷增曙色，珠翠发寒光。柳重絮微湿，梅繁花未香。兹辰贺丰岁，箫鼓宴梁王。

纯似一首齐梁体的咏雪诗，设色华艳，体物工细。又如其《神女祠》：

---

① 《唐才子传笺证》，第 1604 页。

停车祀圣女，凉叶下阴风。龙气石床湿，鸟声山庙空。长眉留桂绿，丹脸寄莲红。莫学阳台畔，朝云暮雨中。

此诗亦属山水题材，但因与“神女”关涉而获得了体写女色的机会。“长眉”一联充满了对女性容色之美的想象，并与山水审美相结合，写得浓艳诡僻，与晚唐体的淡雅风格大相径庭。诗中的其他句子虽不涉女色，但也相应地写成了奇丽的风格。又如描写宫体诗中常见的宴别场景的《江楼夜别》：

离别奈情何，江楼凝艳歌。蕙兰秋露重，芦苇夜风多。深怨寄清瑟，远愁生翠蛾。酒酣相顾起，明月棹寒波。

写六朝香艳史事的《金谷桃花》：

花在舞楼空，年年依旧红。泪光停晓露，愁态倚春风。开处妾先死，落时君亦终。东流两三片，应在夜泉中。

无不工稳凝重，充满了宫体风情。

许浑亦有宫体咏物诗，如：

萧萧凌雪霜，浓翠异三湘。疏影月移壁，寒声风满堂。卷帘秋更早，高枕夜偏长。忽忆秦溪路，万竿今正凉。（《秋日众哲馆对竹》）

聚散竟无形，回肠百结成。古今销不得，离别觉潜生。降虏将军思，穷秋远客情。何人更憔悴，落第泣秦京。（《题愁》）

带霜南去雁，夜好宿汀沙。惊起向何处，高飞极海涯。入云声渐远，离岳路犹赊。归梦当时断，参差欲到家。（《闻雁》）

即使并非典型的宫体题材，许浑也偶以宫体五律为之，如《宿开元寺楼》：

谁家歌袅袅，孤枕在西楼。竹色寒清簟，松香染翠帱。月移珠殿晓，风递玉筝秋。日出应移棹，三湘万里愁。

除通首呈现典型宫体风格者外，许浑的山水五律也常常有一联忽然显得香艳凝重，于晚唐体的静穆疏野之中，平添一抹齐梁体的娇艳，如：

舞疑回雪态，歌转遏云声。（《陪王尚书泛舟莲池》）
残萤委玉露，早雁拂银河。（《早秋三首》其一）
蕲簟曙香冷，越瓶秋水澄。（《晨起二首》其一）

与五律的情况类似，许浑的排律也有因以女色、饮宴、咏物为题材而通首呈现宫体风格者，如《赠萧炼师》《秋夕宴李侍御宅》《陪少师李相国崔宾客宴居守狄仆射池亭》《和宾客相国咏雪》等，也有并非典型宫体诗，而偶见宫体对句者，如：

低星连宝剑，残月让雕弓。（《登蒜山观发军》）
黛色朱楼下，云形绣户前。（《奉和卢大夫新立假山》）

透露出齐梁诗风的影响。

此外，许浑还有三韵诗一首传世：

洛阳多旧迹，一日几堪愁。风起林花晚，月明陵树秋。兴亡不可问，自古水东流。（《洛阳道中》）

形式为简化了的五律，中联对仗工稳，体物纤丽。

与五律相似,许浑也有少量七律试图承担起宫体诗的功能,似与温李七律的潮流有所呼应。其借特殊题材山水诗写女色者如:

山乐来迎去不言,庙前高柳水禽喧。绮罗无色雨侵帐,珠翠有声风绕幡。妆镜尚疑山月满,寝屏犹认野花繁。孤舟梦断行云散,何限离心寄晓猿。(《题舒女庙》)

其写歌舞夜宴者如:

夜按双娃禁曲新,东西箫鼓接云津。舞衫未换红铅湿,歌扇初移翠黛颦。彩槛烛烟光吐日,画屏香雾暖如春。西楼月在襄王醉,十二山高不见人。(《观章中丞夜按歌舞》)

其借齐梁化比喻写山水风景者如:

心忆莲池秉烛游,叶残花败尚维舟。烟开翠扇清风晓,水泥红衣白露秋。神女暂来云易散,仙娥初去月难留。空怀远道难持赠,醉倚阑干尽日愁。(《秋晚云阳驿西亭莲池》)

世间得意是春风,散诞经过触处通。细摇柳脸牵长带,慢撼桃株舞碎红。也从吹幌惊残梦,何处飘香别故丛。犹以西都名下客,今年一月始相逢。(《及第后春情》)

其写贵游者如:

朝回佩马早凄凄,年少恩深卫霍齐。斧钺旧威龙塞北,池台新赐凤城西。门通碧树开金锁,楼对青山倚玉梯。南陌行人尽回首,笙歌一曲暮云低。(《贵游》)

其于非典型宫体题材中关涉艳情想象者如：

客醉更长乐未穷，似知身世一宵空。香街宝马嘶残月，暖阁佳人哭晓风。未卷绣筵朱阁上，已开尘席画屏中。何须更赋山阳笛，寒月沉西水向东。（《同韦少尹伤故卫尉李少卿》）

虽然艺术水平不及李商隐的同类作品，但其题材、风格、造语却足以与之做比较研究。由此可见以七律承担五言宫体诗功能的风气在晚唐的流行程度。

许浑不以五绝见长，其五绝中有一首《闻歌》，略具南朝乐府神韵：

新秋弦管清，时转遏云声。曲尽不知处，月高风满城。

与李商隐一样，许浑好以七绝咏史，多与六朝相关，如《韩信庙》《鸿沟》《旌儒庙》等。其中不乏着眼于后宫而寓兴亡之叹者，如：

玉树后庭花一曲，与君同上景阳楼。（《陈宫怨二首》其二）
细腰争舞君沉醉，白日秦兵天上来。（《楚宫怨二首》其一）

这样的调子也不难在李商隐七绝中见到，不能排除李商隐是受到了许浑的启发。单独来看，这样的理论似乎是对醉生梦死的统治者的批判，因而往往能获得好评。但当这个调子成为一种模式化的叙述，则仍然无非是晚唐人对荣华、生命之脆弱的一种普遍性的担忧，甚或是披着政治批判外衣、合理化了的对荣华享乐的珍视。

此类作品中也有稍具意趣者如：

二十四友一朝尽，爱妾坠楼何足言。（《金谷园》）

许浑还经常用七绝写作仙道诗，多涉女性题材，与曹唐的《小游仙诗》具有一定可比性，也令人联想到李商隐的类似作品，如：

曲终飞去不知处，山下碧桃春自开。（《缑山庙》）
闻有三山未知处，茂陵松柏满西风。（《学仙二首》其二）
步虚声尽天未晓，露压桃花月满宫。（《宿咸宜观》）

意象、意旨都与李商隐、曹唐的同类作品十分相近。

还有一些七绝是单纯歌咏与女子的情爱交往，意境优美，如：

泪沿红粉湿罗巾，重系兰舟劝酒频。（《重别》）
桂楫美人歌木兰，西风袅袅露泠泠。（《酬康州韦侍御同年》）
犹自保郎心似石，绫梭夜夜织寒衣。（《越中》）

这一类作品秉承乐府传统，多缘情而少体物。晚唐七绝艳体诗风盛行，与初盛唐以来的燕乐风气有关，许浑自然也未能免俗。

作为一位典型的晚唐体诗人，许浑的创作看似与齐梁体无关，但仍不时呈现出与温李等人类似的创作现象。

5. 喻凫

喻凫，开成五年（840）进士，仕为乌程县令。平生不为齐梁体，而多效姚贾体。《唐才子传》称其诗“专工小巧，高古之气扫地”①。又潘德舆《养一斋诗话》载其“以诗谒杜牧之不遇，曰：‘我诗无绮罗铅粉，安得售？’”②足见其并不仿效齐梁体。然其《赠李商隐》云：

羽翼恣抟扶，山河使笔驱。月疏吟夜桂，龙失咏春珠。草细盘金

① 《唐才子传笺证》，第1662页。

② ［清］潘德舆著，朱德慈辑校：《养一斋诗话》，北京：中华书局，2010年，第161页。

勒，花繁倒玉壶。徒嗟好章句，无力致前途。

用语颇多“绮罗铅粉”。盖因酬赠对象为李商隐，故效其体。又有几首试律诗为齐梁体，应是为了适应当时科举“诗依齐梁体格”的要求。

喻凫的主体风格为姚贾体，或较为温润的晚唐体，亦即晚唐齐梁诗风的外围风格。喻凫本人并不效法齐梁，但在与李商隐酬赠时，也能临时写出标准的宫体风格，这或许也可以说明，晚唐体与晚唐齐梁诗风存在着微妙的关联。

6. 薛逢

薛逢，字陶臣，河东人，其父不显。生于元和八年(813)，会昌元年(841)进士，后入弘文馆，历任侍御史、尚书郎、州刺史，终官秘书监，卒于任上。平生持论鲠切，有豪逸之态。与李商隐有酬赠。《旧唐书》卷一九〇下《文苑传》下、《新唐书》卷二〇三《文艺传》下有传。事迹又见于《唐才子传》卷七。《全唐诗》录其诗1卷，约90首，《才调集》选录其诗3首。《全唐文》录其文1卷。

薛逢平生多作歌行、七律，多属白体，其五律则为晚唐体，几乎不作宫体五律。但薛逢有几首七律却颇具宫体风味，兹摘数句：

云髻罢梳还对镜，罗衣欲换更添香。(《宫词》)
郊王玉笛三更咽，虢国金车十里香。(《开元后乐》)
绛节几时还入梦，碧桃何处更骖鸾。(《汉武宫词》)
龙盘藻井喷红艳，兽坐金床吐碧烟。(《金城宫》)
纤腰怕束金蝉断，鬓发宜簪白燕高。(《夜宴观妓》)

应是受到时风影响。薛逢又有七律《贫女吟》一首：

残妆满面泪阑干，几许幽情欲话难。云髻懒梳愁拆凤，翠蛾羞照恐惊鸾。南邻送女初鸣佩，北里迎妻已梦兰。惟有深闺憔悴质，年年长凭绣床看。

上承白居易新乐府，下开秦韬玉法门，而略显珠光宝气。

7. 赵嘏

赵嘏，字承佑。会昌四年（844）进士，大中年间为渭南尉，卑宦颇不如意。性豪迈爽达，多陪接卿相。事迹见于《唐诗纪事》卷五六、《唐才子传》卷七。《全唐诗》录其诗 2 卷，约 240 首，《才调集》选录其诗 11 首。

赵嘏诗风清丽，但一般不明显模仿齐梁形式。唯尝作《昔昔盐二十首》，分别以《昔昔盐》诗句为题、取韵，创作五律，是典型的齐梁赋题法。如其第一首《垂柳覆金堤》写道：

> 新年垂柳色，袅袅对空闺。不畏芳菲好，自缘离别啼。因风飘玉户，向日映金堤。驿使何时度，还将赠陇西。

赵嘏创作《昔昔盐二十首》的背景不详，很可能是科举背景下有意识的诗艺训练。如此大规模的赋题组诗，在晚唐是很少见的。

除此以外，赵嘏的五律和排律似少有模拟齐梁宫体者。只有一首《秋日吴中观贡藕》略具体物之意：

> 野艇几西东，清泠映碧空。褰衣来水上，捧玉出泥中。叶乱田田绿，莲余片片红。激波才入选，就日已生风。御洁玲珑膳，人怀拔擢功。梯山谩多品，不与世流同。

赵嘏所擅长的七律中，偶有措辞艳丽者。如其代表作《长安晚秋》即有"紫艳半开篱菊静，红衣落尽渚莲愁"这样体现齐梁式审美的句子。又如其《洞庭寄所思》：

> 目断兰台空望归，锦衾香冷梦来稀。书中自报刀头约，天上三看

破镜飞。孤浪谩疑红脸笑，轻云忽似舞罗衣。遥知不语坐相忆，寂寞洞房寒烛微。

在写到现实中的爱情时，多处使用齐梁式意象，辞藻与义山七律相近。

赵嘏的七绝中，女色题材相对较多。如：

宫乌栖处玉楼深，微月生檐夜夜心。香辇不回花自落，春来空佩辟寒金。(《宫乌栖》)

水思云情小凤仙，月涵花态语如弦。不因金骨三清客，谁识吴州有洞天。(《赠女仙》)

玉钩斜傍画檐生，云匣初开一寸明。何事最能悲少妇，夜来依约落边城。(《新月》)

湘娥不葬九疑云，楚水连天坐忆君。惟有啼乌旧名在，忍教呜咽夜长闻。(《代人听琴二首》其二)

体现出时风的感染。总的来说，赵嘏作品中体现出齐梁诗风影响的例子是比较少的。

8. 项斯

项斯，字子迁，江东人。约生于贞元十八年(802)，与张籍等人有交往，会昌四年(844)进士，起家县尉，遂卒于任所。两《唐书》无传。事迹见《唐才子传》卷七。《全唐诗》录其诗 1 卷，约 100 首，《才调集》选录其诗 2 首。

项斯的创作以五律为主，多为凄清刻尽但不过分的晚唐体，偶有语涉香艳、近乎宫体者，如：

花时人欲别，每日醉樱桃。买酒金钱尽，弹筝玉指劳。归期无岁月，客路有风涛。锦缎裁衣赠，麒麟落剪刀。(《欲别》)

字已无人识，唯应记铸年。见来深似水，携去重于钱。鸾翅巢空

月，菱花遍小天。宫中照黄帝，曾得化为仙。(《小古镜》)

这两首诗的题材与男女情爱相关，用词华美，体物工细，是地道的宫体诗。这说明，即使风格枯淡如项斯者，也可以写出这种齐梁风味十足的作品，可见齐梁诗风对这个时代诗人的影响。

比起五律，项斯的七律不多，风格也不突出，但其中颇有几首艳丽之作，呈现出宫体色彩，如：

昨日裁成夺夏威，忽逢秋节便相违。寒尘妒尽秦王女，凉殿恩随汉主妃。似月旧临红粉面，有风休动麝香衣。千年萧瑟关人事，莫语当时掩泪归。(《古扇》)

自出先皇玉殿中，衣裳不更染深红。宫钗折尽垂空鬓，内扇穿多减半风。桃熟亦曾君手赐，酒阑犹候妾歌终。如今还向城边住，御水东流意不通。(《旧宫人》)

梦游飞上天家楼，珠箔当风挂玉钩。鹦鹉隔帘呼再拜，水仙移镜懒梳头。丹霞不是人间晓，碧树仍逢岫外秋。将谓便长于此地，鸡声入耳所堪愁。(《梦游仙》)

愿随仙女董双成，王母前头作伴行。初戴玉冠多误拜，欲辞金殿别称名。将敲碧落新斋磬，却进昭阳旧赐筝。旦暮焚香绕坛上，步虚犹作按歌声。(《送宫人入道》)

与温李等人的七律风格颇为一致。

9. 马戴

马戴，字虞臣。会昌四年(844)进士，入幕府，大中九年(855)卒于国子博士任上。两《唐书》无传，事迹见《唐诗纪事》卷五四、《唐才子传》卷七。《全唐诗》录其诗2卷，约170首。

马戴以山水五律见长，而略无清寒之气，是晚唐最好的五律诗人之一。与此同时，马戴也写过地道的宫体五律，如：

初日照杨柳,玉楼含翠阴。啼春独鸟思,望远佳人心。幽怨贮瑶瑟,韶光凝碧林。所思曾不见,芳草意空深。(《春思》)

魏宫歌舞地,蝶戏鸟还鸣。玉座人难到,铜台雨滴平。西陵树不见,漳浦草空生。万恨尽埋此,徒悬千载名。(《雀台怨》)

又其赋题者如:

金甲耀兜鍪,黄金拂紫骝。叛羌旗下戮,陷壁夜中收。霜霰戎衣月,关河碛气秋。箭疮殊未合,更遣击兰州。(《关山曲二首》其一)

旌旗倒北风,霜霰逐南鸿。夜救龙城急,朝焚虏帐空。骨销金镞在,鬓改玉关中。却想羲轩氏,无人尚战功。(《塞下曲二首》其一)

葱茏桂树枝,高系黄金羁。叶隐青蛾翠,花飘白玉墀。上鸣间关鸟,下醉游侠儿。炀帝国已破,此中都不知。(《广陵曲》)

亦有齐梁遗意,而复加元和笔力。

马戴山水诗佳处亦得力于六朝,如其代表作《楚江怀古三首》其一:

露气寒光集,微阳下楚丘。猿啼洞庭树,人在木兰舟。广泽生明月,苍山夹乱流。云中君不降,竟夕自悲秋。

比起一般的晚唐体,马戴的山水五律多了一点高华气象,兴象更为唯美,句法更为灵动,体物细微而不觉其纤,情深语重而不觉其艳,刻画着力而不觉其雕饰。

马戴诗另有设色凝重如宫体诗者如:

余霞媚秋汉,迥月濯沧波。(《秋郊夕望》)
塞色侵旗动,寒光锁甲明。(《赠淮南将》)
风微汉宫漏,月迥秦城砧。(《寄崇德里居作》)

金罍照离思，宝瑟凝残春。(《河梁别》)

是为得力于齐梁。有句法飘逸存古诗之韵者如：

念我一何滞，辞家久未还。(《落日怅望》)
烟生寒渚上，霞散乱山西。(《宿崔邵池阳别墅》)
乔木非故里，高楼共明月。(《寄远》)
陶性聊飞爵，看山忽罢棋。(《同州冬日陪吴常侍闲宴》)

则是得力于魏晋。马戴虽未着力模拟齐梁诗风，却也是六朝诗学的受益者。

10. 薛能

薛能，字太拙，汾州人。约生于元和十二年(817)，会昌六年(846)及第。起家县尉，仕途较为顺利，官终徐州节度，中和元年(881)尚在。治政严察，又日赋一诗为课。两《唐书》无传，事迹见《唐诗纪事》卷六〇、《唐才子传》卷七。《全唐诗》录其诗 4 卷，约 265 首，《才调集》选录其诗 10 首。

薛能多作近体，很少有古体诗。其五律基本属于姚贾体，有冷僻之色；七律属于白体，常似韦庄。呈现一位晚唐非齐梁体诗人的典型创作结构。

尽管如此，从传世之作来看，薛能至少受过良好的“齐梁体格”试律诗的训练。其保留下来的《新雪八韵》《天际识归舟》《春色满皇州》《国学试风化下》等排律，都是一板一眼的体物、赋题之作。其自由创作的赋题排律《长安道》、咏物排律《桃花》《黄河》《华岳》《春雨》《秋雨》《海棠》《咏夹径菊》等，虽然在风格上已与宫体诗大相径庭，但这种用成批排律写咏物诗的作法，仍然是继承自齐梁的。此外，薛能也参与了华清宫排律的唱和，作品不可避免地带上齐梁风味。其《升平词十首》也有模仿王融《永明乐》的痕迹。

除此以外，薛能还有更鲜明地体现出齐梁风格的作品，如其排律《戏题》：

闪闪动鸣珰，初来烛影傍。拥头珠翠重，萦步绮罗长。静发歌如磬，连飘气觉香。不言微有笑，多媚总无妆。坐缺初离席，帘垂却入房。思惟不是梦，此会胜高唐。

这是一首标准的宫体排律。很难想象，以疏野幽冷形象示人的薛能，也可以有如此手笔。不以齐梁体为主体风格的晚唐诗人，往往会在“戏题”之类的名目下，偶尔卖弄一下自己体写女色的本领。又如其咏物排律《咏柳花》：

浮生失意频，起絮又飘沦。发自谁家树，飞来独院春。朝容萦断砌，晴影过诸邻。乱掩宫中蝶，繁冲陌上人。随波应到海，沾雨或依尘。会向慈恩日，轻轻对此身。

从各个角度体写物象，取象柔美，与萧梁排律的作法类似。又如其《一叶落》，亦见体物之功：

轻叶独悠悠，天高片影流。随风来此地，何树落先秋。变色黄应近，辞林绿尚稠。无双浮水面，孤绝落关头。乍减诚难觉，将凋势未休。客心空自比，谁肯问新愁。

再如赋题的《行路难》：

何处力堪殚，人心险万端。藏山难测度，暗水自波澜。对面如千里，回肠似七盘。已经吴坂困，欲向雁门难。南北诚须泣，高深不可干。无因善行止，车辙得平安。

《行路难》例作歌行体，今以排律体赋写，反复罗列险难之象，也是宫体诗的作法。

薛能又有《柘枝词三首》，为三韵诗：

同营三十万，震鼓伐西羌。战血黏秋草，征尘搅夕阳。归来人不识，帝里独戎装。

悬军征拓羯，内地隔萧关。日色昆仑上，风声朔漠间。何当千万骑，飒飒贰师还。

意气成功日，春风起絮天。楼台新邸第，歌舞小婵娟。急破催摇曳，罗衫半脱肩。

唐人写与柘枝舞相关的题目，例用齐梁体，三韵诗即为典型的齐梁格诗。这三首诗均押平韵、讲声律，为简化的律诗。前二首写边塞，第三首写女色，均为典型的齐梁题材。

薛能有两首描写歌舞的七律，承担了宫体诗体写女色的功能：

一字新声一颗珠，转喉疑是击珊瑚。听时坐部音中有，唱后樱花叶里无。汉浦蔑闻虚解佩，临邛焉用枉当垆。谁人得向青楼宿，便是仙郎不是夫。(《赠歌者》)

绿毛钗动小相思，一唱南轩日午时。慢靸轻裾行欲近，待调诸曲起来迟。筵停匕箸无非听，吻带宫商尽是词。为问倾城年几许，更胜琼树是琼枝。(《舞者》)

另外，薛能有《牡丹四首》，赋写牡丹形象。其中，前二首为排律，后二首为七律，体现了排律与七律功能的融合。

与很多晚唐人一样，薛能也经常创作艳情题材的七绝，如：

同有诗情自合亲，不须歌调更含颦。朝天御史非韩寿，莫窃香来

带累人。(《赠解诗歌人》)

弦管声凝发唱高,几人心地暗伤刀。思量更有何堪比,王母新开一树桃。(《赠韦氏歌人二首》其一)

龙麝薰多骨亦香,因经寒食好风光。何人画得天生态,枕破施朱隔宿妆。(《吴姬十首》其二)

大多为歌席酬赠之作。另外,与温庭筠相似,薛能还有很多诗题与“折杨柳”有关的艳体七绝,如《折杨柳十首》《柳枝四首》《柳枝词五首》,可能与燕乐歌曲有关。

薛能的试律诗显示出其接受过齐梁体训练,并有三韵诗传世。薛能明显的齐梁体作品为排律,偶有七律,未见五律,这使得薛能的齐梁体创作结构显得略为特殊。另外,薛能也有艳情七绝和疑似入乐的七绝。

11. 刘沧

刘沧,字蕴灵。大中八年(854)进士。曾任县尉、县令。两《唐书》无传。事迹见《唐诗纪事》卷五八、《唐才子传》卷八。《全唐诗》录其诗1卷,约100首。《唐才子传》称刘沧“诗极清丽,句法绝同赵嘏、许浑,若出一絇综然”①。

刘沧传世作品以七律为主,五律仅两首,且与齐梁诗风无关。刘沧的主体风格与许浑、赵嘏相似,以山水、怀古见长,清丽精致,大多与艳情无关。偶有数首作品涉及艳情,则略有温李七律的风格,如:

西园杨柳暗惊秋,宝瑟朱弦结远愁。霜落雁声来紫塞,月明人梦在青楼。蕙心迢递湘云暮,兰思萦回楚水流。锦字织成添别恨,关河万里路悠悠。(《寄远》)

罗帐香微冷锦裀,歌声永绝想梁尘。萧郎独宿落花夜,谢女不归明月春。青鸟罢传相寄字,碧江无复采莲人。满庭芳草坐成恨,迢递

---

① 《唐才子传笺证》,第1827页。

蓬莱入梦频。(《代友人悼姬》)

其怀古诗之偶涉女色者,略似义山咏史,如:

吴苑荒凉故国名,吴山月上照江明。残春碧树自留影,半夜子规何处声。芦叶长侵洲渚暗,蘋花开尽水烟平。经过此地千年恨,荏苒东风露色清。(《题吴宫苑》)

玉辇西归已至今,古原风景自沉沉。御沟流水长芳草,宫树落花空夕阴。蝴蝶翅翻残露滴,子规声尽野烟深。路人不记当年事,台殿寂寥山影侵。(《经古行宫》)

子建东归恨思长,飘摇神女步池塘。云鬟高动水宫影,珠翠乍摇沙露光。心寄碧沉空婉恋,梦残春色自悠扬。停车绮陌傍杨柳,片月青楼落未央。(《洛神怨》)

其山水诗之关涉女仙遗迹者,又似义山仙道诗,如:

寂寥珠翠想遗声,门掩烟微水殿清。拂曙紫霞生古壁,何年绛节下层城。鹤归辽海春光晚,花落闲阶夕雨晴。武帝无名在仙籍,玉坛星月夜空明。(《题王母庙》)

十二岚峰挂夕晖,庙门深闭雾烟微。天高木落楚人思,山迥月残神女归。触石晴云凝翠鬟,度江寒雨湿罗衣。婵娟似恨襄王梦,猿叫断岩秋藓稀。(《题巫山庙》)

珠翠香销鸳瓦堕,神仙曾向此中游。青楼月色桂花冷,碧落箫声云叶愁。杳杳蓬莱人不见,苍苍苔藓路空留。一从凤去千年后,迢递岐山水石秋。(《题秦女楼》)

可见经温李改造后的齐梁诗风在晚唐流布之广。

12. 李频

李频，字德新，大中八年(854)进士，姚合婿。调秘书郎官员外郎，除建州刺史。能以礼法化下，民感戴之。咸通十一年(870)任京兆府主试时，解送曹邺等十名寒素诗人为进士，号“咸通十哲”。事迹见《新唐书》卷二〇三《文艺传》下、《唐诗纪事》卷六〇、《唐才子传》卷七。《全唐诗》录其诗3卷，约200首，《才调集》选录其诗6首。

李频在政治上建树较多，为诗更近姚贾一体，齐梁体并非其主体风格。但其诗作偶有近乎齐梁者，如《古意》：

> 白马游何处，青楼日正长。凤箫抛旧曲，鸾镜懒新妆。玄鸟深巢静，飞花入户香。虽非窦滔妇，锦字已成章。

题似拟古乐府，实为一首典型的宫体五律。又如《入朝遇雪》：

> 霜鬓持霜简，朝天向雪天。玉阶初辨色，琼树乍相鲜。密翳空难曙，盈征瑞不愆。谁为洛阳客，是日更高眠。

为典型的齐梁体咏物诗。李频又有三韵诗《宋少府东溪泛舟》：

> 登岸还入舟，水禽惊笑语。晚叶低众色，湿云带繁暑。落日乘醉归，溪流复几许。

押仄声韵，不拘声律，声韵古朴，写山水题材而非女色题材，略有齐梁山水诗意趣。李频又有多首试律诗传世，如《府试丹浦非乐战》《府试风雨闻鸡》《府试观兰亭图》《府试老人星见》《省试振鹭》等，亦体现出齐梁诗风的影响。

李频的七律几乎不曾明显表现出替代宫体诗功能的意图。只有一首《送边将》为边塞题材，一首《太和公主还宫》涉及女色，略与宫体题材相关。

李频甚至也很少写作艳情七绝，典型的只有一首《春闺怨》：

红妆女儿灯下羞，画眉夫婿陇西头。自怨愁容长照镜，悔教征戍觅封侯。

李频创作齐梁体作品很少，但仅有的几首却颇为地道。可见模拟齐梁作为一种时风，在晚唐是具有一定影响力的。

13. 韦庄

韦庄，字端己，京兆杜陵人，出身于著名的韦氏家族。约生于开成元年(836)，乾宁元年(894)进士，起家校书郎，后入王建幕。为后蜀建国功臣，开平四年(910)卒。两《唐书》、两《五代史》无传，事迹见《十国春秋》卷四〇、《蜀梼杌》、《唐诗纪事》卷六八、《唐才子传》卷一〇等史料。尝编纂《又玄集》。《全唐诗》录其诗 6 卷，约 340 首，《才调集》选录其诗 62 首。《全唐文》录其文 3 篇。

14. 罗隐

罗隐，字昭谏，钱塘人，出身寒素。生于大和七年(833)，卒于梁开平三年(909)。性简傲，累试不第，晚依钱镠。事迹见《旧唐书》卷一八一《罗弘信传》附，又《旧五代史》卷二四、《五代史补》卷一、《吴越备史》卷一、《十国春秋》卷八四皆有传，《唐诗纪事》卷六九、《唐才子传》卷九亦载其事。作有《谗书》，在晚唐小品文中有一席之地，诗亦著称于时。《全唐诗》录其诗 11 卷，约 470 首，《才调集》选录其诗 17 首。《全唐文》录其文 4 卷，今人雍文华辑有《罗隐集》。

罗隐出身寒微，性情耿介，为诗尚理求奇，于诗外擅作古文，长于讥刺，似韩孟诗派，而其诗多为近体，语言平易近俗，则又似白体。

罗隐有不少相当典型的齐梁体创作，由于罗隐传世的作品太多，这些作品在数量上占不到优势的比例，因此容易被人们忽略，不会影响到人们对罗隐的总体印象。但从绝对数量来说，由罗隐创作的晚唐齐梁体作品仍是一个不可忽视的存在。

首先,罗隐有较为标准的宫体五律。

罗隐甚至曾公开在诗题中宣布“仿玉台体”,其诗如下:

青楼枕路隅,壁甃复椒涂。晚梦通帘柙,春寒逼酒垆。解吟怜芍药,难见恨菖蒲。试问年多少,邻姬亦姓胡。

此外,罗隐的很多五律均属宫体咏物诗,如:

篱落岁云暮,数枝聊自芳。雪裁纤蕊密,金拆小苞香。千载白衣酒,一生青女霜。春丛莫轻薄,彼此有行藏。(《菊》)

空庭夜未央,点点度西墙。抱影何微细,乘时忽发扬。不思因腐草,便拟倚孤光。若道能通照,车公业肯长。(《萤》)

或与女色密切相关的咏史诗、怀古诗,如:

水国春常在,台城夜未寒。丽华承宠渥,江令捧杯盘。宴罢明堂烂,诗成宝炬残。兵来吾有计,金井玉钩栏。(《台城》)

春草荒坟墓,萋萋向虎丘。死犹嫌寂寞,生肯不风流。皎镜山泉冷,轻裾海雾秋。还应伴西子,香径夜深游。(《姑苏真娘墓》)

类似的作品尚有数例。

其次,罗隐有大量七律承担宫体诗的功能。

罗隐的七律有不少是咏物诗,如:

似共东风别有因,绛罗高卷不胜春。若教解语应倾国,任是无情亦动人。芍药与君为近侍,芙蓉何处避芳尘。可怜韩令功成后,辜负秾华过此身。(《牡丹花》)

艳多烟重欲开难，红蕊当心一抹檀。公子醉归灯下见，美人朝插镜中看。当庭始觉春风贵，带雨方知国色寒。日晚更将何所似，太真无力凭阑干。（《牡丹》）

吴王醉处十余里，照野拂衣今正繁。经雨不随山鸟散，倚风疑共路人言。愁怜粉艳飘歌席，静爱寒香扑酒樽。欲寄所思无好信，为人惆怅又黄昏。（《梅花》）

其中有一些以单字为题，部分吟咏对象并不常见于咏物诗，有可能是系列作品，如：

每持纤白助君时，霜自无憀雪自疑。郎若姓何应解傅，女能窥宋不劳施。妆成丽色唯花妒，落尽啼痕只镜知。最好玉京仙署里，更和秋月照琼枝。（《粉》）

珪玷由来尚可磨，似簧终日复如何。成名成事皆因慎，亡国亡家只为多。须信祸胎生利口，莫将讥思逞悬河。猩猩鹦鹉无端解，长向人间被网罗。（《言》）

体写入微，堆砌典故，有如赋体，为宫体咏物诗的常见作法。

也有不少与女色有关的咏史、怀古诗，如：

楚城日暮烟霭深，楚人驻马还登临。襄王台下水无赖，神女庙前云有心。千载是非难重问，一江风雨好闲吟。欲招屈宋当时魄，兰败荷枯不可寻。（《渚宫秋思》）

淮王高宴动江都，曾忆狂生亦坐隅。九里楼台牵翡翠，两行鸳鹭踏真珠。歌听丽句秦云咽，诗转新题蜀锦铺。惆怅晋阳星拆后，世间兵革地荒芜。（《江都》）

其中不乏借咏史为名，专心描写女色的例子，如：

杜秋在时花解言，杜秋死后花更繁。柔姿曼态葬何处，天红腻白愁荒原。高洞紫箫吹梦想，小窗残雨湿精魂。绮筵金缕无消息，一阵征帆过海门。(《金陵思古》)

百雉摧残连野青，庙门犹见昔朝廷。一生虽抱楚王恨，千载终为息地灵。虫网翠环终缥缈，风吹宝瑟助微冥。玉颜浑似羞来客，依旧无言照画屏。(《息夫人庙》)

其中看不出多少历史兴亡的感慨，反而充满了对美丽的女主人公的怜香惜玉之情。甚至如通常不会被认为与女色有关的《漂母冢》：

寂寂荒坟一水滨，芦洲绝岛自相亲。青娥已落淮边月，白骨甘为泉下尘。原上荻花飘素发，道傍菰叶碎罗巾。虽然寂寞千秋魄，犹是韩侯旧主人。

对于以老妪形象出场的"漂母"，罗隐仍不惜以"青娥""荻花""罗巾"等美好的物色来衬托，足见对女性元素的敏感和热爱。

当然，也并非没有对纯粹的女色与情爱的吟咏，如：

荡漾春风渌似波，惹情摇恨去傞傞。燕翻永日音声好，柳舞空城意绪多。蜀国暖回溪峡浪，卫娘清转遏云歌。可怜户外桃兼李，仲蔚蓬蒿奈尔何。(《春思》)

可以看出，罗隐的这一部分七律，受宫体诗艺术的影响是很深的。比起模拟齐梁的五律，罗隐受到齐梁诗风影响的七律在数量上显得还要多一些。

其三，罗隐有相当多的七言绝句具备承担宫体诗功能的趋势。

提到罗隐的七绝，我们很容易想到他那首与艳情有关的《嘲钟陵妓云英》：

钟陵醉别十余春,重见云英掌上身。我未成名君未嫁,可能俱是不如人。

然而,这种晚唐几乎人人都会写上几首的艳情七绝,在罗隐集中并不更多一些。

相反,在罗隐集中随处可见咏物的七绝,如:

沉水良材食柏珍,博山烟暖玉楼春。怜君亦是无端物,贪作馨香忘却身。(《香》)

白似琼瑶滑似苔,随梳伴镜拂尘埃。莫言此个尖头物,几度撩人恶发来。(《白角篦》)

这样的题目和内容,原本完全可以用典正的五律体来写。罗隐却把它们都交给了七绝,大概与晚唐后期的普遍习气和罗隐个人的写作习惯有关。

有些作品似寓有微言大义,如:

灞岸晴来送别频,相偎相倚不胜春。自家飞絮犹无定,争解垂丝绊路人。(《柳》)

有些则纯是典故的堆砌,如:

天赐胭脂一抹腮,盘中磊落笛中哀。虽然未得和羹便,曾与将军止渴来。(《梅》)

罗隐七绝对物象本身的关注是值得注意的,这大概也是齐梁审美模式对七绝体的影响。

除此以外,罗隐的咏史七绝也很多,其中不少是关涉女色的,如:

家国兴亡自有时，吴人何苦怨西施。西施若解倾吴国，越国亡来又是谁。(《西施》)

强歌强舞竟难胜，花落花开泪满膺。只合当年伴君死，免交憔悴望西陵。(《铜雀台》)

马嵬山色翠依依，又见銮舆幸蜀归。泉下阿蛮应有语，这回休更怨杨妃。(《帝幸蜀》)

这些都是罗隐七绝中的名作，确有卓见巧思，足与义山七绝媲美。而罗隐所关注的史事，仍是自温李以来一贯被关注的。

其四，罗隐还有少量转韵体歌行，如：

下压重泉上千仞，香云结梦西风紧。纵有精灵得往来，狖轭鼯轩亦颠陨。岚光双双雷隐隐，愁为衣裳恨为鬓。暮洒朝行何所之，江边日月情无尽。珠零冷露丹堕枫，细腰长脸愁满宫。人生对面犹异同，况在千岩万壑中。(《巫山高》)

声律谐和，内容是齐梁和晚唐共同关注的乐府诗题，既有对女色的执着，又有对人生经验的思考。又如：

江烟湿雨蛟绡软，漠漠小山眉黛浅。水国多愁又有情，夜槽压酒银船满。细丝摇柳凝晓空，吴王台榭春梦中。鸳鸯鸂鶒唤不起，平铺绿水眠东风。西陵路边月悄悄，油碧轻车苏小小。(《江南行》)

意象唯美，重物轻情，为飞卿歌行之余响。

15. 罗邺

罗邺，江东人，父为盐铁吏，家富。咸通中数下第，依地方官为吏，乾宁间卒。两《唐书》无传，事迹见《唐诗纪事》卷六八、《唐才子传》卷八。《全唐诗》录其诗1卷，约150首，《才调集》选录其诗9首。

罗邺主体风格不甚明显，略近白体。其七律除白体风格外，亦多有富艳精工，近乎晚唐齐梁诗风者。其七律有承担宫体诗功能的倾向，而七绝与七律之间的文体分工不甚明显，故其七绝亦有承担传统宫体诗功能者。

罗邺的七律，表现富丽贵游生活者如：

> 台阁层层倚半空，绕轩澄碧御沟通。金钿座上歌春酒，画蜡尊前滴晓风。岁月不知成隙地。子孙谁更系殊功。人间若算无荣辱，却是扁舟一钓翁。（《旧侯家》）

颔联设象颇似义山七律，但全诗意味浅近，结句犹似白体，而思想高度尤为凡近。另如《岁仗》《上阳宫》《长安惜春》亦属此类。

其体写闺中物色，缘写闺中情事者如：

> 青楼一别戍金微，力尽秋来破虏围。锦字莫辞连夜织，塞鸿长是到春归。正怜汉月当空照，不奈胡沙满眼飞。唯有梦魂南去日，故乡山水路依稀。（《征人》）

像宫体边塞诗一样，此诗是将女色与边塞结合起来写，用到的意象也是宫体边塞诗中常见的，但句法还是流于平熟，缺乏深度。他如《春闺》《惜春》《春风》《巴南旅舍言怀》，亦属试图以七律承担宫体诗体写女色的功能。

其咏物七律如：

> 落尽春红始著花，花时比屋事豪奢。买栽池馆恐无地，看到子孙能几家。门倚长衢攒绣毂，幄笼轻日护香霞。歌钟满座争欢赏，肯信流年鬓有华。（《牡丹》）

颈联极尽宫体体物之能事，颔联却仍忍不住缘写世情，类似韦庄之体。他如《长城》《莺》《槐花》《鸳鸯》《野花》《芦花》，亦属体物与缘写世情结合的作品。

较为纯正的体物之作如：

缀雪枝条似有情，凌寒澹注笑妆成。冻香飘处宜春早，素艳开时混月明。迁客岭头悲袅袅，美人帘下妒盈盈。满园桃李虽堪赏，要且东风晚始生。（《早梅》）

从不同角度体写早梅的形态，而寄托之意殊为浅近，全似宫体家数。另如《鹦鹉咏》《白角簟》《题笙》《芳草》皆属此体。

罗邺七律也有以浓墨重彩体写边塞者，如：

百战辛勤归帝乡，南班班里最南行。弓欺猿臂秋无力，剑泣虬髯晓有霜。千古耻非书玉帛，一心犹自向河湟。年年宿卫天颜近，曾把功勋奏建章。（《老将》）

马上乘秋欲建勋，飞狐夜斗出师频。若无紫塞烟尘事，谁识青楼歌舞人。战骨沙中金镞在，贺筵花畔玉盘新。由来边卒皆如此，只是君门合杀身。（《边将》）

继承了宫体边塞诗的文学传统。

罗邺七绝写贵游者则如：

金鞍玉勒照花明，过后春风特地生。半醉五侯门里出，月高犹在禁街行。（《公子行》）

夸耀繁华之意明显。

写女色者则如：

芳草长含玉辇尘，君王游幸此中频。今朝别有承恩处，鹦鹉飞来说似人。（《宫中二首》其一）

梦断南窗啼晓乌，新霜昨夜下庭梧。不知帘外如圭月，还照边城到晓无。（《秋怨》）

为宫词之体。

写关涉女色的史事则如：

白玉尊前紫桂香，迎春阁上燕双双。陈王半醉贵妃舞，不觉隋兵夜渡江。（《陈宫》）

上皇西幸却归秦，花木依然满禁春。唯有贵妃歌舞地，月明空殿锁香尘。（《驾蜀回》）

含青薜荔随金甃，碧砌磷磷生绿苔。莫言数尺无波水，曾与如花并照来。（《吴王古宫井二首》其二）

吟咏陈后主、杨贵妃和西施，关注点与其他晚唐齐梁体诗人的咏史七绝相似。

以七绝咏物者如：

水殿清风玉户开，飞光千点去还来。无风无月长门夜，偏到阶前点绿苔。（《萤二首》其一）

暖香红焰一时燃，缇幕初垂月落天。堪恨兰堂别离夜，如珠似泪滴樽前。（《蜡烛》）

一枝秾艳对秋光，露滴风摇倚砌傍。晚景乍看何处似，谢家新染紫罗裳。（《鸡冠花》）

以物象为中心，从所咏之物映带出更多华美、关涉女色的物象，与宫体咏物诗的作法类似。另如《雁二首》《柳絮》《云》《芳草》《温泉》等七绝，亦属此类。

作为一位唐末诗人,罗邺在模拟齐梁宫体诗方面下过很多的功夫,主要是以唐代新体的功能承担宫体诗原有的功能。在这一过程中,罗邺的创作受到白体的深刻影响,因而呈现出齐梁体与白体杂陈、凝重与平熟交错的景象。

16. 郑谷

郑谷,字守愚,父为永州刺史。生于大中五年(851),七岁能诗,在咸通、乾符之际诗名已著,光启三年(887)进士,起家京兆鄠县尉,乾宁四年(897)为都官郎中,梁开平三年(909)卒。两《唐书》无传,事迹见于《唐诗纪事》卷七〇、《唐才子传》卷九及诸家史料。《全唐诗》录其诗 4 卷,约 320 首,《才调集》选录其诗 11 首。

《唐才子传》称其诗"清婉明白,不俚而切,为薛能、李频所赏"[①]。郑谷的诗呈现出较为明显的白体风格,因格调不高,在随后到来的北宋被树为不良诗风的代表。

在郑谷的创作中,仍能看到不少明显受到齐梁诗风影响的作品。

首先,在传世的郑谷作品中,保留着不少试律体的排律,如《京兆府试残月如新月》《咸通十四年府试木向荣》《光化戊午年举公见示省试春草碧色诗偶赋是题》等,这是郑谷受到齐梁体训练的直接证据。又如其排律《入阁》写得富丽堂皇:

> 秘殿临轩日,和銮返正年。两班文武盛,百辟羽仪全。霜漏清中禁,风旗拂曙天。门严新勘契,仗入乍承宣。玉几当红旭,金炉纵碧烟。对扬称法吏,赞引出宫钿。言动挥毫疾,雍容执簿专。寿山晴叆叇,颢气暖连延。礼有鸳鸾集,恩无雨露偏。小臣叨备位,歌咏泰阶前。

---

① 《唐才子传笺证》,第 2088 页。

仍似齐梁、初唐的应制诗。

其次，郑谷的五律有专门咏物者，为典型的宫体咏物诗写法，如：

> 寻艳复寻香，似闲还似忙。暖烟沉蕙径，微雨宿花房。书幌轻随梦，歌楼误采妆。王孙深属意，绣入舞衣裳。（《赵璘郎中席上赋蝴蝶》）
>
> 一露一朝新，帘栊晓景分。艳和蜂蝶动，香带管弦闻。笑拟春无力，妆浓酒渐醺。直疑风起夜，飞去替行云。（《水林檎花》）

另如《杏花》（不学梅欺雪）、《荔枝》（平昔谁相爱），亦属此体。这样的作品虽然不多，却是典型的齐梁体调。

其三，郑谷的五律、排律中，不时能找到齐梁风味的对句，如：

> 春阴妨柳絮，月黑见梨花。（《旅寓洛南村舍》）
>
> 歌缓眉低翠，杯明蜡翦红。（《寄献湖州从叔员外》）

由此可见齐梁诗风对郑谷的浸润。

其四，郑谷有大量七律体咏物诗，继承了齐梁咏物诗的体物笔法和浓艳措辞，如：

> 布素豪家定不看，若无文彩入时难。红迷天子帆边日，紫夺星郎帐外兰。春水濯来云雁活，夜机挑处雨灯寒。舞衣转转求新样，不问流离桑柘残。（《锦二首》其一）

罗列物象，近乎赋体。又如：

> 仙漏迟迟出建章，宫帘不动透清光。金闺露白新裁诏，画阁春红正试妆。泪滴杯盘何所恨，烬飘兰麝暗和香。多情更有分明处，照得歌尘下燕梁。（《蜡烛》）

颔联言其用,颈联状其体,而映带闺中之事。虽为七律,而纯为宫体写法。他如《灯》《雁》《水》《竹》《海棠》《荔枝树》等七律,均呈现出典型的宫体诗写法。考虑到晚唐后期七律已全面占领了宫体五律的固有领域,这些作品可视为典型的模拟齐梁之作。

其五,郑谷的少数七绝,或写艳情,或承担宫体诗的功能,也呈现出晚唐齐梁诗风的影响。

其写歌席者如:

花月楼台近九衢,清歌一曲倒金壶。座中亦有江南客,莫向春风唱鹧鸪。(《席上贻歌者》)

写艳情者如:

泪湿孤鸾晓镜昏,近来方解惜青春。杏花杨柳年年好,不忍回看旧写真。(《为人题》)

写贫女者如:

尘压鸳鸯废锦机,满头空插丽春枝。东邻舞妓多金翠,笑剪灯花学画眉。(《贫女吟》)

咏史者如:

闲把罗衣泣凤凰,先朝曾教舞霓裳。春来却羡庭花落,得逐晴风出禁墙。(《长门怨二首》其一)

咏物者如:

画堂帘卷张清宴，含香带雾情无限。春风爱惜未放开，柘枝鼓振红英绽。（《牡丹》）

艳笔深情，与晚唐齐梁体诗人所作七绝相近。

作为一位晚唐后期典型的白体诗人，郑谷的模拟齐梁之作也是比较典型的，由此可以看出白体与晚唐齐梁体之间的关系。此外，比起晚唐前期的齐梁体诗人，郑谷的模拟齐梁之作明显变体多而正体少，七言多而五言少，这也体现了晚唐后期齐梁诗风的特点。

17. 司空图

司空图，字表圣，父大中中为刺史。生于开成元年（836），咸通十年（869）进士，入幕府，后迁郎中，黄巢乱中随僖宗次凤翔，拜知制诰、迁中书舍人，昭宗时召为兵部侍郎，不就乞还。梁开平二年（908），闻哀帝遇弑，哀痛而卒。事迹见《旧唐书》卷一九〇下《文苑传》下、《新唐书》卷一九四《卓行》、《唐诗纪事》卷六三、《唐才子传》卷八。《全唐诗》录其诗 3 卷，约 240 首。《全唐文》录其文 10 卷。

司空图的主体风格与齐梁诗风大相径庭，雅正清空而颇重诗学。司空图的律诗中几乎没有模拟宫体者，只有一首边塞题材的五律：

万里隋城在，三边虏气衰。沙填孤障角，烧断故关碑。马色经寒惨，雕声带晚悲。将军正闲暇，留客换歌辞。（《塞上》）

与同时代的很多诗人一样，司空图的绝句较多体现出齐梁诗风的影响。其五绝如：

得地牡丹盛，晓添龙麝香。主人犹自惜，锦幕护春霜。（《牡丹》）

其七绝如：

五更窗下簇妆台，已怕堂前阿母催。满鸭香薰鹦鹉睡，隔帘灯照牡丹开。（《乐府》）

蜀柳丝丝幂画楼，窗尘满镜不梳头。几时金雁传归信，剪断香魂一缕愁。（《灯花三首》其一）

意象华美，关注女性私密而琐细的生活，属宫词一类。司空图又有游仙七绝如：

蛾眉新画觉婵娟，斗走将花阿母边。仙曲教成慵不理，玉阶相簇打金钱。（《游仙二首》其一）

有描写宴席歌舞的七绝如：

追逐翻嫌傍管弦，金钗击节自当筵。风霜一夜燕鸿断，唱作江南祓禊天。（《歌者十二首》其一）

有七绝体"杨柳枝"如：

乐府翻来占太平，风光无处不含情。千门万户喧歌吹，富贵人间只此声。（《杨柳枝寿杯词十八首》其一）

有涉及女色的咏史七绝如：

景阳楼下花钿镜，玄武湖边锦绣旗。昔日繁华今日恨，雉媒声晚草芳时。（《南北史感遇十首》其九）

与晚唐后期七绝创作的时风相一致。

由此可见，司空图的绝句创作，特别是七绝创作，也以晚唐后期的典型形式,受到了齐梁诗风的感染。

18. 李山甫

李山甫,巴蜀人,出身寒素,咸通中累举进士不第。落魄不羁,憎俗尚豪,每狂歌痛饮。后流寓河朔,中和年间为从事。两《唐书》无传,事迹见《唐诗纪事》卷七〇、《唐才子传》卷八。《全唐诗》录其诗 1 卷,约 80 首,《才调集》选录其诗 8 首。

按照《唐才子传》的描述,李山甫"诗文激切","多感时怀古之作",① 似乎接近韩孟诗派。但从传世作品来看,李山甫的这类作品并不算多。而司空图则在诗中描述了另一个李山甫的形象:

> 芙蓉骚客空留怨,芍药诗家只寄情。谁似天才李山甫,牡丹属思亦纵横。(《偶诗五首》其二)

从这首诗来看,又似乎李山甫写的都是"女郎诗",有可能写作齐梁体。

然而,李山甫的作品也并非都体现出齐梁诗风的影响,可以说,他的主体风格仍是五律晚唐体而七律韦体,偏于枯淡。李山甫的五律,算得上齐梁体的,恐怕只有一首咏物的《燕》:

> 每岁同辛苦,看人似有情。乱飞春得意,幽语夜闻声。整羽庄姜恨,回身汉后轻。豪家足金弹,不用污雕楹。

李山甫作品中真正引人注目的,还是几首咏物七律。这些七律大多以一字为题,承担宫体诗的咏物功能,如《月》:

> 狡兔顽蟾死复生,度云经汉澹还明。夜长虽耐对君坐,年少不禁随尔行。玉桂影摇乌鹊动,金波寒注鬼神惊。人间半被虚抛掷,唯向

---

① 《唐才子传笺证》,第 1920 页。

孤吟客有情。

从选词造句上来看,还是可以见出韩孟怪奇诗派的一些影响。但从体例上看,此诗以律体咏物,颔联言物之用,颈联状物之形,模仿赋体,从不同角度模仿所咏之物,寄托之意却殊为浅近,有重物轻情的倾向,因而在形制上更接近宫体诗。另如其《隋堤柳》《菊》《松》《秋》《风》等作,亦属此类。又如同属这个序列中的《牡丹》:

邀勒春风不早开,众芳飘后上楼台。数苞仙艳火中出,一片异香天上来。晓露精神妖欲动,暮烟情态恨成堆。知君也解相轻薄,斜倚阑干首重回。

这首诗也被选入了《才调集》。此诗兼具齐梁体的艳丽色相与韩孟体的尚奇倾向,而采用律诗形式。司空图所谓的"牡丹属思亦纵横"应该就是指这首诗。或许,李山甫的咏物诗虽然数量不多,却给司空图留下了深刻的印象,足以成为其代表作。

与晚唐后期的很多齐梁体诗人一样,李山甫也有贫女诗:

平生不识绣衣裳,闲把荆钗亦自伤。镜里只应谙素貌,人间多自信红妆。当年未嫁还忧老,终日求媒即道狂。两意定知无说处,暗垂珠泪湿蚕筐。(《贫女》)

有贵游诗:

曾是皇家几世侯,入云高第照神州。柳遮门户横金锁,花拥弦歌咽画楼。锦袖妒姬争巧笑,玉衔骄马索闲游。麻衣酷献平生业,醉倚春风不点头。(《公子家二首》其一)

也偶尔有李商隐式的华丽对句：

云开日月临青琐，风卷烟霞上紫微。（《送职方王郎中吏部刘员外自太原郑相公幕继奉征书归省署》）

万井楼台疑绣画，九原珠翠似烟霞。（《寒食二首》其一）

青罗舞袖纷纷转，红脸啼珠旋旋收。（《早春微雨》）

属于受到齐梁诗风影响的七律。

此外，李山甫有七绝体《柳十首》，或许与《柳枝词》有关。

19. 李洞

李洞，字才江，唐宗室，家贫。苦吟，酷慕贾岛，时人诮其僻涩，然吴融赏之。昭宗时屡试不第。生平资料甚少，见于《唐诗纪事》卷五八、《唐才子传》卷九。《全唐诗》录其诗 3 卷，约 170 首，《才调集》选录其诗 5 首。

李洞的五律是典型的姚贾体，且偏向于贾岛，专以苦涩为高，已与晚唐体的细腻温润有较大差别。其七律与韦庄相近而枯淡过之。总体来说，李洞的诗学追求与齐梁诗风相去甚远。

尽管如此，仍有证据证明，李洞接受过齐梁风格的试律诗训练，如其赋《龙池春草》：

龙池清禁里，芳草傍池春。旋长方遮岸，全生不染尘。和风轻动色，湛露静流津。浅得承天步，深疑绕御轮。鱼寻倒影没，花带湿光新。肯学长河畔，绵绵思远人。

仍呈现出较为典型的齐梁风格。李洞又有游仙七绝《寓言》：

三千宫女露蛾眉，笑煮黄金日月迟。麟凤隔云攀不及，空山惆怅夕阳时。

以宫词体式写仙道题材，与晚唐齐梁体诗人的作法相同。又如其写给女道士的《赠庞炼师》：

家住涪江汉语娇，一声歌戛玉楼箫。睡融春日柔金缕，妆发秋霞战翠翘。两脸酒醺红杏妒，半胸酥嫩白云饶。若能携手随仙令，皎皎银河渡鹊桥。

将仙道题材与宫体笔意结合起来，夸耀对方的美色，也与晚唐齐梁体诗人的作法相同。

由此可见，即使是像李洞这样远离齐梁诗风的诗人，也难免为时风沾染，按照晚唐齐梁体诗人的通行作法，写出一些香艳之作来。

20. 高骈

高骈，字千里，出身渤海高氏，祖父高崇文为元和功臣，封南平王，家世仕禁军。高骈生于长庆元年(821)，文武双全，广交诸儒，起家府司马，迁侍御史，仕至平章事，封渤海郡王。拥兵自重，迷信方术，终以叛乱见诛于光启三年(887)。事迹见于《新唐书》卷二二四下《叛臣传》下、《唐诗纪事》卷六三、《唐才子传》卷九。《全唐诗》录其诗约 50 首，《才调集》选录其诗 4 首。《全唐文》录其文 5 篇。

高骈亦有数首七绝关涉艳情，如其为人称赏的《风筝》：

夜静弦声响碧空，宫商信任往来风。依稀似曲才堪听，又被移将别调中。

作品表面上为体物，实则似有隐喻艳情之意，而其通达世情，又不仅限于艳情，因而饶有趣味，实为艳体咏物佳作。

其七绝写艳情，多关涉边塞，盖与其戎马生涯有关，而偶存齐梁古意，如：

人世悲欢不可知,夫君初破黑山归。如今又献征南策,早晚催缝带号衣。(《闺怨》)

在征战的背景下写闺怨,继承了宫体诗的传统,同时又因作者对战争生活的真切感受而翻出新意。又如:

公子邀欢月满楼,双成揭调唱伊州。便从席上风沙起,直到阳关水尽头。(《赠歌者二首》其二)

将歌席、边塞题材的乐府名、征战生涯有机地结合在了一起,当为作者对人生的真切感受。又如其写《湘妃庙》《马嵬驿》,亦为晚唐齐梁体诗人关注的题材。

21. 胡曾

胡曾,长沙人,出身寒素,咸通中进士,尝困名场。曾为汉南从事,结交公卿,而藐视富贵。曾系统创作咏史诗,当为及第前的作品。尝为高骈书记。两《唐书》无传,事迹见《唐诗纪事》卷七一、《唐才子传》卷八。《全唐诗》录其诗 1 卷,实存 161 首,《才调集》选录其诗 9 首。存文 6 篇,其中 4 篇见于《全唐文》。

胡曾受齐梁诗风影响,主要体现为赋题与咏史两部分。

胡曾赋乐府旧题,均以七律体,如:

阿娇初失汉皇恩,旧赐罗衣亦罢薰。倚枕夜悲金屋雨,卷帘朝泣玉楼云。宫前叶落鸳鸯瓦,架上尘生翡翠裙。龙骑不巡时渐久,长门空掩绿苔纹。(《薄命妾》)

玉关一自有氛埃,年少从军竟未回。门外尘凝张乐榭,水边香灭按歌台。窗残夜月人何处,帘卷春风燕复来。万里寂寥音信绝,寸心争忍不成灰。(《独不见》)

自从车马出门朝,便入空房守寂寥。玉枕夜残鱼信绝,金钿秋尽

雁书遥。脸边楚雨临风落,头上春云向日销。芳草又衰还不至,碧天霜冷转无憀。(《车遥遥》)

其边塞题材的赋题之作则如:

交河冰薄日迟迟,汉将思家感别离。塞北草生苏武泣,陇西云起李陵悲。晓侵雉堞乌先觉,春入关山雁独知。何处疲兵心最苦,夕阳楼上笛声时。(《交河塞下曲》)

在晚唐后期,如此典型的赋题之作已不多见,而七律体的赋题之作更显得新鲜。此时,五律体的赋题已几乎绝迹,七律体几乎取代了五律体的赋题功能。

胡曾有咏史七绝一百五十首,颇为醒目,当为有意识的整体创作。其采用的史事以六朝为主,足见胡曾作为一位唐末诗人对六朝历史的关注。其中,略涉女色者则颇似义山咏史绝句,如:

陈国机权未可涯,如何后主恣娇奢。不知即入宫中井,犹自听吹玉树花。(《陈宫》)

魏武龙舆逐逝波,高台空按望陵歌。遏云声绝悲风起,翻向樽前泣翠娥。(《铜雀台》)

唯史识未见高明,只是关注前代人关注过的典故,得出人人都能想到的结论而已。这只能说明,以七绝咏史在晚唐已形成一种时尚,甚至一种固定的模式,值得胡曾等人去努力追随。

22. 杜荀鹤

杜荀鹤,字彦之,池州人,出身寒素,传为杜牧微子。生于会昌六年(846),累试不第,大顺二年(891)始为进士,天祐元年(904)为翰林学士,是年卒。两《唐书》无传,传见《旧五代史》卷二四、《十国春秋》卷一一,事迹另见《唐诗纪事》卷六五、《唐才子传》卷九。《全唐诗》录其诗 3 卷，约 330 首，《才调集》选录其诗 8 首。

杜荀鹤的创作被《唐才子传》描述为“苦吟”。事实上，杜荀鹤的作品也只能算是一般的晚唐体。杜荀鹤的五律取象幽冷似姚贾，但刻画着力则不及，其七律似韦庄体，时入疏野。

杜荀鹤的作品中几乎找不到模拟齐梁的痕迹，唯其名作《春宫怨》，无论是从格律、题材、用语、笔法上看，都是一首标准的齐梁格诗。其另一首名作《山中寡妇》与同时代人以七律写贫女的风气相呼应，为齐梁诗风之变。

此外，杜荀鹤的五绝《春闺怨》有南朝民歌神韵：

朝喜花艳春，暮悲花委尘。不悲花落早，悲妾似花身。

当系偶尔为之。

从杜荀鹤的创作整体来看，模拟齐梁之作少得可以忽略不计，但其仅有的齐梁格诗却是唐末少见的标致，故不能不被提及。

23. 钱珝

钱珝，字瑞文，钱起曾孙。广明元年（880）进士，尝为太常博士，昭宗时为中书舍人，光化三年（900）贬抚州司马。事迹见《新唐书》卷一七七《钱徽传》附、《唐诗纪事》卷六六、《唐才子传》卷九。《全唐诗》录其诗 1 卷，计 108 首，多为绝句，又珝诗多有混入钱起集中者，《才调集》选录珝诗 7 首。《全唐文》录其文 6 卷。

钱珝诗受晚唐齐梁诗风影响，主要体现于五首七绝，即写女色的《春恨三首》、咏物的《未展芭蕉》和咏史的《蜀国偶题》，均见于《才调集》，兹不赘述。

24. 崔涂

崔涂，字礼山。约生于大中四年（850），光启四年（888）进士。两《唐书》无传，事迹见《唐诗纪事》卷六一、《唐才子传》卷九。《全唐诗》录其诗 1 卷,约 100 首,《才调集》选录其诗 7 首。

崔涂的五律为典型晚唐体,温润而清雅。即使是适合用宫体笔法的题材,也有意不写成宫体的样子,如《残花》:

> 迟迟傍晚阴,昨夜色犹深。毕竟终须落,堪悲古与今。明年何处见,尽日此时心。蜂蝶无情极,残香更不寻。

虽写残花,通首却无一艳语,不作体物之笔,唯重思理,足见其对齐梁式的审美有所保留。崔涂又有七律、七绝体咏史诗,也不甚关涉艳情,与温李的作法不同。

尽管如此,崔涂的七律却偶见温李式的对句,如:

> 胡蝶梦中家万里,子规枝上月三更。(《春夕》)

精致的对仗,"胡蝶""子规"的组合,似能看出李商隐的影响。而声律之考究,又似许赵之体。又如:

> 苑路暗迷香辇绝,缭垣秋断草烟深。(《过绣岭宫》)

艳丽凄迷的景致,恰为温李一脉的格调。

由此可见,借助温李的七律,齐梁诗风影响到了并未直接接受齐梁诗风的晚唐诗人。

25. 崔道融

崔道融,郡望博陵。司空图诗友。出为永嘉宰。卒于天祐四年(907)。两《唐书》无传,事迹见于《十国春秋》卷九五、《唐才子传》卷九。《全唐诗》录其诗 1 卷,约 70 首。

《唐才子传》称其"工绝句"[①]。从现存作品来看,崔道融的律诗不多,几乎没有体现齐梁诗风的。但他的五七言绝句关涉艳情者却不少。崔道融尝以五言古绝模拟南朝乐府民歌,其略具民歌风神者如:

> 欲剪宜春字,春寒入剪刀。辽阳在何处,莫望寄征袍。(《春闺二首》其二)
>
> 澹澹长江水,悠悠远客情。落花相与恨,到地一无声。(《寄人二首》其二)

虽不免存有文人情怀,但大体不失风兴遗意,至如:

> 银缸照残梦,零泪沾粉臆。洞房犹自寒,何况关山北。(《拟乐府子夜四时歌四首》其四)

虽然作者自认为是模拟南朝民歌,但使用的意象是文人化、宫体诗式的,很难想象会出现在真正的民歌中。作者在模拟南朝民歌时,对民歌与宫体诗的风格实际是不加区分的。崔道融又多以五绝形式吟咏与女色有关的史事,如《铜雀妓二首》《西施滩》《汉宫词》《班婕妤》《长门怨》等,皆为晚唐齐梁诗风常用故事。

崔道融的七绝关涉史事者更多,关涉杨妃者即有《銮驾东回》《马嵬》《羯鼓》等,此外还有《西施》《楚怀王》《长门怨》等,与温李关注对象基本一致。与温庭筠一样,崔道融亦有七绝体的《杨柳枝词》,但仅传一首。

在晚唐末期,诗体间的界线趋于模糊,宫体五律的创作日趋萎缩,七律越来越多地承担起了宫体五律的功能,而律绝与四韵律诗的功能亦趋于同化。因此,在这一阶段,越来越难见到典型的宫体诗,但晚唐齐梁诗风对绝句创作的影响仍不可忽视。

---

① 《唐才子传笺证》,第1991页。

26. 高蟾

高蟾，出身寒素。郑谷友，累举不第，乾符三年(876)进士，官至御史中丞。两《唐书》无传，事迹见于《唐诗纪事》卷六一、《唐才子传》卷九。《全唐诗》录其诗约 40 首，《才调集》选录其诗 2 首。

高蟾所受齐梁诗风的影响，主要体现在其七言绝句的香艳色泽上，如其代表作《下第后上永崇高侍郎》：

> 天上碧桃和露种，日边红杏倚云栽。芙蓉生在秋江上，不向东风怨未开。

以花卉自比，虽承“美人香草”遗意，仍不免显得过于阴柔，这与其一贯的创作习惯是分不开的。高蟾平时亦有以七绝写艳情者，如：

> 一叶落时空下泪，三春归尽复何情。无人共得东风语，半日尊前计不成。(《落花》)

风格柔媚。又如：

> 霞衣重叠红蝉暖，云髻葱笼紫凤寒。天上少年分散后，一条烟水若为看。(《偶作二首》其二)

有宫体遗意。高蟾亦多以七绝咏史，关注的史事与温李相似，造语兴象则有宫体风味，如：

> 何事金舆不再游，翠鬟丹脸岂胜愁。重门深锁禁钟后，月满骊山宫树秋。(《华清宫》)
>
> 天上梦魂何杳杳，日宫消息太沉沉。君恩不似黄金井，一处团圆万丈深。(《长信宫二首》其一)

天上凤凰休寄梦，人间鹦鹉旧堪悲。平生心绪无人识，一只金梭万丈丝。(《长信宫二首》其二)

其五绝又有咏楚襄王者，亦属温李关心的话题：

叠浪与云急，翠兰和意香。风流化为雨，日暮下巫阳。(《楚思》)

类似地，其七律有咏长门怨者：

天上何劳万古春，君前谁是百年人。魂销尚愧金炉烬，思起犹惭玉辇尘。烟翠薄情攀不得，星茫浮艳采无因。可怜明镜来相向，何似恩光朝夕新。(《长门怨》)

略似义山七律。可见高蟾虽未刻意模拟齐梁，却也受到齐梁诗风影响。

27. 张乔

张乔，字伯迁，池州人。大顺中进士，后未得显宦。两《唐书》无传，事迹见《唐诗纪事》卷七〇、《唐才子传》卷一〇。《全唐诗》录其诗 2 卷，约 170 首，《才调集》选录其诗 4 首。《全唐文》录其文 1 篇。

《唐才子传》称张乔“诗句清雅”①。事实上，张乔的作品风格不甚显著，佳句不多，五律近于晚唐体，七律类似许赵体，盖即《唐才子传》所言“清雅”。张乔作品中绝少见到模拟齐梁的痕迹，但其见于《才调集》的歌行《杨花落》，却颇有齐梁歌行遗韵：

北斗南回春物老，红英落尽绿尚早。韶风澹荡无所依，偏惜垂杨作春好。此时可怜杨柳花，萦盈艳曳满人家。人家女儿出罗幕，净扫玉除看花落。宝环纤手捧更飞，翠羽轻裙承不著。历历瑶琴舞袖陈，

① 《唐才子传笺证》，第 2197 页。

飞红拂黛怜玉人。东园桃李芳已歇，犹有杨花娇暮春。

作品本身可备晚唐后期齐梁诗风之一体。

这27位诗人并不以艳体著称，却同样受到齐梁诗风的影响，是晚唐齐梁诗风的边缘诗人。比起其主体风格，他们受到齐梁诗风影响的一面较少被提到。但应该看到，这些诗人同样有典型的齐梁式创作，由此可见齐梁诗风在晚唐泽被之广。这些诗人的主体风格多为白体、姚贾体等晚唐齐梁诗风的共生风格，他们与温李等典型诗人的区别，或许可以视为齐梁体与其共生诗体相对比例的区别。他们是晚唐齐梁诗风的边界，与典型诗人一起构成晚唐齐梁诗风的完整图景。他们的存在，也提示着晚唐齐梁诗风与白体、姚贾体的密切关系。

另外还有一些诗人传世作品较少，我们已难以判断其创作的全貌，但其仅有的传世作品也透露出齐梁诗风的痕迹，且具有一定影响。现将这些诗人及其相关作品列举于下：

1. 纪唐夫

纪唐夫，生平不详，进士。咸通七年（866），温庭筠贬方城尉，纪唐夫以诗送之。有《骢马曲》一首，以七律赋乐府旧题。此题为晚唐齐梁体创作者所喜，作者甚多。

纪唐夫诗今传仅3首，不足判断其风格。现存五律近于晚唐体，另一首七律为送温庭筠而作，略近温李华丽诗风。

2. 温庭皓

温庭筠之弟，在襄阳时曾与温庭筠、韦蟾唱和，所作为宫体排律。又有《梅》诗，亦属宫体排律。其所有传世之作均见于《唐诗纪事》卷五八。咸通中任徐州从事，见杀。事迹见《旧唐书》卷一九〇下《文苑传》下《温庭筠传》后。

3. 韦蟾

韦蟾，字隐珪，下杜人，大中七年（853）登进士第，初为徐商掌书记，终尚书左丞。事迹见《唐诗纪事》卷五八。尝与温庭皓唱和上元诗、梅诗等。

在晚唐前期,这样的诗人往往与晚唐齐梁诗风的典型诗人存在密切的交往,他们的创作直接受到典型诗人的影响,他们的诗名也是因为与典型诗人交往才得以流传。

4. 孙棨

孙棨,崔珏、赵光远同游者,事迹见《唐诗纪事》卷六五。又据郑谷诗,孙棨尝任职于御史台。

孙棨存诗仅6首,其中七律1首,七绝5首,均为与北里妓人调笑之作。其七律体写女色,趣味直承齐梁宫体诗:

> 彩翠仙衣红玉肤,轻盈年在破瓜初。霞杯醉劝刘郎赌,云髻慵邀阿母梳。不怕寒侵缘带宝,每忧风举倩持裾。谩图西子晨妆样,西子元来未得如。(《赠妓人王福娘》)

七绝则近似宫词,如:

> 移壁回窗费几朝,指镮偷解博红椒。无端斗草输邻女,更被拈将玉步摇。(《题妓王福娘墙》)

孙棨的作品与流连北里的生活密切相关,谈不上什么文学成就,但可以说,其用词、篇制是从齐梁宫体诗和中晚唐的艳诗创作惯例中获得灵感的。由此也可证明晚唐齐梁诗风与狭斜之游的相关性。

5. 赵光远

赵光远,华州刺史隲之子。不第而没,光化三年(900),经韦庄上书,与李贺等人同被追授为进士。主要活动于咸通、乾符年间,生活奢华,恃才傲物,与孙棨、崔珏、卢弼等人同游。著有《北里志》。《唐才子传》称其

“辞意多裙裾妖艳之态”①。两《唐书》无传,事迹见于《唐摭言》卷十、《唐才子传》卷九。《全唐诗》仅录其七律3首。其中《咏手二首》为当时齐梁体诗人常用题目,较有典型意义,另一首为狭邪之作。赵光远的存在亦证明了晚唐齐梁诗风与狭邪之游的相关性。

6. 翁绶

翁绶,咸通六年(865)进士。两《唐书》无传,事迹见于《唐诗纪事》卷六六、《唐才子传》卷八。

《唐才子传》对其评价不高,曰:

> 工诗,多近体,变古乐府,音韵虽响,风骨憔悴,真晚唐之移习也。后亦间关,名不甚显。固知“闾巷之人,欲砥行立名者,非附青云之士,恶能施于后世哉”!②

《全唐诗》录其诗8首,均为七律。其中2首为咏物,6首为“近体变古乐府”,即以近体赋写乐府古题。以“时体”赋乐府旧题,本是齐梁诗歌的典型形式,也为初唐所继承。在中唐的相对沉寂后,赋题在晚唐又有复兴的趋势,其所依托的新体变成了七律。很多诗人都在进行着以近体甚至七律赋写乐府旧题的尝试,翁绶是其中最典型的,但绝不是孤立的。《唐才子传》将近体拟乐府目为“风骨憔悴”,进而归为晚唐一个时代的“移习”,甚至意欲归在翁绶一人身上,这种看法缺乏对近体拟乐府发展的整体把握。这6首近体拟乐府,连同2首咏物诗,都可看作对齐梁的学习。而其存诗全部以七律这样的“时体”来学习齐梁,可算是翁绶的特点,同时也反映了晚唐齐梁诗风在形式上的发展趋势。

7. 王涣

王涣,字文吉,出身太原王氏,父为高官。王涣生于大中十三年

---

① 《唐才子传笺证》,第2049页。

② 同上书,第1896页。

(859),大顺二年(891)进士,天复元年(901)任吏部员外郎,是年卒。两《唐书》无传,事迹见《唐诗纪事》卷六六、《唐才子传》卷一〇。《全唐诗》录其诗14首,《才调集》选录其诗13首。

《唐才子传》称王涣诗"情极婉丽。常为《惆怅诗》十三首,悉古佳人才子深怀感怨者"[1]。《惆怅诗》实为十二首,为《才调集》所录王涣诗之主体,题材是关涉女色的咏史诗,与温李以来很多七绝的作法相同。兹录两首:

谢家池馆花笼月,萧寺房廊竹飐风。夜半酒醒凭槛立,所思多在别离中。

青丝一绺堕云鬟,金剪刀鸣不忍看。持谢君王寄幽怨,可能从此住人间。

除《惆怅诗》外,《才调集》又录王涣《悼亡》七律一首:

春来得病夏来加,深掩妆窗卧碧纱。为怯暗藏秦女扇,怕惊愁度阿香车。腰肢暗想风欺柳,粉态难忘露洗花。今日青门葬君处,乱蝉衰草夕阳斜。

与温李同类作品风格类似。

在《才调集》所录以外,《全唐诗》又录其七律《上裴侍郎》一首:

青衿七十榜三年,建礼含香次第迁。珠彩下连星错落,桂花曾对月婵娟。玉经磨琢多成器,剑拔沉埋更倚天。应念衔恩最深者,春来为寿拜尊前。

---

① 《唐才子传笺证》,第2179页。

用语亦有齐梁骈文色彩，不能排除李商隐七律的影响。

王涣的传世作品虽然不多，但每首都体现出齐梁诗风的影响，也表现出晚唐齐梁诗风后期的特点。可以推测，王涣在晚唐后期，算得上是一位着力追随齐梁诗风的诗人。

8. 吴商浩

生平不详。《全唐诗》录其诗 9 首。其诗偶有工丽之句，可见晚唐齐梁诗风影响，如：

> 花对玉钩帘外发，歌飘尘土路边闻。(《长安春赠友人》)
> 露华凝夜渚莲尽，月彩满轮山驿孤。(《宿山驿》)
> 西风一夜秋塘晓，零落几多红藕花。(《秋塘晓望》)

9. 吉师老

生平不详。《全唐诗》录其诗 4 首。其中《看蜀女转昭君变》以七律体写女色：

> 妖姬未著石榴裙，自道家连锦水濆。檀口解知千载事，清词堪叹九秋文。翠眉颦处楚边月，画卷开时塞外云。说尽绮罗当日恨，昭君传意向文君。

对女色的猎奇心态、属对之唯美精致，存宫体遗意。

10. 严郾

生平不详。《全唐诗》仅存其诗 2 首，均为咏物七律。其中，《望夫石》为宫体咏物诗喜爱的题材，名为咏物，实为体写女色：

> 何代提戈去不还，独留形影白云间。肌肤销尽雪霜色，罗绮点成苔藓斑。江燕不能传远信，野花空解妒愁颜。近来岂少征人妇，笑采蘼芜上北山。

另一首《赋百舌鸟》亦属七律体咏物诗。严郾的作品是晚唐七律替代宫体诗咏物功能的又一例证。

11. 沈祖仙

生平不详，仅传诗1首，曰《秋闺》：

> 白马三军客，青娥十载思。玉庭霜落夜，罗幌月明时。炉冷蜘蛛喜，灯高熠耀期。愁多不可曙，流涕坐空帏。

为标准宫体五律，颈联略见晚唐刻尽之处。

12. 吴大江

生平不详，仅传诗1首，曰《捣衣》：

> 沙塞秋应晚，金闺恨已空。那堪裂纨素，时许出房栊。杵影弄寒月，砧声调夜风。裁缝双泪尽，万里寄云中。

为标准宫体五律。

13. 王训

生平不详，仅传诗1首，曰《独不见》；

> 日晚宜春暮，风软上林朝。对酒近初节，开楼荡夜谣。石桥通小涧，竹路上青霄。持底谁见许，长愁成细腰。

《独不见》为乐府旧题，齐梁人喜以新体赋之。此诗为五律赋题，从齐梁旧制。然其文字较为清新流丽，已非典型齐梁风格。

这13位诗人当然远非同类诗人的全体，但从他们身上已足以看出晚唐的非一流诗人受到齐梁诗风影响的概况。这些零星的诗作同样给后世读者留下了深刻印象，是后世读者感受晚唐齐梁诗风时不可或缺的一部分。可以说,在普通的晚唐诗人中,齐梁诗风的影响也是相当广泛的。

第三节　晚唐齐梁诗风大事年表及诗人聚类

在明确了哪些诗人在晚唐齐梁诗风中发挥过较为重要的作用后,有必要对这些诗人人生的重要事件进行整合,从而梳理出与晚唐齐梁诗风相关的时间次序,以便我们更好地考察晚唐齐梁诗风的流变。

傅璇琮先生主编的《唐五代文学编年史》已梳理了唐代重要文学事件的时间线索,其中,《晚唐卷》[①]针对本书研究的时间范围,是本书研究的重要参考,而一些诗人的生卒年则涉及《中唐卷》[②]和《五代卷》[③]。不过,对于"齐梁诗风"的专题研究,这样的编年显得过于宏大,其中与"齐梁诗风"直接相关的信息只占很小的部分,而一些与"齐梁诗风"有关的事件又因过于细小而没有得到关注。

因此,笔者从《唐五代文学编年史》中撷取了与晚唐齐梁诗风相关的内容,构成下列大事编年的主体,又根据新旧《唐书》《唐才子传》《唐诗纪事》等文献补入了一些有关资料,以构建相对详细的晚唐齐梁诗风大事年表。凡笔者所补内容,均标明"补充"字样,系于其年之末,除此以外,均属编录《唐五代文学编年史》的已有成果。

晚唐齐梁诗风大事编年

贞元(785—805)

十一年(795)

补充:许浑生。

十六年(800)

温庭筠生。

---

① 吴在庆、傅璇琮:《唐五代文学编年史・晚唐卷》,沈阳:辽海出版社,1998年。

② 陶敏、李一飞、傅璇琮:《唐五代文学编年史・中唐卷》,沈阳:辽海出版社,1998年。

③ 贾晋华、傅璇琮:《唐五代文学编年史・五代卷》,沈阳:辽海出版社,1998年。

李贺12岁。元稹作《会真诗》。

十八年(802)

补充:项斯生。曹唐约生于本年前后。

十九年(803)

杜牧生。

白居易、元稹同授秘书省校书郎。

二十年(804)

补充:陈陶生。

元和(806—820)

元年(806)

薛逢生。

补充:赵嘏生。

八年(813)

李商隐生。

补充:李群玉生于元和六年至八年间。

十年(815)

元稹、白居易唱和"新艳小律"。韩愈多作近体律绝,诗风一变。

十二年(817)

补充:薛能生。

长庆(821—824)

四年(824)

韩愈卒。

韩琮及第。

大和(827—835)

补充:曹唐及第,此前为道士。

元年(827)

张籍、王建、令狐楚62岁。白居易、刘禹锡、李绅56岁。元稹和白居易诗,题为《因继集》。

许浑 33 岁，卜居乐游原。

杜牧 25 岁，在同州。

赵嘏 22 岁，客越州。

李商隐 16 岁，以古文出诸公间。

二年(828)

刘禹锡游长安玄都观，又与白居易、张籍等人游曲江。姚合 50 岁，任殿中侍御史。令狐楚由宣武军节度入为户部尚书。

李德裕 42 岁，在浙西观察使任。

张祜 37 岁。

杜牧及第，授弘文馆校书郎，李远有诗赠之。

马戴在长安，与贾岛夜集姚合宅。李廓自姚合宅归鄠县。

三年(829)

令狐楚改任东郡留守。李德裕入朝为兵部侍郎，又出为义成节度使。元稹在浙东观察使任，多与诗人、道士、歌女游。

陈陶游泉州、漳州。曹唐在长安，时已入幕府，非道士身份。

李商隐学今体文。

四年(830)

牛僧孺入相。杜牧在江西沈传师幕，后随之入京，有诗歌颂牛僧孺。李德裕受到排挤，入蜀。

五年(831)

元稹卒。

牛僧孺为相，处置吐蕃维州事。

赵嘏尝与沈传师游。杜牧仍在沈传师幕，为李贺集作序。

薛逢 26 岁，家长安。

陈陶在蜀中。

补充：李远及第。

六年(832)

薛涛卒。

牛僧孺上表请罢相。

许浑及第。李远在长安,赴杏园会。马戴、赵嘏落第。

李商隐落第,仍依令狐楚。

杜牧在沈传师幕,有诗赠张好好。

温庭筠32岁,有诗送渤海王子归国,乃其可考作年之最早者。

是年许浑38岁,杜牧30岁,赵嘏27岁,李商隐21岁。

七年(833)

王茂元出为岭南节度使。李宗闵罢相,李德裕入相。朝廷批评浮华文风,欲务实抑华,并令进士停试诗赋。十月,李宗闵为中书侍郎、同平章事,李德裕罢相。礼部奏请恢复进士试诗赋,从之。

补充:罗隐生。

八年(834)

李德裕奏请罢进士名单先呈宰相以定取舍之旧例。

马戴、李商隐下第。李商隐在崔戎幕。

杜牧在淮南牛僧孺幕。

李频21岁。

补充:皮日休生。

九年(835)

九月发生"甘露之变"。

杜牧入京任监察御史。赵嘏在长安,其"长笛一声人倚楼"句获杜牧称赏。

开成(836—840)

元年(836)

补充:韦庄、司空图生。

二年(837)

令狐楚卒。

李商隐26岁,登进士第。

李群玉约25岁,自湖南东游,后赴举,不第。

杜牧在扬州。

补充：文宗下诏，令省试诗“依齐梁体格”。温庭筠从庄恪太子游。

三年(838)

文宗欲置“诗学士”。李珏上疏批评“元和体”。

许浑44岁，在当涂县尉任。

刘沧39岁。

赵嘏33岁，在宣州代一女子赠诗杜牧。

四年(839)

刘禹锡和白居易齐梁体八韵诗。

杜牧在京任左补阙。

李商隐释褐为秘书省校书郎，随后调任弘农尉。

姚合以女妻李频。

五年(840)

段成式38岁，在秘书省著作郎任。时李商隐29岁，温庭筠40岁。

李郢约20岁，在长安。

补充：开成五年至会昌三年间，韩琮于王茂元幕充判官。本年喻凫及第。

会昌(841—846)

元年(841)

武宗崇信道教。

许浑47岁，移太平令。

薛逢36岁，及第。

李商隐30岁，在华州依周墀。

二年(842)

回鹘犯边，牛僧孺主张消极应付，李德裕主张积极备战，武宗从德裕计。

白居易致仕。

刘禹锡卒，白居易、温庭筠有诗哭吊。

杜牧 40 岁,在黄州刺史任。

李商隐在王茂元幕,以书判拔萃,入为秘书省正字。

补充:韩偓出生。

三年(843)

王茂元卒。

温庭筠 43 岁,多作乐府谣曲。

四年(844)

牛僧孺贬为汀州刺史,李宗闵为漳州长史。杜牧上书李德裕,论回鹘之事,为德裕称赏。

项斯 43 岁,赵嘏 39 岁,及第。

李频 31 岁,下第。

李商隐移家永乐县闲居。

补充:马戴亦于本年及第。

五年(845)

陈陶在江西,有诗赠周墀。

六年(846)

白居易、李绅卒。

温庭筠 46 岁,有《觱篥歌》叙李德裕事。

李群玉 34 岁,游寓长沙。

薛能 30 岁,及第。

补充:杜荀鹤生。

大中(847—859)

补充:崔珏及第。于武陵及第。赵光远活动于大中、咸通年间。

元年(847)

武宗崩,德裕失势,贬潮州司马。郑亚坐李党,出为桂州刺史,李商隐从之。李商隐为郑亚起草《李德裕文集序》。

赵嘏谒见李珏。

温庭筠下第,李商隐弟羲叟及第,商隐有《献侍郎钜鹿公启》。

段成式 45 岁,在吉州刺史任。

二年(848)

牛僧孺本年冬卒。

罗邺约 20 岁,以文学称。

三年(849)

吐蕃内乱,唐收复河湟三州七关。

李德裕卒于崖州贬所。

许浑 55 岁,在京任监察御史,后以疾辞官。

杜牧 47 岁,在京任司勋员外郎、史馆修撰。李商隐亦在京,有诗赠之。

杜牧以所注《孙武十三篇》呈献宰相周墀。

薛逢 44 岁,擢万年尉。李商隐入卢弘止幕,薛逢有诗送行。

马戴贬龙阳尉。

四年(850)

于武陵举进士不第。

许浑 56 岁,自编诗集。

李商隐奉使进京,与李郢相遇于汴州。

赵嘏 45 岁,在渭南尉任。

补充:崔涂生。

五年(851)

李远为岳州刺史,杜牧、温庭筠有诗寄之。

李商隐 40 岁,妻王氏卒,后补太学博士,又赴东川幕。

罗隐 19 岁,谒见淮南节度使李珏。

补充:韩琮为户部郎中。郑谷生。

六年(852)

许浑在睦州刺史任。

杜牧任中书舍人,是年卒于任上。薛能 36 岁,有诗投杜牧。

七年(853)

李商隐编定《樊南乙集》。
八年(854)
张祜卒。
韩琮在中书舍人任。
刘沧 55 岁,李频 41 岁,及第。
李群玉因令狐绹自荐,授弘文馆校书郎。
九年(855)
姚合最迟卒于本年。
温庭筠搅扰场屋,次年贬随县尉。
马戴卒于国子博士任上。
十年(856)
李商隐 45 岁,还长安,任盐铁推官。
李郢及第。
补充:许浑尚在。
十一年(857)
薛逢 52 岁,任弘文馆学士。
薛能任太原从事。
郑谷 7 岁,题诗岳阳楼。
十二年(858)
段成式 56 岁,在襄阳徐商幕,与温庭皓、韦蟾唱和。
李商隐 47 岁,卒。崔珏有诗哭之。
韩琮于湖南观察使任坐军乱见逐。
补充:令狐绹被黜,李群玉归湘中。
十三年(859)
罗隐 27 岁,初次应试,开始了十年不第的应试生涯。
段成式、温庭筠等人诗文往还,作《汉上题襟集》。
陆龟蒙与豆卢瑑交游。
补充:王涣生。

咸通(860—873)

元年(860)

薛逢赴西川,入杜悰幕,任成都少尹。

薛能入朝为侍御史。

段成式在江州刺史任,赠温庭筠笺纸。

高骈40岁,为经略使。

三年(862)

薛逢任嘉州刺史。

李群玉卒,享年50岁。

四年(863)

曹唐在京。

皮日休30岁,隐居鹿门山。

温庭筠子温宪22岁。

段成式任太常少卿,卒官,享年61岁。

五年(864)

李山甫累举不第。

杜荀鹤19岁,入京觅仕。

温庭筠贬方城尉。

六年(865)

翁绶及第。

李洞拟入京赴试,失期。

刘沧卒。

七年(866)

温庭筠66岁,在京任国子助教,鱼玄机27岁,有诗赠之。是年温卒。

曹唐卒。

皮日休33岁,司空图30岁,落第。皮日休撰《文薮序》。

八年(867)

韩琮任右散骑常侍。

皮日休及第。

韩偓26岁,已离家游历江南多年。

九年(868)

罗隐36岁,落第东归。罗虬应试,为刘允章斥落。

十年(869)

司空图及第。

温庭皓为庞勋所杀。

吴融、唐彦谦有感怀战乱诗。

陆龟蒙赴试,途中闻停贡举诏。

十一年(870)

皮日休、陆龟蒙开始在苏州唱和往来。

罗隐在衡阳主簿任。

十二年(871)

唐彦谦、郑谷落第。

皮陆作杂体诗。

十三年(872)

李频59岁,迁侍御史。

罗邺48岁,罗隐40岁。

十四年(873)

薛逢68岁,于本年前后卒于秘书监任上。

秦韬玉屡遭斥落,高蟾及第。

乾符(874—879)

元年(874)

南诏入侵,王仙芝起事。

陈陶卒。杜荀鹤有诗悼之。

吴融与太常博士皮日休往还。

补充:唐彦谦约于此前后及第。

三年(876)

李频卒于建州刺史任。郑谷有诗悼之。
胡曾为高骈从事。
赵光远、孙棨仍恣游北里。
四年(877)
李山甫、罗隐同在长安。
五年(878)
罗隐46岁,再次落第。
广明(880)
元年(880)
黄巢攻陷洛阳、长安。
钱珝及第。
司空图44岁,任礼部郎中。
韩偓39岁,离京流徙,早年歌诗多散失于战乱。
罗虬杀红儿。
皮日休47岁,为黄巢大齐朝翰林学士,见杀。
唐彦谦避乱鹿门山。
中和(881—884)
元年(881)
薛能65岁,尚存。
唐彦谦为王重荣辟为河中从事,此时已入老年。
陆龟蒙卒。
二年(882)
崔涂落第。
唐彦谦任晋州刺史。
李山甫客游太原,颇不得志,为诗托讽。
补充:秦韬玉得准敕及第。
三年(883)
黄巢败弃长安,朱全忠任宣武节度使。

韦庄48岁,作《秦妇吟》。

四年(884)

黄巢兵败身死。

秦韬玉在成都。

孙棨追怀长安,著《北里志》。

光启(885—887)

元年(885)

僖宗自成都还至凤翔。

司空图49岁,迁中书舍人。

秦韬玉随僖宗还京。

三年(887)

高骈被杀。

李山甫为魏博判官。

郑谷及第。

罗隐55岁,为钱镠从事。

唐彦谦贬为兴元参军。

文德(888)

元年(888)

崔涂39岁,及第。

罗隐任钱塘县令。

龙纪(889)

元年(889)

温宪、吴融、韩偓及第。

温宪及第后复为山南从事,卒任。

吴融离京,随韦昭度赴蜀。

补充:唐彦谦尚在阆州司马任。

大顺(890—891)

元年(890)

韩偓 49 岁,入朝为右拾遗。

二年(891)

王建授西川节度使。

杜荀鹤 46 岁,王涣 33 岁,及第。李洞落第。

补充:吴融于本年还京。

景福(892—893)

元年(892)

郑谷任鄠县尉,摄京兆府参军。

唐彦谦在壁州刺史任,后卒官。

二年(893)

罗隐 61 岁,为钱镠镇海军掌书记。

乾宁(894—897)

元年(894)

郑谷任都官郎中,有诗名。

韦庄、徐夤及第。韦庄 59 岁,为作《喜迁莺》。徐夤已早有诗名。

二年(895)

吴融贬官荆南。

三年(896)

钱珝任中书舍人。高蟾任御史中丞。

吴融自贬所还京,为翰林学士。

韩偓 55 岁,为刑部员外郎。

四年(897)

李洞尚存,寻卒。

韩偓贬官,为凤翔节度掌书记。

吴融在禁中与诸学士赋雪诗。

光化(898—900)

元年(898)

王涣 40 岁,为考功员外郎。

三年(900)

徐夤入朱全忠幕。

韩偓59岁,任翰林学士。

钱珝贬抚州司马。

韦庄65岁,任左补阙,编《又玄集》成。上书,请求追授李贺、温庭筠、罗隐、赵光远等人为进士。

罗隐68岁,在镇海军节度判官任。

天复(901—903)

元年(901)

韦庄66岁,应王建辟入蜀为掌书记。

吴融、韩偓等人在翰林院唱和无题诗。

韩偓为翰林承旨。吴融离京。

王涣卒。

二年(902)

朱全忠围攻凤翔行朝,韩偓与昭宗共困于城中。

韦庄筑浣花室。

三年(903)

韩偓随驾还京。吴融迁翰林承旨。

韦庄《浣花集》编成。

天祐(904—906)

元年(904)

杜荀鹤59岁,以主客员外郎、知制诰充翰林学士,卒。

二年(905)

吴融卒。

三年(906)

韩偓65岁,入闽。

(后梁)开平(907—910)

元年(907)

后梁立国。钱镠封吴越王。罗隐 75 岁，为吴越镇海节度判官、司勋郎中。

崔道融卒，徐夤有诗祭之。韩偓、徐夤在闽。

王建即帝位。韦庄仕王建，为安抚副使、掌书记。张泌亦仕王建。

二年(908)

补充：司空图闻哀帝遇弑，哀痛而卒。

三年(909)

郑谷 59 岁，卒。

罗隐 77 岁，卒。

四年(910)

韦庄 75 岁，为蜀吏部侍郎、同平章事，卒。

(后梁)乾化(911—914)

二年(912)

韩偓 71 岁，作《闺恨》。

四年(914)

补充：韩偓 73 岁，卒于闽。

(后梁)贞明(915—920)

元年(915)

徐夤卒于闽。

由此，可以对晚唐齐梁诗风流变的三个阶段做出大致的描述：

第一个阶段为温李时代，即晚唐前期。这个时代的诗人大多与温庭筠年龄相仿，其中较为典型者，除温庭筠、李商隐外，还包括段成式、曹唐等，被齐梁诗风波及的包括马戴、项斯、陈陶、杜牧、薛逢、赵嘏等，还包括年辈高于温庭筠的许浑、韩琮等。事实上，李商隐的年辈远远低于这些诗人，但因为他在很年轻时便已出现在诗坛上，又在温庭筠等人尚在世时便英年早逝，其创作风格也体现出与温庭筠等人更相近的特点，故仍可视为温庭筠等人的同代诗人。而许浑、韩琮等人年辈虽高，却因及第较晚，几乎是与温庭筠等人同时出现在诗坛上，寿命又较长，在相当晚的时候仍然在世，故亦视为温庭筠的同代诗人，而不视为元和诗人。

这批诗人生于贞元年间或元和初年，在成长过程中目睹了元和诗人日新月异的创作竞赛。以“广大教化主”白居易为代表的白体是他们诗学的母体，同时，韩孟诗派的怪奇，特别是兼具怪奇与艳丽的李贺歌行，在他们的诗学生命中也留下了深深的烙印。当他们开始创作时，韩孟体的代表人物已相继去世，而白体的主要人物都还活跃于诗坛。正如宇文所安先生指出的，这些“老人”“一般不在乎年轻诗人的新方向”，对年轻诗人造成了巨大的压力，使得年轻人产生了“反抗这种风格”的动机。[①] 对温李这一代年轻人来说，“老人”包括白居易、元稹、刘禹锡、张籍、王建、张祜、令狐楚、李绅、贾岛、姚合等，这些“老人”数量众多，位高权重，诗学声望极高，诗学主张强势，无论是自然寿命还是文学生命都显得极为漫长，在李商隐及第后的数年，他们大多还有创作，与温李一代诗人有不少交往的记录，他们对温李等人形成的压力是可想而知的。直到会昌六年(846)，随着白居易、李绅的去世，“老人”的时代才告终结，此时，温李等人已步入中年，并面临着古体风尚复兴的挑战，李群玉等人的创作已经成熟，而第三代诗人韩偓、杜荀鹤等人也已出生。

这批诗人大多在大和、开成、会昌年间及第或得官，其中，开成二年(837)李商隐及第，可以算是标志性的事件。在这代人为功名而奋斗的时候，正值牛李党激烈较量并直接影响科举录取制度之时。在此期间，朝廷先是批评浮华文风，甚至一度试图停试进士诗赋，但计划很快便告破产；其后又终于决定诗依齐梁体格，并批评元和体。这一代士子前半生的命运沉浮和诗学观念的形成，当与此密切相关。

会昌、大中年间是这批诗人的主要活动时间。此时，影响了这批诗人诗学生命的白体诗人，和影响了这批诗人政治生命的牛李党魁，都已经相继凋零。这批诗人都已步入中年，生活日趋稳定，而前途的不确定性已经很

---

① 《晚唐——九世纪中叶的中国诗歌(827—860)》，第41页。

小。此时,他们与李党中人的接触增多,崇尚古文的风气又在悄然兴起。与此同时,第二批诗人正在步入诗坛,第三批诗人绝大多数已经出生。

这批诗人中,较早去世的李商隐于大中末期去世,而温庭筠、陈陶等较为长寿的诗人,多在咸通末年和乾符年间,亦即第三批诗人活跃的时候去世。这批诗人未有活到唐朝灭亡者。

这批诗人生活的时代,社会没有大的动荡。尽管朝廷一直在选用何种人才的问题上摇摆,但士人的处境总体来说不错,有才华的士人可以较早过上安定和相对尊荣的生活。韩琮、李商隐进士及第较早,段成式亦较早得官,官终太常少卿,温庭筠、陈陶不乐仕进,亦能以才名著称。

在晚唐齐梁创作者中,这批诗人最着力于创作齐梁体诗歌,数量较多,质量最好,在晚唐齐梁体创作中具有典范性的地位。其中最重要的温庭筠、李商隐、段成式三位诗人的创作被并称为"三十六体",而这三位诗人的共同风格恰恰是模拟齐梁而来。这批诗人对齐梁的学习兼顾题材与形式。在题材和技巧方面,主要体现为剪裁齐梁史料,学习齐梁辞藻,在女性、爱情题材方面有所开拓,并能吸收齐梁笔法的精华,进行工丽细致的赋写。而在学习齐梁诗歌形式方面,既有所借鉴,亦未特别拘泥,在学习齐梁的同时广泛吸收唐代诗歌的成果,形成了独特的七律风格。和齐梁的宫体诗创作者以及后来的齐梁体创作者相比,这批诗人并不满足于客观的描摹,相对比较重视兴寄,重视对人物在爱情中心理的体写,因而显得较有风骨,能够引发后世读者对其言外之意的无限遐想。

值得注意的是,这一群体中的曹唐、陈陶和李商隐都有过修习仙道的经历,这一群体的每一位诗人也几乎都涉及过仙道题材。这似乎表明,在晚唐齐梁体形成的过程中,仙道信仰起到了很大的作用。晚唐齐梁体创作者用华丽的语言描摹女性形象,最初与仙道题材有着密切的关系。丰富的仙道传说,刺激了晚唐诗人赋写不同情境的热情,从而唤醒了沉睡已久的齐梁赋题传统。这一点在曹唐的创作中表现得尤为明显。

另外,相对而言,这个时期的边缘诗人创作质量较好,较多明显从形式上模拟齐梁的实验。

第二个阶段为过渡时代，以李群玉为代表，又包括于武陵、崔珏、赵光远、孙棨等人，以及受到晚唐齐梁诗风波及的李频、薛能、高骈、刘沧等人。这批诗人大多与李商隐年龄相仿，出生于元和、长庆年间，但出道时间晚于李商隐，寿命也长于李商隐，故实际活动时间比李商隐略晚。这批诗人大致于会昌、大中年间及第或得官。

在他们活动期间，白居易等"老人"已相继离世，牛李党争也近尾声。温李一代诗人在诗坛上已颇为引人注目，并逐渐进入创作晚期。第二批诗人与第一批诗人的唱和活动相对较多。而在第二批诗人创作的盛期，第一批诗人相继离世。

从人生经历上看，一方面，与温李等人相比，这批诗人在科举上似乎不那么顺利。其中虽然仍有崔珏等以科举进身者，但也有像李群玉这样未曾及第，因自荐授官者，甚至有像赵光远这样终身不第，身后方追授进士者。而另一方面，与皮陆、韩吴等人相比，这批诗人的经历又显得不那么坎坷，既未久困名场，更未遁迹山林，而是仍然维持着较为主流的京都生活。从时代背景上来看，这批诗人虽未赶上文宗在开成年间亲自命题倡导齐梁体的盛举，但也未及遭受黄巢之乱，未曾亲眼见证唐王朝的衰亡。从艺术特点上看，这批诗人的作品继承了温李齐梁体设色华艳、工于体物的作风，明显呈现出学习齐梁的意向。但与温李之作相比，他们的作品更轻兴寄，更重物象，有更多的歌席酬赠之作。从文体上看，这些诗人能更多地驾驭七律等文体，同时以客观而华艳的笔法体物、写情，亦即以唐人近体之形，传齐梁宫体之神，而在形式上更少依赖与齐梁体形制相近的五律和排律。从题材上看，这批诗人仍然关注仙道题材，但已远不像温李时代那样热衷于此。与温李时代和韩吴时代相比，这个时代都缺乏齐梁体创作的大家。且经历了唐末的战乱，这批诗人留下的作品较少，如名噪一时的赵光远仅存诗三首，这使得这批诗人在诗歌史上产生的影响比较有限。

这批诗人是过渡者，亦即难于归类的群体，与第一批和第三批诗人共同生活的记载都较多。这批诗人人数不多，人生经历相对不典型，经历的波折较少,引起的关注也相对较少。

第三个阶段为晚唐后期,包括五代早期。这个时代以唐彦谦、吴融、韩偓为代表,受齐梁诗风影响者众多,较为典型者还包括翁绶、秦韬玉、崔涂、钱珝、徐夤、王涣等。一般受齐梁诗风影响者则还有罗隐、罗虬、皮日休、陆龟蒙、韦庄、司空图、杜荀鹤、郑谷、李山甫、李洞、温宪等。

这批诗人出生于大和至大中年间,特别是开成、会昌年间,亦即第一批诗人成名之时,差不多与第一批诗人的子侄同龄(如韩偓即为李商隐外甥,温宪为温庭筠之子)。他们大多及第于咸通、乾符年间,即为所谓的"咸乾诗人",韩偓、韦庄等人则及第更晚。这批诗人大多活到了五代。

第三批诗人的时代已与白居易的时代相去甚远。对他们来说,晚唐齐梁诗风的前两批诗人反而成了"老人"。甚至于在他们成年以后,亲炙第一批诗人的机会也已不多。牛李党争对他们的影响已经微乎其微。比起温李那代诗人,他们受到政治权贵与文学权威的压制相对较少。

然而,与前两个群体相比,这个群体的诗人普遍经历比较坎坷。在他们的青年时代,唐王朝腐败衰落,士人越来越难以通过正常的科举获得进身之阶。他们大多久困名场,到不惑之年才得到进士头衔,比起温李等二十多岁就出身的前辈,他们求取功名的道路要坎坷许多。他们中的一部分人甚至放弃了科举之路,如皮陆就选择遁迹山林,和政治中心保持了一定的疏离。这批诗人人生的后期,农民战争、藩镇割据、唐朝灭亡是影响他们人生轨迹的主要政治事件,残酷的社会现实,大起大落的人生轨迹,不可避免地影响了这批诗人的思想和创作。

这批诗人的齐梁体诗作,在形式的丰富方面,超过了前两个阶段。一方面,他们的创作结构中仍然存在着五律等带有齐梁色彩的文体;另一方面,他们创作中的七言比例比前两个阶段的诗人都有增加,他们运用唐代新文体书写典型齐梁题材的技巧越来越熟练了。新旧文体的交汇也成为他们创作中的亮点。例如,他们以唐人擅长的七律吟咏齐梁人喜爱的女色、咏物等题材;他们写作齐梁式的三韵诗,却更强调声律、对仗,使之更接近近体诗的体制;他们以精于体物、设色华艳的五言排律模仿齐梁宫体诗的风格,却加入次韵、倒次元韵等中唐以后产生的典型的近体诗形式;他们继承了齐梁以新体赋写乐府旧题的传统,但其采用的“新体”并非齐梁人使用的齐梁体,而是标准的唐代近体。在几乎放弃了兴寄传统的同时,诗人对形式的兴趣仿佛受到了空前的刺激。

还应指出的是,这一阶段的诗人在创作齐梁体诗歌时基本放弃兴寄传统,并不意味着放弃缘情。他们的一些诗作,以齐梁体的体物热情,对人物的心理进行了细腻逼真的描写。这样的作品仍然具有一定的感染力,也体现了作者的匠心独运。

从题材上看,在这批诗人的齐梁体作品中,仙道题材已基本绝迹,只有少量咏史诗偶一闪现,带有温李式的浪漫色彩。而更多的作品则着力于描绘现实中的女性。这也成为这一阶段齐梁体创作的一大特点。

此外,皮陆的创作在这批诗人中显得比较特殊。从表面上看,皮陆和多数晚唐齐梁体创作者一样,既模拟齐梁的形式,也模拟齐梁的题材。但在皮陆的创作中,对形式的模拟与对题材的模拟几乎是截然分开的。模拟齐梁形式的作品,可能在题材上毫不香艳;而模拟齐梁题材的作品,可能会采用与齐梁关系不大的形式。这在晚唐齐梁体创作中是颇为独特的,应当是更多地体现了韩孟诗派对晚唐齐梁诗风的影响。

根据以上分析,可知晚唐齐梁体创作的发展规律具有以下特点:首先,晚唐齐梁体创作可分为三个阶段,第一阶段和第三阶段具有比较鲜明的特点,第二阶段为其间的过渡;其次,诗人的生活环境从比较优越而逐渐恶化,与晚唐社会的发展趋势一致;其三,在形式上,晚唐齐梁体创作的形式感越来越强,形式越来越丰富,并与唐代产生的新形式相结合;其四,在艺术手法上,晚唐齐梁体创作中的兴寄越来越弱,体物越来越得到强调,因而越来越接近齐梁宫体诗的状态;其五,在题材上,晚唐齐梁体的最初盛行与仙道题材有关,但随着时间推移,仙道题材逐渐从晚唐齐梁体的创作中淡去,现实中的女性形象逐渐成为描写的主要对象;其六,在齐梁体以外,诗人们大多还有其他风格的创作,与白体存在密切的关系。

由此,我们在时间的维度上梳理了晚唐齐梁诗风的流变过程。接下来的问题是,晚唐齐梁诗风的创作结构如何?例如,五言诗和七言诗分别在其中占据怎样的比例?以及,诗人的生平,特别是他们所属的社会阶层,对他们的创作结构又有怎样的影响?为解决这样的问题,笔者又对以上提到的诗人进行了关于创作结构和出身阶层的聚类分析。

首先,有必要对晚唐齐梁诗风涉及的文体进行分类归纳。晚唐齐梁诗风涉及的文体,可分为齐梁时代已基本定型的(简称"旧式诗体")和基本产生于唐代的(简称"新式诗体")两类。在此基础上,又可细分如下:

1.1　旧式诗体

旧式诗体与齐梁诗风的关系,前文已有较多论述。旧式诗体具体包括:

1.1.1　五律(含排律)

1.1.2　齐梁杂体

1.1.3　歌行

1.1.4　古体乐府(含五绝)

1.2　新式诗体

典型的新式诗体,包括七律和七绝。

1.2.1　七律

七律完备于初盛唐,是典型的新式诗体。晚唐时,艳体七律成为介乎宫体五律与艳体歌行之间的诗体,部分诗作呈现出在功能上取代五言宫体诗的倾向①。因此,可以沿用宫体五律的判定标准,判定设象华美、采用体物笔法、涉及典型宫体题材的七律为受到齐梁诗风的影响,亦即为齐梁诗风在晚唐的新变。此类作品以李商隐的部分七律为典型,在李商隐生前身后不乏先声和追随者,理应受到重视,划入晚唐齐梁诗风的范围。

1.2.2　七绝

七绝是典型的新式诗体,与齐梁的关系最为疏远。但从中唐后期以

① 参见张一南:《中晚唐七律向齐梁宫体诗的功能扩张》,《云南大学学报》,2015 年第 4 期。

来，七绝形式的“宫词”在诗坛上流行起来。“宫词”体写女性的容色与情事，在趣味上接近齐梁宫体诗，是七绝接近齐梁诗风的最大可能性。与此同时，一些同样体写女性的容色与情事，但不以“宫词”为名、不以宫廷女性为对象的艳体七绝也越来越常见。这样的七绝应视为受到齐梁诗风影响的七绝。

以上六种诗体，凡表现出齐梁诗风影响者，计为“1”；未表现者，计为“-1”；仅极少量表现者，计为“0.5”。由此，被考察的每位诗人都得到一个关于“各诗体受齐梁诗风影响状况”的六个特征的向量。

其次，晚唐齐梁诗风所涉及诗人的非齐梁诗风创作，也是重要的参考因素。

表现晚唐齐梁诗风影响的诗人，在齐梁诗风之外，还会呈现其他风格，主要有晚唐体/姚贾体、韦庄体/白体、许赵体、韩孟体等。其中，晚唐体可视为姚贾体的一个分支，其幽冷枯涩者为典型姚贾体，其略显温润、略带齐梁宫体色彩者为晚唐体，晚唐体/姚贾体主要表现于五律；韦庄体可视为白体的一个分支，其较为温润、句法较为精巧者视为韦庄体，较为枯涩随意者视为白体，韦庄体/白体主要表现于七律；许赵体同样表现于七律，句法精巧、取象唯美、热衷于山水和怀古，与韦庄体/白体七律平行；韩孟体多表现于五七言古体诗。

每位诗人在齐梁诗风之外呈现的诗体特征并未参与数值运算，故无须严格量化，而只做定性的标记，作为衡量不同诗体使用倾向的参考。在此也没有必要区分晚唐齐梁诗风的典型诗人与边缘诗人。

此外还应看到，除古近体诗外，晚唐诗人还可能有其他文体的创作，包括赋、词、小说等。这三类文体各自计为一项，凡有创作者，则计为“1”；未记载有创作者，则计为“-1”。这样，每位诗人得到一个关于“其他文体创作情况”的三个特征的向量。

再次，诗人的生平是考察的另一个维度。

诗人生平的问题较为复杂，但并非不能以统一的标准量化。

如前所述，笔者首先将诗人分为三期，按先后顺序分别将其生活年代记为“1”“2”“3”。

晚唐诗人的家庭出身很难鉴别。重要的晚唐齐梁体诗人，如李商隐、温庭筠等，往往拥有一个显赫的姓氏，幼年却过着贫寒的生活。这种情况一般被视为家道中落，远祖的姓氏已没有意义，因而等同于寒素，甚至被视为攀附豪门。按照这个标准，在晚唐这个时代，大多数关陇贵族的后裔都会被划为寒素，这并不符合唐人标榜姓氏郡望的历史事实。

在诗人的成长过程中，家庭出身的影响首先体现在思想意识而非经济境况，例如，一个标榜为宗室的家庭，即使经济困顿，甚至血脉传承并不清晰，也仍然会用符合关陇贵族文化的意识对诗人施加影响。因此，姓氏的归属与家境的贫富是不同的问题，本书将二者归为两项，用以描述一位诗人的家庭出身。

在姓氏一项中，凡有可能与初唐显赫姓氏有关的，均视为著姓，数值为“1”，包括以下五种情况：明确属于关陇世族的，如韦庄；自称属于宗室的，如李商隐；自称为名相后裔，为两《唐书》附入其祖传中的，如温庭筠①；姓氏、郡望有可能属于关陇贵族集团的，如薛逢；为关陇集团名人之婿，考虑到妻族文化影响，亦计入关陇集团，如李频为姚合婿。凡姓氏、郡望有可能属于山东士族的，或为著名诗人后裔且不属关陇集团的，亦即中等士人阶层，计为一般士族，数值为“2”。出身不明的，主要是李姓这样同时可能是关陇贵族、山东士族和寒素的姓氏，又缺乏记载的，数值计为“4”。其他计为寒素，数值为“3”。在家境一项中，凡有记载父祖担任五品以上官员的，视为世家，数值为“1”；明言家境贫寒，或对父祖无记载的，计为贫寒，数值为“-1”。这样，一位诗人的家庭出身大致可以有四种状态。有可能出身于著姓、一般士族而家境贫寒，也可以姓氏寒素而父祖显赫，而像段成式、高骈这样出身于关陇贵族、山东士族而父祖又显赫的

---

① 温氏在北朝为山东士族，然入唐后较早为相，温庭筠名相之后的身份在《唐书》中得到特别重视，与杜牧的待遇类似。对于在初唐已与政权发生密切关系的山东士族，特别是并不出身于五姓，不曾以山东士族身份自高的诗人，本书亦计为著姓，不再按一般士族重复统计。

诗人，仍可与温李这样姓氏光彩而家境贫寒的诗人有所区别。

这样的计算方法是最为宽松的，使著姓后裔的数量达到了最大，寒素数量达到了最小。这样的分类是否合理，则有待下文数据的检验。

科举是否顺利直接影响了诗人的人生，因而也可能对诗人的创作体系存在影响。在“进士年龄”一项中，本书将终身未第者计为“-1”；20 多岁及第计为“1”；30 多岁及第计为“2”；明言为进士出身而及第年龄不明者，很可能及第既不很早也不很晚，在 30 岁到 50 岁之间，计为“3”；40 多岁及第计为“4”；50 岁以上及第计为“5”。

仕途同样影响着诗人的人生。本书将起家校书郎等清望官职者计为“1”，其他起家官计为“-1”，未仕者计为“0”；将终官五品以上者计为“1”，终官未至五品者计为“-1”，未仕及情况不明者计为“0”。

这样，就得到一个关于诗人生平的六个特征的向量。

此项统计共涉及 56 位诗人，其中，有 12 位只有数首诗作传世，虽然其传世作品在晚唐齐梁诗风研究中具有一定价值，但因数据过于残破，暂不参与计算，实际参与计算的只有 44 位诗人的数据。待利用 44 位诗人的数据计算出晚唐齐梁诗风的文体结构后，可将 12 位诗人补入合适的位置。

根据 44 位诗人关于“各诗体受齐梁诗风影响状况”的六个特征的向量组成的 44×6 的矩阵，进行聚类分析，可得树状分支系统图，如图 2-1。

这张分支系统图精确地给出了 44 位与齐梁诗风有关的晚唐诗人在诗体使用情况方面的远近关系，任何两位诗人之间的分支关系都可以从图上找到。对于图 2-1 显示的分类结果，可用文字描述如下：

所有诗人可分为以旧式诗体为主（以下简称“旧式诗人”）和以新式诗体为主（以下简称“新式诗人”）两大类。

1　旧式诗人

这一大类诗人相对擅长五律、歌行和齐梁杂体等旧式诗体，同时也不排斥七律等新式诗体，他们又可分为两小类，若干小组。

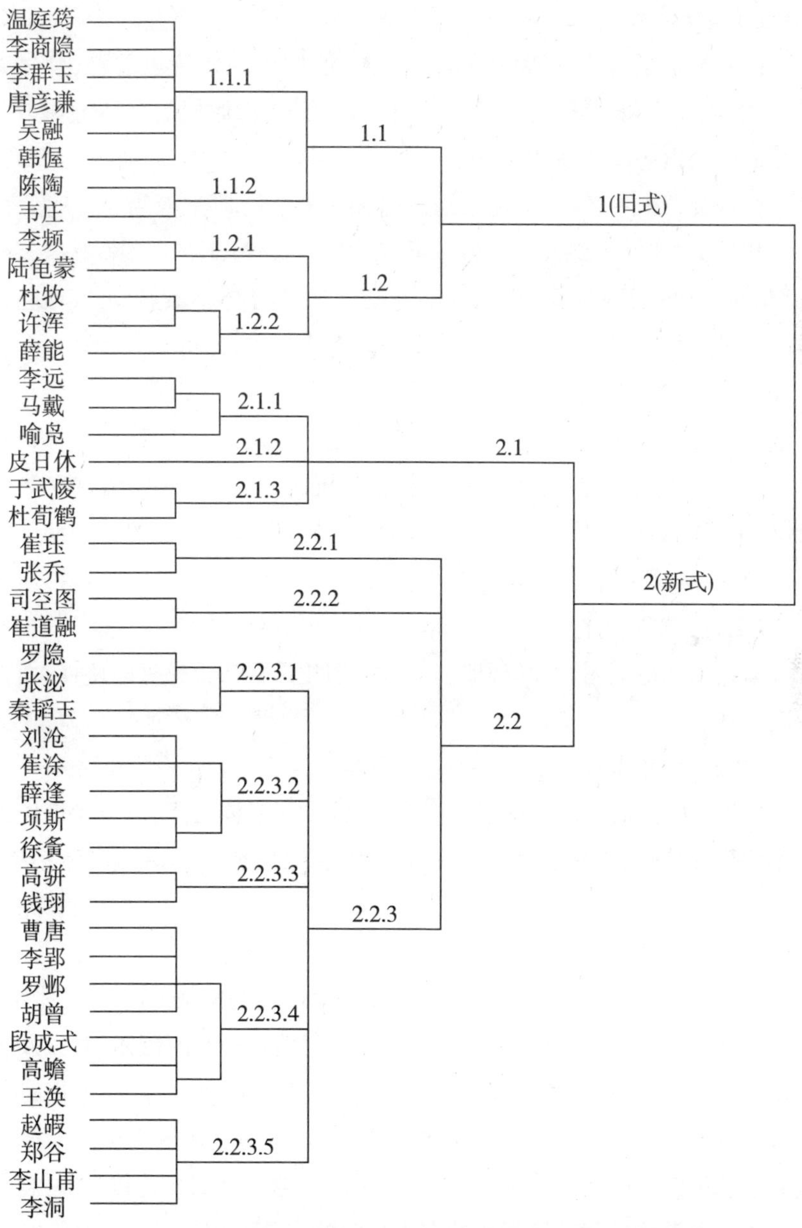

图 2-1 晚唐齐梁诗风基于创作结构和出身阶层的诗人聚类

1.1 众体兼善

这一类是晚唐齐梁诗风的典型诗人,他们以艳体诗风著称,众体兼善,极擅长五律和歌行,对齐梁杂体有很大的热情,他们的艳体七律较为明显地体现出齐梁宫体的特征。

在这批诗人中,特征最为接近的是温庭筠、李商隐、李群玉、唐彦谦、韩偓和吴融,这 6 位诗人可聚为一组,在图上标为“1.1.1”。

除此以外,还有陈陶、韦庄两位诗人,对齐梁杂体不太热衷,其他特征与以上诗人相似,这两位诗人在此小类内聚为一组,显得相对特殊。在图上标为“1.1.2”。

1.2 有所偏重

这一类诗人与前一类诗人一样擅长齐梁旧体的核心——五律和齐梁杂体,但在以歌行为代表的旧式诗体边缘,与以七律为代表的新变诗体之间,各有偏重,因此他们又可分为两组。

1.2.1 偏重旧体

李频和陆龟蒙属于此组,他们创作一切业已存在于齐梁的诗体,而很少创作宫体七律。

1.2.2 偏重七律

杜牧、许浑、薛能属于此组,他们较多地创作宫体七律,但很少创作齐梁体歌行,因而其表现齐梁诗风的创作更多地呈现近体诗的文体结构。其中,杜牧和许浑的关系相对较近。

2 新式诗人

这一大类诗人代表了更多受到唐代诗学影响的特征,在“齐梁体”与“晚唐”之间比较偏向“晚唐”。他们往往不能驾驭所有的诗体,对齐梁杂体表现得不够热心,五律创作也相对较少,几乎不创作歌行,而他们对代表唐代诗学的七律和律绝投入了更大的精力,更明显地呈现出用七律甚至七绝承担宫体诗功能的倾向。

这一大类可按照五律创作的多少分为两小类。

2.1　五律较多

这一类诗人尚有宫体五律创作,但不再创作齐梁格诗和歌行,也几乎不创作艳体七律。他们又可按照是否创作绝句分为三组:

2.1.1　纯作五律

这组诗人与晚唐齐梁诗风相关之处,几乎只剩下宫体五律,他们是李远、马戴和喻凫。其中,喻凫因为只是偶尔创作宫体五律,显得相对特殊。

在数据较为残破的诗人中,温庭皓、韦蟾、沈祖仙、吴大江、王训亦可归入此类。

2.1.2　只作五律和七绝

这组诗人只见皮日休一人。

2.1.3　只作五律和五绝

这组诗人有于武陵和杜荀鹤。

2.2　五律较少

这一类诗人几乎不再创作宫体五律,处于晚唐齐梁诗风的边缘。他们大多生活在晚唐后期,其中个别生活在晚唐前期的诗人,则可视为相关类型的始祖。

此类诗人人数较多,分类复杂。他们首先可以分为三大组:

2.2.1　尚有歌行

这组诗人已无五律创作,却仍有歌行,包括张乔和崔珏。其中,张乔只余歌行,而崔珏在歌行之外尚有七律创作。

2.2.2　只有绝句

这组诗人只有绝句能体现出齐梁诗风的影响。他们的一些五绝模仿南朝民歌,而写情的七绝则是齐梁诗风变体中的变体。这组诗人包括司空图和崔道融。

2.2.3　文体相对丰富

这组诗人相对能驾驭较多的文体,但比起众体兼善的诗人,更习惯使用七言。他们又可分为五个小组。

2.2.3.1　使用七律、七绝和歌行

包括尚能创作五律的罗隐与张泌，和已基本不创作五律的秦韬玉。罗隐和张泌作为由晚唐入五代的诗人，仍保留着晚唐前期齐梁体诗人的特征，是很有意思的现象。

2.2.3.2　纯用七律

这组诗人受齐梁诗风的影响仅体现于七律，热衷于艳体七律的创作，以七律取代五言宫体诗功能的倾向明显，一般不创作绝句。

这组诗人包括刘沧、崔涂、薛逢、项斯和徐夤。其中，项斯和徐夤尚有少量五律创作。

在数据较为残破的诗人中，孙棨、赵光远、翁绶、纪唐夫、吴商浩、吉师老、严郾亦可归入此类。

2.2.3.3　纯用七绝

这组诗人受齐梁诗风的影响仅体现于七绝，写作艳诗只是偶一为之。这种诗人的数量在晚唐不会少，在本书统计范围内则有高骈和钱珝。

2.2.3.4　杂用七律、七绝

这组诗人受齐梁诗风的影响并见于七律和七绝，包括较多使用律体的曹唐、李郢、罗邺、胡曾，和较少使用律体的段成式、高蟾、王涣。其中，曹唐和段成式是这一类型在晚唐前期的先声。

2.2.3.5　杂用七律、五律和七绝

这类诗人使用的文体较多，但不再创作齐梁杂体和艳体歌行，宫体五律的创作也相对单调。这组诗人包括赵嘏、郑谷、李山甫和李洞。

以上繁复的分类只是为了精确地给出每位诗人与其他诗人的相似关系，使每位诗人在晚唐齐梁诗风的诗学系统中都获得独特的位置。

可以看出，这个单纯凭借数据的聚类而形成的繁复框架，在分类上是基本合理的。对于每一个或大或小的分支，我们都可以从诗体使用的角度给出适当的解释。被聚为一类的诗人，也不甚违背我们在阅读中形成的直观印象。由此可以证明，这种聚类方法在诗学研究中是有效的。

而在实际的诗学分析中，我们并没有必要总是引用这一繁复的分类，而只需根据实际需要，适当地截取部分分类信息。例如，我们要粗略地了解晚唐齐梁诗风的诗体分布状况，只需从这一框架中了解最大的一对分支——旧式诗人与新式诗人——之间的分野即可。

从聚类结果来看，旧式诗体与新式诗体并不是截然相斥的。旧式诗人仍然可能擅长七律，而新式诗人仍然可能创作五律，甚至专门创作五律。二者之间的区别在于，旧式诗人倾向于众体兼善，新式诗人则诗体结构相对残破。可以认为，前者下了更大的功夫去模拟齐梁，后者则只是追随前者开创的风气，或是偶一为之。

那么，一位诗人选择旧式诗体还是新式诗体，与其生平经历和其他创作情况存在怎样的联系呢？

在聚类分析形成的框架中，12 位创作较少的诗人也可以找到自己的位置。在他们中间，孙棨、赵光远、翁绶三人的其他信息比较完整，故可纳入与其他诗学事项相关的分析范围。这样，共有 47 位诗人可参与诗体结构与其他诗学事项相关的分析。

在这 47 人中，共有 13 位旧式诗人，34 位新式诗人，新式诗人占了多数。旧式诗人约占总数的 28%。也就是说，如果在与某一诗学事项有关的诗人中，旧式诗人的所占的比例明显超过了 28%，即可认为，该诗学事项与选择旧式诗体密切相关。反之亦然。

诗人姓氏归属与诗体选择的关系如表 2-1：

表 2-1　诗人姓氏归属与诗体选择的关系

诗人姓氏归属	旧式	新式	总人数	旧式所占比例
著姓	8	4	12	66%
一般士族	1	8	9	11%
寒素	3	20	23	13%
不明	1	2	3	33%

由表 2-1 可知，著姓明显倾向于旧式，而一般士族和寒素则明显倾向于新式。其中，唯一归入一般士族的旧式诗人为韩偓，而韩偓在一般士人

中出身较高，幼年教育条件优越，且与属于著姓的李商隐有着密切的关系。出身寒素的三位旧式诗人为吴融、陈陶和陆龟蒙。其中，吴融与韩偓关系密切，陆龟蒙则有可能与江南旧族有关。也就是说，士族和寒素诗人中选择旧式诗体系统者，往往有着颇为特殊的背景。一般的士族诗人和寒素诗人，几乎没有例外地选择了新式诗体系统。

从表 2-1 可以看出，诗人选择诗体可能受到家族风尚的影响。著姓与一般士族和寒素有明显的区别，一般士族则与寒素区别不大。

诗人父祖家境与诗体选择的关系如表 2-2：

表 2-2 诗人父祖家境与诗体选择的关系

父祖家境	旧式	新式	总人数	旧式所占比例
世家	5	13	18	28%
贫寒	8	21	29	28%

由表 2-2 可知，无论父祖家境显赫还是贫寒，旧式诗人所占比例都恰好是在所有诗人中旧式诗人所占的比例，可见父祖家境对诗体选择的影响很不显著。

这个统计是在尽可能扩大著姓范围、缩小寒素范围的标准下做出的，结果仍然明显。由此可知，即使存在“攀附”的可能性，诗人的姓氏归属仍对其诗体选择有着明显的影响，而其父祖家境则可不予考虑。出身于关陇集团而家道中落的温李，和出身于关陇集团而自幼富足的段成式，可视为同一个群体。事实上，段成式也的确与温李保持着不错的关系，人们也习惯于将“三十六体”视为一个整体。

诗人及第年龄与诗体选择的关系如表 2-3：

表 2-3 诗人及第年龄与诗体选择的关系

及第年龄	旧式	新式	总人数	旧式所占比例
不第	4	8	12	33%
20+	3	1	4	75%

（续表）

及第年龄	旧式	新式	总人数	旧式所占比例
30+	0	6	6	0
40+	3	3	6	50%
50+	1	0	1	100%
不明	2	18	20	10%

总体来说，及第年龄与诗体选择没有呈现出线性的相关性。似乎可以看到，三十多岁及第的诗人，以及及第年龄没有被特别提及的诗人，亦即及第年龄最正常的诗人，都几乎不选择旧式诗体。而二十多岁及第的少年得志者，和久困名场、高龄及第者，似乎都比较明显地倾向于旧式诗体。终身不第者似乎也有选择旧式诗体的倾向。考虑到时代的影响，开成年间少年及第相对容易，少年及第者有不少是晚唐齐梁诗风前期的诗人，反拨元和、学习齐梁的意识比较明确；唐末及第较难，高龄及第和不第者有不少是晚唐齐梁诗风后期诗人中李商隐的追随者，在文体结构上近似李商隐。这种差异主要是时代的差异。另一方面，少年得志者和久困名场者往往是一些学者型诗人，对骈文和齐梁诗学有更多的研究，因此愿意比较认真地模拟齐梁旧体。而及第年龄正常的诗人，则更多地留心世务，不太愿意认真地模拟旧体，而只愿以新体写作一些风流诗作，以满足某些社交需要。总之，科场经历对诗体选择的影响是复杂的。

仕宦情况与诗体选择的关系如表 2-4：

表 2-4　诗人仕宦情况与诗体选择的关系

仕宦情况	旧式	新式	总人数	旧式所占比例
不仕	1	9	10	10%
一般	6	9	15	40%
清望	6	16	22	27%
卑宦	4	11	15	27%

（续表）

仕宦情况	旧式	新式	总人数	旧式所占比例
显宦	8	14	22	36%

不仕者倾向于新式，以一般官职起家者相对倾向于旧式，以清望起家者则没有明显倾向。担任显宦者相对倾向于旧式，终身沉沦下僚者则没有明显倾向。总的来说，成年后的经历对诗体选择的影响不像家族姓氏那么显著，相对而言，较多经纶世务者会更倾向于旧式，这可能与其有更多的酬赠活动有关。

由此可知，在诗人的一生中，家族姓氏与诗体选择的关系最为密切。关陇集团与旧式诗人相联系，山东士族和寒素则与新式诗人相联系。那么，在晚唐的三个分期中，不同阶层、不同诗学选择的诗人出现情况是否存在规律呢？经统计得表2-5：

表2-5　晚唐齐梁诗风的诗人出现情况与晚唐分期、诗学选择、阶层的关系

晚唐分期、不同诗学选择	关陇	士族	寒素	不明	总数
第一代	7	0	6	0	13
旧式	4	0	1	0	5
新式	3	0	5	0	8
第二代	2	0	2	2	6
旧式	1	0	0	0	1
新式	1	0	2	2	5
第三代	3	9	6	0	18
旧式	2	1	2	0	5
新式	1	8	4	0	13

从表2-5中可以得出以下结论：

1. 一般士族诗人是在第三期才加入晚唐齐梁诗风的，其中包括出身于文学世家的韩偓和钱珝。

2. 晚唐前期，著姓诗人与寒素诗人平分秋色。著姓诗人以旧式为主，寒素诗人以新式为主。晚唐后期，随着一般士族诗人的加入，寒素诗人的比例也有所上升，关陇诗人所占比例则大大萎缩。

3. 晚唐后期，一般士族诗人和寒素诗人仍然倾向于新式诗体，并未取代关陇集团后裔在旧式诗体中的地位。因此，新式诗体相对于旧式诗体的优势加大了。

4. 一般士族诗人、寒素诗人、新式诗人活跃于晚唐后期，晚唐前期则属于著姓诗人、旧式诗人。

由此可知，晚唐后期，齐梁诗风影响的诗人团体已与前期不同。后期诗人通行的作法是以唐代的新诗体取代宫体诗的旧功能。他们感兴趣的只是宫体诗的功能，而非齐梁诗歌的形式；只是艳丽的诗风，而非遣词造句的艺术。

诗人在齐梁诗风以外的风格与其表现齐梁诗风的诗体选择之间的关系如表 2-6：

表 2-6　诗人在齐梁诗风以外的风格与表现齐梁诗风的诗体选择之间的关系

在齐梁诗风以外的风格	旧式	新式	总人数	旧式所占比例
韩孟体	8	3	11	73%
晚唐体	9	12	21	43%
姚贾体	2	4	6	33%
五律不显著	2	18	20	10%
韦体	5	6	11	45%
白体	5	6	11	45%
许赵体	1	5	6	17%
七律不显著	2	17	19	11%

可以看出，在齐梁诗风以外尚有韩孟体创作的诗人明显倾向于旧式诗

体结构。这可能与旧式诗人大多集中在晚唐前期、直接受到中唐后期韩孟诗风的影响有关。同时,旧式诗人的五律又倾向于晚唐体,温润唯美的晚唐体山水五律,与晚唐齐梁诗风中的旧式诗体存在共生关系。而新式诗人在齐梁诗风以外的五律风格不明显,七律风格倾向于许赵体或不明显。

诗人的其他文体创作与其诗体选择之间的关系如表 2-7:

表 2-7 诗人的其他文体创作与诗体选择之间的关系

其他文体创作	旧式	新式	总人数	旧式所占比例
赋	6	6	12	50%
词	2	2	4	50%
小说	3	3	6	50%

可以看出,在诗歌外还有其他艺术文体传世的诗人,会明显倾向于旧式诗体结构。另一方面,也可以想见,没有其他艺术文体传世的诗人,会相对倾向于新式。这意味着,创作文体比较单一的诗人,选择的诗体结构也相对破碎。比如,不能以赋见称的诗人,在创作排律和歌行时也会遇到困难。或者说,晚唐后期的齐梁体诗人,无论是大的文体结构,还是具体的诗体结构,都趋于简易,不像晚唐前期的温李那样,有着复杂的创作结构。

通过以上分析,可得出以下结论:

首先,晚唐齐梁诗风涉及的诗人,可大致分为兼善齐梁格诗、五律和歌行众体的旧式诗人,与文体结构相对残破、倾向于七言近体诗的新式诗人两大类。这两大类诗人又可细致地分为若干小类。这一聚类所得的框架,亦可适用于鉴定晚唐其他诗人在诗体系统之内的位置,或当作其他时代齐梁诗风诗体系统的参照系。

其次,初唐著姓的后裔在晚唐齐梁诗风的创作中占据了显著地位。著姓诗人与一般士族诗人和寒素诗人有显著区分,明显倾向于旧式诗体结构;一般士族诗人和寒素诗人没有显著区分,共同倾向于新式诗体结构。晚唐后期齐梁诗风比晚唐前期更倾向于新式诗体结构,一般士族诗人是在晚唐后期才加入齐梁诗风的。父祖的家境对选择哪种诗体结构没有显著影响。成年后的经历可以产生一定影响,但影响的方式复杂,效果不像姓氏的影响那样显著。

最后,姚贾体与白体都与晚唐齐梁诗风存在密切关系。涉及晚唐齐梁诗风的诗人,在齐梁诗风以外的主体风格多为姚贾体和白体。同时,姚贾体和白体更为温润的分支——晚唐体和韦庄体——又与晚唐齐梁诗风中的旧式诗体结构存在密切联系。韩孟体也是旧式诗人经常会尝试的诗体。旧式诗人在诗歌以外掌握的文体也比新式诗人更为丰富。

由此,我们对晚唐齐梁诗风的时间流程和文体有了一个总体上的把握。

第四节　从李商隐的成长自述看晚唐齐梁诗风的形成

比起元和诗人,晚唐齐梁体诗人似乎更专注于创作实践,很少明确宣讲自己的创作主张,因此,我们更多地只能从他们的创作结构中认识他们的创作理念。而晚唐齐梁体诗人数量不多的创作论,更显得弥足珍贵。

李商隐在《樊南甲集序》中较为系统地描述了自己作为一个诗人的成长历程。这篇短短的序文既是李商隐的自述,也是他委婉的文学宣言。作为晚唐齐梁诗风较早、较重要的诗人,李商隐的成长经历具有典型性。

晚唐齐梁诗风直接继承元和齐梁诗风的资源,从某种意义上说,并不存在"形成"的问题。更值得关注的问题是,在晚唐业已存在的纷繁流派中,晚唐齐梁体创作者为什么要选择创作齐梁体,为什么要选择接受齐梁诗风的影响,亦即其"选择"的动机何在。同时也应该看到,元和齐梁诗风主要成长于元白体的母体之中,带有偶尔为之的性质,而晚唐却出现了温李这样专以"艳体"见称的大诗人。晚唐齐梁体诗人主动选择齐梁诗风的意识比元和时代的齐梁体创作者要强得多,这是晚唐齐梁诗风相对于元和齐梁诗风的新变。主动选择齐梁诗风的意识在晚唐何以会加强,也是值得思考的问题。在这个意义上,晚唐齐梁诗风的"形成"实际是一个群体形成主动选择齐梁诗风的主观意识的过程,而李商隐对自己经历的描述在这个过程中具有典型性。

一、李商隐对文学道路的自述及其创作分期

李商隐曾在《樊南甲集序》集中地评述了自己的文学道路：

> 樊南生十六，能著《才论》《圣论》，以古文出诸公间。后联为郓相国华太守所怜，居门下时，敕定奏记，始通今体。后又两为秘省房中官，恣展古集，往往咽噱于任、范、徐、庾之间。有请作文，或时得好对切事，声势物景，哀上浮壮，能感动人。十年京师，寒且饥，人或目曰：韩文、杜诗，彭阳章檄，樊南穷冻。人或知之。仲弟圣仆，特善古文，居会昌中进士，为第一二，常表以今体规我，而未为能休。①

这段材料十分习见，但往往只有第一句为人们所注意，用以证明李商隐少年时代也曾学习并擅长古文，后来才转习骈文。笔者以为，这样的解读是远远不够的。在这段材料中，我们不但可以看到李商隐一生的创作历程，更应当体会其对"古文"与"今体"的微妙态度。

根据李商隐的自述，他一生的创作可分为四个阶段：第一阶段，即与令狐楚相识之前。在此期间，他只是一个未及弱冠的民间少年，学识修养十分有限，很难谈得上独立的风格与文学追求，也没有一位固定的师长对其给予指导，可以想见，这是他一生中最容易受社会风潮影响的时期。此时，他"以古文出诸公间"，并未学习齐梁。第二阶段，即居令狐楚门下阶段，始自大和三年(829)李商隐拜谒令狐楚，终于开成二年(837)李商隐及第、令狐楚去世。在此期间，李商隐在令狐楚的庇护下成长，大部分时间以门生和幕僚的身份跟随在令狐楚身边，李商隐的创作几乎完全笼罩于令狐楚的学养与好恶之下。此时，他开始学习"今体"，并以"敕定奏记"为直接目标。第三阶段，即"十年京师"阶段，大约自令狐楚去世至《樊南甲集》编定。此时的李商隐已完全处于独立创作的状态，既不再仰

---

① ［清］董浩等编《全唐文》卷七七九，北京：中华书局，1983年，第8136页。

赖他人的指导,也不会轻易受到时尚的影响。在此期间,他有意识地学习齐梁诗文,在齐梁风格的创作道路上继续前进着。另外,还应该存在一个第四阶段,即自《樊南甲集自序》的写作到李商隐去世,此时李商隐对自己一生的创作经历已经有了充分的自觉,特别是清醒地认识到了自己的创作与社会潮流之间的对抗性。从李商隐的实际创作来看,在最后的阶段,他仍然以齐梁体为主要风格,没有回到"以古文出诸公间"的老路。

需要说明的是,从现存记载来看,李商隐一生从未在长安连续居住十年,故所谓"京师十年"当是富于文学色彩的概数。李商隐大和三年(829)是在洛阳谒见了令狐楚,并很快随令狐楚到了郓州。大和六年(832)至开成二年(837),李商隐只是偶尔到长安应试,大部分时间仍是以令狐楚幕僚的身份生活在外地。开成二年,及第后的李商隐开始在长安生活,但三年后即随王茂元出幕许州。会昌二年(842),李商隐返回长安,入秘书省,但此后又随王茂元流徙于各地,偶尔回到长安,至会昌六年(846)又重入秘书省。第二年,李商隐又随郑亚赴桂州,此后便四处游宦,很少返回长安。从李商隐的自述来看,其两入秘书省的经历都是包括在"十年京师"中的,而从其重入秘书省上推十年,恰为开成二年,这一年发生了李商隐及第与令狐楚去世这两件对李商隐的人生至关重要的事件①。因此,将开成二年定为"十年京师"的起点,应当是合理的。在此期间,李商隐虽然不时离开长安,但总的来说都是在失去了令狐楚的庇护后独立地谋求仕进。因此,在李商隐心目中,这十年是其生命中的一个阶段,且这个阶段仍然是对以长安为代表的李唐王朝政治核心充满着希望的,故可以名之为"十年京师"。而李商隐在未第之前反复赴长安应举的经历,应该是不包括在"十年京师"的范围内的,与其及第后在京师的独立奋斗当属不同的阶段。

在李商隐一生的四个创作阶段中,谒见令狐楚以前创作尚未成熟,赴

---

① 《李商隐年表》,刘学锴、余恕诚:《李商隐诗歌集解》,北京:中华书局,2004 年,第 2322—2354 页。

桂林入幕之后也并未深悔少作,其创作与“十年京师”阶段并无明显区别,故李商隐的创作又可以开成二年为界,分为前后两大阶段,即在令狐楚指导下的创作与独立的创作。

二、弃古文而习今体——李商隐在令狐楚指导下的创作及其历史环境

在开成二年以前,科举的导向及令狐楚的个人建议,对李商隐的创作有着十分明显的影响。李商隐少年所习为古文,已凭借古文赢得了不俗的声誉,其学习“今体”是从居令狐楚门下开始的。显然,李商隐之所以弃古文而习今文,是出于令狐楚的意愿和建议。而令狐楚的这一建议,既有文学的考虑,也有非文学的考虑。

在文学方面,令狐楚是一位有个性的诗人。令狐楚在年辈上属于元和诗人,却不与于韩孟诗派,与元白诗派的浅俗风格也保持着距离,更多体现出典雅艳丽、温厚中正的风格,保守着齐梁至盛唐之间的诗歌传统。姜剑云先生在《审美的游离》一书中认为,令狐楚属于介乎韩孟怪奇诗派与元白通俗诗派中间的雅正诗派①。令狐楚身处元和之世,而在创作上保持雅正,尊重传统,这本身就以温和而明确的姿态,传达着自己独特的文学观念,即对韩孟怪奇诗派,包括与之相联系的元和古文运动,持一定保留态度——当然,这种保留态度,也不是以赞同元白诗派的所有主张为前提的。令狐楚的门人李商隐弃古文而习今文,实际上也是对令狐楚独特文学观念的继承。从文体的地位看,“今文”在当时是作为与“古文”对举的概念出现的,亦即是作为“古文”的对立面出现的。写作“今文”,首先是一种反对“古文”的姿态。既然是一种姿态,一种文学观念,就不可能仅限于文的领域,而必然渗透到诗的领域,这必然影响到李商隐的诗歌创作,促使他走上一条与元和诗风泾渭分明的创作道路。

在政治方面,令狐楚是一位位高权重的名臣,以喜好奖掖文士著称,其门人李商隐亦颇有政治抱负。而骈文在唐代一直是一种实用的官方文

① 参见姜剑云:《审美的游离——论唐代怪奇诗派》上编第三章第二节,北京:东方出版社,2002年。

体，写作雅正的骈文也是唐代官员的分内之事。从形式上看，“今文”这一文体的主要内容就是骈文，兼及讲究格律的诗赋；从功能上看，“今文”被应用于科举考试及清要之职的日常工作。李商隐习“今文”当是出于应付科举及日后从政的需要，故必然要考虑到当时君主及朝廷高官的喜好。

在唐文宗大和、开成年间，即李商隐及第前后，文宗君臣表现出黜古文而尊今文的意愿，对元和诗风颇有微词。如《唐语林》载，文宗曾欲置“诗学士”，李珏上书劝阻，并说：

> 陛下昔者命王起、许康佐为侍讲，天下谓陛下好古宗儒，敦扬朴厚。臣闻宪宗为诗，格合前古。当时轻薄之徒，摛章绘句，聱牙崛奇，讥讽时事，尔后鼓扇名声，谓之元和体，实非圣意好尚如此。今陛下更置诗学士，臣深虑轻薄小人，竞为嘲咏之词，属意于云山草木，亦不谓之“开成体”乎？玷黯皇化，实非小事。[①]

李珏的话很委婉，但态度还是明确的。对褒扬元和复古文风的唐宪宗，只是给予了一个“格合前古”的貌似赞颂的评价；对写作元和体的诗人，则称之为“轻薄之徒”，给予了严厉的批判，这反映了李珏对“元和体”的真实态度。李珏对“元和体”的批评包括两个方面，一是故作艰深，骇众取名；二是妄为讥刺，混淆视听。应该说，这样的批评还是切中元和体的弊端的。诗人本宜博学，但故意卖弄知识，不自然地堆砌故典，则破坏了文学本身的形象之美；至于借佶屈聱牙的词句谋取功名，更是有损于士人仕进的公平性。文人之诗本容许议论国计民生，但如果这种议论扇鼓成风，将有无讥刺朝廷作为评价其文学性高下的标准，则难免流于为议论而议论，其效仿者并无高见而率尔为诗，于文学和政治两方面皆无所取。正如宋代诗人黄庭坚所指出的：

① ［宋］王谠：《唐语林》卷二，上海：古典文学出版社，1957 年，第 56 页。

> 诗者，人之情性也，非强谏争于廷，怨忿诟于道，怒邻骂座之为也。……发于呻吟调笑之声，胸次释然，而闻者亦有所劝勉，比律吕而可歌，列干羽而可舞，是诗之美也。其发为讪谤侵陵，引颈以承戈，披襟而受矢，以快一朝之忿者，人皆以为诗之祸，是失诗之旨，非诗之过也。①

过于快心露骨的议论，激越失当的情感，并非诗美之所在。诗歌不能忽视其形式美，而"言者无罪，闻者足戒"，"温柔敦厚"的"风人之旨"，才是中国传统讽谏诗的精华。"元和体"的这些风习不但威胁统治，不是朝廷士大夫应有的雅正之言，而且对文学性本身也构成一种伤害。李珏反对元和体，是有自己的考虑的。其提醒文宗预防再次出现类似于"元和体"的"开成体"，并非怕士人"属意于云山草木"，因为上文对"元和体"的批判并不包含这项内容，且"属意于云山草木"既非元和体的特点，也不能对统治构成威胁。李珏真正担心的，还是"轻薄小人，竟为嘲咏之词"。因此，有必要倡导一种不同于元和的、不过分赞成直言议论的、敦厚雅正的文风。唐文宗采纳了李珏的意见，其在开成二年的科举中要求"所试赋则准常规，诗则依齐梁体格"②，恐怕也带有贬斥元和诗风、文风的意图。

由此可见，开成君臣具有贬斥元和诗文风气的意愿，这与令狐楚在创作中流露出来的文学主张是相合的。同时还应该看到，李商隐在未遇令狐楚时，所谓"以古文出诸公间"，其实是受到了开成君臣所贬斥的元和风气的影响。开成君臣之所以需要如此郑重地讨论元和文风的问题，说明在当时的士子中，追步元和的风气很盛，其弊端也暴露得较为明显。《唐语林》叙述晚唐追步元和的时尚云：

---

① 《书王知载〈朐山杂咏〉后》，[宋]黄庭坚著，刘琳、李勇先、王蓉贵校点：《黄庭坚全集》，成都：四川大学出版社，2001 年，第 666 页。

② 《唐诗纪事》卷五二，第 788 页。

> 元和已后，文笔学奇于韩愈，学涩于樊宗师。歌行则学流荡于张籍，诗章则学矫激于孟郊，学浅切于白居易，学淫靡于元稹，俱名“元和体”。大抵天宝之风俗尚党，大历之风尚浮，贞元之风尚荡，元和之风尚怪也。①

晚唐人口中的“元和体”是一个外延颇为驳杂的概念，包括了中唐后期因追求新变而产生的各种风格流派，亦即不仅包括了元白体，也在很大程度上包括了韩孟怪奇诗派。而且所谓“元和体”的创作者，并不仅限于生活在中唐后期的几位大家，而更多的是指学元和而得其糟粕的晚唐士子。这批士子的年辈当低于令狐楚，而比李商隐略为年长，并包括了与李商隐年辈相当以及更晚的士子。这个群体可能是相当庞大的，对当时的文风造成了较大的影响，以至于开成君臣认为有必要尽快矫正这一不良风习。而从李商隐的角度看，这样一位出身民间、早早显露出文学才华而尚未得到文坛巨擘指引的少年，几乎没有可能逃避“元和体”的影响。当时欣赏李商隐的“诸公”，尚非令狐楚、李珏这样的朝廷高官，而应当只是在“元和体”的热衷者中相对具有威望的在野士人。李商隐在未遇令狐楚前的古文写作，很可能深受“元和体”的影响。直到成为令狐楚的门人，李商隐才在文学创作上相对脱离了同龄士子的风习，逐渐接近朝廷高官倡导的雅正之体。李商隐弃古文而习今文，从政治上讲，不失为一种现实的选择；从艺术的角度看，则是一次从迎合时尚到超脱流俗的飞越。对于李商隐这样一位科举未第、艺术上也尚未成熟的少年举子而言，这种选择并不是一种简单的投机，而是对包括令狐楚在内的开成君臣所倡导的雅正文风的积极追随。这种努力也势必影响到李商隐文学观念的形成。

居令狐门下而弃古文习今文，是李商隐文学道路的第一个转折。在令狐楚的鼓励下，此时的李商隐便已扬弃了“元和体”。对李商隐而言，在文学层面上，古文是一种少年时尝试过而有些过时的风格，今文则是新

---

① 《唐语林》卷二，第69页。

接触的、本身具有一定文学魅力的文体；在政治层面上，古文被与当时的浮荡文风联系在一起，已经受到了否定，而今文则是雅正的，被与李商隐所追求的政治理想联系在了一起；在感情上，古文不过是李商隐贫贱时不得不沾染的风习，今文则是出于对其有知遇之恩的令狐楚的教导。这样的区别，可以说对李商隐日后在文学上的取舍具有决定性的意义，在李商隐的潜意识中埋下了肯定今文而否定古文的种子。

三、咽嚎梁陈，九死不悔——李商隐的独立创作及其文学史背景

开成二年以后，李商隐不再需要面对科举的压力，同时也离开了令狐楚，开始了独立创作。此时，李商隐有多个选择：可以选择回到“元和体”，可以选择继续固守令狐楚的雅正之体，也可以选择在不违背“雅正”观念的前提下进一步发展。李商隐选择了在“今体”的基础上，发展出自己的独特风格。

李商隐认为，自己在独立创作道路上的前进，得益于“两为秘省房中官”的经历。实际上，李商隐重入秘书省已是“十年京师”生涯的最后一个年头，其独立的创作风格已基本形成。如果说秘书省的经历能对他的创作有所帮助，那么应该以第一次进入秘书省为主。在这里，他可以“恣展古籍”，尤其是涵泳于任昉、范云、徐陵、庾信等梁陈作家的诗文集。从李商隐需要在中进士之后才开始认真阅读这些作品，并且只有在秘书省才能方便地读到这些被称为“古籍”的诗文来看，以上梁陈作家的作品在当时的知识界并不流行。也就是说，非但宣称“齐梁及陈隋，众作等蝉噪”（韩愈《荐士》）的“元和体”创作者对梁陈作家不屑一顾，即使是对“元和体”持保留态度的令狐楚，也不曾引导李商隐阅读这些作品；开成君臣对“齐梁体格”的倡导，更是没有涵盖以上作品。李商隐从众多古籍中选择梁陈诗文来学习，当是出于强烈的主观意愿。

对比李珏给唐文宗的上书，不难看出，梁陈诗人的作品完全可以避免晚唐人眼中“元和体”的弊病，与开成君臣倡导的雅正诗风并无根本上的抵牾。梁陈诗歌语言流丽平易，故无佶屈聱牙、骇众取名之弊；以无关政治的女色、器物、风景为主要题材，重视形象的塑造而很少议论，虽然往往感情贫乏,却几乎没有过分流露感情的可能,故无快心露骨、妄作褒贬之弊。所以,李商隐刻意向梁陈诗人学习,并未违背他在及第之前从雅正派诗人处受到的教导。只不过,梁陈诗人对女色与情爱的大胆描写,是开成君臣不可能公开提倡的。然而,比起瘦硬的韩孟诗派与简易的元白诗派,恐怕还是雅正诗派更可能包容艳丽的梁陈诗风。事实上,开成君臣早已开始提倡“齐梁体格”,李商隐不过是在这个方向上再走了一步,发掘出了更丰富、更晚近的诗学资源而已。梁陈是近体诗发展的重要阶段,李商隐学习梁陈,也并未越出“今体”的范畴。而最不可能包容梁陈诗风的,恰恰是与“古文”紧密联系,具有强烈道德感的韩孟诗派。因此,李商隐学习梁陈,仍然明确地表示出重视“今体”、站在“古体”对立面的态度,与令狐楚的文学观存在内在的传承关系。

李商隐不无自得地用“好对切事,声势物景,哀上浮壮,能感动人”十六字概括自己学习梁陈作家后创作的“今体”佳构,实际上也是概括了他心目中“今体”的优势。“好对切事”即对仗与用典,“哀上浮壮”即格律与声情的谐和,均属“今体”特有的形式美。“声势物景”即对形象的重视,是以“今体”追求“好对切事”的形式为基础的;“能感动人”即在记录情感时能收到良好的效果,是与“今体”对声情的讲究分不开的。“声势物景”与“能感动人”都是“今体”在艺术层面的长处。讲究声律谐和、对仗工稳,则在外在形式上与“元和体”划定了界线;重视形象而不着议论,以情动人而不直发讥刺,则更是在内在风格上确立了迥异于“元和体”的追求。李商隐在这里谈的是文,但以上分别并不仅仅体现于“古体”与“今体”的文,同样体现于“古体”与“今体”的诗,故可看作李商隐对诗文创作的整体认识。由此可见,李商隐学习梁陈作家,并非一时偶寄闲情,而是基于深刻的诗学思考,仍然是站在“元和体”的对立面,而与早年的“雅正”追求不矛盾的。

然而,李商隐的这种坚持并未给他带来物质上的好处。在令狐楚去世后,坚持“雅正”的李商隐更多地感到自己是一个边缘化的存在。从仕历来看,李商隐算不上飞黄腾达,但也不算特别坎坷,并且还能得到王茂元、姚合等高官的保护[①]。但从实际的心理感受来看,李商隐对自己长期沉沦下僚感到十分不平,甚至自认为"寒且饥",对"樊南穷冻"的俗谚也是颇为认同的。值得玩味的是,与"樊南穷冻"相对的"韩文、杜诗"皆是韩孟诗派崇尚的对象,似乎"樊南穷冻"是被拉来给韩孟诗派偶像的荣耀当陪衬的。事实也的确如此,从开成二年以后文坛的实际来看,开成君臣对元和文风的不满并没有抑制住怪奇文风的进一步发展,士子们仍然在依靠古文的写作而哗众取宠,谋取功名。如文中提到的"仲弟圣仆",为会昌中进士,于年行为弟,及第亦晚于李商隐,却劝李商隐弃今文而作古文。其之所以有劝谏李商隐的资格,自然是其境遇远远好过李商隐,而境遇好过李商隐的原因,则是其擅长古文,受到时人推崇。这说明,在李商隐生活的时代,写作古文——很可能包括怪奇风格的古体诗——仍然是获得推崇仰慕的有效手段,而今体骈文和齐梁诗风并未受到应有的推崇。

当然,李商隐的自述为牢骚之辞,难免有夸张的成分,并不能说明是否创作元和体已成为当时文人宦海浮沉的唯一标准。对于李商隐的牢骚,更合理的解读是,他在思想观念上将古文的创作与实际利益联系在一起,而将自己写作的今文与贫困联系在一起,把古文与今文的对立转换为实际利益与清贫的对立,在这样的对立中,李商隐自己是占据了道德优势的。因此,李商隐对今体写作毫无悔意。元和古文这种李商隐自少年时代已经扬弃的风格,此时对李商隐仍然缺乏吸引力。虽然开成君臣对雅正诗风的提倡,在此时已不能带来任何实际利益,但李商隐仍然坚持了自己自少年时代形成的对雅正的看法,而没有贸然追逐时尚。

从元和诗人开始活跃的贞元年间到李商隐写作《樊南甲集序》的会昌年间,元和体在诗坛上已经流行了约半个世纪。对于真正热衷于新变的诗人而言,此时的元和体已经是一种老旧的文体,难以再激起艺术创作的欲望,寻找新的风格已势在必行。且元和体本身存在的一些独特的倾向,如以丑为美、"尚荡""尚怪"等,难以长期获得诗人的广泛认可,最终

---

① 参见《李商隐年表》,《李商隐诗歌集解》,第2322—2354页。

仍须向“雅正”回归。因此，李商隐反拨元和、回归雅正的努力，并非简单地恪守师训，而是表现出年轻一代诗人在元和体的基础上进一步追求艺术、追求新变的愿望。而学习齐梁，只是李商隐回归雅正的途径。在李商隐之后兴起的迥异于元和诗风的晚唐齐梁诗风，正可看作李商隐为诗人开拓出的新天地。

李商隐的成长经历可以看作晚唐齐梁诗风形成之初历史背景的缩影：开成年间，下层士子竞相效仿元和诗风，高层的政治家和文学家则对此感到厌倦，因而通过科举等手段，提倡一种异于元和的文风。以李商隐为代表的部分士子响应倡导，并结合自身追求新变的内在意愿，弃古文而作今文，超越元和而归于齐梁，最终在会昌年间形成固定的风格，成为晚唐齐梁诗风的先声。因此，晚唐齐梁诗风一开始是作为元和诗风的对立面出现的，是叛逆元和的结果，反映了新一代诗人有意识的诗风新变。

第三章 典型齐梁诗体的使用

《才调集》给出了一个与晚唐齐梁诗风密切相关的诗学体系，为我们研究晚唐齐梁诗风提供了初步的框架。然而，《才调集》的诗学体系毕竟受到编纂者所见材料和个人喜好的局限，并不等于晚唐齐梁诗风的全貌。因此，有必要根据《才调集》给出的线索，对晚唐齐梁诗风所有典型诗人的创作结构做一个全面的分析。以下两章即讨论晚唐齐梁诗风的文体结构。鉴于这一讨论涉及的问题较多，故按照典型齐梁诗体和非典型齐梁诗体分为两章。

以下两章以《全唐诗》中相关诗人的全部作品为分析依据，参以《全唐诗补编》。为避免烦琐，《全唐诗补编》中的作品如无改变某结论的意义，则不作为材料引入。

本章以文体与题材的交互影响方式来描述晚唐齐梁诗风的全貌，在此坐标下观照每位典型诗人处理此类问题的方式，以期寻找这些诗人的共性与个性。对每位诗人的评价穿插于论述中。

第一节 文体与题材的界定

关于晚唐齐梁诗风涉及的文体，本书在前两章中已给出了较多论述，亦即：齐梁格诗、五律、排律、律化歌行都出现于齐梁时代，为典型的齐梁诗体；古体乐府（含五言古诗）、五绝的出现早于齐梁，七律、七绝的出现晚于齐梁，故为非典型的齐梁诗体。前者在形式上较为虔诚地复齐梁之古，后者复齐梁之古则只能体现在写法而非形式上。

需要说明的是,齐梁格诗与五言古诗经常被混为一谈,但对本书讨论的问题而言,二者有很大的区别。古体乐府或五言古诗,是指无视格律,或有意避免合律的五言诗。其中,古体乐府的声响效果只对乐曲负责,不以格律为中心,而古体拟乐府也随之无视格律,既没有努力合律的迹象,也不刻意规避声律;唐以后的五言古诗则存在有意规避声律的倾向。齐梁格诗则是模仿走向近体的齐梁诗,介乎古律之间,部分地符合近体诗格律。对熟练掌握了格律的晚唐诗人来说,齐梁格诗是一种探索,在近体诗的框架下小做改动,小规模地试验超出近体诗规范的声响效果;拟乐府和五言古诗则是一种弃绝,在形式上全面规避近体诗的规范。齐梁格诗是对齐梁诗人近体化努力的充分肯定,拟乐府和五言古诗则更多地指向汉魏晋宋之古。

晚唐齐梁格诗与齐梁时代的“齐梁体”写作背景并不相同。齐梁时代的“齐梁体”是近体诗体制未定的产物,呈现很大的不确定性。晚唐的齐梁格诗则是近体诗向外探索的产物。晚唐人创作的、大致合律但不完全合律的作品,包括规整的仄韵律诗、三韵诗、蜂腰体之类,均应视为齐梁体。另外,晚唐诗人还喜欢尝试新奇的文体,如六言诗、三五七言诗等。这些诗体未必产生于齐梁,但晚唐诗人在尝试这些文体时,心态是与创作齐梁格诗颇为相近的,都是在尝试与近体诗相近而又不同的诗体。因此,本书将不多的几首这样的作品也归为齐梁格诗。

真正意义上的五言古诗的产生远在齐梁之前,以阮籍《咏怀》为代表的典型五古诗风更与齐梁诗风大相径庭。唐代的五言古体诗以汉魏之古为鹄的,也会有意回避齐梁风格。因此,五言古诗与齐梁诗风关系不大。只不过,齐梁时代有五言的乐府体,晚唐的五言拟乐府也不回避齐梁乐府的风格,会关涉女色。齐梁乐府的风格虽与齐梁宫体诗不无差异,但也是齐梁诗风的一部分。晚唐模仿齐梁乐府的拟乐府也不应被排除在晚唐齐梁诗风之外。因此,本书设专节论述与齐梁诗风相关的晚唐五言乐府,但不再为五言古风设立专节。

五绝产生的时代并不早,大约要到南朝才开始趋于流行。但唐人在创作五绝时,往往有浓郁的乐府色彩,上承五古,下启七绝,并不仅仅将其视为五律之半。晚唐齐梁诗风下的五律,往往模拟吴声西曲,或初唐的"崔国辅体"。因此,本书将五绝视为非典型的齐梁文体,放在五言乐府之后加以论述。

关于晚唐齐梁诗风涉及的题材,可以大致划分为以下几类:

1. 女色

女色是最能体现齐梁诗风的题材。虽然对美女的描写并不始于齐梁,但对女性的关注确实是齐梁诗风的显著特点之一。除了"体物"色彩鲜明的女性容色、衣饰描写外,或多或少带有"缘情"色彩的对女性日常生活、爱情心理加以描绘的内容,亦应视为女色描写。

2. 贵游

与齐梁宫体诗一样,晚唐齐梁诗风的华贵描写多与女子有关。但也有少数作品,描写华贵的生活,却并不以女色为中心,而是以某位贵公子,或者身份高贵的军人、官员为中心。如李商隐《富平少侯》:

> 七国三边未到忧,十三身袭富平侯。不收金弹抛林外,却惜银床在井头。彩树转灯珠错落,绣檀回枕玉雕锼。当关不报侵晨客,新得佳人字莫愁。

"佳人字莫愁"只是在诗的末尾才出现,诗的主角是身为男性的"富平少侯",而李商隐在描写这位男性时,同样使用了华丽的体物笔调。在体物的笔法上,这样的贵游诗与女色诗是颇为相近的,因此也应被视为齐梁诗风的影响。

晚唐后期,一些诗人写自己追随御驾的经历,也使用这种华丽的贵游笔调,如吴融《奉和御制六韵》:

> 天晓密云开,亭亭翠葆来。芰荷笼水殿,杨柳蔽风台。恩洽三时雨,欢腾万岁雷。日华偏照御,星彩迥分台。苇岸萦仙棹,莲峰倒玉

杯。独惭歌圣德,不是侍臣才。

应制诗本来是宫体诗人的特长,晚唐诗人又拾起了这个齐梁和初唐的老传统。这样的作品也应视为齐梁风格的贵游诗。

在晚唐的酬赠诗中,有的时候,诗人会故意使用夸张的华丽笔调,用写贵公子的手法,去写正要与自己分别的好友,夸耀对方的富贵。如李商隐《奉和太原公送前杨秀才戴兼招杨正字戎》:

潼关地接古弘农,万里高飞雁与鸿。桂树一枝当白日,芸香三代继清风。仙舟尚惜乘双美,彩服何由得尽同。谁惮士龙多笑疾,美髭终类晋司空。

尽管在今天看来,这样的措辞难免俗套,但在晚唐,这样夸张的溢美之词是时代的风气。

甚至一些悼诗也沾染了这种华丽的笔调。如崔珏《哭李商隐》其二:

虚负凌云万丈才,一生襟抱未曾开。鸟啼花落人何在,竹死桐枯凤不来。良马足因无主踠,旧交心为绝弦哀。九泉莫叹三光隔,又送文星入夜台。

哭李商隐,则酷似李商隐笔体。这些也都属于以华丽笔调写男性的贵游诗。

另外,晚唐还有仙道诗。诗中对仙道的描写,不过是人间富贵生活的夸张和变形。其中,以女道、女仙为中心的仙道诗,自可划归女色诗。而以男性为中心的仙道诗,则可归为贵游诗。

3. 咏物

咏物是另一个较为典型的齐梁题材。在“永明体”的创作中,体物色彩明显的咏物诗就已占据了很大比重。梁陈诗人对咏物的兴趣也是有增无减。晚唐诗人同样热衷于咏物,很多晚唐的咏物诗同样不忽视体物,表现出对齐梁咏物诗的模拟。

一般而言,单纯以物为题、写作紧贴题目的诗作,都可视为咏物诗。晚唐的咏物诗涉及各个文体。

关于晚唐咏物诗,前人已进行了一些探讨,如周振甫《谈咏物诗的描绘和寄托》①、兰甲云《简论唐代咏物诗发展轨迹》②等。前人在探讨这一问题时,对晚唐咏物诗的看法大体一致,即认为,晚唐咏物诗一方面善于刻画,热衷于纤弱细小的事物,另一方面又具有长于兴寄、长于讽喻的特点。善于刻画,热衷纤细,其实就是齐梁咏物诗的特征。长于兴寄、讽喻,则是唐人对齐梁咏物传统的改造。在以往的研究中,兴寄、讽喻得到了更多的重视,以至于人们得出一个印象,晚唐的咏物诗是盛唐咏物诗线性发展的产物,因而已不再存在"重形不重神"的作品。而从《全唐诗》中的实际情况来看,晚唐咏物诗对所咏之物的形象仍然是看重的。

张浩逊先生指出:

> 晚唐的不少咏物诗出现了向初唐咏物诗回归的倾向,即:致力于穷形尽相地图貌摹态,笔致精工纤巧,有的绮艳无骨,饾饤排比,偶韵较律,形式主义诗风严重。③

并指"二隐"(李商隐、罗隐)为晚唐咏物诗的代表。所谓的"初唐咏物诗",实际上是齐梁咏物诗的余波,其"穷形尽相""精工纤巧""形式主义"的特点,正是典型的齐梁风格。李商隐的咏物诗较为鲜明地体现了这种风格,同时这并不妨碍李商隐的咏物诗长于兴寄、讽喻。罗隐的咏物诗长于兴寄、讽喻,同时这也并不妨碍他的咏物诗同样体现以上特征。

---

① 周振甫:《谈咏物诗的描绘和寄托》,《北方论丛》,1979 年第 2 期。

② 兰甲云:《简论唐代咏物诗发展轨迹》,《中国文学研究》,1995 年第 2 期。

③ 张浩逊:《唐诗分类研究》,南京:江苏教育出版社,1999 年,第 189 页。

赵红菊先生的《论南朝咏物诗对唐代咏物诗的影响》①一文提到了唐代咏物诗受南朝咏物诗影响的问题，将南朝咏物诗对唐代咏物诗的影响归纳为四点，即题材意象、创作方式、注重形似、形式华美，但并未特别提及晚唐的情况。这四个特征的归纳是大体符合晚唐咏物诗的创作情况的。

除以上特点外，晚唐咏物诗还继承了齐梁咏物诗映带女色的写法。

齐梁咏物诗偏好与女性有关的题材，亦喜吟咏柔美艳丽的事物。即使是本身并不具有女性色彩，与女性亦无必然相关性的事物，诗人亦乐于将其与女性的形象、行为结合起来吟咏。为了引入女色，齐梁诗人偏爱"映带"的写法。今以谢朓的《杂咏五首》为例。《杂咏五首》吟咏的对象分别为灯、烛、席、镜台、落梅。细按这五样事物，实际只有"镜台"必然为女性所用之物，另"落梅"具有女性的柔美色彩，他如灯、烛、席三物，皆非专为女性所用。而谢朓在写作时，却将这五件事物都和女性的形象、行为拉上了关系，今试摘句论之：

孤对相思夕，空照舞衣缝。（《灯》）

恨君秋月夜，遗我洞房阴。（《烛》）

但愿罗衣拂，无使素尘弥。（《席》）

照粉拂红妆，插花理云发。玉颜徒自见，常畏君情歇。（《镜台》）

用持插云髻，翡翠比光辉。日暮长零落，君恩不可追。（《落梅》）②

在《灯》和《席》中，诗题中的"灯"与"席"均非典型的女性意象，而诗句中提到的"舞衣""罗衣"则是典型的女性意象，而"灯"与"舞衣"、"席"与

① 赵红菊：《论南朝咏物诗对唐代咏物诗的影响》，《内蒙古大学学报》，2008年第2期。

② ［南朝陈］徐陵编，［清］吴兆宜注，程琰删补，穆克宏点校：《玉台新咏笺注》，北京：中华书局，1985年，第164—166页。

“罗衣”本不存在自然的联想关系。因此诗人以动词“照”关合“灯”和“舞衣”,以动词“拂”关合“席”和“罗衣”,运用自己的想象在意象之间建立了联系,从而达到了将“灯”和“席”女性化的目的。在《烛》中,“烛”本可以与任何建筑结合,而诗人有意选择了“洞房”这一暗示女性生活的意象,并配上“秋月夜”作为背景,在此基础上又联想到“恨君”“遗我”的情节,从而不仅成功地赋予了“烛”女性化的形象,而且在咏物之上似乎增添了某种兴寄的意味。在《镜台》中,诗题“镜台”为典型的女性意象,体写女性形象本为题中应有之义。故诗中以一“照”字自然地引出女性形象,加以正面描绘。而后两句又照例引出了有关时光流逝、君恩不永的担忧。在《落梅》中,诗题为“落梅”,本已蕴含了美丽、纤弱、短暂、悲伤等因素,如果用比兴手法与女性互喻,本来十分方便。但诗人却另辟蹊径,设计了一个采摘梅花,持赠美人的情节,不用比兴,而以赋法直接描写,仍是以“摘”“赠”的动作关合美人与梅花,最后才引出“落”字,但这里的零落,已非有生命的花朵在自然界中正常的凋谢,而是一朵已经被攀折,用作装饰品的花,从美人的发髻上零落。因此,与后人心目中的梅花不同,这里的梅花体现出的不是生命之美,而是修饰之美;不是自然之美,而是人工之美;是与盛装的美人、华贵的首饰联系在一起的。末句又引出了时光流逝、君恩不永的主题。但值得注意的是,本诗中的落梅并非因生命流逝而飘落,而是因为没有生命而枯萎,作为饰物而坠落。那么,末句的手法也不再是比兴,而是直赋其事,通过一个典型细节的描写来暗示情节的发展和主人公的情绪,并具有了一定叙事性。

通过对谢朓《杂咏五首》的分析,可以看出齐梁咏物诗在关合女性形象时的几个特点:首先,并非拘泥于吟咏之题,而是设法从吟咏对象上生发出新的意象,被生发出的意象偏于绮艳,且未必与诗题存在必然联系;其次,在生发意象时,往往采用动词作为关合点,以构建情境来带出新的意象;再次,在生发意象的基础上,会进一步生发出相关的情绪,甚至构造一定的情节,生发的情绪相对僵化,以担忧时间流逝、君恩不永为主;最后,不喜用比兴,长于直赋,甚至具有一定叙事性,能以戏剧化的细节来暗示情节。

这样的写法在齐梁咏物诗中被大量采用,而唐代咏物诗未必会采用。晚唐时,又有大量咏物诗采用了映带的写法,显示出对齐梁诗风的复归。

4. 赋题

赋题是齐梁宫体诗的一种特殊题材,即把乐曲名坐实,当成物来写。某种意义上,赋题诗是一种特殊的咏物诗。赋题诗和咏物诗最大的区别在于,写赋题诗不必见到实物(写咏物诗也未必需要见到实物),而赋题诗和咏物诗的写法是极为相近的。

赋题诗的功能与咏物诗十分近似,但因其取题的思维方式较为特殊,在一些时代难以流行,因而显示出比咏物诗更鲜明的齐梁特色。

在晚唐诗人的创作中是可以见到赋题诗的,由此可见晚唐诗人向齐梁学习的愿望。但赋曲名的作品在晚唐诗中出现的频率相对较低。与赋曲名类似的是,晚唐诗人赋诗句、文句的作品相对较多,这与科举考试的影响不无关系。

另外,一些酬赠诗,尤其是在文人交往时写作的分题诗,也可视为赋题诗。

5. 边塞

在齐梁时代,边塞诗与赋题诗存在一定关系①。齐梁诗人所赋曲名常常取自军乐,因此赋题诗的内容常常与边塞有关。诗人写作边塞题材的赋题诗并不一定要亲临战场。齐梁赋题诗的写作促进了边塞诗的发展。

晚唐也存在类似的情况,一些边塞诗的题目显示出与乐府曲名的关系,在写法上也模拟齐梁边塞诗。与其说这些作品证明了诗人的边塞经历,毋宁说证明了他们学习齐梁的努力。

---

① 参见钱志熙:《齐梁拟乐府诗赋题法初探——兼论乐府诗写作方法之流变》,《北京大学学报》,1995 年第 4 期。

6. 山水

边塞诗中不可避免地要出现自然景物的描写，边塞诗可以将娴熟于宫体诗写作的诗人的眼光从闺房引向天地山水之间。一些边塞诗中也包含着山水的成分。应该看到，齐梁边塞诗与山水诗之间存在着一定联系，二者之间有交叉的部分。

当然，山水诗并非由边塞诗孕育产生。在六朝时代，山水诗的产生先于宫体边塞诗产生。齐梁时代，山水诗也曾颇为繁盛。我们在讨论齐梁的创作结构时，无法抹去这一精彩的组成部分。齐梁山水诗与齐梁宫体诗的共同精神，就是对物象的执着，表现在艺术手法上，则是体物的精细。

晚唐齐梁诗风典型诗人的创作中也不乏山水诗。其中一些作品色泽艳丽，不难看出出自宫体诗人之手。一些没有典型艳字的山水诗，也因其纤细、明净、格律工整、体物刻尽而显示出比较鲜明的齐梁风格。晚唐齐梁诗风的典型诗人对山水诗的热情，与齐梁诗人对山水诗的热情是可以类比的。不能排除这些晚唐诗人在学习齐梁宫体诗的同时，也学习了齐梁的山水诗。

尽管齐梁时代的山水诗有其个性，但我们显然不能说，山水是一种典型的齐梁题材。毕竟，晋宋的山水诗已颇为成熟，而在扬弃了齐梁风格之后，盛唐的山水诗仍在继续发展。整个六朝和整个唐代，山水诗都贯穿其间，不断演进。晚唐的山水诗也是直接继承了中唐山水诗的成就，而非接续一个曾经中断的传统。

晚唐的山水诗直接受到姚贾体的影响，其冷僻的意象、琢句的功夫，都与姚贾体一脉相承。在姚与贾之间，晚唐齐梁体诗人更偏向于姚，即比贾岛的创作略显温润。在宋人的叙述中有一个“晚唐体”的概念，“晚唐体”与姚贾体有时可以等同，有时又有差异①。为论述方便起见，本书将可以归为姚贾体而略显温润的晚唐山水五律称为“晚唐体”。晚唐体是从唐代诗学内部直接生长出来的，与齐梁山水诗隔着漫长而曲折的唐诗

① 参见黄奕珍：《宋代诗学中的晚唐观》，台北：文津出版社，1998 年。

演进过程,但在审美上仍受到齐梁山水诗的影响。

晚唐山水诗并不限于五律,晚唐山水七律中,许赵体风格的作品引人注目。许赵体七律不涉香艳意象,但其设象清丽、体物工细、声律考究,却与齐梁体的追求一致。许赵体的代表人物许浑、赵嘏、刘沧等,都有齐梁体创作;晚唐齐梁诗风的代表人物也往往有许赵体山水七律。可见许赵体也与晚唐齐梁诗风有着密切的关系。

鉴于晚唐体和许赵体都与晚唐齐梁体有密切的关系,本书将这些山水诗也纳入研究视野,视为晚唐齐梁诗风的边缘创作。

7. 怀古

怀古诗是指诗人亲身到达了某处古迹,面对着当地的自然景物和古迹实物,抒发思古幽情的作品。历史和实景是怀古诗不可偏废的两大要素。在怀古诗中,写实景的部分类似山水诗,而抒发兴亡之感的部分类似咏史诗。因此,怀古是一种介乎山水与咏史之间的题材。

许赵体山水诗的代表人物同时都是怀古诗的名家,怀古诗是许赵体的重要组成部分。许赵体的怀古诗同样呈现设象清丽、体物工细、声律考究的风格。晚唐齐梁体诗人也经常写作许赵体的怀古诗。

8. 咏史

咏史诗是指专门对史事发表议论的作品,不要求诗人亲临古迹。因此咏史诗只考验诗人的史识、情境想象力,不需要山水描写。在本书谈到的八种题材中,咏史是对体物的要求最低的,也是最不典型的齐梁题材。

晚唐齐梁体的大家李商隐工于咏史。李商隐咏史诗的成功,首先在于其对历史掌故的熟悉、对历史认识的深刻。同时,富艳精工仍然是李商隐咏史诗的特色。在李商隐的咏史诗中,我们仍然能感受到类似贵游诗的腔调。

李商隐的咏史诗创作并不孤独,晚唐齐梁体诗人创作咏史诗是一个普遍现象。其他诗人的见识往往没有李商隐高明,但他们同样是在用写贵游的华丽语调描写历史情境。他们关心的历史也大多集中在南朝,偶尔延伸到唐玄宗、汉武帝和北齐,可见,他们对齐梁的追慕不仅限于文体,也体现在对南朝物象和南朝掌故的痴迷上。因此,咏史诗也构成晚唐齐梁诗风的一部分内容。

除以上八种与齐梁有关的题材外,晚唐齐梁体诗人也会创作其他题材的作品,只不过那些作品与齐梁的关系已经非常淡薄,并非本书论述的重点。

以上八种文体与八种题材之间两两组合的方式,即构成晚唐齐梁诗风的全貌。本书将依次对这些组合方式做出分析评述。

第二节　齐梁格诗

体式介乎古律之间的齐梁格诗,无论题材如何,都可以视为对齐梁的模仿。

齐梁格诗的创作贯穿唐诗始末。在复汉魏之古的盛唐略有消歇,中唐以后又重新引起了诗人的兴趣。晚唐的齐梁格诗创作与科举试律的鼓励不无关系。

《唐诗纪事》载,开成二年(837),文宗命高锴复司贡籍,并下诏曰:

> 所试赋则准常规,诗则依齐梁体格。①

那么,省试的"齐梁体格"是什么样子呢?开成二年的状元为李肱,今存其省试诗《省试霓裳羽衣曲》云:

> 开元太平时,万国贺丰岁。梨园献旧曲,玉座流新制。凤管递参差,霞衣竞摇曳。宴罢水殿空,辇余春草细。蓬壶事已久,仙乐功无替。讵肯听遗音,圣明知善继。

① 《唐诗纪事》卷五二,第788页。

这可以视为当时科举考试中"齐梁体格"的样板。全诗大体写成排律的样子,首尾联不对仗,中联全部对仗;除一处拗句、一处三平调外,均为律句;每一联的第一音步均平仄相对,即遵循"对"的原则,这是其大体合律的一面。另一方面,此诗押仄声韵而非平声韵;两处失粘;除偶有不合律的句子外,律句中又有一处三仄尾,一处"平平仄平仄",带有齐梁特征,这又是其模仿齐梁而突破近体诗规则的一面。从题材来看,这次省试的题目属赋曲名,《霓裳羽衣曲》是唐代乐府曲名,而诗作实际是将"霓裳羽衣曲"当成物来咏的,是典型的赋题,即典型的齐梁题材。从写法上来看,此诗造语华丽,热衷物象,也带有齐梁特点。这首省试诗确实是一首典型的齐梁格诗。

需要指出的是,李商隐恰好是李肱榜的进士。有理由认为,晚唐诗人在准备科举考试时需要练习写作齐梁格诗。齐梁格诗基于唐代以近体诗取士的传统,又略微照顾到鼓吹古体、有意规避声律的韩孟体诗人的好尚。这似乎也象征了晚唐齐梁体诗人的处境。

晚唐诗人的齐梁格诗创作远不限于应付科举,几乎涉及与齐梁诗风有关的各个题材,是晚唐诗人在学习齐梁方面的重要尝试。

一、女色

齐梁格诗的创作相对集中于温李时代。温李关于女色题材的齐梁格诗带有浓郁的齐梁风味。如李商隐《又效江南曲》:

> 郎船安两桨,侬舸动双桡。扫黛开宫额,裁裙约楚腰。乖期方积思,临酒欲拌娇。莫以采菱唱,欲羡秦台箫。

诗题写明"效江南曲",即效法齐梁。但既曰"江南曲",则应效法齐梁乐府,而非齐梁宫体诗。而此诗却几乎纯为宫体五律。从声律上看,此诗并非像乐府那样不拘声律,而是大体合律,只有末句为三平调。从句法上看,中二联对仗,除首联句法较活泼外,后三联均为比较典型的律诗句法。从章法上看,此诗并非像《西洲曲》那样四句一转,连缀成篇,而是基本遵循五律常见的章法。从写作手法上看,此诗颔联体物,直接描写女子色相,兴寄意味淡薄;颈联缘情,写女子的爱情心理与生活情态,都是宫体诗常用的手法。这样的作品可以见出李商隐"往往咽嚎于任、范、徐、庾之间"的诗学素养。又如《效徐陵体赠更衣》:

> 密帐真珠络,温帏翡翠装。楚腰知便宠,宫眉正斗强。结带悬栀子,绣领刺鸳鸯。轻寒衣省夜,金斗熨沉香。

四至六句不论粘对,其他合律。写明"效徐陵体",则绝似梁陈宫体诗。

温庭筠写女色的齐梁格诗,会用中间换韵的方法变乱五律体式,如其《湘宫人歌》:

> 池塘芳草湿,夜半东风起。生绿画罗屏,金壶贮春水。黄粉楚宫人,芳花玉刻鳞。娟娟照棋烛,不语两含颦。

虽以"歌"为名,却显非歌行之体,更像是两首大体合律的五绝连缀在一起。全诗只有第三联对仗,像是早期五律中的"蜂腰体"。而前半仄韵,后半换平韵,仄韵部分完全合律,平韵部分有一拗句,换韵处入韵,则是对五律体式的修改。此诗兼具五律持重的节奏、仄韵诗凄美的声情和歌行婉转的换韵,是突破近体诗规则又不完全放弃近体诗优点的一种尝试。

温庭筠也有更近似仄韵律诗的作品,如《黄昙子歌》:

> 参差绿蒲短,摇艳云塘满。红潋荡融融,莺翁鸂鶒暖。萋芊小成路,马上修蛾懒。罗衫袅回风,点粉金鹂卵。

除尾联失粘、全诗在修辞上不对仗外,完全符合仄韵律诗的要求。阳声仄韵与五言八句的节奏,衬托出春风中少妇雍容华美的形象。

与齐梁宫体诗人一样,温庭筠喜欢把女主人公放在一个狭小的空间中，描写其华丽的衣饰、微小的动作，他笔下的人物呈现出静态之美，如：

> 早辞平扆殿，夕奉湘南宴。香兔抱微烟，重鳞叠轻扇。蚕饥使君马，雁避将军箭。宝柱惜离弦，流黄悲赤县。理钗低舞鬓，换袖回歌面。晚柳未如丝，春花已如霰。所嗟故里曲，不及青楼宴。（《猎骑辞》）

"理钗"一联，关注女性的容色、装束、动作，带有诱惑意味而又有所节制，绝似萧梁宫体诗。在狭小的空间中，女主人公可以进行的日常活动都很有限，遑论掌握自己的命运，因此，她们的悲情表现为寂寞和强烈的无力感，这样的悲情同样是富于静态美的。在温庭筠的女色排律中，感情的流露是阐缓的，平稳的，这也是宫体诗的特点。

温李的女色齐梁格诗都在探索近体诗规则的弹性，温庭筠是向仄韵的方向探索，李商隐则向三韵诗的方向探索，如其《无题》：

> 近知名阿侯，住处小江流。腰细不胜舞，眉长惟是愁。黄金堪作屋，何不作重楼。

完全是省略了一副中联的五律，属于最规整的三韵诗。齐梁宫体诗本有三韵之体，中唐诗人往往用三韵诗来写山水，写女色渐少①。晚唐诗人又复归了以三韵诗写女色的传统。此诗用意清浅，重视物象，中联直接落笔女性色相，体物工细。又如其假托陈朝公主事所作二首，亦用三韵体：

> 笑啼俱不敢，几欲是吞声。遽遣离琴怨，都由半镜明。应防啼与笑，微露浅深情。（《代越公房妓嘲徐公主》）
>
> 芳条得意红，飘落忽西东。分逐春风去，风回得故丛。明朝金井

① 参见张一南：《中唐三韵诗结构研究》，《北京大学中国古文献研究中心集刊》第九辑，北京：北京大学出版社，2011年。

露，始看忆春风。（《代贵公主》）

因写陈隋间事，故用齐梁格。这两首诗同样是抽去了一联的规整五律，一首中联对仗，一首不用对仗。三韵诗有蕴藉含蓄、欲言又止的文体特点，李商隐从自己辗转于党争夹缝中的身世之感出发，精确地找到了三韵诗这种文体，用以表现贵公主“笑啼俱不敢”的情绪特点。

李商隐还会选择用五七杂言的形式突破三韵诗的单调感，如《代赠》：

杨柳路尽处，芙蓉湖上头。虽同锦步障，独映钿箜篌。鸳鸯可羡头俱白，飞去飞来烟雨秋。

尾联改为七言，与中联也不再具有粘的关系，而中联仍然为对仗，其他地方也都遵守格律。

李群玉擅长用五言古诗、古体乐府描写女色，似乎并不热衷于用五律或齐梁格诗模拟齐梁宫体。只能说，在李群玉写女色的五言古诗中，有一部分作品有较多地方符合格律，疑似齐梁格诗。如其《感春》：

春情不可状，艳艳令人醉。暮水绿杨愁，深窗落花思。吴宫新暖日，海燕双飞至。秋思逐烟光，空蒙满天地。

以缘情为主，大致符合仄韵律诗的要求，只有颔联对仗，取象较为雍容唯美，可视为齐梁格诗。又如同为缘情的《秋怨》：

瑟瑟凉海气，西来送愁容。金风死绿蕙，玉露生寒松。所思在溟碧，无因一相逢。登楼睇去翼，目尽沧波重。虚窗度流萤，斜月啼幽蛩。疏红落残艳，冷水凋芙蓉。岁暮空太息，年华逐遗踪。凝情耿不寐，揽涕起疏慵。

首句和第七韵拗,然皆不失粘对,第三联和第七联修辞上不对仗,除此以外,完全是一首排律。体物者则如《赠回雪》:

回雪舞萦盈,萦盈若回雪。腰支一把玉,只恐风吹折。如能买一笑,满斗量明月。安得金莲花,步步承罗袜。

押入声韵,全无对仗,然皆为律句,除末句外皆讲粘对。酒席投赠舞女,是齐梁宫体诗的传统题材。直接描写色相,也是齐梁宫体诗的传统,而在露骨程度上超越齐梁,则显示出李群玉特有的大胆。这是一首典型的写女色的齐梁格诗。

韩偓在几乎整体描写女色的《香奁集》中,进行了大胆的文体探索。《香奁集》中既有对齐梁格诗传统形式的继承,也有新的杂体。继承传统者如三韵诗《半夜》:

板阁数尊后,至今犹酒悲。一宵相见事,半夜独眠时。明朝窗下照,应有鬓如丝。

与李商隐的三韵诗一样,也是抽去一联的严整五律。中联对仗,使用名词句①,增强了三韵诗蕴藉不尽的效果,用以缘情,显得情深意重。又如仄韵律诗《五更》:

秋雨五更头,桐竹鸣骚屑。却似残春间,断送花时节。空楼雁一声,远屏灯半灭。绣被拥娇寒,眉山正愁绝。

作品不拘粘对,多拗句,押入声韵,声情拗怒。体式采用蜂腰体,只有颈联对仗,而这对仗的一联,恰恰是诗人用力最深、最要强调的。联语只呈现

① 参见李鹏飞:《"名词语"句法的形成及其诗学意义》,《云南大学学报》,2010年第1期。

物象，而空闺寂寞之情尽出，给人留下深刻印象。

韩偓更多的杂体女色诗并不模仿五律，如其《懒卸头》：

侍女动妆奁，故故惊人睡。那知本未眠，背面偷垂泪。懒卸凤凰钗，羞入鸳鸯被。时复见残灯，和烟坠金穗。

此诗又被视为词牌《生查子》的一体，与后世通行的《生查子》格律相比，粘对的安排更为自由，很可能确为乐府体，或与当时的时新教坊乐有关。

更多的作品甚至不限于五言，如《三忆》：

忆眠时，春梦困腾腾。展转不能起，玉钗垂枕棱。
忆行时，背手挼金雀。敛笑慢回头，步转阑干角。
忆去时，向月迟迟行。强语戏同伴，图郎闻笑声。

显系模仿沈约的《六忆诗》。以三字句“忆某时”领起，以三个五字律句写相关的女子情态，具有很强的程式感。

又有四言者如《春昼》：

春融艳艳，大醉陶陶。漏添迟日，箭减良宵。藤垂戟户，柳拂河桥。帘幕燕子，池塘伯劳。肤清臂瘦，衫薄香销。楚殿衣窄，南朝髻高。河阳县远，清波地遥。丝缠露泣，各自无憀。

尝试将四言的形式与宫体诗的写法结合起来，与《诗经》体无关。又六言者如：

一灯前雨落夜，三月尽草青时。半寒半暖正好，花开花谢相思。惆怅空教梦见，懊恼多成酒悲。红袖不干谁会，揉损联娟澹眉。（《六言三首》其二）

六言实际是一种中唐以后开始流行的杂体。中国诗歌的主流是五七言诗,即带有“休音”,六言诗打破了这一节奏,不带有休音,不适合叙述深刻、悲凉的感情[①]。或许正是因此,中晚唐的六言诗更多地呈现出娱乐性,选用语言通俗流易,近乎俗体。韩偓的三首六言诗也不例外。这属于从字数上变更律诗传统的尝试。

二、贵游

晚唐几乎没有用齐梁格诗写贵游的例子。只有陈陶有一首《寄元孚道人》,是用齐梁格诗投赠,并赞美男性友人:

> 梵宇章句客,佩兰三十年。长乘碧云马,时策翰林鞭。曩事五岳游,金衣曳祥烟。高攀桐君手,左倚鹫鹙肩。哭玉秋雨中,摘星春风前。横辀截洪偃,凭几见广宣。尔来寤华胥,石壁孤云眠。龙降始得偈,龟老方巢莲。内殿无文僧,驺虞谁能牵。因之问楚水,吊屈几潺湲。

从形式上看,除第三、四、六、七句粘对、对仗略自由外,基本符合排律要求,因而可视为齐梁格诗。从内容上看,仙道内容的外衣下,是对友人的奢华赞美,可算与贵游有关。

陈陶也是本书研究视野内唯一用五言古诗写仙道题材的诗人,因此,其与仙道题材有关的齐梁格诗,也可视为其仙道五古中相对符合近体诗格律的特例。

三、咏物

温庭筠的咏物齐梁格诗如《咏晓》:

> 虫歇纱窗静,鸦散碧梧寒。稍惊朝佩动,犹传清漏残。乱珠凝烛

---

① 参见〔日〕松浦友久著,石观海、赵德玉、赖幸译:《节奏的美学——日中诗歌论》,沈阳:辽宁大学出版社,1995年,第28页。

> 泪,微红上露盘。褰衣复理鬓,余润拂芝兰。

模仿萧梁宫体诗人的《冬晓》诗,以“晓”为吟咏对象,映带女色与贵游。所有诗句均为律句,蜂腰体,第三、四、五句间失粘对。

又如《芙蓉》:

> 刺茎澹荡碧,花片参差红。吴歌秋水冷,湘庙夜云空。浓艳香露里,美人青镜中。南楼未归客,一夕练塘东。

首联以三仄尾与三平调对仗,首联与颔联间失粘,余者遵循五律要求。全诗的思路是将芙蓉比作美人,以体物映带女色。首联体写芙蓉的物象特征。颔联写芙蓉的环境,又以“吴歌”“湘庙”映带典籍和传说中的女性形象。颈联将花比作美人。尾联写游子面对芙蓉的怅惘,暗写对美人的思念。这种写物象而映带女色的写法,在齐梁咏物诗中是常见的。

再如其《咏春幡》:

> 闲庭见早梅,花影为谁栽。碧烟随刃落,蝉鬓觉春来。代郡嘶金勒,梵声悲镜台。玉钗风不定,香步独徘徊。

春幡即女子在立春日为迎春而佩戴的饰物。五代词和宋词中经常涉及春幡,因此可以认为,在温庭筠的时代,春幡是一种现实中可见的时尚饰物。但另一方面,春幡亦曾出现在南朝人的诗句中,如徐陵即有“正月春幡底须故”之句。因此,温庭筠咏春幡,亦不能排除有模拟南朝的成分。此诗首联与颔联之间失粘,亦非规整的五律,而是更接近齐梁体式。

此诗首联点出佩戴春幡的时令,颔联直赋剪春幡和贴春幡的行动,都是较实的写法。“觉春来”三字,也是紧贴春幡的用途。但“春”字本身被赋予了季节之外的意义,如青春、爱情等,因此“觉春来”三字给人带来的感受,也超出了普通的时序变更本身,而让人联想到未觉春来时的寂寞。

特别是与“蝉鬓”二字联系,客观上使女性的美丽与不觉春来的寂寞构成了一组对比,仿佛隐含着韶华空逝的叹惋。因此,颈联不从“春来”着笔,反从寂寞着笔。为状写寂寞,诗人构造了一个良人远征、空房独守的情节,把“寂寞”这一普泛化的情绪限制在具体的情境中,固化为可见的形象。更用镜台前的梵声这一细节,暗示出贴春幡者的寂寞。春幡与寂寞本无联系,只是由“蝉鬓觉春来”这一形象生发出了寂寞;寂寞并不只存在于征夫思妇的情节中,只是诗人选择了构建这一情节作为寂寞的载体。从实际表达效果来看,颈联在全诗中显得有些突兀。但这种依托物象构造情节的思维模式,可能正反映出诗人模仿齐梁的努力。尾联中的“玉钗风不定”一句,体物入微,本身就是一个很生动的形象。温庭筠本人的《菩萨蛮》中有“玉钗头上风”一句,亦采用了这一形象,足见诗人对此句是很得意的。而这一形象在《咏春幡》一诗中,又是着题之语。玉钗与春幡同是插在头发上的饰物,而“风”亦为玉钗与春幡所共,因此更显出春幡的飘逸灵动。此语既紧扣题目,同时又是题目生发出的新形象,其价值更多地在于新生发出的形象本身。这仍是齐梁咏物诗的写法。同样,末句“香步独徘徊”亦非泛泛之语。只有在“徘徊”时,才能显出“玉钗风”,显出春幡的飘逸。而在“徘徊”之上加一“独”字,则又重新暗示了寂寞的主题。

温庭筠另有咏建筑的双声叠韵诗,如:

> 栖息消心象,檐楹溢艳阳。帘栊兰露落,邻里柳林凉。高阁过空谷,孤竿隔古冈。潭庐同淡荡,仿佛复芬芳。(《李先生别墅望僧舍宝刹因作双韵声》)
>
> 废砌翳薜荔,枯湖无菰蒲。老媪饱藁草,愚儒输逋租。(《题贺知章故居叠韵作》)

前首每句五字皆同声,故为双声诗;后首每句五字皆同韵,故为叠韵诗。双声叠韵亦属齐梁杂体,是齐梁诗人在向近体诗声律规则迈进的过程中所做的探索。这种探索并未被主流近体诗继承下来,可能是因为双声叠韵诗声音拗涩不美,创作难度又相对较大,近乎游戏,妨碍了表情达意。温庭筠创作的双声叠韵诗,虽然句法不见牵强之态,但仍然无法克服声音拗口的缺点,使读者无法安心欣赏其诗歌之美,所以仍然是不成功的尝试。温庭筠创作双声叠韵诗,只能证明他对齐梁杂体的广泛兴趣。

李商隐的齐梁格咏物诗也很少。一首标明模拟齐梁的《齐梁晴云》,只是在五律基础上稍微变乱声律:

> 缓逐烟波起,如妒柳绵飘。故临飞阁度,欲入回陂销。萦歌怜画扇,敞景弄柔条。更奈天南位,牛渚宿残宵。

除其意象和体物方式与齐梁相同外,其格律则体现出介乎古律之间的特点。在句法上,前三联均对仗,尾联不对仗,属五律体式;前两联句式相似,未刻意避免重复,则显示出齐梁的特点。在格律上,所有句子均为律句,但首联失对,前三联之间各自失粘,显示出齐梁的特点;后二联则为典型的格律诗。"萦歌怜画扇"一句映带女色,表现出齐梁咏物诗的特点。

又如《赠荷花》:

> 世间花叶不相伦,花入金盆叶作尘。惟有绿荷红菡萏,卷舒开合任天真。此花此叶常相映,翠减红衰愁杀人。

为七言三韵诗,无对仗,而皆律句、讲粘对,故为齐梁格诗。以"荷花"为题,直接落笔描写荷花,则可视为咏物诗。

陈陶则有《题僧院紫竹》:

> 喜游蛟井寺,复见炎州竹。杳霭万丈间,啸风清独速。江南正霜霰,吐秀弄颛顼。似瑞惊坚贞,如魔试金粟。笋非孝子泣,文异湘灵哭。……青葱太子树,洒落观音目。法雨每沾濡,玉毫时照烛。离居

鸾节变，住冷金颜缩。岂念葛陂荣，幸无祖父辱。光摇水精串，影送莲花轴。江鹭日相寻，野鹦时寄宿。幽香入茶灶，静翠直棋局。肯羡垣上蒿，自多篱下菊。从来道生一，况伴龟藏六。栖托讵星回，檀栾已云矗。霞杯传缥叶，羽管吹紫玉。久绝钓竿歌，聊裁竹枝曲。愧生黄金地，千秋为师绿。

除押入声韵外，有大段内容讲究平仄、粘对、对仗，体物工细，用典华丽，体现了齐梁格诗的形式特点和齐梁咏物诗的艺术特征。

李群玉则有《骢马》：

浮云何权奇，绝足世未知。长嘶清海风，蹀躞振云丝。由来渥洼种，本是苍龙儿。穆满不再活，无人昆阆骑。若识跃峤怯，宁劳耀金羁。青刍与白水，空笑驽骀肥。伯乐傥一见，应惊耳长垂。当思八荒外，逐日向瑶池。

“骢马”是齐梁宫体咏物诗常见的对象。此诗紧贴“骢马”，展开汉赋式的铺陈，多处带出对仗和声律的痕迹，显示出齐梁宫体诗的影响。

韩偓则有《火蛾》：

阳光不照临，积阴生此类。非无惜死心，奈有灭明意。妆穿粉焰焦，翅扑兰膏沸。为尔一伤嗟，自弃非天弃。

此诗不在《香奁集》中，被《全唐诗》按普通五律编入。然此诗押仄声韵，首联不拘声律，显非正常五律；又后六句讲究平仄、粘对和对仗，故应视为齐梁格诗。从题材上看，这是一首以扑火飞蛾为吟咏对象的咏物诗。诗中的兴寄之意十分明显。而单从体物的笔法上看，紧贴对象进行刻画，笔法稚拙，颇似草创初期的齐梁宫体诗。以“妆”来比喻蛾翅的图案，又映带“兰膏”，亦似齐梁咏物笔法。

吴融则有《杏花》：

春物竞相妒，杏花应最娇。红轻欲愁杀，粉薄似啼销。愿作南华蝶，翩翩绕此条。

这是一首三韵诗，格律、体式贴近五律。中联将杏花当作美人来写，是典型的齐梁笔法。尾联"南华蝶"的想象也颇为轻艳。

晚唐诗人写作齐梁格咏物诗的数量都不多，明显是偶一为之，而这种尝试在晚唐也确实是存在的。

四、赋题与边塞

本章研究范围内的齐梁格边塞诗只有温庭筠的两首，即《边笳曲》和《侠客行》。二诗皆有赋题性质。其文本及分析均已见于本书第一章，此不赘述。

五、山水

晚唐的齐梁格山水诗呈现清中尚奇的艺术特点，有别于晚唐一般山水五律的疏淡。这大概与齐梁格诗部分地打破了五律的声律规则，在声情上比常规五律更为拗怒有关。

温庭筠的六言山水诗《送李亿东归》呈现出一片清丽的自然风光：

黄山远隔秦树，紫禁斜通渭城。别路青青柳弱，前溪漠漠苔生。和风澹荡归客，落月殷勤早莺。灞上金樽未饮，宴歌已有余声。

虽然"六言律诗"的体式是齐梁没有的，但从这首诗中不难看出齐梁山水诗的经典意象。早在大历时期，诗人们已经开始了对齐梁山水诗的自觉学习①，温庭筠在这里承继了这一诗学传统。六言诗则消解了齐梁和中

① 参见蒋寅：《大历诗风》，上海：上海古籍出版社，1992年。

晚唐山水诗中常见的凄清之感,显得更为轻快柔美。

又如其《秋日》:

爽气变昏旦,神皋遍原隰。烟华久荡摇,石涧仍清急。柳暗山犬吠,蒲荒水禽立。菊花明欲迷,枣叶光如湿。天籁思林岭,车尘倦都邑。诗张夙所违,悔吝何由入。芳草秋可藉,幽泉晓堪汲。牧羊烧外鸣,林果雨中拾。复此遂闲旷,翛然脱羁絷。田收鸟雀喧,气肃龙蛇蛰。佳节足丰穰,良朋阻游集。沉机日寂寥,葆素常呼吸。投迹倦攸往,放怀志所执。良时有东菑,吾将事蓑笠。

纯是一首标准的仄韵排律。其中,“爽气变昏旦”“烟华久荡摇”等句,高华疏旷,明显看出宋齐山水诗的痕迹。而“枣叶光如湿”“林果雨中拾”等句,设象凄清,体物纤细,又见出李贺诗和姚贾体的影响。

再如其《经西坞偶题》:

摇摇弱柳黄鹂啼,芳草无情人自迷。日影明灭金色鲤,杏花唼喋青头鸡。微红柰蒂惹蜂粉,洁白芹芽穿燕泥。借问含嚬向何事,昔年曾到武陵溪。

偶有出律,对仗方式与七律完全相同,可视为七言的齐梁格诗。物象华艳,色彩明丽,虽写山水自然,却带有浓重的宫体色彩。

陈陶的齐梁格山水诗,务求新异,体物奇古,如其《番禺道中作》:

博罗程远近,海塞愁先入。瘴雨出虹蝀,蛮江渡山急。常闻岛夷俗,犀象满城邑。雁至草犹春,潮回樯半湿。丹丘凤凰隐,水庙蛟龙集。何处树能言,几乡珠是泣。千年赵佗国,霸气委原隰。龌龊笑终军,长缨祸先及。

除第二、三韵使用宽对外，基本是一首标准的仄韵排律。诗写岭南的奇异风物。“瘴雨出虹蛛，蛮江渡山急”，“雁至草犹春，潮回樯半湿”，既是观察细致的体物，又未尝不是对新奇景物的夸耀，兼具齐梁山水诗之工细与韩孟诗派取象之奇肆。“何处树能言，几乡珠是泣”，句法奇而能稳，用事奇幻。无论是齐梁山水诗，还是中晚唐的姚贾体，都很少见到这样的尚奇之作。这样的作品一面继承了韩孟诗派的尚奇传统，一面又向近体诗的规则回归。

比起陈陶的奇肆怪谲，李群玉的齐梁格山水诗则是奇中见清，如其《山中秋夕》：

> 抱琴出南楼，气爽浮云灭。松风吹天箫，竹路踏碎月。后山鹤唳定，前浦荷香发。境寂良夜深，了与人间别。

所取意象常见而唯美。“松风吹天箫”五连平，“竹路踏碎月”五连仄，声音效果形成鲜明对比，彻底打破了近体诗的声律规则，与诗句塑造的尘外之境相得益彰。入声韵如明亮清冷的月光，给诗中的词句镀上了一层清幽洁净的色彩。诗作通过选择适宜的意象，准确地捕捉、描绘其状态，配上相应的声情效果，成功地再现了“了与人间别”的秋夜风光。

韩偓的《早起五言三韵》继承了中唐以来用三韵诗写自然山水的传统：

> 万树绿杨垂，千般黄鸟语。庭花风雨余，岑寂如村坞。依依官渡头，晴阳照行旅。

此诗不是典型的律体，唯一的对仗句放在首联，尾联失粘。此诗有齐梁、大历山水诗的清朗幽静，又加入了一点暖色，清中见丽。仄声韵脚娓娓如诉。又如其《南亭》：

> 每日在南亭，南亭似僧院。人语静先闻，鸟啼深不见。松瘦石棱棱，山光溪淀淀。堑蔓坠长茸，岛花垂小蒨。行簪隐士冠，卧读先贤传。更有兴来时，取琴弹一遍。

诗皆律句，数处失粘，而不失对，中联皆对仗，大致是一首仄韵排律。体物深至，造境清幽，取象不失唯美，略似晚唐体。

六、怀古

温庭筠的《故城曲》虽然未必是身临其境之作，但因含有较多的自然风光描写，亦可归为怀古诗：

> 漠漠沙堤烟，堤西雉子斑。雉声何角角，麦秀桑阴闲。游丝荡平绿，明灭时相续。白马金络头，东风故城曲。故城殷贵嫔，曾占未来春。自从香骨化，飞作马蹄尘。

诗作讲究平仄搭配，多对少粘，为齐梁格诗。又多三平调，少对仗句，律化程度较低。诗作写到了“麦秀桑阴闲”“游丝荡平绿”的自然风光，又热衷于古代的“白马金络头”“故城殷贵嫔”的形象，注意映带女色与贵游，寓意却不深远，具备温庭筠诗常见的重象轻意特点。声调凄婉，富于齐梁风情。

陈陶的《涂山怀古》全无对仗，只有格律全依排律规则：

> 落拓书剑晚，清秋鹰正笼。涂山间来上，敬爱如登龙。览古觉神王，翛然天地空。东南更何有，一醉先王风。惟昔放勋世，阴晦彻成洪。皇图化鱼鳖，天道漂无踪。……异代草泽臣，何由树勋庸。尧阶未曾识，谁信平生忠。恨不当际会，预为执鞭僮。劳歌下山去，怀德心无穷。

如果不看平仄，单从风格判断，此诗已与齐梁诗风毫无关系，纯粹是一首具有汉魏风骨的五言古诗。但以上所引部分的格律却老老实实地遵循了五言排律的要求。只能说,这是陈陶将五言古诗的风格与近体诗的格律结合在一起的一次尝试。

这仅有的两首与齐梁格诗有关的怀古诗都很不典型,都可以看作倾向于格律化的五言古诗。可以说,晚唐诗人几乎不用齐梁格诗来怀古。

七、咏史

本章研究视野内,没有看到典型的齐梁格咏史诗。可见,齐梁格诗也不被视为可以咏史的体裁。

八、其他

除与齐梁诗风有关的题材外,相关诗人还有少量齐梁格诗。如陈陶《将归钟陵留赠南海李尚书》《宿岛径夷山舍》和《避世翁》。这三首诗除体现出一定格律化倾向外,写法更接近五古。由此可见,陈陶的五古整体呈现出格律化的倾向。

李群玉的很多酬赠诗,在语言上颇具晋宋风流,同时显示出格律化的倾向。如《送魏珪觐省》:

> 木落楚色深,风高浪花白。送君飞一叶,鸟逝入空碧。猗欤白华秀,伤心倚门夕。不知云涨遥,万里看咫尺。……

全无对仗,语态潇洒,得力于《文选》,取象亦有六朝特色。而格律则遵循仄韵排律的要求。像这样的作品在李群玉的创作中并不鲜见。

唐彦谦并无齐梁题材的齐梁格诗,但他的《樊登见寄四首》却是三韵诗,属齐梁格诗范畴。今举其第四首为例:

> 悠悠括城北,眄眄岩泉西。宿草暝烟绿,苦竹含云低。幽怀不可托,鹧鸪空自啼。

与李群玉的齐梁格酬赠诗相似，此诗多用六朝山水诗意象，清丽唯美。前两联对仗，包含典型齐梁格律“平平仄平仄”与三平调，有粘对意识而不尽粘对。中联体物，炼字新异。此诗更多地表现出对元和三韵诗的继承。

韩偓的《南浦》也属于不能被归入典型齐梁题材的齐梁格诗：

> 月若半环云若吐，高楼帘卷当南浦。应是石城艇子来，两桨咿哑过花坞。正值连宵酒未醒，不宜此际兼微雨。直教笔底有文星，亦应难状分明苦。

此诗押仄声韵，多律句，而有孤平，又有典型齐梁格律，有粘对意识而不尽粘对，无对仗，属齐梁格诗。《全唐诗》似按七律编入，非其所宜。“月若半环云若吐”“两桨咿哑过花坞”等句，似学梁陈歌行，但全诗并不能算是典型女色题材，只能作为韩偓创作非齐梁题材的齐梁格诗的例证。

九、小结

通过本节的分析可知：晚唐的齐梁格诗创作集中在温李时代，后期韩吴偶有拟作，亦属追步温李。陈陶的齐梁格诗则在此脉络之外，属于在大量创作五古的过程中出现的有律化倾向的作品。温李韩吴的齐梁格诗求丽，陈陶的齐梁格诗求奇。

温李的齐梁格诗在探索近体诗规则的弹性，从不同方向对近体诗格律做小幅度的变通。李群玉除继承温李的探索外，开始较多地创作齐梁格山水诗。韩吴继续着温李的探索。陈陶的齐梁格诗则更接近五古。

晚唐的齐梁格诗以女色和山水题材为最多，咏物涉及的诗人较多，但作品总量并不多，其他齐梁题材只是偶有创作，亦有非齐梁题材的齐梁格诗创作。晚唐齐梁格诗的总量不大，但其存在是不争的事实，这是晚唐诗人学习齐梁最直接的证据。

第三节 五律

齐梁五言诗虽然在粘对等声律问题上不尽符合后世近体诗的要求，但这主要是由当时声律规则尚未最后形成造成的。从总体上，齐梁五言诗是趋向于律体的，因而并不排斥律体。《才调集》所指“齐梁体”亦包含标准五律。晚唐的诗人完全可以以标准的五律模拟齐梁诗风。许学夷曾指出：

> 诗文俱以体制为主。唐末语虽纤巧，而律体则未尝亡；梁陈以后，古体既失，而律体未成，两无所归，断乎不可为法。①

虽然许学夷在这里讨论的是律诗的章法问题，但在声律、对仗等更为表层的问题上，也可以套用这一论断。齐梁时代律诗篇制尚不成熟，晚唐诗人则可以较为成功地排除这一影响，不必在格律细节上处处学步齐梁。因此，晚唐诗人律体严整之处，并不代表对其师法的齐梁体的背叛，反而可以看作一种更加纯熟的齐梁体。

翁方纲在《石洲诗话》中评价李商隐的诗说：

> 七律则远合杜陵；五律七绝之妙，则更深探乐府。②

所谓“深探乐府”者，自然是指其艳体。但与其说李商隐的五律近于乐府，毋宁说近于齐梁的五言宫体诗。关于南朝乐府与宫体诗的区别，胡大雷先生曾在《宫体诗研究》一书中加以论述。根据书中的分析，南朝乐府

---

① 《诗源辩体》卷一一，第137页。

② ［清］翁方纲：《石洲诗话》，郭绍虞编选，富寿荪校点：《清诗话续编》，上海：上海古籍出版社，1983年，第1394—1395页。

与宫体诗相比较,前者以泛咏、女性口吻、热烈奔放和细节刻画为特征,后者则以追求纪实、男性口吻、故作矜持和全面描摹为特征①。从实际创作来看,李商隐及其同时代诗人创作的齐梁题材的五律,应属后者。今试举一例:

> 拟杯当晓起,呵镜可微寒。隔箔山樱熟,褰帷桂烛残。书长为报晚,梦好更寻难。影响输双蝶,偏过旧畹兰。(《晓起》)

从胡大雷先生总结的四个标准来看这首诗,发现此诗所写场景具体、个性化,叙述者为男性旁观者,感情含蓄内敛,描摹角度全面多样,均符合宫体诗的特征,而非南朝乐府的特征。可见李商隐五律体现出的是宫体而非乐府的风格。何焯在《义门读书记》中指出:

> 义山五言出于庾开府,七言出于杜工部。不深究本源,未易领其佳处也。②

由于南朝宫体诗人受到的评价普遍较低,庾信是其中受到评价最高的一位,故何焯在此所谓的"出于庾开府",未必是专指庾信一家而言,而是代指南朝宫体诗的最高成就。何焯之意,当即李商隐的五言诗是取南朝宫体诗之精华而在艺术上臻于纯熟的。这一论断符合李商隐创作的实际。同时,创作宫体风格的五律,并非李商隐的特性,而是晚唐齐梁体诗人的共性。因此,何焯的论断也适用于所有的晚唐齐梁体诗人。五言律诗是晚唐齐梁诗风中最接近齐梁诗歌面貌的体裁。在此,将逐一展示涉及不同题材的相关作品。

---

① 参见胡大雷:《宫体诗研究》第八章,北京:商务印书馆,2004年,第105—124页。

② 《义门读书记》卷五七。

一、女色

温庭筠写女色的五律，曾被《才调集》视为“齐梁体”（如《春日》《咏顰》《太子西池》）。温庭筠的这类作品，往往是典型的齐梁式写法，必须写到女性身体形象。如：

凝腰倚风软，花题照锦春。（《观舞妓》）
毛羽敛愁翠，黛娇攒艳春。（《咏顰》）

或写歌筵，或写宫廷，直接描写女性的身材、面容，带有诱惑性的暗示，是最典型的宫体诗的写法。温庭筠的女色五律可以容纳密集的意象，表达的意义却相对稀薄，如《握柘词》：

杨柳萦桥绿，玫瑰拂地红。绣衫金騕褭，花髻玉珑璁。宿雨香潜润，春流水暗通。画楼初梦断，晓日照湘风。

艳丽的意象令人目不暇接，对思妇情感的缘写却并不特别深刻，作品打动读者的是意象，体现出温庭筠诗重物轻情的特点，这也是很多齐梁宫体诗的特点。这样的作品，因意象和语言本身的美感而令人不忍放弃，又因情感的呆板而令人不敢接受，只有当人们设法将其纳入“美人香草”的诗学系统，将其中平凡的夫妇情思视为士人对君王家国的感情，从而获得道德上的崇高感时，才有可能被接受。应该看到，温庭筠的长短句同样具有这种意象丰富艳丽、重物轻情的特点，这大概也是为什么人们总是试图将其《菩萨蛮》等作品解释为“美人香草”式的隐喻。由此也可以说明，温庭筠在新文体长短句的创作尝试中，带出了他在宫体五律、齐梁体歌行等旧文体中的创作特点。

在本章关注范围内，李商隐写女色五律是最多的。李商隐往往并不直接写到女性的形貌，而是以物象映带情感，显得更为雅致，如：

楼响将登怯，帘烘欲过难。(《无题四首》其三)

并没有出现女性形象的描写，而只描写了奢华的物象：绣楼、垂帘。然后在“楼”上加一“响”字，暗示女主人公脚下的高屐；在“帘”上加一“烘”字，暗示居室内的暖香。如果仅从体物的角度来看，“将登怯”“欲过难”是形容“响”与“烘”的程度，仍不失为不错的宫体诗。而在体物的同时，李商隐又看似不经意地映带出了女主人公的内心活动。“将登怯”看似是为“楼响”，实则是怕楼响而使人觉察，从而让他人知道自己登楼遥望意中人的行动；“欲过难”并非真是因为“帘烘”，而是矜持于闺秀的身份，不愿越过垂帘而触犯嫌疑。李商隐没有写女主人公的容貌、装饰，但一面写女主人公所用器物的华丽，一面准确地传达出了她的心理，同样使作品富于女性魅力，引人入胜。比起温庭筠靠描绘女性色相传达女性魅力，李商隐映带感情的写法更精确、更复杂，余味无穷。这就是李商隐所擅长的由体物入于缘情的创作手法。

温庭筠陈列容色服饰，李商隐细致描写华贵器物，二者在设象的华美上是平等的，在进入“美人香草”诗学叙述的可能性上也是平等的。当李商隐的女色五律被视为“美人香草”的寄托之作时，他展现的女性心理可以自然地转化为士人心理，而温庭筠式的物象陈列只能被简单地解释为自我修饰，因此，李商隐的作品仍然显得更加丰富，容易引起共鸣。这也使得人们更乐于从“美人香草”的角度去解读李商隐的女色诗。

温庭筠的女色五律多用实字，显得富丽典重，更接近齐梁宫体诗的原始特征。相比之下，李商隐的女色五律更擅长使用虚字，因而显得更为流动，如：

峡云寻不得，沟水欲如何。(《离思》)
谁言整双履，便是隔三桥。(《明日》)
扇薄常规月，钗斜只镂冰。(《楚宫》)
倚风行稍急，含雪语应寒。(《拟沈下贤》)

> 夭桃惟是笑，舞蝶不空飞。(《即日》)

这与李商隐由体物入于缘情的创作特点是一致的。同时，虚字的熟练使用，也反映出唐诗技巧经过数百年的发展，相对于早期近体诗取得的进步。李商隐在宫体五律这一传统文体的基础上成功使用虚字，使诗句显得更为自然、丰富、活泼，规避了这一文体很难避免的呆板之弊。

在晚唐齐梁诗风中期，代表人物李群玉更擅长用古体乐府写女色，因而在他的传世作品中看不到用规整五律写成的女色诗。但与他大致同时的于武陵仍然以典型的宫体风格写作女色五律，如其《长信宫二首》：

> 簟凉秋气初，长信恨何如。拂黛月生指，解鬟云满梳。一从悲画扇，几度泣前鱼。坐听南宫乐，凉风摇翠裾。
>
> 一失辇前恩，绮罗生暗尘。惟应深夜月，独伴向隅人。长信翠蛾老，昭阳红粉新。君心似秋节，不使草长春。

艳丽的物象，舒缓的声调，对体物的兴趣，都是典型的宫体风格。“拂黛月生指，解鬟云满梳”，节奏缓慢，风情万种，实为宫体佳句。而虚字的引入，如“一从悲画扇，几度泣前鱼”，“惟应深夜月，独伴向隅人”，与李商隐的同类作品一样，吸收了唐诗的技巧，句法灵动，引入了一定的叙事性，虽然所缘之情并无特异，但声调却动人心魄。又如其《王将军宅夜听歌》：

> 朱槛满明月，美人歌落梅。忽惊尘起处，疑有凤飞来。一曲听初彻，几年愁暂开。东南正云雨，不得见阳台。

同样声调从容，句法老练。只不过这样的作品体物奇丽不及飞卿，缘情深至不及义山，虽然语言技巧纯熟，却不足以成为文学经典。这也是晚唐诗歌创作的一般状态。

在于武陵的时代，用七律写女色已经成为通行作法，因此，此时的女色五律已较为少见，于武陵的创作结构在同时代诗人中呈现出保守性。到了韩吴时代，女色七律更为通行，仍然像温李那样以五律写女色的，只剩下直承李商隐家学的韩偓和他的诗友吴融。

目前所见韩偓的女色五律均见于《香奁集》。《香奁集》的文体非常丰富，不大的篇幅中，可以见到几乎所有与齐梁有关的文体，因此笔者推测，《香奁集》有可能是韩偓自觉模拟齐梁诗风的文体实验的总集。如果是这样，那么女色五律仅见于《香奁集》，就说明韩偓已将写女色的五律视为齐梁的特殊文体，作为一种文体实验了。

《香奁集》中的女色五律，兼具飞卿之体物与义山之缘情。其体物者如：

> 手香江橘嫩，齿软越梅酸。（《幽窗》）
> 绣叠昏金色，罗揉损研光。（《信笔》）

其缘情者如：

> 两情含眷恋，一饷致辛酸。（《别后》）
> 恨深书不尽，宠极意多疑。（《欲去》）

韩偓的女色五律还算较为含蓄，吴融的同类作品则更为大胆直致，与同时代的女色七律一样，肆无忌惮地描写女性形貌。如：

> 醉波疑夺烛，娇态欲沉春。（《即席》）
> 麝想眉间印，鸦知顶上盘。（《出迟》）
> 鸾镜长侵夜，鸳衾不识寒。（《春词》）

总的来说，韩偓和吴融仍有女色五律创作，但这种题材与形式的传统组合，已经在当时盛行的女色七律的挤压下，渐渐失去了生存空间。

二、贵游

李商隐的五律中有典型的贵游诗,如《少将》:

族亚齐安陆,风高汉武威。烟波别墅醉,花月后门归。青海闻传箭,天山报合围。一朝携剑起,上马即如飞。

用钦羡的口吻描绘了一位出身高贵,生活风流奢靡,而又忠勇双全,能够为国效命的少将形象。这首诗对"少将"全是歌颂,看不出讽刺之意,而这并不妨碍诗人写他"烟波别墅醉,花月后门归"。这位少将似乎有曹植笔下"幽并游侠儿"的遗风,却过着更为奢靡的生活。用写风月的笔墨表达对男性的赞颂,是典型的晚唐贵游诗。

类似的夸耀还有:

一盏新罗酒,凌晨恐易消。归应冲鼓半,去不待笙调。歌好惟愁和,香浓岂惜飘。春场铺艾帐,下马雉媒娇。(《公子》)

桥峻斑骓疾,川长白鸟高。烟轻惟润柳,风滥欲吹桃。徙倚三层阁,摩挲七宝刀。庾郎年最少,青草妒春袍。(《春游》)

即使在描写颓唐的男性生活时,李商隐还是会用奢靡的笔调稍加点染,如《夜饮》:

卜夜容衰鬓,开筵属异方。烛分歌扇泪,雨送酒船香。江海三年客,乾坤百战场。谁能辞酩酊,淹卧剧清漳。

"卜夜容衰鬓""乾坤百战场"的诗境,既不奢华,也没有任何女性特质,但李商隐还是会用"烛分歌扇泪"的场景来点染。

李商隐的酬赠五律也会以珠光宝气的面目示人,如《令狐舍人说昨夜西掖玩月因戏赠》:

昨夜玉轮明，传闻近太清。凉波冲碧瓦，晓晕落金茎。露索秦宫井，风弦汉殿筝。几时绵竹颂，拟荐子虚名。

不惜大力铺陈华贵名相，是齐梁体的写法，而此诗的功能不过是投赠男性友人令狐绹，希冀援引。晚唐酬赠诗铺陈名相是一种风气，但大多会写成七律，很少像李商隐这样写成五律。

李商隐之后，李廓的《长安少年行》是典型的贵游五律，被《才调集》高调选入。《长安少年行》名相华丽，体物缘情却并不见长，文学价值有限。前文已经提到，此不赘述。

韩偓的《漫作二首》是较为少见的游仙五律，今录其一：

暑雨洒和气，香风吹日华。瞬龙惊汗漫，翥凤绛云霞。悬圃珠为树，天池玉作砂。丹霄能几级，何必待乘槎。

写到的意象与李贺歌行、李商隐和曹唐的游仙七律多有重合，结合五律典重的句式，显得富丽堂皇，颇似古调。而事实上，齐梁宫体诗人和晚唐齐梁诗风前期诗人都很少用五律体来写游仙题材，这无形之中又成为韩偓的独创。

张泌的《送容州中丞赴镇》也是一首贵游五律：

交趾同星坐，龙泉佩斗文。烧香翠羽帐，看舞郁金裙。鹢首冲泷浪，犀渠拂岭云。莫教铜柱北，只说马将军。

这是一首送别诗，落笔的角度是想象对方“赴镇”后的生活。对军旅生活的想象则一面是“看舞郁金裙”的军中女乐，一面是“犀渠拂岭云”的边地风光，完全符合齐梁人想象边塞的模式。这也是用齐梁意象、五律体式作贵游诗的例子。

三、咏物

咏物五律是晚唐齐梁诗风显现的重要形式。如果说女色五律在女色七律的挤压下已经没落,咏物五律却还是晚唐诗人经常会选择的组合。

刘宁先生指出,晚唐的咏物五律是"咏怀与体物的深细结合","化身为物"是晚唐咏物五律写作的典型方式。[①] 并指出,这种以李商隐为代表的写作方法,得到了唐末"贵胄诗人"的继承[②]。也就是说,晚唐咏物五律并非没有性情和兴寄,但这一切情志都已寓于精致的体物之中,并且在这一点上,李商隐等晚唐齐梁诗风前期诗人与晚唐齐梁诗风后期诗人是一致的。因此,本书在讨论晚唐的咏物五律时,不以兴寄为重点,而主要讨论其体物艺术。

温庭筠的咏物五律往往映带女色,与齐梁宫体诗中的咏物诗最为相近。或吟咏与女性有关联的事物,借以带出女色,如:

> 舞衫萱草绿,春鬓杏花红。(《禁火日》)
> 清娥画扇中,春树郁金红。(《清明日》)

更多的情况下,则是吟咏美丽的自然物(如花)而将其比作女子,或与女子有关的事物,有浓重的脂粉气,如《题磁岭海棠花》:

> 幽态竟谁赏,岁华空与期。岛回香尽处,泉照艳浓时。蜀彩淡摇曳,吴妆低怨思。王孙又谁恨,惆怅下山迟。

颈联直接把海棠花的颜色比作女子的妆容。颔联"香尽""艳浓"之语,既可施之于花,也是在暗示女子容色的"香""艳",首联和尾联的"幽态""岁华""王孙"等语,也是在暗指女子。全诗都在把花当作女子来写,显

① 参见《唐宋之际诗歌演变研究——以元白之元和体的创作影响为中心》,第83—86页。
② 同上书,第160—161页。

示出浓郁的宫体风味。又如《苦楝花》：

> 院里莺歌歇，墙头蝶舞孤。天香薰羽葆，宫紫晕流苏。晻暧迷青琐，氤氲向画图。只应春惜别，留与博山炉。

花的香气被称作“天香”，带着仙界的缥缈；花的色彩被称作“宫紫”，又镀上了宫廷的华贵。单是这样的造语已经雍容华贵，带出了宫体诗的风格。又兼使用了人工化的比喻，把花的香气比作人工的熏香，从而带出“羽葆”，言熏香为羽葆熏染的香气；把花的色彩比作人工的晕染，从而又带出“流苏”，言晕染为流苏晕染的色彩。齐梁特征十分明显。此外，“莺歌”“蝶舞”的用词，“青琐”“画图”“博山炉”等意象，也显示出齐梁式的华贵与女性化的妩媚。这样的作品不在于深刻的寓意，而在于如何用齐梁式的写作技巧，使原本自在的自然物人工化和女性化。

再如：

> 叶乱裁笺绿，花宜插鬓红。（《海榴》）
> 轻阴隔翠帏，宿雨泣晴晖。（《牡丹二首》其一）

将花叶比作绿笺、翠帏等亲近女性的事物，属于齐梁式比喻；由花联想到插于美人之鬓为宜，写雨后的花如美人之泣，则属映带女色的写法。

又有不直接映带女色，但以唯美语言吟咏美丽事物者，如：

> 巢暖碧云色，影孤清镜辉。（《咏山鸡》）
> 影乱晨飙急，香多夜雨晴。（《二月十五日樱桃盛开自所居蹑履吟玩竞名王泽章洋才》）

也属比较典型的齐梁风格。

另有咏山水自然之物，而近于齐梁山水诗者，如：

沼萍开更敛，山叶动还鸣。（《细雨》）
细响鸣林叶，圆文破沼萍。（《秋雨》）
圃斜人过迹，阶静鸟行踪。（《雪二首》其二）

不涉艳语而体物工细，仍然体现了齐梁诗与晚唐诗重视体物的共性。

温庭筠的咏物五律工于体物，李商隐的咏物五律则以缘情见长。在缘情的问题上，咏物诗又与女色诗不同。女色诗的客体具备主观情感，诗人需要根据自己对人情的理解揣摩客体的心理。咏物诗的客体则本不具备主观情感，诗人需要凭空架构客体的心理赋予无情的客体，而这种凭空架构出来的情感，又需要符合客体的客观性质，才不显得突兀，所谓“曲尽物情”。

李商隐的咏物诗以长于兴寄著称。咏物诗并不难于托物言志，但要贴合客体的特点去想象客体所处的情境，感悟到人所未发的情理，则不是一件容易的事。李商隐在曲尽物情方面有着过人的天赋。如其咏物名作《蝉》：

本以高难饱，徒劳恨费声。五更疏欲断，一树碧无情。……

首联托物言志的痕迹十分明显，但仍然不妨拆成“体物”与“言志”两个层面去分析。从体物的层面看，“高”而“难饱”，“徒劳”和“费声”都紧贴蝉的特征，此联不失为体物佳句。而在“高难饱”上下一“以”字，在本不存在必然联系的“高”与“难饱”之间虚构出了联系，便将对世情的体察寓于体物之中；将“徒劳”与“费声”有意地排列在一起，便以物情贴合人情，将无情无怨的蝉写成了有情有怨的人。颔联以“疏欲断”写蝉声，精确而生动；以“碧无情”写蝉栖身的树，唯美而新颖，给人留下深刻印象。从体物层面看，颔联仍不失为体物佳句。颔联以蝉的寂寞映带人的寂寞，仍属托物言志。然而，从缘情的角度看，失志的寒士觉得寂寞，并不算什么有新意的说法。颔联真正给人冲击的，与其说是对世情的新鲜发现，毋宁说是鲜明的形象，奇特的语词搭配。读者因为形象和语词而被感动，从而接受了作者的思想，对作者产生了同情，而并不要求作者对情感本身有更深刻的体察。在这里，李商隐反而显示出“深著语，浅著情”的“温家本色”。

在李商隐的咏物诗中，我们往往看到缘情的成分。这吸引着我们去探索其背后的寄托，而这种探索偏又经常受到挫折，从而造成义山诗难于索解的印象。事实上，出现在李商隐咏物诗中的情，往往不是一种宣泄，而是一种描述。义山以体物的精神缘情，将玄妙难以捉摸的物情写得精确而新颖，因而可以移植到其他的情境，由读者自由代入，这是义山体的艺术魅力所在。如果一味追索本事，而忽略了欣赏义山沟通物与情的技巧，则偏离了咏物诗本来的艺术追求。

义山咏物诗有体物入情，若有所谓者，如：

> 自明无月夜，强笑欲风天。（《李花》）

诗人想象李花无月亦明，状其洁白，形象唯美；想象其未风而笑，状其形态，更觉传神。再加上李商隐善用虚字，加上“自”“强”，赋予李花以主观情感，更为诗句增色。这样的诗句以体物精微取胜，自然不觉呆板，不必有所寄托。只不过，这样动人的诗句，总令读者不愿相信其只是单纯地体写客观事物，而宁愿穿凿附会，从中发掘出更多的意义，以不辜负诗人遣词造句的技巧。如冯浩即认为：

> “无月夜”“欲风天”，境象可慨矣。独明以标秀，“强笑”以混俗也。①

把“无月夜”“欲风天”理解为险恶的环境，而将“自明”理解为崇高的品

---

① ［唐］李商隐著，［清］冯浩笺注：《玉溪生诗集笺注》，上海：上海古籍出版社，1979 年，第 410 页。

质,“强笑”理解为“混俗”。这样的比附提升了作品的思想意义,却容易引导读者忽略原句的体物艺术,从而无法理解此二句作为诗的美感所在。冯浩甚至进一步认为“此章全以自伤”,对作品的后半也一一做了比附:

> 五六言才华沾丐他人。“徐妃已嫁”者,借比己之久薄于令狐,而屡至他人幕府也。“犹自玉为钿”,谓犹妆饰容貌以悦之也。[①]

这样的牵强附会,就很难让人接受了。这段话也可以充分代表清初注疏家解释义山诗的方式。而纪昀虽然批评此诗“格意卑下”[②],却做出了更贴合咏物五律艺术特点的点评:

> 三句自好,对句则不称李花。五六猥琐,末亦轻佻。[③]

纪昀关心的并不是诗句是否有寄托,而是诗句本身是否“好”,即在艺术上是否有瑕疵,是否恰如其分地传达了物情。“不称李花”的批评,也充分注意到了咏物诗的体物属性。对后四句则直接面对其“猥琐”“轻佻”,即体物而未及于缘情、牵强映带女色的弊病,而不是努力地发掘其背后的寓意,这也是贴合咏物五律原始特点的批评,即对体物技巧本身的批评。相比之下,纪昀的批评要比冯浩在行很多。张燮承则评论“自明”二句曰:“离形得似,象外传神,赋物之作若此,方可免俗。”(《小沧浪诗话》)[④]张燮承并不像纪昀那样觉得“强笑欲风天”“不称李花”,而他的批评也是首先承认此诗是“赋物之作”,好处在于“似”,更在于“象外传神”,即超越物形而达到了体写物情的境界,这样的批评也是充分尊重了诗体的基本

---

① 《玉溪生诗集笺注》,第410页。
② 转引自《李商隐诗歌集解》,第1751页。
③ 同上。
④ 同上书,第1752页。

特点、明白什么是咏物五律应有的好处的。

又如，李商隐频繁地写作咏柳诗，仅五律体便有《柳》《赠柳》《谑柳》《垂柳》四首。“柳”可能隐喻的含义是复杂的：可能代表惜别之情；可能代表一种随遇而安的生命力；可能因属于春色中色调较冷的一部分，从而隐喻风流的男子；也可能因轻柔、卑贱而不失美丽的特点，而成为席间歌妓的代称；可以是李商隐心仪的六朝诗文中的常见意象，也可以是晚唐时流行的曲调；可以是李商隐生命中偶一闪现的少女柳枝，甚至也可以是关陇集团中权贵（如柳仲郢）的姓氏。由于“柳”含义的丰富和李商隐对“柳”的偏好，这些咏柳诗受到了过度的解读，以至于宇文所安先生发出了“柳何时是柳”①的浩叹。笔者并不同意宇文先生对李商隐咏柳诗的全部看法，但仅就将李商隐咏物诗首先当作咏物诗，因而将其从无边的索隐中解脱出来这一点，笔者是赞同的，因为李商隐的创作与齐梁文学存在着割不断的联系，这种联系也当然会体现于咏物诗这一大行于齐梁的诗歌类型，在义山诗的阐释往往过于注重兴寄的背景下，适当地强调义山诗体物、缘情的艺术技巧，应当是合理的。

在历代诗评家对李商隐咏柳诗寓意的索隐中，我们似乎看不到物象与本事有什么很精彩的关合，这意味着即使本事是存在的，这些作品也并非以关合本事见长。因此，千年之后的读者不妨悬置本事，而去欣赏咏物五律所应有的体物与缘情的艺术，充分注意到李商隐对齐梁咏物诗艺术技巧的继承和发展。

如写得较好的《赠柳》：

> 章台从掩映，郢路更参差。见说风流极，来当婀娜时。桥回行欲断，堤远意相随。忍放花如雪，青楼扑酒旗。

这首诗超越了柳的具体形状，以写柳的情态见长。颈联历来颇受称赞。

---

① 《晚唐——九世纪中叶的中国诗歌（827—860）》，第 442 页。

纪昀称其“空外传神，极为得髓”①，袁枚称其“真写柳之魂魄”②，都是看到了此句超越物形而把握物情的特点。这一联的艺术魅力在于体物而及于缘情，而非巧妙关合本事。

另外两首咏柳五律则写得较为呆板，并未超越物形，更多地表现出齐梁咏物诗的一般特点，如《柳》：

> 动春何限叶，撼晓几多枝。解有相思否，应无不舞时。絮飞藏皓蝶，带弱露黄鹂。倾国宜通体，谁来独赏眉。

前四句试图写物情，但过于执着于色相，句法比较笨拙，并未能“写柳之魂魄”，反有强作风雅之感。后四句则完全贴合物象来写，艺术价值未必高，但明显体现出齐梁诗风的影响。尾联试图加入一点新巧议论，却仍觉句法未稳。由此可见，义山五律的体物色彩仍是很强烈的，未必处处都有兴寄。又如《谑柳》：

> 已带黄金缕，仍飞白玉花。长时须拂马，密处少藏鸦。眉细从他敛，腰轻莫自斜。玳梁谁道好，偏拟映卢家。

体物之琐细不减飞卿，映带女色之处也不失齐梁本色。

在晚唐诗人中，李商隐的咏物五律算是比较多的，继承齐梁的体物技巧也比较全面。其体物工细、意态生动者如：

> 气凉先动竹，点细未开萍。（《细雨》）
> 落时犹自舞，扫后更闻香。（《和张秀才落花有感》）
> 曙月当窗满，征云出塞遥。（《清夜怨》）

---

① 转引自《李商隐诗歌集解》，第1741页。

② 同上。

其深得物情、似有所谓者如：

只知防皓露，不觉逆尖风。（《蝶三首》其一）
秋池不自冷，风叶共成喧。（《雨》）

其造语浓丽、设象唯美者如：

烧兰才作烛，襞锦不成书。（《槿花二首》其二）
流处水花急，吐时云叶鲜。（《月》）
金钱饶孔雀，锦段落山鸡。（《鸾凤》）

其映带女色者如：

回衾灯照绮，渡袜水沾罗。（《荷花》）
矮堕绿云髻，欹危红玉簪。（《深树见一颗樱桃尚在》）
啼久艳粉薄，舞多香雪翻。（《小桃园》）

总的来说，李商隐的咏物五律特点为：以体写物形为基础，时能超越物形，及于缘情，便得佳句；时常映带女色。这体现了李商隐对齐梁咏物艺术的继承和精熟把握。

相对于齐梁咏物诗，李商隐的五律还大大拓展了题材。除以上涉及的例子外，李商隐咏物五律的题目还有：《北禽》《蝶》《蝇蝶鸡麝鸾凤等成篇》《落花》《赠宗鲁筇竹杖》《菊》《牡丹》《十一月中旬至扶风界见梅花》《风》《洞庭鱼》《哀筝》《高松》《咏云》《僧院牡丹》《子直晋昌李花》《朱槿花二首》，琐细之物无不可咏，而略微偏向唯美事物。题材的拓宽既是唐代诗歌发展的结果，更是中晚唐时代风气的影响；对唯美事物的追求则仍是追慕齐梁的后果。

李群玉也创作了不少咏物五律。李群玉其他题材的五律已经不多，独于咏物一体认真创作五律，这也是对齐梁传统的继承。李群玉咏物五律的题材范围比李商隐要狭窄得多，大多集中于唯美事物，显得珠光宝气，如：

堪爱复堪伤，无情不久长。浪摇千脸笑，风舞一丛芳。似濯文君锦，如窥汉女妆。所思云雨外，何处寄馨香。(《临水蔷薇》)

海雨洗尘埃，月从空碧来。水光笼草树，练影挂楼台。皓曜迷鲸目，晶荧失蚌胎。宵分凭槛望，应合见蓬莱。(《中秋越台看月》)

大量使用六朝艳丽意象、典故，多用齐梁式比喻，呈现出浓郁的齐梁色彩。

李郢并不擅长五律，其五律《泉》介乎咏物与山水之间，恐系偶然兴到之作：

飞下数千尺，全然无定形。霓横天日射，龙出石云腥。壮势春曾看，寒声佛共听。昔人云此水，洗目最能醒。[①]

首尾两联粗浅率意，实不见佳。全诗总体风格幽僻疏野，与晚唐体有密切关系，而没有明显齐梁风格。中二联体物着力，似是受到齐梁诗风一定影响。

于武陵的咏物五律多与山水诗结合，倾向于吟咏山水自然中的常见物象，如《山上树》：

日暖上山路，鸟啼知已春。忽逢幽隐处，如见独醒人。石冷开常晚，风多落亦频。樵夫应不识，岁久伐为薪。

① 见《宛委别藏》本《分门纂类唐宋时贤千家诗选》卷一五。《全唐诗续拾》卷三〇，陈尚君辑校：《全唐诗补编》，北京：中华书局，1992 年，第 1161 页。

没有什么珠光宝气的形容，也不映带女色，充分注意描写作为背景的山水自然。“石冷”二句虽然是紧贴所咏的“树”来写，体物纤细，与李商隐很多咏物诗的写法相同，但因意象的选择较少齐梁色彩，仍给人感觉像是姚贾体的山水诗。

于武陵的咏物五律更多地表现出晚唐诗琐细的特性，不满足于刻画物形而乐于叙述物情，因此每每近于白体，如：

> 悔作望南浦，望中生远愁。因知人易老，为有水东流。欲附故乡信，不逢归客舟。萋萋两岸草，又度一年秋。(《远水》)
>
> 春至始青青，香车碾已平。不知山下处，来向路傍生。每岁有人在，何时无马行。应随尘与土，吹满洛阳城。(《路傍草》，《全唐诗》作者题为“于邺”)

重说理，轻形象，已与齐梁诗风的追求背道而驰，仅仅在以五律咏物这一层面上略微接续了齐梁传统。

到了后期，唐彦谦、韩偓、吴融三位诗人的咏物五律又重现呈现出典型的齐梁风格。

唐彦谦的咏物五律在用字华丽、映带女色、重视物象等方面都继承了齐梁咏物诗的传统，如《玫瑰》：

> 麝炷腾清燎，鲛纱覆绿蒙。宫妆临晓日，锦段落东风。无力春烟里，多愁暮雨中。不知何事意，深浅两般红。

又如《望夫石》：

> 江上见危矶，人形立翠微。妾来终日望，夫去几时归。明月空悬镜，苍苔漫补衣。可怜双泪眼，千古断斜晖。

“望夫石”也是经典的齐梁诗题，诗中对物的兴趣，其实还是变形了的对女色的兴趣，只不过借此诗题把物当作女性来写，可以增添一点趣味。唐彦谦此诗对女性色相的关注，也是与齐梁宫体、温李五律一脉相承的。

韩偓典型的咏物五律不多。吴融的咏物五律致力于曲尽物情，而不满足于传写物形，如：

自应人不会，莫道物无情。(《闻蝉》)
瓦苔难定立，檐雨忽喧归。(《燕雏》)
自随春霭乱，还放夕阳明。(《微雨》)

体写细致，不乏新意，但终因不像李商隐的同类句子那样，足以移用于其他情境，故仍嫌琐碎，这也是齐梁咏物诗常见的诗病。另外，吴融的咏物五律中已很少见到映带女色的现象，体现出齐梁诗风在咏物五律中的衰退。只有以意象为中心的特点，显示出晚唐齐梁诗风的共性。

徐夤也较多创作咏物五律。他的五律以物象为中心，重视体写物形，排比用事，赋化倾向较为明显，与初唐李峤的咏物五律大体近似，如：

名参十二属，花入羽毛深。守信催朝日，能鸣送晓阴。峨冠装瑞璧，利爪削黄金。徒有稻粱感，何由报德音。(《鸡》)

举翼凌空碧，依人到大邦。粉翎栖画阁，雪影拂琼窗。振鹭堪为侣，鸣鸠好作双。狎鸥归未得，睹尔忆晴江。(《白鸽》)

不再映带女色，也不重视物情，专注于外在形态的描绘。作者的任务似乎只是在每一句中赋予所咏之物一个鲜明的形象，而并不关心句间的联系，更不关心所有形象能否共同表现一个较为深刻的主题，机械的罗列有如类书。又其较为艳丽者如：

日下征良匠，宫中赠阿娇。瑞莲开二孕，琼缕织千条。蝉翼轻轻

结，花纹细细挑。舞时红袖举，纤影透龙绡。（《银结条冠子》）

剑门南面树，移向会仙亭。锦水饶花艳，岷山带叶青。文君惭婉娩，神女让娉婷。烂熳红兼紫，飘香入绣扃。（《蜀葵》）

用字华艳而对仗板滞，仿佛处于学步阶段的早期近体诗在唐末的回响。徐夤仍能创作标准的齐梁体咏物诗，却无法再现义山诗由体物入于缘情的艺术魅力。

晚唐齐梁咏物五律最基本的共性是关注物象，以温李的创作最为典型，具有用语华艳、映带女色、体物工细等特点；李商隐的创作更以由体物入于缘情见长，因而引发了批评家索隐的兴趣；温李之后，咏物五律趋于衰退，各家创作者开始失落其中的某些特征，对物情也逐渐失去关注；尽管如此，李群玉、吴融、徐夤等人仍未放弃模拟齐梁咏物诗的努力。

四、赋题

晚唐的赋题诗多表现出与省试诗相关的迹象，因此较为常见的是排律，不一定恰好写成四韵的五律。晚唐较典型的赋题五律，除上文介绍过的赵嘏集中创作的《昔昔盐二十首》，还主要有陈陶和于武陵两家。

陈陶的《赋得池塘生春草》是一首标准的赋题五律：

谢公遗咏处，池水夹通津。古往人何在，年来草自春。色宜波际绿，香异雨中新。今日青青意，空悲行路人。

见于《文选》的大小谢诗是唐人赋题诗偏好的诗题，本诗的诗题即来自《文选》中谢灵运的《登池上楼》。诗题包含“池塘”和“春草”两个元素，是比较好作的省试诗题。陈陶此诗首联破题，中二联赋写题面，尾联引申出一定的意旨，是中规中矩的省试诗写法。颔联赋意，缘写谢公此句背后透露出的寂寞之情；颈联赋形，将“池塘”和“春草”映带起来写。从这首赋题诗中，仍可见出晚唐咏物五律的体物、缘情之功。此诗可传，大概也是因为颈联体物新奇精巧，符合晚唐人对咏物诗的审美。

于武陵有两首诗分别题为《洛阳道》和《东门路》，似是同时所作，使用的是乐府常赋的题目，因而也有可能是赋题之作。与一般的齐梁赋题诗一样，这两首赋题诗实际也还是咏物诗，如《洛阳道》：

浮世若浮云，千回故复新。旋添青草冢，更有白头人。岁暮容将老，雪晴山欲春。行行车与马，不尽洛阳尘。

想象了洛阳道上可能有的景物和行人，状写其貌，并导向“洛阳道”这一诗题应有之义，即人事代谢、功名艰难。与于武陵的咏物五律技巧相似，此诗也没有映带女色，而是映带山水，并重于说理。

由此可见，晚唐齐梁体诗人的赋题五律与其咏物五律的追求是基本一致的，并且主要是不太核心的诗人有作品传世，传世作品不必与女色建立联系。

五、边塞

陈陶的《胡无人行》也带有赋题性质，属于以赋题法拟古乐府。又因为所赋乐府题与边塞有关，故又涉及边塞题材：

十万羽林儿，临洮破郅支。杀添胡地骨，降足汉营旗。塞阔牛羊散，兵休帐幕移。空流陇头水，呜咽向人悲。

借乐府诗题为由，想象边塞情景，也是梁陈宫体诗的传统。此外，陈陶的《塞下曲》二首也属同类作品。

与此类似，温庭筠的边塞诗《敕勒歌塞北》也在诗题上勾连了古代乐府，其内容为：

敕勒金帻壁，阴山无岁华。帐外风飘雪，营前月照沙。羌儿吹玉管，胡姬踏锦花。却笑江南客，梅落不归家。

颔联想象边地自然景物，颈联转入写帐内风光，映带女色，是典型的齐梁边塞诗写法。此诗既有可能是温庭筠亲临边地、亲眼看到边地风景后，联想起了南朝宫体诗和北朝乐府中的相关描述，也完全有可能是温庭筠根据诗题和自己的知识储备想象出的边地风光。无论是哪一种情况，此诗与古代文本之间的关系比与实景之间的关系要更为密切。所谓边塞，不过是为温庭筠体写女色提供了更新鲜的背景。

又如其《过西堡塞北》：

浅草干河阔，丛棘废城高。白马犀匕首，黑裘金佩刀。霜清彻兔目，风急吹雕毛。一经何用厄，日暮涕沾袍。

写边塞而不强调其艰苦或者壮美。颔联写华贵，似宫体诗。颈联写自然风光，善于把握新异事物，写"霜"而落于"清"，归于"兔目"；写"风"写"雕"而坐实于"毛"，这种纤细而刻尽的视角，体现了齐梁和晚唐的审美。这首五律边塞诗仍然是齐梁的写法，显示出与盛唐边塞诗不同的气质。

徐夤的边塞五律也带有齐梁特色，如其《追和常建叹王昭君》：

红颜如朔雪，日烁忽成空。泪尽黄云雨，尘消白草风。君心争不悔，恨思竟何穷。愿化南飞燕，年年入汉宫。

常建在天宝诗人中显得颇为另类，上承齐梁而下启李贺。王昭君则是梁陈诗人喜欢吟咏的对象，因其可以同时关涉边塞与女色。徐夤所作的"红颜如朔雪""泪尽黄云雨"等句，将女色与边地风光结合起来，是梁陈诗人喜欢的视角。又如其《和人经隋唐间战处》：

孤军前度战，一败一成功。卷旆早归国，卧尸犹臂弓。草间腥半在，沙上血残红。伤魄何为者，五湖垂钓翁。

对唐末诗人而言,发生在隋唐之间的战争既是遥远的开国历史,也关联着对六朝时代的浪漫怀念。颔联写细屑之物,有着齐梁和晚唐的趣味,而着力的描写又以强烈的感官刺激给人留下深刻的印象,这也是晚唐齐梁体诗人所擅长的。

晚唐的边塞五律齐梁色彩十分明显,显示出与盛唐边塞诗迥异的风格,向宫体诗中的边塞题材作品复归。但总的来说,这样的作品在数量上已经不多,呈现出衰落的趋势。

六、山水

晚唐齐梁体诗人往往有大量山水五律创作,多为近似姚贾体而略加温润的晚唐体,显示出姚贾体山水与晚唐齐梁诗风的共生关系。这种共生关系,也可以看作对女色与山水并重的齐梁诗歌的回应。

在温庭筠的山水五律中,我们偶尔还能看到一些艳丽的字眼,提醒我们其作者是以“艳诗”著称的。如《春日野行》:

> 骑马踏烟莎,青春奈怨何。蝶翎朝粉尽,鸦背夕阳多。柳艳欺芳带,山愁萦翠蛾。别情无处说,方寸是星河。

此诗纯写山水自然,无涉女色,但颈联使用的齐梁式比喻却显示出女性化的阴柔与艳丽,“烟莎”“青春”“蝶翎”等措辞也令人联想起女性,尾联抒情的语态也颇似艳诗。诗人将艳诗的审美代入了山水诗。

又如其《题竹谷神祠》:

> 苍苍松竹晚,一径入荒祠。古树风吹马,虚廊日照旗。烟煤朝奠处,风雨夜归时。寂寞东湖客,空看蒋帝碑。

因涉及神话背景,故虽写山水而造语奇丽,兼有昌谷之诡谲与义山之典重。

类似地,温庭筠写山水而似艳语的作品还有:

忆昔几游集，今来倍叹伤。百花情易老，一笑事难忘。白社已萧索，青楼空艳阳。不闲云雨梦，犹欲过高唐。(《经李处士杜城别业》)

苒弱楼前柳，轻空花外窗。蝶高飞有伴，莺早语无双。剪胜裁春字，开屏见晓江。从来共情战，今日欲归降。(《春日寄岳州从事李员外二首》其一)

无独有偶，李商隐描写山水自然的作品中也偶有艳语，今摘数句：

绿筠遗粉箨，红药绽香苞。(《自喜》)
屏缘蝶留粉，窗油蜂印黄。(《赠子直花下》)
晚晴风过竹，深夜月当花。(《春宵自遣》)
园桂悬心碧，池莲饫眼红。(《寓目》)
减衣怜蕙若，展帐动烟波。(《春深脱衣》)

又有通首笔法皆似艳诗，而实际只写自然，不写女色者，如《无题二首》其二：

幽人不倦赏，秋暑贵招邀。竹碧转怅望，池清尤寂寥。露花终裛湿，风蝶强娇饶。此地如携手，兼君不自聊。

此诗是一组无题诗中的一首，前一首即“八岁偷照镜”，模拟古乐府而以女性为对象，是一首典型的艳诗。因此，此诗中的主人公“幽人”也很有可能是一位女性，这也可以解释此诗意象的清丽、感情的深婉。但此诗终究只写自然物，没有渲染男女情爱。颈联纯写自然物，而用字阴柔艳丽。又如：

舟小回仍数，楼危凭亦频。燕来从及社，蝶舞太侵晨。绛雪除烦后，霜梅取味新。年华无一事，只是自伤春。(《清河》)

春梦乱不记，春原登已重。青门弄烟柳，紫阁舞云松。拂砚轻冰散，开尊绿酎浓。无悰托诗遣，吟罢更无悰。(《乐游原》)

出宿金尊掩，从公玉帐新。依依向余照，远远隔芳尘。细草翻惊雁，残花伴醉人。杨朱不用劝，只是更沾巾。(《离席》)

写自然景物，不涉男女情爱，而用字唯美，多为宫体诗、艳情诗中常见的意象、形容，不失人们印象中的义山本色。

李商隐又有一些写自然的作品并不算是清丽柔美，却体现出齐梁文学的影响，如《桂林》：

城窄山将压，江宽地共浮。东南通绝域，西北有高楼。神护青枫岸，龙移白石湫。殊乡竟何祷，箫鼓不曾休。

首联和颈联色调浓艳，尽力求奇，显示出晚唐齐梁诗风的特点，却未必是齐梁山水诗的特点，第四句“西北有高楼”更是直接取自古诗。李商隐五律写自然而句法有古意的句子又如：

黄叶仍风雨，青楼自管弦。(《风雨》)
花犹曾敛夕，酒竟不知寒。(《北楼》)

然而，这样艳丽或奇异的作品，在温李的山水五律中只占一小部分。他们的大量作品更像是姚贾之作，完全看不出温李的妖艳。

温庭筠的很多五律呈现典型的姚贾风格，兹摘数联：

鸡声茅店月，人迹板桥霜。(《商山早行》)
古树老连石，急泉清露沙。(《题卢处士山居》)
果落见猿过，叶干闻鹿行。(《早秋山居》)
佛灯销永夜，僧磬彻寒更。(《宿白盖峰寺寄僧》)

高林月初上，远水雾犹昏。（《旅泊新津却寄一二知己》）

意象凄清，多与羁旅行役、山居精舍有关，置于姚贾集中几不能辨，令人很难相信作者平生还写过那么多艳冶之作。与姚合贾岛的苦吟之作一样，温庭筠的这些作品，对山水自然有着精细入微的感觉。

温庭筠的山水诗与女色诗，在意象的选择上反差很大。但是，意象的选择只是最表面的东西，如果我们无视意象上的巨大反差，则可以归纳出温庭筠山水诗与女色诗的很多共同点：

首先，唯美的意象选择。温庭筠的山水五律，多选择以往的山水诗中常用的、经过千锤百炼的意象，往往来自脍炙人口的经典文学；同样，他的女色诗也喜欢借用传统女色诗的资源，往往选择人们普遍可以接受的女性意象。对于元和以来流行的险怪奇异或过于日常鄙俗的意象，温庭筠的山水诗和女色诗都选择了拒斥。因此，温庭筠的山水诗和女色诗都显示出审美上的保守性，宁蹈陈规，也不刻意标新立异。这是对元和时代韩孟诗派的反拨，而与姚贾诗派以及元白诗派的部分作品有着相似的追求。这种保守性，施于女色诗则为艳，呈现艳丽的风格；施于山水诗则为清，呈现清丽的风格。女色之艳与山水之清，实属本同而末异。

其次，对物象的执着。无论是山水还是女色，温庭筠的五律中都存在着密集的物象。温庭筠的山水五律，实字多而虚字少，景语多而情语少，一联之中全为名词、一诗中联全为景语者，俯拾皆是。写女色而重象轻意，是晚唐齐梁诗风的共性，也是温庭筠的突出风格。写山水而以物象为中心，则会呈现出姚贾体的风格。以物象为中心，既是温庭筠女色诗与山水诗的共性，也是晚唐齐梁诗风与姚贾体的共性。这也使温庭筠同时创作女色诗与山水诗这两种反差较大的题材成为可能。

不同于物象的千变万化，温庭筠的山水诗与女色诗中的感情都显得极为程式化。山水诗往往笼罩着一层寂寞凄清的情绪，女色诗则披上深情的外衣。这些情绪在相应题材中很少发生变化起伏，当读者读完了温庭筠的全部作品后，很难再认真地对待诗作中的情绪，因为这些情绪不过是为物象的出现提供一种合理性。由于作品的情绪与题材之间存在固定的联系,所以诗人根据题材的需要而在不同的情绪之间自由穿梭,从而使作品在表面上呈现出巨大的反差,也就不再是难事。

最后,体物的细致与着力。与对物象的执着相关,温庭筠不满足于罗列物名,而是要调动视觉、听觉、触觉、嗅觉等不同的经验,从多个角度描摹对象。无论是写女色还是写山水,温庭筠都会从细小之处着笔,将对象的性质写到极致。温庭筠五律所选择的意象往往是平凡的,但他很乐于从平凡的意象中发现新奇的经验,对无数人写过的事物做出尚未有人做过的描述。这也是齐梁诗人和晚唐诗人共同的爱好。

温庭筠的山水五律在晚唐算不上特别突出,几乎每位晚唐诗人都难免或多或少写上几首这样的五律。姚贾体在晚唐的流行,是与整个时代重视物象、体物纤细刻尽的风气分不开的,而这种风气同时也恰恰是晚唐齐梁诗风得以流行的基础。这大概可以解释,晚唐齐梁诗风何以与姚贾体山水五律形成密切的共生关系。另外,与晚唐的情形类似的是,齐梁诗人也同时热衷于女色题材与山水题材,这两种题材的创作都在齐梁时代有突出的发展。这种情形应该同样是基于齐梁时代重视物象、体物纤细而刻尽的风气。晚唐与齐梁呈现出的相似的时代风气,也是晚唐诗人学习齐梁的深层原因。

李商隐的山水五律多数集中创作于游幕桂林时期①。在桂林期间,李商隐创作的山水五律同样呈现明显的姚贾体风格:意境清寒,体物工细,执着物象。李商隐用他从齐梁文学中习得的纤巧之笔,描摹着姚贾式的清寒物象。李商隐在桂林的创作并非没有深切的感情,但他努力经营的,不是象与意之间幽微曲折的关系,更非立意的正大,而是形象本身的准确描述。这正体现了齐梁与晚唐的共性。

除了桂林之行的创作,李商隐的其他山水五律同样呈现出类似姚贾体的风格,兹摘数句:

---

① 参见张一南:《李商隐在桂林的五律创作》,《文史知识》,2013 年第 9 期。

战蒲知雁唼，皱月觉鱼来。(《子初全溪作》)
猿声连月槛，鸟影落天窗。(《因书》)
石梁高泻月，樵路细侵云。(《题郑大有隐居》)
枕寒庄蝶去，窗冷胤萤销。(《秋日晚思》)
晓鸡惊树雪，寒鹜守冰池。(《幽居冬暮》)
独夜三更月，空庭一树花。(《寒食行次冷泉驿》)
落叶人何在，寒云路几层。(《北青萝》)
虹收青嶂雨，鸟没夕阳天。(《河清与赵氏昆季宴集得拟杜工部》)
岭䍐岚色外，陂雁夕阳中。(《登霍山驿楼》)
城闲烟草遍，村暗雨云回。(《晋昌晚归马上赠》)

与温庭筠的同类作品相比，或许李商隐的诗句更动人，形象更唯美，用字更精确。但从基本的风格来看，温李的山水五律并没有太大的不同，对温庭筠山水五律的分析评价仍可移之于李商隐的山水五律。

比起温庭筠的作品，李商隐的山水五律更多地出现人的形象，如：

人闲微病酒，燕重远兼泥。(《寄罗劭兴》)
水风醒酒病，霜日曝衣轻。(《所居》)
试墨书新竹，张琴和古松。(《裴明府居止》)

不仅写清幽寂寞的环境，更注重写在此环境下人的活动，人的高雅与闲适。这种对人的关注，与李商隐一贯的由体物入于缘情的艺术特点是一致的。又因为对人的活动的关注，使得李商隐山水五律中加入了更多闲适的因素，这种闲适的因素在姚贾诗作中也不少见，但在李商隐的作品中略微表现出接近于白体的倾向。

温李作为晚唐齐梁诗风前期的代表人物，同时大量创作近乎姚贾体的山水五律，充分说明了这两种诗体的共生关系。在其他晚唐齐梁体诗人的创作中，也可以看到这种共生关系。

陈陶的山水五律中,《渡浙江》一首较为壮丽,与一般晚唐体不同:

适越一轻艘,凌兢截鹭涛。曙光金海近,晴雪玉峰高。静寇思投笔,伤时欲钓鳌。壮心殊未展,登涉漫劳劳。

颔联兼有盛唐山水诗之阔大与韩愈、李贺之奇丽。全诗只有颔联为景语,余多情语,直抒胸臆,显示出晚唐齐梁体所罕见的豪迈。在晚唐齐梁体诗人中,陈陶的求奇倾向是比较突出的,常常偏于韩孟体。这首诗较少显示出晚唐齐梁体或姚贾体的风格。

但陈陶的其他山水五律仍然呈现出晚唐体的风格,如其《清源途中旅思》:

古木闽州道,驱羸落照间。投村碍野水,问店隔荒山。身事几时了,蓬飘何日闲。看花滞南国,乡月十湾环。

设象荒寒幽僻,意绪低沉,是一首典型的晚唐体山水五律,比温李之作还要枯淡一些。

李群玉的山水五律也有刻意求奇者,追求意象的阔大和语词的力度,如:

古岸陶为器,高林尽一焚。焰红湘浦口,烟浊洞庭云。迥野煤飞乱,遥空爆响闻。地形穿凿势,恐到祝融坟。(《石潴》)

滩恶黄牛吼,城孤白帝秋。水寒巴字急,歌迥竹枝愁。树暗荆王馆,云昏蜀客舟。瑶姬不可见,行雨在高丘。(《云安》)

伯业随流水,寒芜上古城。长空横海色,断岸落潮声。八极悲扶拄,五湖来止倾。东南天子气,扫地入函京。(《石头城》)

取象阔大似盛唐,选字怪奇又似韩孟,与齐梁、晚唐审美大相径庭,可与陈陶《渡浙江》归为同类作品。

更多的作品则仍体现出齐梁式审美，其华丽典重者如：

> 月华临霁雪，皓彩射貂裘。桂酒寒无醉，银笙冻不流。怀哉梁苑客，思作剡溪游。竟夕吟琼树，川途恨阻修。（《腊夜雪霁月彩交光开阁临轩竟睡不得命家仆吹笙数曲独引一壶奉寄江陵副使杜中丞》）
>
> 岩嶂随高步，琴尊奉胜游。金风吹绿簟，湘水入朱楼。朗抱云开月，高情鹤见秋。登临多暇日，非为赋消忧。（《长沙陪裴大夫登北楼》）

这两首诗，中二联都选用了珠光宝气的字眼，多用实字，多用景语，声情静穆舒缓，情绪节制淡漠，为山水自然涂抹上了一层齐梁金粉。这两首诗不算是晚唐体，也未必是齐梁山水诗的写法，但其中表现出的齐梁式审美却是十分明显的，可以与温李偶尔透露出艳字的山水五律对看。

其清丽体物，表现出典型晚唐体风格者如：

> 夕霏生水寺，初月尽云汀。（《湖阔》）
> 沙雨潮痕细，林风月影稠。（《旅泊》）
> 夜雨寒潮水，孤灯万里舟。（《广江驿饯筵留别》）
> 波闲鱼弄饵，树静鸟遗翎。（《东湖二首》其一）
> 木落寒郊迥，烟开叠嶂明。（《游玉芝观》）

意境清寒，取象唯美，体物工细，与温李的同类作品构成一个系统。由此可见，晚唐齐梁体与晚唐体山水五律的共生关系，在李群玉身上仍在继续。

与李群玉活动时间相近的李郢已经是一位倾向于新体的诗人，他很少用五言诗写作女色等传统的齐梁题材，但仍有晚唐体山水五律创作，在五律方面保持着与温李微弱的相似性。今摘数联，以见其山水五律风格：

雨歇河珠定，云开谷鸟还。(《夏日登信州北楼》)
野雪江山霁，微风竹树清。(《元日作》)
楚霁江流慢，春归泽气阴。(《酬刘谷立春日吏隐亭见寄》)

这样的句子与温李的山水五律是有共性的，当然，这种共性已经十分微弱，因为能写出这样诗句的晚唐诗人太多，如果同时没有典型的齐梁体创作，实在很难说明问题。这只能进一步说明，晚唐诗人中受到齐梁诗风影响的诗人，甚至包括只用七言写作“艳诗”的诗人，是经常创作晚唐体山水五律的。

创作结构偏于保守的于武陵则有更多的晚唐体山水五律。与温李一样，于武陵的山水五律时涉艳丽意象，如：

桂花风半落，烟草蝶双飞。(《友人南游不回因而有寄》)
露繁山草湿，洲暖水花开。(《南游》)
南浦足游女，绿蘋应发花。(《褒中即事》)

也不乏意象更为清寒的诗句，如：

泉声入秋寺，月色遍寒山。(《夜寻僧不遇》)
水阔应无路，松深不见人。(《寻山》)

于武陵锤炼五律，句法颇为考究，往往体物入微，如：

远烟当叶敛，骤雨逐风多。(《斜谷道》)
残雪半成水，微风应欲春。(《岁暮还家》)

颇见晚唐诗人体物功夫。于武陵还擅长使用流水对，使山水五律流畅自然，富于古意，如：

一叶忽离树,几人同入关。(《西归》)
凉天生片月,竟夕伴孤舟。(《夜泊湘江》)
一封书未返,千树叶皆飞。(《客中》)
不知青嶂外,更有白云深。(《游中梁山》)
半夜下霜岸,北风吹荻花。(《宿江口》)

这样的诗句成为于武陵山水五律的特色。这种活泼的句法,见出诗人对山水自然的兴味。晚唐齐梁体诗人在面对山水自然时,往往抱有游戏性的玩赏心态。

到了晚唐齐梁诗风后期,唐彦谦的山水五律较多,其中部分涉及艳丽意象,如:

袅袅花骄客,潇潇雨净春。(《逢韩喜》)
炉寒余柏子,架静落藤花。(《题证道寺》)
云净山浮翠,风高浪泼银。(《过湖口》)

也有较为枯淡而体物入微者,如:

残林生猎迹,归鸟避窑烟。(《岁除》)
落日芦花雨,行人谷树村。(《闻应德茂先离棠溪》)
野鹜寒塘静,山禽晓树深。(《原上》)
群鸦栖老树,一犬吠荒村。(《宿独留》)
一僧归晚日,群鹭宿寒潮。(《过三山寺》)
微微泼火雨,草草踏青人。(《上巳》)

唐彦谦是温李的忠诚追随者,即使在山水五律这种齐梁诗风的边缘诗体中,他也仍然从清丽和细微两个方面继承了温李的创作特点。

相比之下,韩偓的山水五律就更显枯淡,如:

归鸟城衔日，残虹雨在山。(《社后》)
春寒宜酒病，夜雨入乡愁。(《息虑》)
汲水人初起，回灯燕暂惊。(《晨兴》)
门巷掩萧条，落花满芳草。(《幽独》)
蔓草棱山径，晴云拂树梢。(《永明禅师房》)

体物精确，已纯为姚贾体声调。

吴融的山水五律于枯淡之中更见细密，如：

萍枯黏朽槛，沙浅露沉舟。(《题豪家故池》)
风高莺啭涩，雨密雁飞低。(《渚宫立春书怀》)
青林上雨色，白鸟破溪光。(《湖州溪楼书献郑员外》)
林风移宿鸟，池雨定流萤。(《西陵夜居》)
竹声寒不夏，蛩思静先秋。(《夏夜有寄》)
柳寒难吐絮，浪浊不成花。(《汴上晚泊》)
带雾昏河浪，和尘重客衣。(《武牢关遇雨》)

在追步温李的艳体五律之余，韩吴也对自然物抱有浓厚的兴趣，做了细腻的观察。

晚唐齐梁体诗人创作姚贾体山水五律是较为普遍的现象，其唯美、纤细、执着物象的写作特点，与宫体诗有相通之处，在考察晚唐齐梁体诗人的典型齐梁体创作之余，也应充分注意到他们的山水五律创作与齐梁诗风之间的关联。

七、怀古

晚唐诗人创作怀古诗和咏史诗，更倾向于使用七律。但在晚唐齐梁诗风流行的早期，仍存在五律体的怀古诗和咏史诗。

温庭筠的怀古五律具有浓郁的宫体色彩：

碧草连金虎,青苔蔽石麟。皓齿芳尘起,纤腰玉树春。倚瑟红铅湿,分香翠黛颦。谁言奉陵寝,相顾复沾巾。(《金虎台》)

金虎台与铜雀台同为曹魏“三台”之一,而知名度低于后者,飞卿此诗,咏金虎台而不咏铜雀台,或是亲临故地而作。铜雀台向来是追慕六朝风流的唐代诗人寄托旖旎想象的所在,很多与齐梁体或齐梁诗风相关的作品都以铜雀台为题材,温飞卿之咏金虎台,亦属同类作品。与其说是怀古,不如说是借凭吊与铜雀妓有关的古迹,书写对六朝金粉的想象。

首联写山水实景,虽写遗迹荒凉,措辞却珠光宝气,不见萧瑟之态。颔联追想曹操生前铜雀妓的风光,完全是写歌女的宫体诗。颈联想象曹操死时铜雀妓的悲伤,又是写闺怨的宫体诗。尾联一结仍着落于孀居闺怨,无甚深意。对温庭筠来说,这首怀古诗不过是换了一个题目继续写宫体诗,描摹女色。

同样,带有赋题性质的《邯郸郭公词》可能与《金虎台》作于同时同地,题材也比较近似,仍是追悼铜雀妓:

金笳悲故曲,玉座积深尘。言是邯郸伎,不见邺城人。青苔竟埋骨,红粉自伤神。唯有漳河柳,还向旧营春。

前三联对仗,颔联宽对,见出齐梁体式的痕迹。强烈的色彩对比,执着于女性色相的视角,重物轻情的写法,符合宫体诗的主要特征。

李商隐的《鄠杜马上念汉书(一云五陵怀古)》则近乎一首贵游诗:

世上苍龙种,人间武帝孙。小来惟射猎,兴罢得乾坤。渭水天开苑,咸阳地献原。英灵殊未已,丁傅渐华轩。

题曰“怀古”,却没有实景描写,诗人的感触主要来自《汉书》文本,因而几乎算是咏史诗。此诗借汉代外戚讽喻当朝外戚,借写古代权贵的豪奢跋扈写当朝权贵的豪奢跋扈,因而全诗的内容只是对贵戚的形容。此诗并未体现典型的齐梁诗风,只是在形容权贵时透露出贵游诗的笔意。李商隐之所以选用五律来承载这一内容,大概也是为了方便地借用贵游诗的句法。

陈陶的怀古五律《南海石门戍怀古》仍然呈现追求奇丽的风格:

> 汉家征百越,落地丧貔貅。大野朱旗没,长江赤血流。鬼神寻覆族,宫庙变荒丘。唯有朝台月,千年照戍楼。

以典重之笔写边塞,是梁陈宫体诗的传统。此诗名曰怀古,实则近乎一首宫体边塞诗,同时又带上了韩孟诗派的怪奇色彩。

于武陵的《过洛阳城》是在表达对六朝旧事的感慨,选择五律这一与齐梁体最为接近的诗体,或与主题有关:

> 古来利与名,俱在洛阳城。九陌鼓初起,万车轮已行。周秦时几变,伊洛水犹清。二月中桥路,鸟啼春草生。

齐梁诗风力厚色浓的特点并不明显,语言平易,近乎白体。

晚唐齐梁体诗人创作怀古五律属于偶然现象,多是借怀古之名,写作某种典型的齐梁题材。以追摹宫体为怀古,也成为晚唐怀古诗的一种体式。

八、咏史

与怀古五律类似,晚唐的咏史五律亦皆模拟宫体,同时想象齐梁的宫廷生活,实际上是披着史事外衣的宫体诗,且几乎只有温李在创作。

温李的咏史五律,被认为有讽喻帝王荒淫的意旨。而从文体形式的角度看,更引人注目的是其中对宫廷生活的描绘,及其笔法与宫体诗之间的关系,而非淡薄而几成俗套的讽喻之意。

温庭筠的咏史五律《陈宫词》已见于上文,其可能具有的讽喻之意表现得过于含蓄，描写宫廷生活却是不厌其烦的繁复与琐碎。同样的作品又有《齐宫》：

> 白马杂金饰，言从雕辇回。粉香随笑度，鬓态伴愁来。远水斜如剪，青莎绿似裁。所恨章华日，冉冉下层台。

齐和陈同属南朝，都是宫体诗的时代，从温庭筠的诗中尤其看不出二者的差别。此诗颔联是典型的宫体女色诗，颈联则是宫体痕迹明显的自然描写，尾联形象性强而显得意旨不明，写齐宫人痛惜时光流逝的落寞之情，却令人无法确定其中是否有关于齐朝迅速覆亡的隐喻。此诗工于体物，设象华艳，而意旨模糊，符合温庭筠的一贯风格。在温庭筠的咏史诗中，讽喻王朝奢华的意旨往往只是为了给华丽的物象描写赋予合法性而存在。

李商隐的两首《陈后宫》也属同类作品，想象南朝宫廷生活而似有讽喻之意：

> 茂苑城如画，阊门瓦欲流。还依水光殿，更起月华楼。侵夜鸾开镜，迎冬雉献裘。从臣皆半醉，天子正无愁。
>
> 玄武开新苑，龙舟宴幸频。渚莲参法驾，沙鸟犯句陈。寿献金茎露，歌翻玉树尘。夜来江令醉，别诏宿临春。

二诗同题，并非组诗，诗作的结构却颇为相近：首联交代壮美的建筑和君王的享乐行动；中二联以宫体诗的体物笔法，描绘奢华的宫廷生活；尾联写君臣纸醉金迷、无忧无虑的生活，却透露出王朝即将覆亡的不安之感。可以看出，这两首诗的描写部分同样得力于宫体诗，只是历数陈朝宫廷的奢华，没有太多缘情成分。尾联的意旨同样含蓄，但因李商隐更好地把握了人们在极度的欢愉下会产生对未来的隐忧的心理，清晰地传达出王朝末世的焦虑感，因此显得意旨更为明确，没有造成铺排琐碎的不良效果，再一次体现出了李商隐在缘情技巧上相对于温庭筠的优势。

又如其《思贤顿》：

> 内殿张弦管，中原绝鼓鼙。舞成青海马，斗杀汝南鸡。不见华胥梦，空闻下蔡迷。宸襟他日泪，薄暮望贤西。

此诗是对本朝天宝旧事的缅怀，写法仍与二首《陈后宫》类似。意旨并无新奇之处，只是感叹当时的繁盛、奢靡，与颓败后的凄凉，这种抒情的角度已经成了屡见不鲜的套路。此诗的结构与二首《陈后宫》颇可类比：首联写天子无愁，大肆享乐；中二联写乐景，写衰败前宫廷生活的奢华；尾联写哀景，写衰败后的凄凉。中二联为宫体写法，极言物象华丽，体物而不缘情。由此可见，即使是李商隐的咏史五律，也是高度程式化的。这不禁令我们怀疑，对于李商隐来说，咏史有时只是想象前代宫廷奢华生活的一个合法的由头。

九、其他

晚唐齐梁体诗人的非齐梁题材五律创作，呈现出多样化的面貌，提示着晚唐齐梁诗风与晚唐其他诗派的复杂关系。

温庭筠的五律体挽歌偶有华丽者，如《秘书刘尚书挽歌词二首》：

> 王笔活鸾凤，谢诗生芙蓉。学筵开绛帐，谈柄发洪钟。粉署见飞鹏，玉山猜卧龙。遗风丽清韵，萧散九原松。
>
> 麈尾近良玉，鹤裘吹素丝。坏陵殷浩谪，春墅谢安棋。京口贵公子，襄阳诸女儿。折花兼踏月，多唱柳郎词。

多用六朝典故，显示出晚唐齐梁体创作者的写作习惯。

但温庭筠的五律也有颇为疏野者，如《赠卢长史》：

> 移病欲成隐，扁舟归旧居。地深新事少，官散故交疏。道直更无

侣，家贫唯有书。东门烟水梦，非独为鲈鱼。

可见即使是温庭筠来使用五律这一典型的齐梁诗体，也不见得每首都要华丽唯美。

李商隐的非齐梁题材五律也常见六朝典故，如：

雪中东郭履，堂上老莱衣。（《崔处士》）
苦吟防柳恽，多泪怯杨朱。（《西溪》）
空闻迁贾谊，不待相孙弘。（《哭刘司户蕡》）
固难寻绮季，可得信张仪。（《送丰都李尉》）
哀同庾开府，瘦极沈尚书。（《有怀在蒙飞卿》）

在并不绮艳的诗句里，仍见出"咽嚎梁陈"的功力。

从风格上看，李商隐的非齐梁题材五律有端丽如齐梁者，如：

已遭江映柳，更被雪藏梅。（《江亭散席循柳路吟》）
秋蝶无端丽，寒花只暂香。（《属疾》）
风标森太华，星象逼中台。（《喜舍弟羲叟及第上礼部魏公》）

也有险怪如元和者，如《异俗二首》：

鬼疟朝朝避，春寒夜夜添。未惊雷破柱，不报水齐檐。虎箭侵肤毒，鱼钩刺骨铦。鸟言成谍诉，多是恨彤幨。

户尽悬秦网，家多事越巫。未曾容獭祭，只是纵猪都。点对连鳌饵，搜求缚虎符。贾生兼事鬼，不信有洪炉。

体现出多种诗学背景的影响。

陈陶的五律，在并非以描写山川壮丽为主旨时，常常表现出类似晚唐体的风格，如：

海岳南归远，天门北望深。暂为青琐客，难换白云心。富贵老闲事，猿猱思旧林。清平无乐志，尊酒有瑶琴。（《自归山》）

楚岸青枫树，长随送远心。九江春水阔，三峡暮云深。气调桓伊笛，才华蔡琰琴。迢迢嫁湘汉，谁不重黄金。（《湓城赠别》）

李群玉的五律则时常过于平易散漫，近于白体：

处俗常如病，看花亦似秋。若无时复酒，宁遣镇长愁。渐觉身非我，都迷蝶与周。何烦五色药，尊下即丹丘。（《半醉》）

筠桂晚萧疏，任人嘲宰予。鸟惊林下梦，风展枕前书。正作庄生蝶，谁知惠子鱼。人间无乐事，直拟到华胥。（《昼寐》）

拨火垂帘夕，将暄向冷天。闷斟壶酒暖，愁听雨声眠。处世心悠尔，干时思索然。春光看已半，明日又藏烟。（《春寒》）

且咏闲居赋，飞翔去未能。春风花屿酒，秋雨竹溪灯。世路变陵谷，时情验友朋。达生书一卷，名利付春冰。（《杜门》）

病发干垂枕，临风强起梳。蝶飞魂尚弱，蚁斗体犹虚。瘦骨呻吟后，羸容几杖初。庭幽行药静，凉暑翠筠疏。（《北风》）

李郢的五律同样表现出白体倾向，如《酬刘谷除夜见寄》：

坐恐三更至，流年此夜分。客心无限事，愁雨不堪闻。灞上家殊远，炉前酒暂醺。刘郎亦多恨，诗忆故山云。

于武陵有一部分五律也写得比较散漫，近乎白体的五律，如：

长安清渭东，游子迹重重。此去红尘路，难寻君马踪。昔时轻一

别，渐老贵相逢。应恋嵩阳住，嵩阳饶古松。（《寄友人》）

长安多路岐，西去欲何依。浮世只如此，旧山长忆归。自离京国久，应已故人稀。好与孤云住，孤云无是非。（《书怀》）

为客忆归舍，归来还寂寥。壮时看欲过，白首固非遥。独酌几回醉，此愁终不销。犹残鸡与犬，驱去住山椒。（《还家》）

唐彦谦的部分五律写得过于老练熟滑，因而也呈现出近似白体的风貌，如：

西入潼关路，何时更盍簪。年来人事改，老去鬓毛侵。花染离筵泪，葵倾报国心。龙潭千尺水，不似别情深。（《留别》）

客路三千里，西风两鬓尘。贪名笑吴起，说国叹苏秦。托兴非耽酒，思家岂为莼。可怜今夜月，独照异乡人。（《客中感怀》）

景为春时短，愁随别夜长。暂棋宁号隐，轻醉不成乡。风雨曾通夕，莓苔有众芳。落花如便去，楼上即河梁。（《春残》）

比起以上作者的率意，韩偓的五律写得较见功力，超出一般白体、晚唐体的境界，如：

守道得途迟，中兼遇乱离。刚肠成绕指，玄发转垂丝。客路少安处，病床无稳时。弟兄消息绝，独敛问隅眉。（《向隅》）

八月初长夜，千山第一程。款颜唯有梦，怨泣却无声。祖席诸宾散，空郊匹马行。自怜非达识，局促为浮名。（《离家》）

写得较为用力，却以深厚的感情、士人的品格修养加以作用，不见元和怪相，颇有杜诗形迹。

吴融的五律大多属晚唐体，写得较为认真，有体物之笔，但意绪疏冷，如：

一室四无邻,荒郊接古津。幽闲消俗态,摇落露家贫。绝迹思浮海,修书懒寄秦。东西不复问,翻笑泣岐人。(《荆州寓居书怀》)

白发又经秋,端居海上洲。无机因事发,有涕为时流。新酒乘凉压,残棋隔夜收。公车无路入,同拜老闲侯。(《新秋》)

紫殿久沾恩,东归过海门。浮荣知是梦,轻别肯销魂。明发先晨鸟,寒栖入暝猿。蕺山如重到,应老旧云根。(《送广利大师东归》)

昨来非有意,今去亦无心。阙下抛新院,江南指旧林。瓶添新涧绿,笠卸晚峰阴。八字如相许,终辞尺组寻。(《送策上人》)

徐夤的五律写得较为散漫,如:

胡为名利役,来往老关河。白发随梳少,青山入梦多。途穷怜抱疾,世乱耻登科。却起渔舟念,春风钓绿波。(《旅次寓题》)

昔游红杏苑,今隐刺桐村。岁计悬僧债,科名负国恩。不书胝渐稳,频镊鬓无根。惟有经邦事,年年志尚存。(《昔游》)

很少见到晚唐体体物的热情和唯美的意象,类似白体的游戏之作。

由此可见,晚唐齐梁体诗人的非齐梁题材五律创作呈现多样的面貌,以白体和晚唐体为主,偶尔可以见到韩孟式的怪奇与齐梁式的端丽。这说明,一方面,晚唐齐梁诗风与白体和晚唐体存在着一定的关系;另一方面,晚唐齐梁体诗人在齐梁风格之外,有着相对多样化的创作风格,齐梁式的面貌只是他们在创作齐梁题材五律时共同选择的面貌,是一种文体的要求。

十、小结

五律是一种典型的齐梁诗体,最能反映齐梁诗风的特点,也吸引了晚唐齐梁诗风最重要的诗人努力进行创作。在晚唐齐梁诗风的影响下,五律的主要特点包括:重物轻情,设象华丽,体物工细,映带女色。其高者可由体物入于缘情,给人兴寄讽喻之感,又无迹可寻。一般的作品则以塑造形象见长，不避细碎，以美丽、奇特、形似取胜。

在晚唐，用五律写女色者已不多，齐梁诗歌状写女色的传统功能大多已被七言诗分担，但典型诗人都用五律写过女色，且其女色五律具有标准的齐梁风味。用五律写咏物诗的较多，晚唐诗人似有用创作咏物五律的方式承续齐梁传统的自觉。出于类似的原因，晚唐诗人仍会偶尔尝试用五律写赋题诗和边塞诗。晚唐齐梁体诗人大多会创作晚唐体山水五律，晚唐体与晚唐齐梁诗风存在共生关系。温李写作的五律体怀古、咏史诗实际是变形的宫体诗。

五律是除齐梁体外最接近齐梁的诗体，是后人学习齐梁最常用、最标准的诗体。晚唐诗人能够创作较多的齐梁题材五律，并能熟练地掌握齐梁诗歌的体物技巧，同时表现出对齐梁意象的钦慕，充分证明了晚唐诗人学习齐梁的努力。晚唐诗人的齐梁题材五律创作达到了一定的艺术水平，创造出了美丽的形象，精确地传达了对外物纤细而丰富的感觉，锤炼出了一批佳句，给人留下深刻印象，呈现出较高的平均创作水平。晚唐诗人在五律创作中学习齐梁的努力，收到了良好的效果。

第四节　排律

排律在近体诗定型后的漫长历史中，特别是科举考试中，发挥了重要的作用，而从产生源头来看，排律也是齐梁体的一种。在五言诗律化的过程中，早在声律未备的晋宋，就出现了大体排偶的长篇五言诗。在永明诗学的推动下，这种排偶化的长篇五言诗在梁陈同样高度律化，萧衍父子已经能创作大体合律、大体排偶的长篇五言诗，其形制已与后世的排律非常相近。在梁陈之间，近体诗的篇长还没有规定，短至三韵、长至十数韵的“新体”诗兼而有之，“五律”固定为四韵反而是更晚的事。从这个意义上说，排律与三韵诗等齐梁格诗的地位是相等的，都是五律篇制未定时的形态。

后人对排律比对其他齐梁格诗更为熟悉，可能是因为排律与篇制确定后的五律规则并无冲突，且能完成五律不能完成的功能。后人学习写作排律，可以只是在熟悉五律规则的基础上，无限制地扩充中联，不会因突破近体诗的声律规则而令人感到怪异。而排律的篇幅可以容纳更多的铺陈，承担赋的功能。当近体诗的地位日益提高，开始承担汉魏六朝由赋来承担的典雅文学的功能时，排律的铺陈功能就显得越来越不可或缺。因此，排律非但没有被人们淡忘，反而获得了崇高的地位。

盛唐以后，五律已经脱离了齐梁形迹，迈向了更广阔的天地，排律却更多地保留了齐梁风格。这首先是因为排律与齐梁诗学渊源甚深，属齐梁格的一体，其次也是因为排律天然的赋化属性。排律并不以意脉显豁、余音绕梁见长，而必须要求更多的修饰、更多的物象。齐梁的体物笔法在排律中必不可少，六朝辞赋、骈文的艺术也为排律所借鉴，所以排律总是光彩炫目，带有更多的齐梁文学印记。

晚唐齐梁诗风本来就以五律向齐梁风格复归，从盛唐以后的视角来看，等于是尽力地把五律写得像排律，所以五律与排律的功能相差不大，显示出非常类似的面貌和功能结构。为避免叙述枝蔓，本书仍将排律从五律中分出，对排律与各题材的结合状况做逐一的介绍。

一、女色

晚唐女色排律的创作情况与女色五律基本一致。前期的温李、后期的韩吴较多，中期的李群玉因热衷于以古体赋写女色，所以创作较少。不同的是，创作结构相对保守的中期诗人于武陵也没有女色排律传世，这实际是因为于武陵没有排律传世。另外，未见女色五律传世的后期诗人唐彦谦、张泌、徐夤，反倒各有一首女色排律传世，这大概是因为排律的地位较为崇高，女色排律显得尤为富丽，吸引着诗人们偶尔尝试。

温庭筠最典型的女色排律为《洞户二十二韵》：

> 洞户连珠网，方疏隐碧浔。烛盘烟坠烬，帘压月通阴。粉白仙郎署，霜清玉女砧。醉乡高窈窈，棋阵静愔愔。素手琉璃扇，玄髻玳瑁簪。昔邪看寄迹，栀子咏同心。树列千秋胜，楼悬七夕针。旧词翻白

> 纻,新赋换黄金。唳鹤调蛮鼓,惊蝉应宝琴。舞疑繁易度,歌转断难寻。露委花相妒,风欹柳不禁。……

前人对此诗主旨有不同解读,或认为是单纯地追赋男女情事,或认为与庄恪太子事有关。但以上所引数联以铺陈闺房事类为典型特征,故不妨姑且视为女色题材。即使在梁陈时代,长达二十二韵的新体诗也是罕见的,这种大肆铺陈的作法当始自元白诗派。此诗属侵韵,韵脚较窄,能成长诗也属难得,这种押险韵以斗巧的习气也始自元白。从声情上说,侵韵沉稳艳丽,增添了诗作的宫体色彩。可以看出,此诗的赋化倾向十分明显。诗中繁复的意象使人目不暇接,造成一种来自意象本身的美感。温庭筠诗重物轻情的特点,在排律的铺陈中得到了极大的发挥。又因为排律本须铺陈物事,不可能像古体乐府那样句句以意致取胜,故温庭筠作女色排律,可谓扬长避短。

温庭筠重物轻情,李商隐则常以缘情高出温庭筠之上。温庭筠更关心华贵的物象,因体写细致而显示出一定趣味;李商隐则更关心情理的发掘。因此,李商隐的排律虽不乏与温庭筠一样的华丽铺陈,却能以物象映带情感,往往多出几分动人的意态。如其《独居有怀》:

> 麝重愁风逼,罗疏畏月侵。怨魂迷恐断,娇喘细疑沉。数急芙蓉带,频抽翡翠簪。柔情终不远,遥妒已先深。浦冷鸳鸯去,园空蛱蝶寻。蜡花长递泪,筝柱镇移心。觅使嵩云暮,回头灞岸阴。只闻凉叶院,露井近寒砧。

这样一首女色排律,从体物与缘情的不同角度,每一联都可翻出多层意蕴。首联对仗,已入主题。麝、罗是典型的闺阁意象;麝之重,罗之疏,足见主人公之奢华,为富丽语;而从其文化含义来看,麝重暗示女性的独居身份,罗疏带有诱惑性的暗示;麝重而担忧被风吹散,罗疏而唯恐被月色穿透,又是极纤弱的体物之笔。从情理上感受,则这样的纤弱之笔并非单为形容麝之重，罗之薄，而是在担心私情被人发现，因此又是巧妙的缘情。不肯单纯体物，也不肯直接写情，正体现出义山模拟齐梁之佳处。体物则艳丽而带有诱惑意味，缘情则借物映带而有所节制，充分体现了宫体诗的特点。

第二联承首联，出句缘情，对句体物。“数急”一联似在展示“芙蓉带”“翡翠簪”等富丽意象，仍不失宫体本色；加上“数急”“频抽”等动词，则又是在暗示女主人公身体消瘦，青丝脱落；而之所以如此，则是为相思所苦，物象的展示仍在映带情感；身体消瘦、青丝脱落是缓慢的过程，为相思所苦是无望的情感，这里的女主人公与温庭筠诗中的女主人公一样，是静态的悲情形象，但李商隐反而写出了“数急”“频抽”这样激烈的动词，将缓慢的过程剪辑为瞬间的动作，像李贺那样追求着语词的力度。

“柔情”一联直接缘情，真情难以为继，嫉恨却更为深远，直白地写出了情感的矛盾。“浦冷”一联以“鸳鸯”“蛱蝶”的具体形象，象征虚无缥缈的爱情和梦想；以一“去”字坐实爱情的失落，以一“寻”字写出落寞中的不懈追求，将难以言传的情感化为直观的形象，动人心魄。“蜡花”一联，燃烛、弹筝是典型的宫体意象，而“递泪”“移心”又从具象关合人情。末尾二联，仍以“嵩云暮”“灞岸阴”“凉叶”“露井”“寒砧”暗示爱情理想的失落，空闺的寂寞，仍然是用具体的形象暗示情感。

从体物的角度看，此诗刻画精工，形象丰富，造语艳丽，不失宫体本色。从缘情的角度看，此诗处处以物象暗示情感，用意深婉，含蓄节制，又能准确而清晰地传达出微妙的心理感受，以具体的形象打动读者，不失为诗中佳品。

又如《碧瓦》：

> 碧瓦衔珠树，红轮结绮寮。无双汉殿鬓，第一楚宫腰。雾唾香难尽，珠啼冷易销。歌从雍门学，酒是蜀城烧。柳暗将翻巷，荷欹正抱桥。钿辕开道入，金管隔邻调。梦到飞魂急，书成即席遥。河流冲柱转，海沫近槎飘。吴市蠙蛦甲，巴賨翡翠翘。他时未知意，重叠赠娇饶。

从字面上看,这是一首闺怨诗,而其中“美人香草”式的寄托之意十分显豁,全诗是以闺人自矜容色而不得男子青睐,象征士人的自矜才能而不得莅事者眷顾。诗作的大部分都是将抽象的士人才能转化为具体的女性容色,以体物之笔写成典型的宫体诗。其中对女色的描写与其隐喻的士人才能似即似离,特别是“歌从”一联,考虑到其象征士人师出名门,则不失清贵,但若单从句法来看,作为体写女色的诗句,难免显得笨拙。“钿辕”一联,写看见男子到来的欣喜,和意识到男子只是临幸邻家的失落;“梦到”一联,写梦中的焦虑,写同席传书而心意不通的隔膜;两联缘情,都曲尽主人公的心理,全无女子与士人不同生活经验的隔膜,道得人意中事,是全诗见长之处。单以体物论,此诗并不见长;以缘情论,则仍可见出李商隐精确把握人物心理的能力。

再如《摇落》:

> 摇落伤年日,羁留念远心。水亭吟断续,月幌梦飞沉。古木含风久,疏萤怯露深。人闲始遥夜,地迥更清砧。结爱曾伤晚,端忧复至今。未谙沧海路,何处玉山岑。滩激黄牛暮,云屯白帝阴。遥知沾洒意,不减欲分襟。

此诗写男女情爱,或有寄托,不涉女性容色。前三联体物,不必皆有寄托,不必皆映带人情,只是曲尽物情,便自有动人之处。“水亭”一联,意象清幽唯美,节奏舒缓,不必征实,自觉感伤,“月幌梦飞沉”一句写得尤为灵动。“古木”一联,体物精准,下字不虚,体现了齐梁诗学继承者的体物功夫。“人闲”一联,转入缘情,一“始”字,一“更”字,无理而近情,准确地传达出独特的情感经验,见出义山运用虚字之妙。“结爱”一联,仍为缘情,写真情短暂而烦恼不绝的矛盾。末三联用具象象征难以捉摸的情绪。“未谙”一联,我们不必清楚“沧海路”“玉山岑”的实际所指,便可从“未谙”“何处”的虚字中,感受到作者想要缘写的迷茫而失落的情绪,名词在句中的作用只是以形象为诗句增色。“滩激”一联,以道路曲折的黄牛峡象征追求理想的过程中四处碰壁、徘徊不进的感受，以白帝城头的阴云象征笼罩在诗人心头的抑郁之情。尾联则以衣襟泪痕的具象坐实相思之情。比起《独居有怀》一诗，此诗缘情的比例更大一些，而以体物映带人情、以物象坐实情绪的手法，两首诗的运用是相似的。

从排律中也可见出温李创作的不同特点：温庭筠过于着力于穷形尽相的描写，擅长营造静态美，句法上多名词句，以展示物象为目标；李商隐更善于运用虚词，句法流动，善于以物象映带情感。温庭筠更关心华贵的物象，因体写细致而显示出一定趣味；李商隐更关心情理的发掘，华贵的物象只是映带，并未成为句法的中心。

韩偓和吴融的一组无题女色排律为唱和之作，诗共十四韵，韩吴各作三首，又各倒次元韵一首，其时韩吴二人已近晚年，这组作品属典型的游戏之作。这组作品赋化倾向十分明显，罗列闺中女子的种种形象和情态，品类繁复，笔法熟练，体物缘情皆有可观之处。现将韩吴之作各选录一首：

> 碧瓦偏光日，红帘不受尘。柳昏连绿野，花烂烁清晨。书密偷看数，情通破体新。明言终未实，暗祝始应真。枉道嫌偷药，推诚鄙效颦。合成云五色，宜作日中轮。照兽金涂爪，钗鱼玉镂鳞。渺弥三岛浪，平远一楼春。堕髻还名寿，修蛾本姓秦。棹寻闻犬洞，槎入饮牛津。麟脯随重酿，霜华间八珍。锦囊霞彩烂，罗袜砑光匀。羞涩佯牵伴，娇饶欲泥人。偷儿难捉搦，慎莫共比邻。（韩偓）
>
> 绮阁临初日，铜台拂暗尘。鹧鸪偏报晓，乌鹊惯惊晨。鱼网裁书数，鹍弦上曲新。病多疑厄重，语切见心真。子母钱征笑，西南月借颦。捣衣嫌独杵，分袂怨双轮。贝叶教丹嘴，金刀寄赤鳞。卷帘吟塞雪，飞楫渡江春。解织宜名蕙，能歌合姓秦。眼穿回雁岭，魂断饮牛津。药自偷来绝，香从窃去珍。茗煎云沫聚，药种玉苗匀。草密应迷客，花繁好避人。长干足风雨，遥夜与谁邻。（吴融）

除这一组唱和外,韩吴又都另有数首女色排律,如韩偓《别绪》:

别绪静愔愔,牵愁暗入心。已回花渚棹,悔听酒垆琴。菊露凄罗幕,梨霜恻锦衾。此生终独宿,到死誓相寻。月好知何计,歌阑叹不禁。山巅更高处,忆上上头吟。

诗只有短短六韵,体物缘情都颇为用力,全诗笼罩着一种哀艳的色调,似有无限感慨。又如吴融《赋得欲晓看妆面》:

胧胧欲曙色,隐隐辨残妆。月始云中出,花犹雾里藏。眉边全失翠,额畔半留黄。转入金屏影,隈侵角枕光。有蝉隳鬓样,无燕著钗行。十二峰前梦,如何不断肠。

此诗题云"赋得",似有赋题性质。全诗热衷于体物,不厌其烦地罗列华艳的女性衣饰,宫体风格十分明显。

唐彦谦的《汉代》似是逞才之作:

汉代金为屋,吴宫绮作寮。艳词传静婉,新曲定妖娆。箭响犹残梦,签声报早朝。鲜明临晓日,回转度春宵。半袖笼清镜,前丝压翠翘。静多如有待,闲极似无憀。梓泽花犹满,灵和柳未凋。障昏巫峡雨,屏掩浙江潮。未信潘名岳,应疑史姓萧。漏因歌暂断,灯为雨频挑。饮酒阑三雅,投壶赛百娇。钿蝉新翅重,金鸭旧香焦。水净疑澄练,霞孤欲建标。别随秦柱促,愁为蜀弦么。玄晏难瘳痹,临邛但发痟。联诗征弱絮,思友咏甘蕉。王氏怜诸谢,周郎定小乔。黼帏翘彩雉,波扇画文鳐。荇密妨垂钓,荷欹欲度桥。不因衣带水,谁觉路迢迢。

"萧韵"为险韵,押至二十韵,是元白逞才旧法。全诗赋写闺阁生活的方方面面，既有女性容色、装饰的琐细刻画，也有六朝典故的引用，显示出学习齐梁的努力。诗中女主人公的活动被局限在狭小的闺门之内，行动慵懒，情绪落寞，与齐梁宫体诗及温庭筠女色诗中的女主人公一脉相承。然而为了逞才的需要，作者又不得不努力扩大赋写的思路，将镜头间或摇向具有象征意味的自然景物、男女交往的情境和对男方的赞美，从而丰富了作品的内容，展示了作者处理多样题材的能力，也增强了作品的赋化倾向。然而，此诗仍然没有摆脱温庭筠式的重物轻情的特点，往往是为体物而体物，为夸耀而夸耀，意旨显得淡薄和凡近，未能像李商隐那样熟练运用以体物映带缘情的技巧。

张泌的《碧户》同样以对女色的铺排、奢华之物的夸耀为重点，而对物象的布置更加妥帖近情：

> 碧户扃鱼锁，兰窗掩镜台。落花疑怅望，归燕自裴回。咏絮知难敌，伤春不易裁。恨从芳草起，愁为晚风来。衣惹湘云薄，眉分楚岫开。香浓眠旧枕，梦好醉春杯。小障明金凤，幽屏点翠苔。宝筝横塞雁，怨笛落江梅。卓氏仍多酒，相如正富才。莫教琴上意，翻作鹤声哀。

比起唐彦谦的纯用体物，张泌更多地注意在排律中穿插进缘情之联。“落花”一联用意虽浅，“疑”“自”等虚字却见出作者缘写主观情绪的努力。“咏絮”一联写女主人公的才华与情思，同属主观角度的描写，“伤春不易裁”不失为缘情佳句，惜出句不称。“恨从”一联更将情与物掺杂起来写。“衣惹”一联转入较为纯粹的体物，赞美女性妆饰，宫体特征明显。“香浓”一联为此诗秀句，做到了以体物映带缘情。枕上的遗香、杯前的醉态是极秾艳的物象，带有潜在的诱惑意味，是宫体本色；以秾艳的物象为基础，诗人又写出了微妙的心理，眷恋枕上的遗香，是因为不舍旧情，不惜露出杯前的醉态，是希求在梦乡中见到情人。秾艳之句又不妨为深情之笔，此句略见义山遗意。“小障”一联重新落入体物。“宝筝”一联夸耀物象，映带征夫思妇之情。“卓氏”一联称颂男女主人公。尾联对爱情给予美好的祝愿,着落于男女情爱,却仍不放弃对主观情志的关注。此诗略微突破了宫体诗过于客观化的弊端,兼顾缘情,显示出驾驭排律这一文体的娴熟技巧。

温庭筠的女色排律重物轻情,为晚唐齐梁诗风的典型代表,也明显影响了唐末的女色排律创作。李商隐的女色排律由体物入于缘情,产生了经典之作,其缘情倾向在唐末的女色排律创作中也偶有显现。

二、贵游

晚唐诗人会用排律的形式进行酬赠,称赞对方的风华,包括与僧道酬赠,用排律赞颂其仙风道骨,甚至直接用排律创作游仙诗。

李商隐的酬赠排律,如其《谢往桂林至彤庭窃咏》:

> 辰象森罗正,句陈翊卫宽。鱼龙排百戏,剑佩俨千官。城禁将开晚,宫深欲曙难。月轮移枍诣,仙路下栏干。共贺高禖应,将陈寿酒欢。金星压芒角,银汉转波澜。王母来空阔,羲和上屈盘。凤凰传诏旨,獬廌冠朝端。造化中台座,威风上将坛。甘泉犹望幸,早晚冠呼韩。

诗中频繁使用古代宫廷辞赋语汇和仙道意象,夸耀入朝所见富丽景象,显得华丽而典重。

又如其《魏侯第东北楼堂郢叔言别聊用书所见成篇》:

> 暗楼连夜阁,不拟为黄昏。未必断别泪,何曾妨梦魂。疑穿花逶迤,渐近火温馨。海底翻无水,仙家却有村。锁香金屈戌,殢酒玉昆仑。羽白风交扇,冰清月映盆。旧欢尘自积,新岁电犹奔。霞绮空留段,云峰不带根。念君千里舸,江草漏灯痕。

此诗酬赠与李商隐有着共同诗学追求的李郢①,故造语更为华美,情绪更为凄婉,晚唐齐梁诗风的特色更明显。全诗少用六朝事典而多用齐梁物象,不吝惜罗列物象而能映带缘情,铺陈如宫体诗,又能见出义山诗独特的艺术魅力。

李商隐的游仙排律则如《寓怀》:

> 彩鸾餐颢气,威凤入卿云。长养三清境,追随五帝君。烟波遗汲汲,矰缴任云云。下界围黄道,前程合紫氛。金书惟是见,玉管不胜闻。草为回生种,香缘却死熏。海明三岛见,天迥九江分。搴树无劳援,神禾岂用耘。斗龙风结阵,恼鹤露成文。汉岭霜何早,秦宫日易曛。星机抛密绪,月杵散灵氛。阳乌西南下,相思不及群。

对仙界的想象,现实生活的投射,令人联想起晋人郭璞的游仙诗。在五言古诗向近体诗演进的过程中,晋宋之间曾经出现过崇尚铺陈、罗列物象、篇幅较长的五言游仙诗,这些游仙诗有赋化的倾向,呈现出在功能上取代汉代游仙赋的意图。当齐梁时代真正的格律诗出现时,游仙诗反而不甚流行了。晚唐齐梁体诗人经常创作游仙诗,并在游仙诗中夸耀女色和奢华物象,体现出齐梁诗风的影响,但晚唐诗人的这些游仙诗主要是七言诗,多为七律或七绝,最接近齐梁诗体的也是七言歌行,很少有五言排律体的游仙诗,这首诗算是一个例外。此诗将齐梁时代的诗歌形式与晋宋五言诗的题材结合起来,将晋宋游仙诗在题材上的赋化倾向与齐梁排律在形式上的赋化倾向结合起来,应该说是一种充分尊重文体特点的有益的创造。

陈陶的《题赠高闲上人》也属酬赠之作:

---

① “郢叔”即李郢,从刘学锴、余恕诚说,参见《李商隐诗歌集解》,第1118页。然李郢只是行辈可能高于李商隐,实际年龄略少于李商隐,且出身较晚,故本书将其归为晚唐齐梁诗风中期诗人,视为李商隐创作的追随者。

> 檐卜花间客，轩辕席上珍。笔江秋菡萏，僧国瑞麒麟。内殿初招隐，曹溪得后尘。龙蛇惊粉署，花雨对金轮。白马方依汉，朱星又入秦。剧谈凌凿齿，清论倒波旬。拂石先天古，降龙旧国春。珠还合浦老，龙去玉州贫。鸳鹭输黄绢，场坛绕白蘋。鼎湖闲入梦，金阁静通神。海气成方丈，山泉落净巾。猕猴深爱月，鸥鸟不猜人。拂岳萧萧竹，垂空澹澹津。汉珠难觅对，荆璞本来真。伊傅多联璧，刘雷竟买邻。江边有国宝，时为劚星辰。

作品涉及的内容较为丰富，既有"剧谈凌凿齿，清论倒波旬"的称颂，也有"海气成方丈，山泉落净巾"的山水描写，因酬赠僧道而兼具贵游风雅与山水清音。

韩偓、吴融犹有酬赠排律，但并未体现典型的齐梁诗风，如韩偓《赠吴颠尊师》：

> 饮酒经何代，休粮度此生。迹应常自浼，颠亦强为名。道若千钧重，身如一羽轻。毫厘分象纬，袒跣揖公卿。狗窦号光逸，渔阳裸祢衡。笑雷冬蛰震，岩电夜珠明。月魄侵簪冷，江光逼屐清。半酣思救世，一手拟扶倾。击地嗟衰俗，看天贮不平。自缘怀气义，可是计烹亨。议论通三教，年颜称五更。老狂人不厌，密行鬼应惊。未识心相许，开襟语便诚。伊余常仗义，愿拜十年兄。

诗中有"狗窦号光逸，渔阳裸祢衡"这样的六朝典故，也有"月魄侵簪冷，江光逼屐清"这样的体物之句，但总体来说，此诗仍以气骨见长，没有华艳的物象，且往往直抒胸臆，很难说受到了齐梁诗风的影响。

又如吴融的《赴阙次留献荆南成相公三十韵》：

> 分阃兼文德，持衡有武功。荆南知独去，海内更谁同。拔地孤峰秀，当天一鹗雄。云生五色笔，月吐六钧弓。骨格凌秋耸，心源见底

> 空。神清餐沆瀣,气逸饮洪蒙。临事成奇策,全身仗至忠。解鞍欺李广,煮弩笑臧洪。……

多用六朝典故,写得较有风华,显示出晚唐齐梁体诗人写作贵游诗常有的华贵气象,但很少有典型的体物之笔。

三、咏物

与五律的情况类似,参与到咏物排律的创作中来的晚唐齐梁体诗人较多,这也可以说明在晚唐齐梁体诗人的创作中,五律和排律的功能是非常近似的。晚唐齐梁体诗人的咏物排律创作也呈现出更明显的赋化倾向。

温庭筠的咏物排律多与其他题材交叉。有的是像齐梁宫体诗一样,以咏物为题,而仍以状写女色为中心,如《咏寒宵》:

> 寒宵何耿耿,良宴有余姿。宝袜徘徊处,熏炉怅望时。曲琼垂翡翠,斜月到罘罳。委坠金釭烬,阑珊玉局棋。话穷犹注睇,歌罢尚持颐。晻暖遥相属,氛氲积所思。秦蛾卷衣晚,胡雁度云迟。上郡归来梦,那知锦字诗。

在罗列寒宵应有的典型物象时,总是在巧妙地映带女色。狭小的空间中,每一件华贵的物品,都投射着女主人公美丽而落寞的身影。在这首本应以刻画物形见长的作品中,温庭筠反而难得地处处以体物映带缘情。"宝袜"一联,借"宝袜""熏炉"等冬宵应有的物象,引出女主人公的存在,而加入"徘徊""怅望"的情态。接下来的两联纯写物象,却以静物的静默暗示女主人公的寂寞。从"话穷"一联开始,诗作竟转入女主人公的行动描写,从行动描写,作品又转而描写女主人公的思绪,而最终引出了征夫思妇的主题。仅就"寒宵"这个题目而言,这些描写其实是不必要的,温庭筠这样做,其实是继承齐梁咏物诗的传统,以女色为中心,诗中的所有物象都是为了关涉女性形象而存在,甚至为了保证女性形象的美好和完整,不惜游离于所咏的主题之外。又如其《春初对暮雨》：

> 淅沥生丛筱，空蒙泫网轩。暝姿看远树，春意入尘根。点细飘风急，声轻入夜繁。雀喧争槿树，人静出蔬园。瓦湿光先起，房深影易昏。不应江上草，相与滞王孙。

作品所咏为自然景物，取象和描写技巧与山水诗有交叉。诗作在体物之余，写到了“房深影易昏”，“影易昏”虽是紧贴“暮雨”刻画，却映带“房深”，从而暗示了闺情或相思，继而引向了芳草王孙主题。这种尽量关涉细腻情感的作法，显示出晚唐齐梁诗风的特点。

温庭筠还创作了很多描写壮美建筑的排律，这些作品似乎也可归入怀古题材或山水题材，但实际上，在重物轻情的温庭筠笔下，这些作品以对人工建筑的客观描写为主，既没有什么历史兴亡的感慨，也很少有自然景物的描写，因此不妨视为咏物诗，如其《长安寺》：

> 仁祠写露宫，长安佳气浓。烟树含葱蒨，金刹映茸茸。绣户香焚象，珠网玉盘龙。宝题斜翡翠，天井倒芙蓉。幡长回远吹，窗虚含晓风。游骑迷青锁，归鸟思华钟。云栱承跗遡，羽葆背花重。所嗟莲社客，轻荡不相从。

几乎所有句子都涉及建筑的形象，寓意也较为淡漠，吸引人注意的只有对壮美建筑的赞颂，赋化倾向明显。

李商隐创作咏物排律数量较多，且诗题往往比较单纯，如《肠》《杏花》《灯》等，与齐梁的很多咏物诗一样，明确以物象为中心。如其《灯》：

> 皎洁终无倦，煎熬亦自求。花时随酒远，雨后背窗休。冷暗黄茅驿，暄明紫桂楼。锦囊名画掩，玉局败棋收。何处无佳梦，谁人不隐忧。影随帘押转，光信簟文流。客自胜潘岳，侬今定莫愁。固应留半

焰，回照下帏羞。

此诗也成为人们索隐的对象。从形式上说，此诗的赋化倾向也十分明显。诗题“灯”即为体物的中心，围绕这个中心，作者想象了与灯有关的种种情境，以及灯在每个情境下的情态。每一句写一种情态，涉及灯的方方面面，这种铺陈的方式是赋的写法。李商隐长于曲尽物情，对每一种情境下灯的情态都写得极为精确，使得作品即使在字面上也有独特的艺术魅力。李商隐长于铺陈，充分借鉴了赋的写作经验，不过多地纠缠物象的刻画，而是尽量围绕中心罗列更多的物象，同时在写到每一个情境时都不脱离物象本身的特点，因而显得不黏不脱，取得较好的艺术效果。

李商隐的咏物排律亦时有通首映带女色者，如其《垂柳》：

垂柳碧鬅茸，楼昏雨带容。思量成夜梦，束久废春慵。梳洗凭张敞，乘骑笑稚恭。碧虚随转笠，红烛近高舂。怨目明秋水，愁眉淡远峰。小阑花尽蝶，静院醉醒蛩。旧作琴台凤，今为药店龙。宝奁抛掷久，一任景阳钟。

围绕着垂柳的特点，展开了多方面的形容。诗人毫不吝惜用女性的衣饰、容色甚至情感来做喻体。这并不是一种拟人的写法，而是分散开来，把柳的不同方面分别比拟为女子的不同方面，从而获得一种香艳的感受。

如果说《垂柳》还有与少女柳枝相关的嫌疑，那么《木兰》应该是一首更加单纯的咏物诗：

二月二十二，木兰开坼初。初当新病酒，复自久离居。愁绝更倾国，惊新闻远书。紫丝何日障，油壁几时车。弄粉知伤重，调红或有余。波痕空映袜，烟态不胜裾。桂岭含芳远，莲塘属意疏。瑶姬与神女，长短定何如。

全诗的本体只有木兰花，喻体则包括了女色的方方面面：有衣饰如“紫丝”“油壁”；有脂粉如“弄粉”“调红”；也有“烟态不胜裾”这种并无具象、只可意会的感受；甚至有将花通体比作“倾国”美人，将花开带来的惊喜比作“远书”这样极为抽象的比喻。与齐梁咏物诗的作法不同，李商隐咏物排律关涉女色的方法，并不是设想一个女子如何使用所咏之物，而是把所咏之物比作女子，显示出驾驭齐梁式比喻的强大能力。

李群玉的《龟》也是一首典型的咏物排律：

> 静养千年寿，重泉自隐居。不应随跛鳖，宁肯滞凡鱼。灵腹唯玄露，芳巢必翠蕖。扬花输蚌蛤，奔月恨蟾蜍。曳尾辞泥后，支床得水初。冠山期不小，铸印事宁虚。有志酬毛宝，无心畏豫且。他时清洛汭，会荐帝尧书。

同样是借鉴了赋的写作经验，以物象为中心，组织各类典故，而不纠结于具体形象的刻画。但因为重点在于搜罗典籍中的相关典故，而非自主想象相关的情境，典故组合的方式也较为呆板笨拙，因此全诗不免堆砌之弊，缺乏李商隐同类作品体物尽情的灵动之感。

唐彦谦的《春雨》亦通首映带女色：

> 绮陌夜来雨，春楼寒望迷。远容迎燕戏，乱响隔莺啼。有恨开兰室，无言对李蹊。花敧浑拂槛，柳重欲垂堤。灯檠昏鱼目，薰炉咽麝脐。别轻天北鹤，梦怯汝南鸡。入户侵罗幌，捎檐润绣题。新丰树已失，长信草初齐。乱蝶寒犹舞，惊乌暝不栖。庾郎盘马地，却怕有春泥。

借写春雨，处处映带闺阁意象，实际是一首以“春雨”为线索组织的女色诗。这种映带方式，更接近齐梁时代的宫体诗。同时，这也是借鉴赋的写法，通过描写春雨对各种事物的作用，来赋写春雨的各个方面。只不过此诗将描写对象局限在了闺阁之内,带上了宫体诗的印记。

韩偓的《暴雨》为仄韵排律:

> 电尾烧黑云,雨脚飞银线。急点溅池心,微烟昏水面。气凉氛祲消,暑退松篁健。丛蓼亚赪茸,擎荷翻绿扇。风期谁与同,逸趣余探遍。欲去更迟留,胸中久交战。

咏暴雨而重在刻画物象,用笔刻尽,体物入微而刻意求奇,带有元和遗意。其另一首咏物排律《寒食日沙县雨中看蔷薇》则映带女色,务求香艳:

> 何处遇蔷薇,殊乡冷节时。雨声笼锦帐,风势偃罗帏。通体全无力,酡颜不自持。绿疏微露刺,红密欲藏枝。惬意凭阑久,贪吟放盏迟。旁人应见讶,自醉自题诗。

处处以女子的衣饰和容色做喻体,与李商隐的同类作品相似。

吴融创作咏物排律较多,其体物缘情,多有新奇之句,如:

> 衣似繁霜透,身疑积水沉。(《中秋陪熙用学士禁中玩月》)
> 为多亡国恨,不忍故山啼。(《岐下闻杜鹃》)
> 日转无长影,风回有细音。(《三峰府内矮柏十韵》)

又多赋雪诗,时有体物细密之句,如:

> 影密灯回照,声繁竹送敲。(《赋雪》)

不失为晚唐佳句。但亦有过求工细,反见笨拙者,如:

> 迟于雨到地,疾甚絮随风。(《雪十韵》)

吴融又有两首六韵诗颇具特点：

有客编来久，弥年断不收。不堪风作候，岂复燕为仇。尽见三重阁，难迷百尺楼。伴灯微掩梦，兼扇劣遮羞。零落亡珠缀，殷勤谢玉钩。凉宵何必卷，月自入轩流。(《败帘六韵》)

濯水经何日，随风故有人。绿衣犹逼画，丹顶尚迷真。暗淡云沉古，青苍藓剥新。映襟知惹泪，侵鞯想萦尘。掣曳无由睹，流传久自珍。武威应认得，牵挽几当春。(《古锦裾六韵》)

帘、锦裾本为齐梁诗人喜欢吟咏的事物，而其上着一"败"字、一"古"字，不写其富丽而写其破败，不写其新而写其旧，则又带上了中晚唐的趣味。艳丽的帘、锦裾与破败、古旧构成了矛盾，两首诗句句扣着诗题中的矛盾来写，力图精确地演绎诗题。两首诗以体物见长，热衷于反复描述吟咏对象如何破败、如何古旧，不注重从缘情的角度出新。《古锦裾六韵》中"映襟""掣曳"两联想象锦裾昔日的情状，略见意趣，却仍是服务于一个"古"字。这两首诗在技巧上力求穷形尽相，在审美上对不甚完美的事物有一种猎奇心理，上承元和，下启宋调。

晚唐齐梁诗风下的咏物排律有着明显的赋化倾向，力求承担赋的体物功能，从多个途径借鉴赋的写作经验。其物象繁复、映带女色之处，与齐梁宫体诗颇为接近，其体物刻尽、着意求奇之处，又带上了晚唐的时代特点。

四、赋题

排律在唐代即为试律诗所用体裁，故唐人诗集中不时可见到以前人诗句为题的排律，这些排律有可能是为应付科举考试所做的练习，有的则直接标明是参加某次考试时的作品。这种考试诗歌创作的方法对唐人熟悉六朝诗作、进而加以模拟显然有促进作用。

温庭筠有《原隰荑绿柳》一诗传世：

迥野韶光早，晴川柳满堤。拂尘生嫩绿，披雪见柔荑。碧玉牙犹短，黄金缕未齐。腰肢弄寒吹，眉意入春闺。预恐狂夫折，迎牵逸客迷。新莺将出谷，应借一枝栖。

这是一首省试诗，见于《文苑英华·省试部》，诗题出自谢灵运《从游京口北固应诏诗》，原诗见于《文选》，是“熟精文选理”的唐代士子准备科举考试的重要材料。在《文苑英华·省试部》所录以前人诗句命题的三十一首省试诗中，有七首以谢灵运的诗句命题，足见《文选》中的谢灵运诗是唐代省试诗出题的“热门”。温庭筠一生不第，却熟悉考试规则而以科场代笔出名，此诗或是其为科举考试的练笔之作，或为干谒之作。

此诗首联破“原隰”，次联破“绿柳”。三联、四联以齐梁笔法赋写“绿柳”，第三联写“绿”，第四联写“柳”。第五联仍赋“绿柳”，但似已包含兴寄。尾联巧妙地以“新莺”这一旧典同时关合了“原隰”与“绿柳”，同时又从“新莺”生发出“应借一枝栖”的形象，加强了第五联中蕴含的希望托身得所的意旨，构思巧妙。这样，前面几联齐梁体的赋写，也似乎不再是单纯的赋写，而包含了铺叙自己才美之意，有了比兴的意味。“原隰荑绿柳”本是单纯地赋写景物，而温庭筠通过自己的再创造，尤其是“新莺”之典的巧妙引入，为此句赋予了新的义理。作为一首省试诗，这首诗结构完美，中规中矩，能够适当地表达科场中应当表达的主题，反映了温庭筠对省试诗体的熟练掌握。同时，此诗意象柔美、华丽，语句雕琢而不失平易，在赋写自然物时也带上了柔美的色调，讲究语言的雕琢，重视技巧，这既是齐梁诗风的特点，也能适应科举考试的要求。这首诗生动地说明，像温庭筠这样的士子，正是在适应科举考试的同时，接受了齐梁诗风的影响。

相比之下，李商隐的两首试律诗《赋得月照冰池》《赋得桃李无言》则让人不那么满意。兹列其《赋得桃李无言》于下：

夭桃花正发，秾李蕊方繁。应候非争艳，成蹊不在言。静中霞暗吐，香处雪潜翻。得意摇风态，含情泣露痕。芬芳光上苑，寂默委中园。赤白徒自许,幽芳谁与论。

此诗不以前人诗句命题,而以古语命题。首联分说“桃”与“李”,二联结束“桃”与“李”,点出“无言”,以题面本意入韵。第三联以“霞”应“桃”,以“雪”应“李”,以“静”“潜”应“无言”。第四联合言花,而从“无言”生发出“摇风”“泣露”两个行为,分忧喜而言之。第五联以“芬芳”点花,“寂默”点“无言”。尾联以“赤白”点“桃李”,“谁与论”点“无言”。可以看出,此诗不断地改换字面,却始终没能拓开思路,总是在过于贴近题面的范围内打转,既没有引入更多的物象,也没有生发出更高的主旨,因此显得笨拙,虽然中规中矩,却算不得上乘的试律诗。历代的评点者,除了冯班尽力维护外,大多都对李商隐的两首试律诗颇为诟病,指出试律诗与自由的创作需要的才能是不同的。由此可见,在试律诗方面,李商隐并不像温庭筠那样才思敏捷。尽管李商隐的科举经历看起来比温庭筠更为顺利,但事实上,可能反而是重物轻情的温庭筠更能代表当时的科举制度下一般士子的创作面貌。

吴融的《府试雨夜帝里闻猿声》可以确认是在真正参加科举考试时的创作:

雨滴秦中夜,猿闻峡外声。已吟何逊恨,还赋屈平情。暗逐哀鸿泪,遥含禁漏清。直疑游万里,不觉在重城。霎霎侵灯乱,啾啾入梦惊。明朝临晓镜,别有鬓丝生。

诗题有“雨夜”和“猿声”这一组相对的元素,外加“帝里”这一附加条件。首联分说“雨夜”与“猿声”。第二联用典,以“何逊”承“雨”,以“屈平”承“猿”。第三联引入“帝里”,而反以“哀鸿”暗承“猿声”,“禁漏”暗喻“夜雨”。第四联直写“帝里”。第五联以“霎霎”承雨,“啾啾”承猿。尾联以愁作结。此诗比李商隐的作品略有生发,仍只不过是中规中矩,并不特别出彩。

徐夤的《东风解冻省试》也是真正发生在科场上的创作：

暖气飘蘋末，冻痕销水中。扇冰初觉泮，吹海旋成空。入律三春照，朝宗万里通。岸分天影阔，色照日光融。波起轻摇绿，鳞游乍跃红。殷勤排弱羽，飞翥趁和风。

这首诗的意象要鲜明华美一些。诗题以“风”与“水”为一组对立。首联破题，以“暖气”代“东风”，并以“蘋末”关合风与水，构思巧妙，“冻痕销水中”点水，语态从容。第二联以“扇”“吹”点“风”，“冰”“海”点“水”，“泮”“空”点“解”，并非呆板地以上下联分说“风”“水”，句法灵活。第三联专写风，言其暖。第四、五联专写水，言其无冰，顺便赋写水色，以为铺陈点染。尾联着落到风，暗喻希求提携之意，则上文赋写冰水受暖解冻，也都成为暗写自己对提携的期盼和感激，构思巧妙。此诗结构设计巧妙，物象联想丰富，是一首优秀的试律诗。徐夤整体创作的艺术水平并不能算是很高，但作试律诗却颇有技巧。

从晚唐齐梁体诗人传世的几首赋题排律亦即试律诗来看，晚唐齐梁体诗人皆能掌握试律诗的基本技巧，但水平参差不齐。艺术地位崇高的李商隐，以及继承了李商隐诗学的吴融，在试律诗方面都表现平平，反而是重物轻情的温庭筠，以及仅能代表晚唐二流诗人水平的徐夤，更能灵活地运用试律诗的写作技巧。试律诗并不利于天才诗人展现才华，却塑造了晚唐诗人的创作技巧，成为晚唐齐梁诗风不可忽视的背景。

五、边塞

晚唐齐梁体诗人并无典型的边塞排律传世。鉴于晚唐齐梁体诗人传世的边塞五律已经不多，可以认定，以五言近体写边塞的传统，在晚唐已经衰落。

六、山水

晚唐齐梁体诗人的山水排律，往往清中尚丽，杂有艳字，很少纯为荒寒幽僻之语。

温庭筠的山水排律如《寄渚宫遗民弘里生》：

柳弱湖堤曲，篱疏水巷深。酒阑初促席，歌罢欲分襟。波月欺华烛，汀云润故琴。镜清花并蒂，床冷簟连心。荷叠平桥暗，萍稀败舫沉。城头五通鼓，窗外万家砧。异县鱼投浪，当年鸟共林。八行香未灭，千里梦难寻。未肯睽良愿，空期嗣好音。他时因咏作，犹得比南金。

物象唯美而不凄寒。首联即写优美环境，第二联直写酒筵歌席，竟似宫体意象。"波月"以下四句极尽艳丽，为全诗秀句。其后写到荷桥萍舫，鼓、砧、香、梦，也都属艳丽意象。诗虽写山野离别，却不乏齐梁宫体诗的富丽气息。

李商隐的山水排律亦然，如其《西溪》：

怅望西溪水，潺湲奈尔何。不惊春物少，只觉夕阳多。色染妖韶柳，光含窈窕萝。人间从到海，天上莫为河。凤女弹瑶瑟，龙孙撼玉珂。京华他夜梦，好好寄云波。

高华富丽，不减其描写男女情爱的诗作。诗以"妖韶""窈窕"称赞自然植物，又不吝惜使用"凤女""龙孙"的想象，尤见宫体诗影响，而与寻常山水诗不同。

陈陶的山水排律仍表现出丽中求奇的特点，如其仄韵排律《番禺道中作》：

博罗程远近，海塞愁先入。瘴雨出虹蝀，蛮江渡山急。常闻岛夷俗，犀象满城邑。雁至草犹春，潮回樯半湿。丹丘凤凰隐，水庙蛟龙集。何处树能言，几乡珠是泣。千年赵佗国，霸气委原隰。龌龊笑终军，长缨祸先及。

作品偶有拗句、散句，齐梁格诗的特征明显。作品热衷于描写南国风物之奇，兼顾华丽与奇肆，带有元和体的特点。

李郢不作五言绝诗，而有山水五律，亦有山水排律。李郢的山水排律大致属于晚唐体，略有白体气味，如其《春日题山家》：

偶与樵人熟，春残日日来。依冈寻紫蕨，挽树得青梅。燕静衔泥起，蜂喧抱蕊回。嫩茶重搅绿，新酒略炊醅。漠漠蚕生纸，涓涓水弄苔。丁香政堪结，留步小庭隈。

体物精细，热衷自然景色，似晚唐体。而句法平易，关注日常生活情境，则似白体。

唐彦谦的仄韵排律《早行遇雪》写得颇为生动：

下马天未明，风高雪何急。须臾路欲迷，顷刻山尽白。鸡犬寂无声，曙光射寒色。荒村绝烟火，髯冻布袍湿。王事不可缓，行行动凄恻。

体物工细，务求新景，与入声韵的急促相配，表现出雪中山行寒冷、焦急的感受。

韩偓的山水五律略近韩孟体，却也不乏艳字，如其仄韵排律《出官经硖石县》：

谪宦过东畿，所抵州名濮。故里欲清明，临风堪恸哭。溪长柳似帷，山暖花如醭。逆旅讶簪裾，野老悲陵谷。暝鸟影连翩，惊狐尾纛簌。尚得佐方州，信是皇恩沐。

“溪长”一联，写得温暖艳丽，而作为韵脚的“醭”略显新异。“暝鸟”一联，不避卑琐之物，写得险怪，又见韩孟风格。

吴融有山水五律《花村六韵》：

地胜非离郭，花深故号村。已怜梁雪重，仍愧楚云繁。山近当吟冷，泉高入梦喧。依稀小有洞，邂逅武陵源。月好频移座，风轻莫闭门。流莺更多思，百啭待黄昏。

写景清新，体物工稳，不失流丽。

晚唐齐梁体诗人创作的山水排律不多。由于排律篇幅较长，为避免一再铺排山水清音而导致单调，诗人们总会用各种办法，点染出一点醒目的色彩，或唯美艳丽，或平易家常，或刻意求奇，并不纯作晚唐体。应该说，诗人们对山水排律的这种处理是合理的，符合文体的特点。

七、怀古

温庭筠好以排律写壮丽建筑，其关涉历史兴亡者，则可视为怀古诗，如上文引述过的《过华清宫二十二韵》，即为典型：

忆昔开元日，承平事胜游。贵妃专宠幸，天子富春秋。月白霓裳殿，风干羯鼓楼。斗鸡花蔽膝，骑马玉搔头。绣毂千门妓，金鞍万户侯。薄云欹雀扇，轻雪犯貂裘。过客闻韶濩，居人识冕旒。气和春不觉，烟暖霁难收。涩浪和琼甃，晴阳上彩斿。卷衣轻鬓懒，窥镜澹蛾羞。屏掩芙蓉帐，帘褰玳瑁钩。重瞳分渭曲，纤手指神州。御案迷萱草，天袍妒石榴。深岩藏浴凤，鲜隰媚潜虬。不料邯郸虱，俄成即墨牛。剑锋挥太皞，旗焰拂蚩尤。内嬖陪行在，孤臣预坐筹。瑶簪遗翡翠，霜仗驻骅骝。艳笑双飞断，香魂一哭休。早梅悲蜀道，高树隔昭丘。朱阁重霄近，苍崖万古愁。至今汤殿水，呜咽县前流。

玄宗、杨妃故事是中晚唐诗人喜爱的题材，盖因其兼具宫廷、女色、军旅边塞等多种题材元素,可多方面地展现诗人才华。此诗以写天宝恩幸为主,偏重写女色,几乎就是一首以史事为背景的女色诗,其铺陈闺阁事项的写法,与作者的《洞户二十二韵》无甚不同。至于被凭吊的华清宫,更是只扮演诗人作诗的引子,无论是宫观形象还是周围的自然景物,都几乎没有得到正面描写。而作为怀古诗应有的议论,在诗中更是几乎看不到。温庭筠关心的仍然只是形象,而非历史兴亡的经验。作为一首女色诗,此诗足够富丽;而作为一首怀古诗或咏史诗,此诗显得欠缺太多,并没有达到人们对此类题材的预期。

李商隐以怀古咏史见称,也擅长创作排律,却并无怀古咏史题材的排律传世。这或许也说明,以形象取胜的排律和以识见取胜的怀古咏史题材很难兼容,真正的作手会考虑形式是否能适应题材,从而有所不为。

徐夤的《依御史温飞卿华清宫二十二韵》是追步飞卿之作:

> 地灵蒸水暖,天气待宸游。岳拱莲花秀,峰高玉蕊秋。朝元雕翠阁,乞巧绣琼楼。碧海供骊岭,黄金络马头。五王更入帐,七贵迭封侯。夕雨鸣鸳瓦,朝阳晔柘裘。伊皋争负鼎,舜禹让垂旒。堕珥闲应拾,遗钗醉不收。飞烟笼剑戟,残月照旌斿。履朔求衣早,临阳解佩羞。宫词裁锦段,御笔落银钩。帝里新丰县,长安旧雍州。雪衣传贝叶,蝉鬓插山榴。对景瞻瑶兔,升天驾彩虬。丹书陈北虏,玄甲擐犀牛。圣诰多屯否,生灵少怨尤。穹旻当有辅,帷幄岂无筹。凤态伤红艳,鸾舆缓紫骝。树名端正在,人欲梦魂休。谶语山旁鬼,尘销陇畔丘。重来芳草恨,往事落花愁。五十年鸿业,东凭渭水流。

步温庭筠原韵,纯是夸耀富贵物象,赋化倾向明显,且过于温柔平和,连警策的体物之句都很少见到。这种骋智斗巧之作,恐怕是单纯出于对形式的迷恋,已非有为而作。

温庭筠和徐夤的怀古排律,只是用历史作为铺陈物象的由头,并非典型的怀古诗。与他们的女色排律、咏物排律一样,他们的怀古排律呈现出明显的赋化倾向。晚唐怀古排律创作甚少,亦乏成功之作,或可说明排律形式并不适合怀古题材。

八、咏史

晚唐齐梁体诗人没有典型的咏史排律传世,盖因咏史诗宜暗寓褒贬,不宜铺陈形象,五言近体长于形象而不适合议论,不适合写作咏史题材。晚唐诗人创作咏史五律带有一定偶然性,且所作咏史五律仍然流于夸耀物象,而创作咏史排律则更觉没有必要。

九、其他

排律是一种庄重的文体,且适合展现才学,故晚唐齐梁体诗人在典型齐梁题材之外,也会经常创作其他题材的排律。

温庭筠、李商隐、陈陶创作其他题材的排律都比较多,往往有酬赠性质,动辄数十韵,有较强的叙事性,而不像齐梁题材的排律那样以形象为中心。这些作品都有骋才性质,显示出晚唐齐梁诗风早期诗人不凡的文学素养。

后期诗人创作其他题材的排律则相对较少,多与唐末离乱有关,非骋才之作。唐彦谦有两首,一首二十韵,一首二十二韵,均有较强的叙事性,与离乱有关,但语言较为浅近。韩偓有《感事三十四韵》,以唐末离乱为主题,沉郁顿挫,有学习杜甫的痕迹。

晚唐齐梁体诗人非齐梁题材的排律往往师法杜甫。如果说齐梁的长篇宫体诗为排律的原始形态,那么杜甫的排律则为排律之变调。晚唐齐梁体诗人师法杜甫的排律,表现出与师法齐梁的排律大相径庭的风格。这种风格显然更易为主流诗学所接受。同时也不能忽视,模仿齐梁排律的铺排、体物等艺术技巧,会为晚唐诗人学习杜甫排律提供一定的准备。

十、小结

晚唐齐梁诗风排律的创作状况与五律极为近似,这种近似体现为不同题材的创作数量、题材的使用方式以及每位诗人的写作风格等多个方面。晚唐诗人创作的典型齐梁题材排律,与齐梁宫体诗及齐梁辞赋的关系密切，有明显的赋化倾向。由于排律本身具有长于塑造形象的特点，故在创作排律的过程中，保守者较多地保持了齐梁宫体诗的传统，刻意求奇者则上承元和，下启宋调。李商隐的缘情天赋帮助他运用排律创作出了经典之作。晚唐齐梁诗风发展的后期，齐梁传统对排律的影响有衰弱之势，除了白体和晚唐体作为时代共性在影响排律创作外，韩孟诗派甚至杜诗的影响，也开始在排律创作中显现出来。

第五节　歌行

七言长诗可分为歌行与七古两种。歌行转韵，自永明时代以后，大体讲究声律，传统上曾长期被用来赋写女色等典型齐梁题材，不妨将其视为七言的“齐梁体”，与五言中的排律地位相似；七古一韵到底，不计声律，多有唐人的创造，与女色等典型齐梁题材没有必然的联系。在晚唐，七古的经典之作已经被写出，而歌行仍旧非常流行，晚唐齐梁体诗人创作的七言长诗，特别是与典型齐梁题材有关者，绝大部分仍属歌行。

在晚唐齐梁诗风发展的前期，温李直接受到李贺歌行的影响，在齐梁式的秾艳中又追求奇谲的风格，产生了一批激动人心的作品。中期以后，齐梁式歌行逐渐趋于平淡，继续发展温庭筠歌行“深著语，浅著情”的特点，将艳体歌行发展为了一种客观描摹的诗体，与五言宫体诗更加接近。到了后期，韩偓《香奁集》中的歌行更呈现出风流佻达之态，已与齐梁的矜持风度有了距离，而其造语之尖新，体写艳情之大胆，仍与温李歌行存在一定渊源关系。歌行虽是齐梁旧体，却毕竟为七言，一些习惯使用唐代新体、对齐梁五言体已经有一定隔膜的诗人，也加入歌行的创作行列中。

歌行是齐梁诗风的重要标志，本书第一章已对歌行的来历及晚唐齐梁体歌行的特点做了初步的分析，本节继续对这一文体做全面的描述。

一、女色

晚唐主要的齐梁体诗人几乎人人都曾尝试女色歌行（只有于武陵、徐夤二人未见），即使是不再模拟齐梁格诗和宫体五律的诗人，也会有兴趣创作一二首女色歌行。是否创作女色歌行可以作为界定晚唐诗人是否接受齐梁诗风影响的一个较为宽泛的标准。一般的晚唐齐梁体诗人只是偶尔创作女色歌行，而像温庭筠、李商隐这样的晚唐齐梁诗风代表人物则创作有大量的女色歌行。

如前所述，温庭筠歌行的特点包括：比五律更追求语言的力度，受李贺歌行影响较深，是所谓"深著语"；以形象动人，甚至往往以景语作结，而思路多不复杂，立意相对不高，情节设定多从人之常情出发，而不愿花心思分析复杂的、特殊的爱情心理，是所谓"浅著情"；比其宫体五律略少女性容色体写，略多自然物描写、气氛烘托、情感描写等因素，故较宫体诗更多体察人情而更近词；比其曲子词更多体物之笔且造语不免晦涩，故较曲子词更为雅化而更近宫体诗。这些特点在《才调集》中已有完整体现，同样也体现于其未能入选《才调集》的女色歌行。

李商隐的歌行未能入选《才调集》。与温庭筠一样，李商隐的歌行受李贺影响很深，重视物象，刻意求奇，追求语词的力度，亦即"深著语"。李商隐的女色歌行多有奇峭之句，如：

> 土花漠漠云茫茫，黄河欲尽天苍苍。(《李夫人三首》其三)
> 绿绣笙囊不见人，一口红霞夜深嚼。(《河阳诗》)
> 云孙帖帖卧秋烟，上元细字如蚕眠。(《海上谣》)

刻意求奇，绝类李贺手笔。比起五七言律诗的含蓄蕴藉，李商隐的歌行写情往往直露大胆，如其《无题四首》其四：

> 何处哀筝随急管，樱花永巷垂杨岸。东家老女嫁不售，白日当天三月半。溧阳公主年十四，清明暖后同墙看。归来展转到五更，梁间燕子闻长叹。

同属一组无题诗，比起"楼响将登怯，帘烘欲过难"的持重，"贾氏窥帘韩掾少，宓妃留枕魏王才”的风雅，这首歌行显得过于粗放直致，风格迥异。同样大胆直致的诗句又如：

> 轻身灭影何可望，粉蛾帖死屏风上。（《日高》）
> 研丹擘石天不知，愿得天牢锁冤魄。（《燕台四首·春》）
> 露庭月井大红气，轻衫薄细当君意。（《烧香曲》）

作品描述的情感强度远远超出一般人应有的反应，甚至不顾及修辞的雍容风雅，写出在其律诗中少见的妖艳之句。这未必是李商隐的情感较常人更为强烈，或是不接受一般的道德规范，而应该是李商隐在歌行这种文体中有意追求的效果。

歌行允许缘情的余地大于五律，因此李商隐工于缘情的长处在歌行中得到了更充分的发挥。李商隐会在歌行中书写复杂、矛盾的爱情心理，传达奇谲的心理经验，如：

> 入门暗数一千春，愿去闰年留月小。（《河内诗二首》其一）
> 浪乘画舸忆蟾蜍，月娥未必婵娟子。（《燕台四首·冬》）

李商隐的歌行并不“浅著情”，比温庭筠更热衷于剖析复杂的心理，他的歌行中有很强的理性思考。然而，李商隐的歌行却显得比温庭筠的歌行难于索解得多，甚至比他本人惝恍迷离的七律还要晦涩，使得后人往往放弃了对义山歌行的解读。义山歌行受到冷落，与此有很大关系。李商隐的歌行并非无意义的物象堆积，相反，恰恰是因为其缘写的情感太过复杂，太注重个人的特殊感受，令人难以把握其思路。李商隐歌行的晦涩，并非来自物象的堆砌，而恰恰来自思维的飘逸。

陈陶的《西川座上听金五云唱歌》比温李的歌行要写实得多。作品描写在酒筵上听一位歌妓唱歌的经历，依次描述了歌妓的歌声、穿着，先为得宠宫人、后为卑官弃妇的曲折身世，有模仿白居易《琵琶行》的痕迹。

语言的浅白流丽也与《琵琶行》相似。

李群玉的《王内人琵琶引》也是描写女子弹奏的音乐的：

> 檀槽一曲黄钟羽，细拨紫云金凤语。万里胡天海寒秋，分明弹出风沙愁。三千宫嫔推第一，敛黛倾鬟艳兰室。嬴女停吹降浦箫，嫦娥净掩空波瑟。翠幕横云蜡焰光，银龙吐酒菊花香。……

作品几乎是两句一换韵，声调急促，追求语词的力度。就用词的华艳而言，看得出模仿李贺的努力。但句子之间的关系仍可以形迹求之，基本上是对演奏场景的平直叙述，既不像李贺歌行那样自由捭阖，也不像李商隐歌行那样因为过于细密的思理转折而显得晦涩，而是仍可看出白居易《琵琶行》的影响。

值得一提的是，李群玉在用歌行体表达对友人的思念时，也会借助"美人香草"的传统，使用女性化的语词，如其《醒起独酌怀友》：

> 西风静夜吹莲塘，芙蓉破红金粉香。摘花把酒弄秋芳，吴云楚水愁茫茫。美人此夕不入梦，独宿高楼明月凉。

此诗以"美人"称呼友人，以暧昧的"独宿"形容不能与知己倾谈的寂寞，皆以男女情爱的语汇写友人情谊。诗作用韵密集，似借力于鲍照以上的七言乐府，而设象柔美，语言平易，仍然透露出近体诗时代的特点。与前首歌行一样，此诗的思路也不复杂，发语流畅，以物象感人，显示出与温庭筠相似的"深著语，浅著情"的特点。

李郢的《阳羡春歌》有齐梁、初唐遗意：

> 石亭梅花落如积，玉藓斓班竹姑赤。祝陵有酒清若空，煮糯蒸鱼作寒食。长桥新晴好天气，两市儿郎棹船戏。溪头铙鼓狂杀侬，青盖红裙偶相值。风光何处最可怜，邵家高楼白日边。楼下游人颜色喜，

溪南黄帽应羞死。三月未有二月残，灵龟可信淹水干。葑草青青促归去，短箫横笛说明年。

以现实的笔调写民间的儿女嬉游，令人联想起南朝乐府中的景象，以及初唐歌行的纯真与唯美。诗作语言清空如话，章法平易，毫不晦涩，已不易看出李贺的影响。

崔珏已很少创作五言诗，但仍参与到声律体的歌行创作中来。他的《美人尝茶行》仍可看出李贺的影响：

云鬟枕落困春泥，玉郎为碾瑟瑟尘。闲教鹦鹉啄窗响，和娇扶起浓睡人。银瓶贮泉水一掬，松雨声来乳花熟。朱唇啜破绿云时，咽入香喉爽红玉。明眸渐开横秋水，手拨丝簧醉心起。台时却坐推金筝，不语思量梦中事。

诗题令人联想起李贺的《美人梳头歌》，诗中美人慵懒的意态也令人联想起李贺或温庭筠的作品。崔珏在想象的奇肆方面无法与李贺相比，但"朱唇啜破绿云时，咽入香喉爽红玉"这样的句子，还是能看出李贺式的着力。"不语思量梦中事"的意态也颇为动人，像温庭筠的歌行一样，这首歌行并不以立意取胜，而是"深著语，浅著情"，以艳丽的形象和奇特的用字取胜。对于持重的宫体五律，崔珏或许已不甚擅长，而歌行比宫体诗更为流动，便于随文本中时间的流动加入更多的行动，或许令崔珏等晚唐齐梁诗风中后期诗人能够接受。

此诗继续了李贺、温庭筠歌行对女色的执着，又不满足于宫体诗中常见的女色意象，而试图开拓新鲜的、不甚唯美的意象。"茶"在晚唐仍然是带有疏野、日常性质的符号。在齐梁宫体诗和之前的女色诗中，很少提到茶。李商隐则仍认为"对花啜茶"是"杀风景"之事，[1]若论唯美或者优

---

① 《诗人玉屑》引《西清诗话》，[宋]魏庆之著，王仲闻点校：《诗人玉屑》卷一六，北京：中华书局，2007年，第501页。

雅,茶仍然无法与花相提并论。崔珏写“美人尝茶”,则是将传统的题材与尚不宜入诗的事物结合在一起,以期获得新鲜的观感。

秦韬玉以七律《贫女》获得了不错的口碑,但他的歌行《吹笙歌》夸耀华贵意象,玩赏女色,显示出谈不上同情劳动妇女的另一面:

信陵名重怜高才,见我长吹青眼开。便出燕姬再倾酹,此时花下逢仙侣。弯弯狂月压秋波,两条黄金闳黄雾。逸艳初因醉态见,浓春可是韶光与。纤纤软玉捧暖笙,深思香风吹不去。檀唇呼吸宫商改,怨情渐逐清新举。岐山取得娇凤雏,管中藏著轻轻语。好笑襄王大迂阔,曾卧巫云见神女。银锁金簧不得听,空劳翠辇冲泥雨。

极为直致地描写女色,毫不掩饰对女性的欲望,为宫体之甚者。非但不曾关注女性的心理,甚至也不关注男性的爱情心理,而只有对物质的无限向往,立论浮浅。比起立意不高但仍追求物象唯美的温庭筠诗,则又等而下之。

唐彦谦的《采桑女》从属于晚唐流行的描写贫女的风气:

春风吹蚕细如蚁,桑芽才努青鸦嘴。侵晨探采谁家女,手挽长条泪如雨。去岁初眠当此时,今岁春寒叶放迟。愁听门外催里胥,官家二月收新丝。

将反对苛捐杂税的政教理想寓于柔弱的贫女形象。

韩偓的女色歌行大多见于《香奁集》,是其模拟齐梁文体的重要组成部分。韩偓的女色歌行继承了温李的艳丽与唯美,但去掉了其奇幻、浪漫、晦涩的成分,热衷于缘写凡人情事,如其《厌花落》:

厌花落,人寂寞,果树阴成燕翅齐,西园永日闲高阁。后堂夹帘愁不卷,低头闷把衣襟撚。忽然事到心中来,四肢娇入茸茸眼。也曾同在华堂宴,佯佯拢鬓偷回面。半醉狂心忍不禁,分明一任傍人见。书中说却平生事,犹疑未满情郎意。锦囊封了又重开,夜深窗下烧红纸。红纸千张言不尽,至诚无语传心印。但得鸳鸯枕臂眠,也任时光都一瞬。

浅近的语言,日常的场景,有着邻家少女般的清新。诗作注重描写女主人公的心理活动,这种心理活动不是什么特殊的矛盾心理,而是普通女子的常见心事,作品力图把这种常见的心事描摹得准确,既不造作,也不夸张。比起温李宫体诗意味十足的歌行,这首诗的缘情比例大大增加了。诗中还写到了女主人公丰富的行动,不再将女主人公囚禁在狭小的范围内做无望的感伤与思考。或许因为这些新的特质,这首诗看起来更像一首民歌。

类似的又如《秋千》:

池塘夜歇清明雨,绕院无尘近花坞。五丝绳系出墙迟,力尽才瞵见邻圃。下来娇喘未能调,斜倚朱阑久无语。无语兼动所思愁,转眼看天一长吐。

摹写少女荡秋千的一系列动作、情态和心理活动,逼真传神,浅易清新。

韩偓还积极探索改良歌行体式的途径。或在杂言歌行中大胆引入无休音的句子,如:

风雨萧萧,石头城下木兰桡。烟月迢迢,金陵渡口去来潮。自古风流皆暗销,才魂妖魂谁与招?彩笺丽句今已矣,罗袜金莲何寂寥。(《金陵》)

在有休音的七言句中插入两个无休音的四言句,节奏错综,打破了七言歌行的单调,吸取了长短句的优点。此诗更多地透露出温李歌行的妖艳。

又如：

罗囊绣两凤凰，玉合雕双鹨鹕。中有兰膏渍红豆，每回拈著长相忆。长相忆，经几春？人怅望，香氤氲。开缄不见新书迹，带粉犹残旧泪痕。（《玉合》）

开头的两个六言句，从句内结构上来看，是两个三三结构，与无休音的六言句不同，但这两个六言句又不可断为四个三言句，节奏新颖，具有散文化的倾向。后文又插入四个三言句，节奏活泼，极富民歌色彩。由此可见韩偓在改良歌行体式方面所做的尝试。

或尝试句句入韵的柏梁体，如：

眉如半月云如鬟，梧桐叶落敲井阑。孤灯亭亭公署寒，微霜凄凄客衣单。想美人兮云一端，梦魂悠悠关山难。空房展转怀悲酸，铜壶漏尽闻金鸾。（《寄远》）

柏梁体本是歌行的前身之一。在习惯了阅读转韵歌行的时代，韵脚密集的柏梁体显示出促柱繁弦的声音效果。加上对声律规则的突破，则显得更有古意。

或综合歌行、七律与五言排律的规则，创作七言排律，如：

洞房深闭不曾开，横卧乌龙作妒媒。好鸟岂劳兼比翼，异华何必更重台。难留旋逐惊飙去，暂见如随急电来。多为过防成后悔，偶因翻语得深猜。已嫌刻蜡春宵短，最恨鸣珂晓鼓催。应笑楚襄仙分薄，日中长是独裴回。（《妒媒》）

齐梁时代，七言的律化程度不如五言，武朝以后才出现真正的七律。七律定体远远晚于五律，七律的形成本来就参考了五律的体式。因此，七律并不像五律那样有一个由篇幅较长而逐渐定型为四韵的过程，也就是说，齐梁时代并不真的存在七言排律。晚唐诗人追拟齐梁的努力最初不包括创作七言排律，温李都不曾创作七言排律，韩偓创作女色题材的七言排律属于独立的尝试。韩偓改良歌行体式的种种尝试，也为后世的歌行创作提供了启发。

吴融的《古离别》更接近李贺、李商隐的歌行风格：

> 紫鸾黄鹄虽别离，一举千里何难追。犹闻啼风与叫月，流连断续令人悲。赋情更有深缱绻，碧甃千寻尚为浅。蟾蜍正向清夜流，蛱蝶须教堕丝罥。莫道断丝不可续，丹穴凤凰胶不远。莫道流水不回波，海上两潮长自返。

苦语深情，不但注重语词的奇异，也注重缘情，并且是写比常人的反应更为浓重的情感，而不叙述现实的情节，与李群玉以下越来越现实化的歌行不同。

张泌的歌行已经非常接近曲子词，除上文提到过的《春晚谣》外，又有《所思》：

> 空塘水碧春雨微，东风散漫杨柳飞。依依南浦梦犹在，脉脉高唐云不归。江头日暮多芳草，极目伤心烟悄悄。隔江红杏一枝明，似玉佳人俯清沼。休向春台更回望，销魂自古因惆怅。银河碧海共无情，两处悠悠起风浪。

措辞艳丽新颖，句子流畅易懂，注重缘情，律化程度很高。诗中的句子即使直接采入词调，也不会有不和谐的感觉。

晚唐的女色歌行，最初受到李贺歌行的强烈影响，而又分为以温庭筠为代表的“深著语，浅著情”一脉，与以李商隐为代表的缘情而晦涩的一脉。温庭筠的歌行也比他的五律更重缘情，介乎宫体诗与曲子词之间，呈现一定的词化倾向；李商隐的歌行则因更重缘情，也呈现出词化倾向，却因语词的诡谲晦涩而受到限制，未直接对随后流行起来的花间词产生影响。其后，温庭筠一脉的追随者较多，而且越来越受到白居易歌行的影响，逐渐注重情节，更多地描写物象，更多长于唐代七言新体的诗人也加入了这一行列，直至发展为后期宛如民歌的韩偓歌行，或强化了温庭筠歌行词化特征的张泌歌行。李商隐一脉的追随者相对较少，李商隐本人的歌行创作也未引起足够的重视。

二、贵游

受李贺的游仙歌行影响，晚唐齐梁体诗人也多有游仙歌行创作。

温庭筠的游仙歌行刻意求奇，更似李贺，如《蒋侯神歌》：

> 楚神铁马金鸣珂，夜动蛟潭生素波。商风刮水报西帝，庙前古树蟠白蛇。吴王赤斧斫云阵，画堂列壁丛霜刃。巫娥传意托悲丝，铎语琅琅理双鬓。湘烟刷翠湘山斜，东方日出飞神鸦。青云自有黑龙子，潘妃莫结丁香花。

充分显示出温庭筠诗与李贺诗之间的渊源。

李商隐的游仙歌行如《射鱼曲》：

> 思牢弩箭磨青石，绣额蛮渠三虎力。寻潮背日伺泅鳞，贝阙夜移鲸失色。纤纤粉簳馨香饵，绿鸭回塘养龙水。含冰汉语远于天，何由回作金盘死。

因过于求奇，过于回避情节而追求物象间的跳跃，显得难于索解。与李商隐描写女仙的那些美丽诗篇不同，此诗追求语词的险怪与力度，靠奇异而非优美的经验动人。

陈陶写作游仙歌行较多，同样明显受到李贺游仙歌行的影响，而显得更加黑暗诡异，更少彩色。除上文提到的《飞龙引》外，又如《谪仙词》：

牧龙丈人病高秋，群童击节星汉愁。瑶台凤辇不胜恨，太古一声龙白头。玉气兰光久摧折，上清鸡犬音书绝。霓旌失手远于天，三岛空云对秋月。人间磊磊浮沤客，鹭鹭蜻蜓飞自隔。不应冠盖逐黄埃，长梦真君旧恩泽。

诗作笼罩着诡异的气氛，却吝惜使用艳丽的字眼，写仙界的高远而不写仙界的奢华。

即使并非仙道题材，只写贵游生活，陈陶的歌行也是如此，如《冬夜吟》：

黑夜天寒愁散玉，东皇海上张仙烛。侯家歌舞按梨园，石氏宾寮醉金谷。鲁家襜褕暗披水，雪花灯下甘垂翅。散帙高编折桂枝，披纱密甃青云地。霜白溪松转斜盖，铜龙唤曙咽声细。八埏蝼蚁厌寒栖，早晚青旗引春帝。展转城乌啼紫天，曈曚千骑衙楼前。

齐梁宫体诗与晚唐齐梁体都不乏描写寒宵、冬夜者，一般的写法是写暖闺之中的冬夜，写室内的温暖、明亮，以夸耀富贵意象，并映带女色。陈陶此诗也是写富贵，关注的却是黑暗与寒冷，且并不映带女色。同样以奇丽为特色，温庭筠关注“丽”甚于关注“奇”，陈陶关注“奇”甚于关注“丽”。

晚唐的游仙诗大多集中于七言，多为七律或七绝，而偶见七言歌行，七言歌行则来自李贺。晚唐的游仙七律、七绝可能从游仙歌行中吸取了影响，因而与不甚创作律诗的李贺建立了联系，这一点是值得注意的。

秦韬玉的《贵公子行》是一首典型的歌行体贵游诗：

阶前莎球绿不卷，银龟喷香挽不断。乱花织锦柳撚线，妆点池台画屏展。主人公业传国初，六亲联络驰朝车。斗鸡走狗家世事，抱来皆佩黄金鱼。却笑儒生把书卷，学得颜回忍饥面。

秦韬玉不甚擅长五律或排律，而将富丽的语词移植到了歌行中。诗作是讽刺贵公子生活奢华、儒生贫寒的不合理现象，但对贵公子生活描述得如此详尽、富于美感，难免起到讽一劝百的作用。

贵游诗包括以堂皇字面写成的酬赠诗，酬赠诗一般是用律诗写成，但唐彦谦却用歌行体写堂皇的酬赠诗，如《送许户曹》：

> 沙头小燕鸣春和，杨柳垂丝烟倒拖。将军楼船发浩歌，云樯高插天嵯峨。白虹走香倾翠壶，劝饮花前金叵罗。神鳌驾粟升天河，新承雨泽浮恩波。

近乎柏梁体，韵脚密集，富丽物象目不暇接。又其《叙别》，写得物情兼美：

> 谯楼夜促莲花漏，树阴摇月蛟螭走。蟠拿对月吸深杯，月府清虚玉兔吼。翠盘擘脯胭脂香，碧碗敲冰分蔗浆。十载番思旧时事，好怀不似当年狂。夜合花香开小院，坐爱凉风吹醉面。酒中弹剑发清歌，白发年来为愁变。

诗的前半部分写物，于唯美中透露奇肆，得李贺字法，又不致显得过于怪异。自“十载番思旧时事”转入缘情，“好怀不似当年狂”写情切实，又未经人道。后半以景带情，清新闲雅。全诗似透露宋调消息，又不失唐诗的唯美。

韩偓有两首七言排律体的公宴诗，《锡宴日作》写得较为庄重雅正：

> 玉衔花马蹋香街，诏遣追欢绮席开。中使押从天上去，外人知自日边来。臣心净比漪涟水，圣泽深于潋滟杯。才有异恩颁稷契，已将优礼及邹枚。清商适向梨园降，妙妓新行峡雨回。不敢通宵离禁直，晚乘残醉入银台。

《御制春游长句》虽也是陪侍帝王的应制诗，但因是春游主题，所以写得较为活泼，写到了很多美好的自然景物：

> 天意分明道已光，春游嘉景胜仙乡。玉炉烟直风初静，银汉云消日正长。柳带似眉全展绿，杏苞如脸半开香。黄莺历历啼红树，紫燕关关语画梁。低槛晚晴笼翡翠，小池波暖浴鸳鸯。马嘶广陌贪新草，人醉花堤怕夕阳。比屋管弦呈妙曲，连营罗绮斗时妆。全吴霸越千年后，独此升平显万方。

公宴诗本来适合排律体，而七律的定体也是拜武朝公宴诗之赐，故韩偓将二者结合起来，用七言排律写公宴，不失为一种有意思的尝试。

吴融写男子的歌行较为狂放恣肆。他会在歌行中称赞男性的书法、音乐等才艺。如其《李周弹筝歌》中描写音乐，继承元和以来歌行中擅写音乐的传统，而又多加丽语，如：

> ……始似五更残月里，凄凄切切清露蝉。又如石罅堆叶下，泠泠沥沥苍崖泉。鸿门玉斗初向地，织女金梭飞上天。有时上苑繁花发，有时太液秋波阔。当头独坐扨一声，满座好风生拂拂。……

酷似《琵琶行》中的类似描写，而因演奏者是男子，又显得别有一番韵味。

晚唐的贵游歌行追步李贺的痕迹更为明显，独创性不强，往往可以显示出晚唐齐梁诗风与元和诗风、特别是怪奇诗派之间的联系。

三、咏物

咏物歌行很难多作。晚唐的咏物歌行由温庭筠、陈陶肇端，李商隐并未参与，其后的诗人大多只是偶尔尝试。

温庭筠的咏物歌行与咏物排律一样，并不典型，往往是靠描绘宏丽的宫观建筑，来代替其他情感的表达。如其为悲悼庄恪太子而作的《生禖屏风歌》：

玉墀暗接昆仑井，井上无人金索冷。画壁阴森九子堂，阶前细月铺花影。绣屏银鸭香蓊蒙，天上梦归花绕丛。宜男漫作后庭草，不似樱桃千子红。

作为一首悼念逝者的作品，此诗并未遵循怀人诗的一般写法，而是像纯粹的咏物诗一样，以物命题，诗中只以"生禖""九子堂""宜男"点太子，只是痛惜太子的早逝，并不涉及与太子有关的实事。全诗的成功之处在于形象的塑造，且仍不脱落李贺式的妖艳与诡谲。再如《雉场歌》：

茭叶萋萋接烟曙，鸡鸣埭上梨花露。彩仗锵锵已合围，绣翎白颈遥相妒。雕尾扇张金缕高，碎铃素拂骊驹豪。绿场红迹未相接，箭发铜牙伤彩毛。麦陇桑阴小山晚，六虬归去凝笳远。城头却望几含情，青亩春芜连石苑。

同样是以物名篇。此诗本是讽刺齐东昏侯旧事，但全诗热衷于对"雉场"的描写，完全不涉及历史的事实与评价，看上去更像是一首咏物诗。对温庭筠来说，历史上的荒淫奢靡往往只是赋写华丽物象的由头，以至于历史本身在咏史诗中竟可以省略。全诗的主体部分都在不厌其烦地描摹宫廷围猎的场面，结尾仍以景语作结，以废弃荒凉的景象草草表达陈迹的虚无和对奢靡宫廷生活的否定。

温庭筠还有一首写茶的歌行《西陵道士茶歌》：

乳窦溅溅通石脉，绿尘愁草春江色。涧花入井水味香，山月当人松影直。仙翁白扇霜鸟翎，拂坛夜读黄庭经。疏香皓齿有余味，更觉鹤心通杳冥。

为其他晚唐齐梁体诗人写茶肇端。茶是清寂的符号，不是艳丽的符号，茶诗的语汇当与山水诗相近。然而，与温庭筠并不避讳丽字的山水诗相似，温庭筠的茶诗中也出现了“绿尘愁草春江色”“涧花入井水味香”这样的艳丽之句，显示出宫体诗审美的影响。

陈陶选择了“笛”“镜”这样六朝意味十足的意象来写咏物歌行。这样的物象本身便已暗示女色，但陈陶却并不映带女色来写，如其《小笛弄》：

> 一尺玲珑握中翠，仙娥月浦呼龙子。五夜流珠粲梦卿，九青鸾倚洪崖醉。丹穴饥儿笑风雨，娲皇碧玉星星语。蛇蝎愁闻骨髓寒，江山恨老眠秋雾。绮席鸳鸯冷朱翠，星流露泫谁驱使。江南一曲罢伶伦，芙蓉水殿春风起。

继承元和诗的传统，热衷于描写音乐形象，多用李贺语汇。又如其《古镜篇》：

> 紫皇玉镜蟾蜍字，堕地千年光不死。发匣身沉古井寒，悬台日照愁成水。海户山窗几梳绾，菱花开落何人见。野老曾耕太白星，神狐夜哭秋天片。下国青铜旋磨灭，回鸾万影成枯骨。会待搏风雨泬寥，长恐莓苔蚀明月。

着重描摹古镜的形象，却并不因之联想古代美女，而只是联想到并无性别指向性的沧桑历史，依旧求奇而不求丽。

李群玉的《人日梅花病中作》，从诗题上看并不是一首单纯的咏物诗，但作品的主体确实只是在描绘梅花的形象：

> 去年今日湘南寺，独把寒梅愁断肠。今年此日江边宅，卧见琼枝低压墙。半落半开临野岸，团情团思醉韶光。玉鳞寂寂飞斜月，素艳亭亭对夕阳。已被儿童苦攀折，更遭风雨损馨香。洛阳桃李渐撩乱，回首行宫春景长。

除了前两联采用了灵活的对仗方式，全诗基本上是一首七言排律。中间三组对仗句集中描写梅花的形象，分别使用了当句对、叠字、虚字等典型的晚唐句法。

李郢的《冬至后西湖泛舟看断冰偶成长句》也是一首七言排律：

> 一阳生后阴飙竭，湖上层冰看折时。云母扇摇当殿色，珊瑚树碎满盘枝。斜汀藻动鱼应觉，极浦波生雁未知。山影浅中留瓦砾，日光寒外送涟漪。崖崩苇岸纵横散，篙蹙兰舟片段随。曾向黄河望冲激，大鹏飞起雪风吹。

着意体写断冰的形象，且写得珠光宝气，在齐梁所无的文体中运用了齐梁的写法。这种纯粹的物象体写多少显得有些无聊，却往往是晚唐人的兴味所在。

李郢又有《茶山贡焙歌》，揭露贡赋的不合理，叙事性很强，生动地描写了贡茶的场景，受到白居易新乐府的影响，为宋代同类主题的歌行开启了先声，而与齐梁咏物诗的写法关系不大。

崔珏的《门前柳》是一首咏物歌行。诗的主题是借柳表达思乡之情，并不艳丽，也没有典型的体物之句，自然而略嫌率意，叙事性很强，看不出明显的齐梁诗风。

秦韬玉的《采茶歌》也是一首咏茶歌行，选择“茶”这一意象来吟咏，也有出奇之意。秦韬玉这首歌行与温庭筠的咏茶诗一样，于奇中求丽，在本宜清寂的题材中加入丽字，今摘其秀句如：

> ……倚云便酌泉声煮，兽炭潜然虬珠吐。看著晴天早日明，鼎中飒飒筛风雨。老翠看尘下才熟，搅时绕箸天云绿。耽书病酒两多情，坐对闽瓯睡先足。……

唐彦谦有典型的咏物歌行，兼顾奇丽。其求丽者如《咏葡萄》：

西园晚霁浮嫩凉，开尊漫摘葡萄尝。满架高撑紫络索，一枝斜弹金琅珰。天风飕飕叶栩栩，蝴蝶声干作晴雨。神蛟清夜蛰寒潭，万片湿云飞不起。石家美人金谷游，罗帏翠幕珊瑚钩。玉盘新荐入华屋，珠帐高悬夜不收。胜游记得当年景，清气逼人毛骨冷。笑呼明镜上遥天，醉倚银床弄秋影。

无论是选用的喻体，还是选用的衬托物，都是珠光宝气的，以齐梁式的审美体写葡萄这样的卑琐小物。

其求奇者则如《蟹》：

湖田十月清霜堕，晚稻初香蟹如虎。扳罾拖网取赛多，篾篓挑将水边货。纵横连爪一尺长，秀凝铁色含湖光。……

人工化而并不华贵的喻体，显示出韩孟诗派的风格。

吴融的咏物歌行也显示出韩孟风格，而非齐梁风格，如其《太湖石歌》：

洞庭山下湖波碧，波中万古生幽石。铁索千寻取得来，奇形怪状谁能识。初疑朝家正人立，又如战士方狙击。又如防风死后骨，又如於菟活时额。又如成人枫，又如害瘿柏。雨过上停泓，风来中有隙。想得沉潜水府时，兴云出雨蟠蛟螭。今来碑矶林庭上，长恐忽然生白浪。……

保留了李贺诗的险怪，而褪去了华艳的色彩。

张泌的咏物歌行虽不至如此险怪，却也呈现出以求奇为主的倾向，如其咏《春江雨》：

雨溟溟，风泠泠，老松瘦竹临烟汀。空江冷落野云重，村中鬼火

> 微如星。夜惊溪上渔人起,滴沥篷声满愁耳。子规叫断独未眠,罨岸春涛打船尾。

虽仍然流畅可诵,却比其女色歌行要瘦硬许多。

徐夤的《尚书会仙亭咏蔷薇夤坐中联四韵晚归补缉所联因成一篇》是一首咏蔷薇的七言排律:

> 结绿根株翡翠茎,句芒中夜刺猩猩。景阳妆赴严钟出,楚峡神教暮雨晴。踯躅岂能同日语,玫瑰方可一时呈。风吹嫩带香苞展,露洒啼思泪点轻。阿母蕊宫期索去,昭君榆塞阙赍行。从高恐碍含泥燕,架隐宜栖报曙莺。斗日只忧烧密叶,映阶疑欲让双旌。含烟散缬佳人惜,落地遗钿少妓争。丹渥不因输绣段,钱圆谁把买花声。海棠若要分流品,秋菊春兰两恰平。

艳丽严整,映带女色,体物纤细,人工化的比喻贯穿始终,呈现出典型的齐梁风格。

晚唐的咏物歌行同样笼罩在李贺的影响下,前期模拟李贺,中期以后,因对李贺歌行艺术的取舍不同而出现分化。有的舍弃"丽"的一端,倾向于"奇",则近于韩孟;有的舍弃"奇"的一端,倾向于"丽",则近乎齐梁。

四、赋题

齐梁诗人的赋题创作并不包括歌行,但歌行与乐府有天然的亲近感,因此后世诗人常用乐府旧题来写歌行。在晚唐齐梁诗风的前期也有这种现象。

温庭筠的《拂舞词》(一作《公无渡河》)是赋乐府旧题。《公无渡河》是追求奇丽的唐人喜欢的乐府诗题,因其能容纳激越的情感、非同寻常的物象。又因为这个诗题可以同时在体物与缘情两个角度发挥,故往往被写成歌行。温庭筠的这首《公无渡河》也在极力形容黄河的非常景象,但总不出李白和李贺的范围：

> 黄河怒浪连天来，大响磕磕如殷雷。龙伯驱风不敢上，百川喷雪高崔嵬。二十三弦何太哀，请公勿渡立徘徊。下有狂蛟锯为尾，裂帆截棹磨霜齿。神椎凿石塞神潭，白马趁趕赤尘起。公乎跃马扬玉鞭，灭没高蹄日千里。

太过着力于体物，失落了汉乐府原作中朴素而激越的情感，最终仍是以物象作结。

陈陶创作乐府旧题的歌行较多，主要是汉乐府旧题，包括《空城雀》《鸡鸣曲》《将进酒》《关山月》《巫山高》等，也有一些唐人喜欢的乐府题，如《独摇手》，或仿乐府题的形式自制的新题，如《钱塘对酒曲》等。在汉乐府旧题中，《将进酒》和《关山月》又曾为李白所拟，影响较大，《巫山高》则为齐梁宫体诗喜欢赋写的题目。陈陶赋写这些乐府旧题，有很明确的超越前人的动机。往往自铸新象，体物更为刻尽。如其赋《将进酒》：

> 金尊莫倚青春健，龌龊浮生如走电。琴瑟盘倾从世珠，黄泥局泻流年箭。麻姑爪秃瞳子昏，东皇肉角生鱼鳞。灵鳌柱骨半枯朽，骊龙德悔愁耕人。周孔蓍龟久沦没，黄蒿谁认贤愚骨。……

从立意上来看，“金尊莫倚青春健”即李白所谓“莫使金樽空对月”，“黄蒿谁认贤愚骨”即李白所谓“古来圣贤皆寂寞”，但句式却从李白的流动飘逸变为韩愈式的凝重瘦硬，取象也从李白原诗的高华变为元和式的怪奇。又如其赋《巫山高》：

> 玉峰青云十二枝，金母和云赐瑶姬。花宫磊砢楚宫外，列仙八面星斗垂。秀色无双怨三峡，春风几梦襄王猎。青鸾不在懒吹箫，斑竹题诗寄江妾。飘摇丝散巴子天，苔裳玉辔红霞幡。归时白帝掩青琐，

琼枝草草遗湘烟。

《巫山高》是齐梁诗人喜欢的乐府旧题，但当时歌行还没有被用于赋题。陈陶以歌行体赋此旧题，充分驰骋游仙想象，并像李贺的游仙歌行那样映带女色，写得比陈陶的其他游仙诗更为明丽，以自己时代的方式重新诠释了这一题目，将宫体诗的持重转化为歌行体的恣肆。立意不变，而重新替换意象，施展属于自己时代的句法，这正是齐梁宫体诗人对汉乐府旧题所做的。只不过这一次陈陶施展的是元和以后的句法，而非齐梁之间的句法。

五、边塞

温庭筠的边塞歌行同样是模仿李贺的，往往以奇肆的诗句为追求，如：

杀气空高万里情，塞寒如箭伤眸子。（《遐水谣》）
河源怒浊风如刀，剪断朔云天更高。（《塞寒行》）
雷吼涛惊白石山，石鲸眼裂蟠蛟死。（《昆明池水战词》）

想象边塞与战场的情境，夸张正常的感受，以期塑造出非同寻常的形象。而作品的立意往往很简单，或引入闺中思妇的形象，表现战争意义的虚无，如：

麟阁无名期未归，楼中思妇徒相望。（《遐水谣》）
心许凌烟名不灭，年年锦字伤离别。彩毫一画竟何荣，空使青楼泪成血。（《塞寒行》）

或仍以形象作结，写战争的辉煌消歇后自然景物的平静，如：

茂陵仙去菱花老，唼唼游鱼近烟岛。渺莽残阳钓艇归，绿头江鸭

眠沙草。(《昆明池水战词》)

总是归结于对战争意义的消解。这既是晚唐社会的普遍意识,也是温庭筠一贯以景物作结的习惯所要求的。

韩偓的七言排律《边上看猎赠元戎》描写围猎场景:

> 绣帘临晓觉新霜,便遣移厨较猎场。燕卒铁衣围汉相,鲁儒戎服从梁王。搜山闪闪旗头远,出树斑斑豹尾长。赞获一声连朔漠,贺杯环骑舞优倡。军回野静秋天白,角怨城遥晚照黄。红袖拥门持烛炬,解劳今夜宴华堂。

笔调华丽,似一首拉长了的七律;略具叙事性,则又似一首一韵到底、通篇排比的歌行。作品体现出齐梁诗风影响下诗人对华丽事物的偏好。与温庭筠的边塞歌行相似,此诗以景语作结,且不以立意见长。

以华丽笔调写边塞诗是齐梁的传统,晚唐诗人不多的边塞歌行遵循齐梁的审美传统,反映了他们的齐梁情结。这些边塞歌行介乎体物与缘情之间,重视物象的华美和语词的力度,以景语作结,具有“深著语,浅著情”的特点。

六、山水

温庭筠以歌行写山水,注重表现奇丽的景色,以李贺式的笔法写自然景物,绚烂婉媚,且往往关涉女色,如:

> ……江风吹巧剪霞绡,花上千枝杜鹃血。杜鹃飞入岩下丛,夜叫思归山月中。巴水漾情情不尽,文君织得春机红。……(《锦城曲》)
>
> 韶光染色如蛾翠,绿湿红鲜水容媚。苏小慵多兰渚闲,融融浦日鸡鹊寐。……(《春洲曲》)

又如《阳春曲》:

云母空窗晓烟薄，香昏龙气凝晖阁。霏霏雾雨杏花天，帘外春威著罗幕。曲阑伏槛金麒麟，沙苑芳郊连翠茵。厩马何能啮芳草，路人不敢随流尘。

明艳的杏花芳草，与华贵的云母龙香交相辉映，暗暗透出别离的寂寞与青春流逝的感伤，未写女色而暗示女色，与温庭筠的女色歌行有着类似的慵懒情调。温庭筠写山水自然的歌行，几乎不体现晚唐体的影响，而是上承李贺，与女色和齐梁诗风存在更多的联系。

崔珏的歌行《道林寺》中有山水自然的描写：

……野花市井栽不著，山鸡饮啄声相呼。金槛僧回步步影，石盆水溅联联珠。北临高处日正午，举手欲摸黄金乌。遥江大船小于叶，远村杂树齐如蔬。潭州城郭在何处，东边一片青模糊。……

这是真正的自然描写，与女色和齐梁诗风无关，更多地体现出元和风调，且属偶然创作。

吴融的《江行》也属山水自然的描写：

来时风，去时雨，萧萧飒飒春江浦。欹欹侧侧海门帆，轧轧哑哑洞庭橹。

除第一韵从七言句变成两个三言句外，基本就是一首七言绝句，有浓郁的乐府民歌色彩，应该也是偶然兴到之作。

徐夤的《和尚书咏泉山瀑布十二韵》是一首七言排律，以瀑布为描写对象，既可以看作山水诗，也不妨看作一首咏瀑布的咏物诗。其中不乏艳丽词句，今摘数句：

……喷石似烟轻漠漠，溅崖如雨冷潇潇。水中蚕绪缠苍壁，日里虹精挂绛霄。寒漱绿阴仙桂老,碎流红艳野桃夭。千寻练写长年在,六出花开夏日消。急恐划分青嶂骨,久应裲裂翠微腰。……

对瀑布的形态极尽赞美,有赋化倾向。但七言对句的排比显得骨力柔弱,纯用体物则近乎排调,并未取得很好的艺术效果。

除温庭筠写自然景物的歌行受到李贺影响外,晚唐齐梁体诗人创作山水歌行多属偶然现象,往往不表现齐梁诗风。与此同时,晚唐山水歌行与晚唐体、白体的关系都不大,甚至也很难说受到韩孟体的影响。温庭筠艳丽的创作将宫体诗的秾艳引入自然景物的审美,较有特点。除此以外,晚唐其他诗人的山水歌行都并不从属于齐梁诗风。

七、怀古

晚唐的歌行很少有兼顾登临与史论的典型怀古之作,往往不是因过于强调物象而近乎咏物,就是因完全不强调登临而可归为边塞诗或咏史诗。这些作品可见于本节其他类目下的论述,此处不赘言。

八、咏史

温庭筠创作咏史歌行较多,往往关注历史场景,铺陈形象。这一点前引刘学锴先生论《湖阴词》一段已经提及。

李商隐的《无愁果有愁曲北歌》借北齐《无愁曲》曲名而加以改装,实际上是一首吟咏北齐亡国史事的咏史诗:

东有青龙西白虎,中含福星包世度。玉壶渭水笑清潭,凿天不到牵牛处。骐驎踏云天马狞,牛山撼碎珊瑚声。秋娥点滴不成泪,十二玉楼无故钉。推烟唾月抛千里,十番红桐一行死。白杨别屋鬼迷人,空留暗记如蚕纸。日暮向风牵短丝,血凝血散今谁是。

比起李商隐的咏史七律,这首咏史歌行显得不那么出色。诗作在形象的塑造上明显模仿李贺。在写作手法上,用夸张的形象来代替史事的叙述,却没有高妙的史论，与温庭筠的咏史歌行一样，有重物轻情的倾向，又因形象过于夸张，显得比温庭筠的咏史歌行还要晦涩。

吴融的《首阳山》则显得更为浅近：

首阳山枕黄河水，上有两人曾饿死。不同天下人为非，兄弟相看自为是。遂令万古识君心，为臣贵义不贵身。精灵长在白云里，应笑随时饱死人。

全无形象，纯作议论，显得枯涩；立论又不高，乏善可陈，当属偶作，与齐梁诗风关系不大。

晚唐齐梁体诗人大多很少创作咏史歌行，咏史歌行的传统在晚唐齐梁诗风范围内仅集中体现于温庭筠。当晚唐齐梁体诗人对物象的执着与历史题材、歌行篇制相结合，势必需要纷繁的物象，因而依赖于强大的想象力，只有温庭筠对物象的天才的敏感才能承担。晚唐齐梁体咏史歌行普遍缺乏咏史诗应有的史识，未能充分发挥歌行体的优势，是一件值得遗憾的事。

九、其他

李商隐非齐梁题材的七言长诗计有三篇，其中，《韩碑》和《安平公诗》为一韵到底的"七言古诗"，《偶成转韵七十二句赠四同舍》为"转韵"长诗。三诗均模仿韩愈风格，而均与韩愈或韩姓友人有关，可见是有意模仿韩体。这三首诗的存在体现出李商隐模拟韩愈"七言古诗"的能力。

李群玉有两首非齐梁题材的歌行，均为八句，前四句押仄韵，后四句押平韵，颇为程式化。其《寄短书歌》一首颇有孤峭之意：

骨肉萍蓬各天末，十度附书九不达。孤台冷眼无来人，楚水秦天莽空阔。翔雁横秋过洞庭，西风落日浪峥嵘。三年音信凝颦外，一曲哀歌白发生。

又其《竞渡时在湖外偶为成章》描写竞渡场面，夸张物象，略似李贺笔法：

雷奔电逝三千儿，彩舟画楫射初晖。喧江雷鼓鳞甲动，三十六龙衔浪飞。灵均昔日投湘死，千古沉魂在湘水。绿草斜烟日暮时，笛声幽远愁江鬼。

韩偓的《喜凉》写现实生活中苦热喜凉的感受，介乎韩愈式的怪奇与李贺式的奇丽之间：

炉炭烧人百疾生，凤狂龙躁减心情。四山毒瘴乾坤浊，一簟凉风世界清。楚调忽惊凄玉柱，汉宫应已湿金茎。豪强顿息蛙唇吻，爽利重新鹘眼睛。稳想海槎朝犯斗，健思胡马夜翻营。东南亦是中华分，蒸郁相凌太不平。

吴融的非齐梁题材歌行更见出元和诗人的怪奇风格，如其《风雨吟》：

风骚骚，雨涔涔，长洲苑外荒居深。门外流水流澶漫，河边古木鸣萧森。夐无禽影，寂无人音。端然拖愁坐，万感丛于心。姑苏碧瓦十万户，中有楼台与歌舞。寻常倚月复眠花，莫说斜风兼细雨。应不知天地造化是何物，亦不知荣辱是何主。吾囷长满是太平，吾乐不极是天生。岂忧天下有大憝，四郊刁斗常铮铮。官军扰人甚于贼，将臣怕死唯守城。又岂复忧朝廷苦弛慢，中官转纵横。李膺勾党即罹患，窦武忠谋又未行。又岂忧文臣尽遭束高阁，文教从今日萧索。若更无人稍近前，把笔到头同一恶。可叹吴城城中人，无人与我交一言。蓬蒿满径尘一榻，独此闵闵何其烦。虽然小或可谋大，嫠妇之忧史尚存。况我长怀丈夫志，今来流落沧溟涘。有时惊事再咨嗟，因风因雨更憔悴。只有闲横膝上琴，怨伤怨恨聊相寄。伯牙海上感沧溟，何似今朝风雨思。

字数参差，句法豪放，结构离合，触及现实，思考深沉，有散文化的倾向。

徐夤的《自咏十韵》是一首七言排律：

只合沧洲钓与耕，忽依萤烛愧功成。未游宦路叨卑宦，才到名场得大名。梁苑二年陪众客，温陵十载佐双旌。钱财尽是侯王惠，骨肉偕承里巷荣。拙赋偏闻镌印卖，恶诗亲见画图呈。多栽桃李期春色，阔凿池塘许月明。寒益轻裯饶美寝，出乘车马免徒行。粗支菽粟防饥歉，薄有杯盘备送迎。僧俗共邻栖隐乐，妻孥同爱水云清。如今便死还甘分，莫更嫌他白发生。

呈现出较为明显的白体风格。

晚唐齐梁体诗人的非齐梁题材歌行（含七古及七言排律）多体现出元和诗风的影响，风格多为韩孟诗派之怪奇，偶有李贺之奇丽与白体之疏野。由此亦可看出晚唐齐梁诗风与元和诗风之间的潜在联系。

十、小结

歌行的体式介乎宫体诗与乐府之间，因而兼具体物与缘情双重功能。不同于其他典型齐梁诗体的拘执，歌行体的体式更为奔放，释放了晚唐齐梁体诗人性格中求奇的一面。晚唐齐梁体歌行处处体现出对李贺的继承，除此以外，偶尔可见元和怪奇诗派的影响。

从形式上看，晚唐齐梁体诗人创作的七言长诗大部分属于歌行，转韵而讲究声律，偶见七言排律和一韵到底的“七言古诗”。

从题材选择上看，晚唐齐梁体诗人普遍对用歌行体写作山水诗、怀古诗、咏史诗一系列题材感到困难，很少有人像温庭筠一样，认真地将宫体笔法用于山水意象与历史意象的铺陈。

晚唐齐梁体诗人创作女色歌行和咏物歌行十分普遍，可以作为晚唐齐梁体诗人的区别性特征。歌行是典型的齐梁文体,女色和咏物是典型的齐梁题材,但二者之间在齐梁时代未必曾经很好地结合,这种结合反而到晚唐才得以完成。

以温庭筠为代表的“深著语,浅著情”和重物轻情的风格,成为晚唐齐梁体歌行的主流,并向词体过渡,以李商隐为代表的偏重缘情而流于晦涩的风格不时闪现。奇与丽、体物与缘情的矛盾并存,成为晚唐齐梁体歌行的主要特征。

第四章　非典型齐梁诗体的使用

唐人使用典型的齐梁文体来创作，本身即可视为追慕齐梁的表现。而唐人更少不了使用非典型的齐梁文体，或使用七律、七绝等定型于唐代的文体，或使用乐府、五绝、五言古诗等形成于齐梁以前的文体。使用早于齐梁的文体，则又处于盛唐以后以复古为革新的背景之下。这些文体形式都是唐诗异于齐梁诗的部分，但是这些在形式上异于齐梁诗的唐诗，与采用典型齐梁形式的唐诗一样，会在风格、技巧上显示出与齐梁诗的共性。这种现象表明齐梁诗风渗透进了非典型的齐梁诗体，同样应该引起注意。

第一节　拟乐府与五言古诗

齐梁新体兴起之前的五言诗，可大致分为古体乐府与五言古诗。乐府体兴起较早，以合乐为目的，在齐梁时代仍与宫体诗并存，直至唐代燕乐兴起后被新音乐系统的乐府取代。古诗兴起于汉魏之际，不以合乐为目的，在晋宋时代排偶化而向新体诗迈进，在齐梁时代很大程度上被新体诗取代。古乐府在声音效果上需要考虑与音乐的配合度，却不必遵循近体诗格律，即使在有格律的时代也是如此。汉魏古诗尚不知有声律，一旦符合声律，则成为齐梁新体。

盛唐诗人试图越过齐梁而回复更早的诗歌传统时，既拟古乐府，也拟古诗。盛唐人的拟乐府已非真正的乐府，拟古诗也已非汉魏古诗，而应视为一种唐代诗体。盛唐人眼中拟古乐府与拟古诗之间的关系如何，仍有待于进一步的研究。值得注意的现象是,盛唐人在创作与乐府无关的典型五言古诗时,会有回避声律的现象,即故意与齐梁声律有所区别,甚至出现全诗无一律句的现象。盛唐人以乐府为题而又不遵格律的作品,往往只是无视格律,即不排除会有律句出现。在语言风格上,五言古诗更为古雅,往往引经据典,抒情性强,抒发文人雅士特殊的情感,更近三百篇之雅诗;五言乐府则通俗平易,书写民间情事,努力模仿民间语言,试图表现人群共通的情感,模拟风诗。

五言古诗与拟乐府因为均为五言,篇幅都较长,都不遵近体声律,故经常被放在一起,不做区分。晚唐齐梁体诗人不遵格律的五言诗数量不多,兼有拟乐府与五言古诗,在文体特征上时有交叉,本书在论述时尽量加以区分,而在分类时仍将二者合为一节。

赋乐府旧题的近体诗也被《乐府诗集》视为拟乐府,但本书的分类首先是以文体形态为依据,故将律体拟乐府视为赋题诗,放在相应的体裁下论述,本节只论及不遵声律的拟乐府①。

乐府应民间娱乐的需要而生,处于原始状态的民间乐府往往没有太多体物的需要,而以叙事和缘情为主要功能。文人模拟古乐府,往往是为了学习民间乐府的语言和缘情技巧。民间乐府活泼的语言、直露的表达、真切的感情描写,总是令自幼接受诗礼教育的文人感到惊奇,这种惊奇成为文人拟作乐府的直接动力。文人拟乐府的功能主要在于缘情,兼及展示文人在近体诗中不易展示的语言技巧。

《才调集》中很少选入晚唐的拟乐府,但从实际创作来看,晚唐仍然存在拟乐府创作,只不过这个时代的拟乐府确实存在衰微之势。究其原因,大概是此时曲子词已经兴起,古体乐府的缘情功能可以被曲子词替代,且古乐府已经是一种纯粹的拟古文体,在与音乐真实结合的曲子词面前处于弱势地位。晚唐拟乐府前不能超越六朝乐府与盛唐拟乐府的高

---

① 关于声律体的晚唐拟乐府概况,参见张一南:《晚唐的近体拟乐府》,《文史知识》,2012年第12期。

峰,横向无法取得晚唐律诗的经典地位,又因拟古情结的掣肘而不能媲美曲子词的鲜活,这大概是其常常受到忽视的原因。

晚唐齐梁诗风的前期诗人如温庭筠、李商隐、陈陶、李群玉,尚有拟乐府或拟古诗创作,而大部分中后期诗人如李郢、于武陵、崔珏、秦韬玉、韩偓、张泌、徐夤等,已无任何乐府传世,这些诗人已经完全依靠七言近体诗和曲子词来承担缘情功能,古体乐府对他们而言已经没有存在的意义,这大概是他们放弃努力模拟古乐府的原因,也反映了拟古乐府在唐末的衰微。

一、女色

女性与情爱是乐府和齐梁宫体诗共同感兴趣的题材。尽管乐府缘情而直露,与体物而蕴藉的宫体诗存在显著的风格差异,但后人在学习南朝的乐府与宫体诗时,往往对二者没有清楚的区分。况且,出于对女色的共同爱好,乐府与宫体诗有可以互通之处。宫体诗往往拾取乐府的片段或曲名加以赋写,而宫体诗的华艳物象也偶有被乐府采纳的机会。因此,齐梁诗风与乐府体裁在女色题材上达到融合是最自然的。

温庭筠的《江南曲》和《西州词》都有模仿南朝乐府《西洲曲》的痕迹。《西洲曲》为联章体,形式上近似数首五绝连缀成篇,转韵处上下皆有呼应,以女性为题材,语言平易,民歌色彩浓郁。温庭筠的这两首乐府也有这样的特点。

《江南曲》学习乐府的特征尤为明显,开篇即类似顶针格:

> 妾家白蘋浦,日上芙蓉楫。轧轧摇桨声,移舟入茭叶。溪长茭叶深,作底难相寻。避郎郎不见,鸂鶒自浮沉。拾萍萍无根,采莲莲有子。不作浮萍生,宁为藕花死。……

第一韵结于“茭叶”,第二韵即以“茭叶”开头;第二韵结于“避郎郎不见”,第三韵则以“拾萍萍无根,采莲莲有子”两个句式相似的句子加以呼应,从而以巧妙的比兴手法,引出“不作浮萍生,宁为藕花死”这样浅白而决绝的宣言。句法的装饰性很强,表达情绪很直接,富于民歌特点。后文还有类似这样朴实而直致的句子如“花开子留树,草长根依土”“不学杨白花,朝朝泪如雨”,都显示出学习南朝乐府的努力。在温庭筠律化的五言诗中,是见不到这样的直接,也见不到这样对内心情绪的关注的。这样的句子,充分体现了乐府的缘情功能。

与此同时,这首《江南曲》也会在局部借鉴宫体诗的写法,如:

……连娟眉绕山,依约腰如杵。凤管悲若咽,鸾弦娇欲语。扇薄露红铅,罗轻压金缕。明月西南楼,珠帘玳瑁钩。横波巧能笑,弯蛾不识愁。……

用体物的笔法刻画女子容色、衣饰,极尽华丽,则又是温庭筠律化的五言诗中很常见的齐梁宫体诗的写法。这说明,温庭筠的拟乐府毕竟已经不是真正的乐府,难以褪去宫体诗的痕迹。

《西州词》更是直接使用南朝乐府的意象:

悠悠复悠悠,昨日下西州。西州风色好,遥见武昌楼。武昌何郁郁,侬家定无匹。小妇被流黄,登楼抚瑶瑟。朱弦繁复轻,素手直凄清。一弹三四解,掩抑似含情。南楼登且望,西江广复平。艇子摇两桨,催过石头城。门前乌臼树,惨澹天将曙。鸂鶒飞复还,郎随早帆去。回头语同伴,定复负情侬。去帆不安幅,作抵使西风。他日相寻索,莫作西州客。西州人不归,春草年年碧。

西州、武昌、小妇、流黄、石头城、乌臼树、鸂鶒、归帆,都是六朝乐府中标志性的意象,这首诗几乎是六朝乐府意象的大集合。诗中完全是六朝乐府中的清新意象,见不到温庭筠从宫体诗继承来的珠光宝气。诗作对人的感情格外关注,展示物象处处映带人情,特别是“门前乌臼树”八句,实为缘情警句,完美地运用了南朝乐府物情合一的写法。这样的诗句在温庭筠其他体裁的诗作中是很难见到的。

温庭筠其他体裁的诗作往往重物轻情，只有拟乐府深于缘情，说明在温庭筠的创作结构中，不同的文体是有分工的。温庭筠未必是不擅缘情，而是在某些文体中追求重物轻情的效果，而当他模仿以缘情见长的六朝乐府时，则会按照文体的要求以缘情为主。在晚唐，诗的功能越来越倾向于体物，而新的文体——曲子词正在兴起，可以承担缘情的功能，温庭筠本人就是晚唐曲子词的第一代表人物。曲子词在晚唐的功能，一如古体乐府在汉魏六朝的功能，温庭筠同时有新旧两体乐府传世，也是文学史上有趣的现象。

李商隐的《无题二首》其一有意模仿乐府语言，清新可诵：

> 八岁偷照镜，长眉已能画。十岁去踏青，芙蓉作裙衩。十二学弹筝，银甲不曾卸。十四藏六亲，悬知犹未嫁。十五泣春风，背面秋千下。

以女主人公的年龄为句首，依次铺叙，颇有乐府趣味。每一句展现少女的一种情态，只选取最有代表性的一个镜头，全不做宫体描摹，每种情态都传达出一种不同的感情，随着女主人公年龄的增长而日趋深沉，展示出女主人公丰富而美丽的内心世界。李商隐的五言近体擅长以体物映带缘情，这首乐府却舍弃了体物，完全以缘情为中心组织物象，这是与乐府体的要求相适应的。活泼的乐府语言，塑造出清新、有活力的少女形象，与宫体诗中富丽而慵懒的贵妇形象形成鲜明对比。

然而，在李商隐笔下，这种从古乐府中走出来的清新少女也只此一见。在李商隐其他以“曲”为名而不拘声律对仗的作品中，女性仍然延续着宫体诗中稳重而内敛的性格，如《宫中曲》：

> 云母滤宫月，夜夜白于水。赚得羊车来，低扇遮黄子。水精不觉冷，自刻鸳鸯翅。蚕缕茜香浓，正朝缠左臂。巴笺两三幅，满写承恩

字。欲得识青天,昨夜苍龙是。

从篇制上看,此诗全无对仗,没有明显粘对,很难说是齐梁体。从语言风格上看,此诗也与清新泼辣的民间乐府有别。诗押仄声韵,声情压抑低沉,下字力求刻尽,写宫人奢华而寂寞的生活,受到李贺五言古诗的影响,兼有宫体之典重与元和之刻尽。

又如其悼念亡妻王氏的《房中曲》:

蔷薇泣幽素,翠带花钱小。娇郎痴若云,抱日西帘晓。枕是龙宫石,割得秋波色。玉簟失柔肤,但见蒙罗碧。忆得前年春,未语含悲辛。归来已不见,锦瑟长于人。今日涧底松,明日山头檗。愁到天池翻,相看不相识。

哀感顽艳,仍然受到李贺五古的影响。初盛唐诗写男女爱情悲剧,往往从女方视角落笔,写女方失去男方的痛苦,将为情所苦视为女性特有的美感,而不太愿意涉及男方在爱情面前的脆弱。中唐以后,悼亡诗逐渐流行,与此同时,描写男性独居之苦的作品也多了起来,男性在爱情中的悲剧性体验也开始成为女色诗的内容,成为对女性的侧面赞美。李商隐诗每每表现男性对爱情求之不得的悲剧性体验,缘情深至,构成其描写男女爱情的作品中不可或缺的一部分。这首悼亡诗从男性视角出发,围绕着男主人公的寂寞伤悼之情组织意象,处处以物见情,所举都是闺中之物,笔触仍然不失阴柔唯美,甚至令人无法第一眼分辨说话人的性别。此诗毫不节制地书写自己永失爱侣的悲痛之情,感情的强烈程度丝毫不亚于失去丈夫的妻子,触目成伤,造语生新,写情真切,颇能引起读者共鸣,是一首以情取胜的作品。

李群玉擅长以古体写女色,将散文化的句法与高古的声调相结合,强化了作品中的感情表现,如《湖中古愁三首》其三:

> 南云哭重华，水死悲二女。天边九点黛，白骨迷处所。朦胧波上瑟，清夜降北渚。万古一双魂，飘飘在烟雨。

表现的主题并不新颖，却因声音效果的高古，使人莫名地感受到苍凉与怅惘。全诗没有体物之笔，只以恰到好处的声情，传达出神话人物的悲剧性情感。

又如《我思何所在》：

> 我思何所在，乃在阳台侧。良宵相望时，空此明月色。归魂泊湘云，飘荡去不得。觉来理舟楫，波浪春湖白。烟光浩楚秋，瑶草不忍摘。因书天末心，系此双飞翼。

首句是汉乐府中习见的句法，比近体诗中的句子更散文化，又取以名篇，更见古意。这种散文句法带来的如泣如诉的声情效果贯穿全诗始终，诗人在缓慢地叙述自己追求爱情而不得的曲折过程，在曲折的情节中见出对“我思”的深情。以高古之调写艳丽之情，是李群玉五言的一个特点。

李群玉五言也有作体物之笔者，如《长沙九日登东楼观舞》：

> 南国有佳人，轻盈绿腰舞。华筵九秋暮，飞袂拂云雨。翩如兰苕翠，婉如游龙举。越艳罢前溪，吴姬停白纻。
>
> 慢态不能穷，繁姿曲向终。低回莲破浪，凌乱雪萦风。坠珥时流盻，修裾欲溯空。唯愁捉不住，飞去逐惊鸿。

此诗不遵声律，中有转韵，似为古乐府体式，写的内容却是席间女子的歌舞，为齐梁宫体诗的典型题材。诗作从不同角度直接体写舞女的形体之美，近乎赋的写法。作品在审美上不避轻艳，带有诱惑意味，体现了宫体诗的审美。

晚唐齐梁诗风下的女色拟乐府集中在前期，以缘情为主要特色，与五言近体的体物有着明确的分工。拟乐府高古的声情、浓重的情感，带来了不同于近体诗的审美感受。

二、贵游

晚唐齐梁体诗人几乎不用拟乐府或五古表现贵游题材，只有擅长古体的李群玉偶有游仙诗创作。李群玉又有与道人酬赠的古体诗如《将游罗浮登广陵楞伽台别羽客》：

> 清远登高台，晃朗纵览历。濯泉唤仙风，于此荡灵魄。冷光邀远目，百里见海色。送云归蓬壶，望鹤灭秋碧。波澜收日气，天自回澄寂。百越落掌中，十洲点空白。身居飞鸟上，口咏玄元籍。飘如出尘笼，想望吹箫客。冥冥人间世，歌笑不足惜。揭来罗浮巅，披云炼琼液。谢公云岑兴，可以蹑高迹。吾将抱瑶琴，绝境纵所适。

读来飘飘欲仙，介乎山水诗与游仙诗之间，挟六朝古诗清气，表达了对道人的赞颂。

三、咏物

李商隐的《李肱所遗画松诗书两纸得四十韵》以同榜状元李肱所画的松树为吟咏对象，诗中用了很多体物之笔描写松树，有咏物意味，可以看作一首五言古体咏物诗。同时这首诗也有酬赠的性质。以五言古诗相互酬赠，在文人的生活中在所难免，而涉及赠物的酬赠诗也可以写成以酬赠物为对象的咏物诗。因此，李商隐这首五古咏物诗的产生十分偶然，也与晚唐齐梁诗风几乎无关。

镜为齐梁多咏之物，很容易映带女色。李群玉的五古咏物诗《古镜》却毫不映带女色，求奇而不求丽。诗中体物之句如：

> ……瑶匣开旭日，白电走孤影。泓澄一尺天，彻底寒霜景。冰辉凛毛发，使我肝胆冷。忽惊行深幽，面落九秋井。……

颇似韩孟之句，而远离齐梁体的温丽。李群玉又有五古咏茶诗《龙山人惠石廪方及团茶》，反而并不枯涩，偶有丽句如：

……珪璧相压叠，积芳莫能加。碾成黄金粉，轻嫩如松花。红炉爨霜枝，越儿斟井华。滩声起鱼眼，满鼎漂清霞。……

吴融的五言古诗《平望蚊子二十六韵》以蚊子为吟咏对象，体物细碎，怪奇而毫不唯美：

天下有蚊子，候夜噆人肤。平望有蚊子，白昼来相屠。不避风与雨，群飞出菰蒲。扰扰蔽天黑，雷然随舳舻。利嘴入人肉，微形红且濡。……

像蚊子这样的日常卑陋之物，本不宜入诗，吴融体写蚊子尽形，当是继承元和诗派一味求奇的后果。宋代多有咏蚊诗，恐是受到吴融此诗的启发。吴融的这首咏物诗也是体现了韩孟诗派的特点，而与齐梁关系不大。

晚唐齐梁体诗人创作的五古咏物诗都不甚典型，大多属偶一为之，并体现出元和怪奇诗派的影响，与齐梁诗风没有明显关系。

四、赋题

赋题是齐梁新体兴起后出现的写法。如以古乐府体写乐府旧题，则不过是典型的拟乐府。晚唐齐梁体诗人真正以古乐府体赋写乐府旧题的并不多，只有温庭筠和李群玉。

温庭筠的《会昌丙寅丰岁歌》也并不是借用乐府旧题，而只是借用了古乐府命题的命名方式。作品描绘丰年景象，属民间乐府喜欢表现而宫体诗不太涉及的题材。《会昌丙寅丰岁歌》虽属七言，语言上却有鲜明的民间乐府风格，如：

……西野翁，生儿童，门前好树青芊芊。芊芊单衣麦田路，村南娶妇桃花红。新姑车右及门柱,粉项韩凭双扇中。喜气自能成岁丰,农祥尔物来争功。

故意模仿朴直的民间语言。又如《碌碌古词》,模仿民间歌谣的语言:

左亦不碌碌,右亦不碌碌。野草自根肥,羸牛生健犊。融蜡作杏蒂,男儿不恋家。春风破红意,女颊如桃花。忠言未见信,巧语翻咨嗟。一鞘无两刃,徒劳油壁车。

诗的意旨不甚明确,模仿民间乐府语言的动机却十分明显。这种语言风格与宫体诗的语言形成强烈反差,语词的新鲜是其激起文人模仿兴趣的主要原因。再如《烧歌》以农事为题材,语言朴直,如:

……卜得山上卦,归来桑枣下。吹火向白茅,腰镰映赪蔗。风驱槲叶烟,槲树连平山。迸星拂霞外,飞烬落阶前。仰面呻复嚏,鸦娘咒丰岁。谁知苍翠容,尽作官家税。

尽量采用朴素的、叙述性很强的语言,并使用生活化的、不太唯美的意象,描述底层农民的贫寒生活,与作者平时写作的宫体诗的语言风格形成强烈反差。温庭筠拟作乐府,显示出对迥异于宫体诗语言的民间乐府语言的浓厚兴趣,也表现出其在齐梁诗风之外的另一种风格。

李群玉的《乌夜号》与六朝乐府曲名《乌夜啼》相近。在六朝乐府的传统中,《乌夜啼》总是用来写男女情爱,但李群玉这首拟乐府却毫不关涉女性:

层波隔梦渚,一望青枫林。有鸟在其间,达晓自悲吟。是时月黑天,四野烟雨深。如闻生离哭,其声痛人心。悄悄夜正长,空山响哀音。远客不可听,坐愁华发侵。既非蜀帝魂,恐是桓山禽。四子各分散，母声犹至今。

易“啼”为“号”，一字之差，变凄美为险怪，提示着元和怪奇诗派放弃唯美以追求体物尽形的风格。全诗皆笼罩着怪奇诗派作品特有的黑暗、险怪的氛围，与齐梁诗风无关，也与六朝乐府的面貌有较大差异。

五、边塞

边塞题材也是乐府热衷表现的对象，但在晚唐齐梁体诗人的创作中，却未曾见到乐府体的边塞诗。与此相反，晚唐诗人以边塞为题材的齐梁格诗、五律却更多地保存了下来。这至少证明，晚唐诗人即使有边塞乐府创作，其数量和影响力也未必能超越边塞题材的近体诗。或许，在晚唐人心目中，边塞与其说是拟乐府题材，毋宁说更适合被处理为齐梁体的题材。

六、山水

李群玉的山水五古兼具大历之清与元和之奇。其清者如《湘西寺霁夜》：

雨过琉璃宫，佳兴浩清绝。松风冷晴滩，竹路踏碎月。月波荡如水，气爽星朗灭。皓夜千树寒，峥嵘万岩雪。后山鹤唳断，前池荷香发。境寂凉夜深，神思空飞越。

兴象唯美，无丝毫烟火气。

其奇者如《宿鸟远峡化台遇风雨》：

孤鹤长松颠，独宿万岩雨。龙湫在石脚，引袂时一取。惊风折乔木，飞焰猎窗户。半夜霹雳声，高斋有人语。

努力夸张物象之奇，超出日常经验。

唐彦谦的山水五古兼顾体物工细与句法潇洒,时见晋宋风度,如:

近山如画墙,远山如帚长。我从云中来,回头白茫茫。……(《舟中望紫岩》)

……林垂短长云,山缀丹碧颗。蓼花最无数,照水娇婀娜。何知是节序,风日自清妥。……(《九日游中溪》)

都是前句体物,下字刻尽,后句引入散文句法,宕开一笔,从工细的体物转入叙述,张弛有度。

晚唐齐梁体诗人创作山水五古不多,偶有创作,则深得五古本色,兼具元和以下诗人刻意求奇的时代风气,与齐梁诗风关系不大。

七、怀古

晚唐齐梁体诗人没有典型的怀古乐府,古体乐府也没有怀古传统,这大概与古体乐府的民间身份有关,古体乐府并不适宜用于怀古题材。

八、咏史

晚唐齐梁体诗人称得上古体咏史诗的,只有李群玉的《穆天子》:

穆满恣逸志,而轻天下君。一朝得八骏,逐日西溟濆。寂漠崦嵫幽,绝迹留空文。三千阏宫艳,怨绝宁胜云。或言帝轩辕,乘龙凌紫氛。桥山葬弓剑,暧昧竟难分。不思五弦琴,作歌咏南薰。但听西王母,瑶池吟白云。

此诗讽刺求仙,言长生之虚妄,与李商隐的很多七律、七绝类似。在讽刺求仙虚妄的同时,却充分运用了传统游仙诗的意象,在形式上带有游仙诗的特点。以古体诗而非七律体写仙道、华艳意象,也是李群玉的特长。

九、其他

李群玉是晚唐齐梁体诗人中比较擅长作五古的,在齐梁题材之外,他还有大量五古创作，主要用于酬赠，与齐梁诗风关系不大。其《雨夜呈长官》一诗，较有诗趣：

> 远客坐长夜，雨声孤寺秋。请量东海水，看取浅深愁。愁穷重于山，终年压人头。朱颜与芳景，暗赴东波流。鳞翼思风水，青云方阻修。孤灯冷素艳，虫响寒房幽。借问陶渊明，何物号忘忧。无因一酩酊，高枕万情休。

诗人在创作时的主观意识是要追步盛唐诗人，以汉魏晋宋诗人为榜样，模拟齐梁以前的诗体，但如"朱颜与芳景，暗赴东波流"，"孤灯冷素艳，虫响寒房幽"等句，却不自觉地带上了齐梁的纤弱优美与晚唐的寒僻。"请量东海水"四句则成功地借鉴了乐府句法，缘情生动。

唐彦谦也有大量非齐梁题材的五古创作，大多学步盛唐，或模拟陶诗，同样以酬赠为主。其《索虾》一诗写日常琐屑酬赠，开启宋调。

另外，吴融有《祝风》一首，为五古，以民生疾苦为主题，与齐梁诗风无关，当系偶作。

十、小结

晚唐齐梁体诗人写作拟乐府或五言古诗的频率很低，只是偶一为之，除女色诗可能部分呈现宫体特征外，大多与齐梁诗风没有直接的关系，而与元和怪奇诗派关系较为密切。晚唐齐梁体诗人写作拟乐府或五言古诗，大多是为了越过永明，尝试不同的语言风格。民间乐府的朴素、汉魏晋宋的潇洒都对他们构成吸引，引发他们在语词层面的模拟。晚唐齐梁体诗人在这样的创作中展示了他们写作的另一种可能性。在功能层面，汉魏古诗的言志功能受到成熟的五七言律诗的挑战，古体乐府的缘情功能受到新兴的曲子词的挑战，因此都呈现萎缩的趋势。

第二节 五绝

五绝的出现几乎与宫体诗同时,有吴声西曲与短篇宫体诗两个源头。吴声西曲作为五绝的源头得到了更多的注意,而短篇宫体诗这一源头则较少有人提及。明代的许学夷已经指出,律化的五言绝句在梁代也有重大的发展。他认为:

> 何逊五言四句,声尽入律,语多流丽,而格韵始卑。上源于鲍明远五言四句,下流至梁简文、庾肩吾五言四句。[①]

五绝在梁代宫体诗中的源头,意味着五绝本身也潜伏着宫体诗的基因。

与乐府和宫体诗这两大源头对应,唐代五绝也有古绝与律绝两体,但两体之间看不出功能上的区别。作为与五律、七绝相对的诗体,五绝也被视为近体诗,但在写法上,五绝更多地向短篇乐府学习,以直致警绝为佳。因此,五绝是一种介乎近体与乐府体之间的诗体。晚唐齐梁体诗人创作的五绝,也显示出宫体诗审美与乐府审美相杂的特点。

一、拟乐府

五绝不等于拟乐府,但五绝却比律诗甚至七绝更经常模拟乐府的语言和写法,因此,有必要将以模拟乐府为主要创作动机的五绝拿出来单独分析。

李商隐的《听鼓》以古质见长:

> 城头叠鼓声,城下暮江清。欲问渔阳掺,时无祢正平。

“城头”“城下”的对举,借鉴了乐府歌谣的语言,后两句以直致见佳,迥异

---

① 《诗源辩体》卷九,第126页。

于义山律诗温文婉曲的风格。

李群玉的《放鱼》也有相似的直致风格：

早觅为龙去，江湖莫漫游。须知香饵下，触口是铦钩。

后两句简单直接，传达朴素的人生智慧，有如民间谚语。又如其《洞庭干二首》：

借问蓬莱水，谁逢清浅年。伤心云梦泽，岁岁作桑田。

朱宫紫贝阙，一旦作沙洲。八月还平在，鱼虾不用愁。

虽然是两首律绝，但其落想的奇肆，语言的平直，却全似乐府歌谣，像“岁岁作桑田”“鱼虾不用愁”这样的句子，出现在律诗中则为不伦，出现在五绝中却为得体，有一种活泼稚拙的美感。

再如其《客愁二首》：

客愁看柳色，日日逐春深。荡漾春风起，谁知历乱心。

客愁看柳色，日日逐春长。凭送湘流水，绵绵入帝乡。

前首作者一作温庭筠，但这两首诗明显属于一个整体。前二句除韵脚外完全相同，后二句主题相似，因趁韵而有不同的说辞。这样的结构显然是模仿乐府短章的。

于武陵也有格言体的五绝，如《劝酒》：

劝君金屈卮，满酌不须辞。花发多风雨，人生足别离。

作品模仿劝酒词，后两句以对句作结，上句起兴，下句直叙人生经验。

唐彦谦的《春风四首》也近似乐府体：

春风吹愁端，散漫不可收。不如古溪水，只望乡江流。
新花红烁烁，旧花满山白。昔日金张门，狼藉余废宅。
回头语春风，莫向新花丛。我见朱颜人，多金亦成翁。
多金不足惜，丹砂亦何益。更种明年花，春风自相识。

拟乐府体朴素自然的语言与齐梁诗风差异很大，诗人偶尔仿作，多半是追求一种趣意。而他们所模仿的短章乐府大多出自南朝，因此这种模仿也与他们咽嚎梁陈的阅读经历有关。

二、女色

女色是乐府和宫体诗共同关心的问题，在晚唐齐梁体诗人的五绝创作中，自然少不了女色题材。

李商隐所作与女性有关的五绝，呈现出多样化的风格。有接近宫体诗审美者如：

遏云歌响清，回雪舞腰轻。只要君流眄，君倾国自倾。（《歌舞》）

前两句体写舞女容色，后两句写情，声调豪奢，情绪夸张而近理。于艳异之词中，道出了“倾国倾城”这一习语实际的原理。又如：

风露澹清晨，帘间独起人。莺花啼又笑，毕竟是谁春。（《早起》）

这两首诗前两句体物，后两句缘情。前两句可入宫体诗，却只是铺垫；后两句才是诗人苦心经营想要推出的警句，于伤春之词中，写出人与外部世界的隔绝，以及由此产生的不安定感，可以转换到不同的情境，有无限的阐释空间，几乎可以脱离作品，单独拿出来引用。

又有接近乐府风格者如：

昨夜双钩败，今朝百草输。关西狂小吏，惟喝绕床卢。（《代应

二首》其二）

用清新的语言描述闺中生活的小小情事。

有以男性视角记录的独特个人经验：

剑外从军远，无家与寄衣。散关三尺雪，回梦旧鸳机。（《悼伤后赴东蜀辟至散关遇雪》）

有不强调个人视角而揭示的普遍经验：

春日在天涯，天涯日又斜。莺啼如有泪，为湿最高花。（《天涯》）

无论采用哪种写法，都以缘情为主。

陈陶的《长相思》一反其平时的阴森险怪风格，写得简单清新：

欲唱玄云曲，知音复谁是。采掇情未来，临池画春水。

有如民歌谣谚。虽有寄托，却不妨碍描摹怀春少女情态之逼真。

李群玉的五绝有的模仿吴声西曲因物见情的思维方式，如：

一合相思泪，临江洒素秋。碧波如会意，却与向西流。（《古词》）

有的则关注女性情态，与较为露骨的宫体诗相似，如《龙安寺佳人阿最歌八首》其一、其三：

团团明月面，冉冉柳枝腰。未入鸳鸯被，心长似火烧。

欲摘不得摘，如看波上花。若教亲玉树，情愿作蒹葭。

在功能上,从多个角度描摹女性,近于齐梁宫体诗,或晚唐流行的宫词体七绝的作法;在内容上,像宫体诗一样提到了男性对女性的渴望,却比宫体诗露骨得多,有失文雅;在写法上,直接抒发自己作为男性的感受。李群玉的女色五绝虽然像他其他体裁的女色诗一样,受到齐梁宫体泽被且更为露骨,但仍然无法在短小的篇章中回避主观情志的描述。

于武陵只有一首女色五绝传世,却颇为经典,为多家诗选引用:

远天明月出,照此谁家楼。上有罗衣裳,凉风吹不休。(《高楼》)

末句一作"凉风吹不休"。诗作以物象示人,而缘情遥深,言简意完,自足千古,深得五绝之体。

唐彦谦的五绝《文惠宫人》是一首宫词:

认得前家令,宫人泪满裾。不知梁佐命,全是沈尚书。

关心宫闱而句法平平。

韩偓的《香奁集》中有不少女色题材的五绝,与晚唐流行的宫词体的女色七绝一样,《香奁集》中的女色五绝体现了对女性生活细节的关注,如:

抬镜仍嫌重,更衣又怕寒。宵分未归帐,半睡待郎看。(《半睡》)

愿结交加梦,因倾潋滟尊。醒来情绪恶,帘外正黄昏。(《春闺二首》其一)

不回避私密场景,情境有如宫体诗,但焦点却在女性的爱情心理,而非女性外在色相带给男性的诱惑。以体物造境,而终归于缘情。

初唐崔国辅将宫体诗对女性生活细节的关注引入了唐代的五绝,韩

偓又有《效崔国辅体四首》:

> 澹月照中庭,海棠花自落。独立俯闲阶,风动秋千索。
> 雨后碧苔院,霜来红叶楼。闲阶上斜日,鹦鹉伴人愁。
> 酒力滋睡眸,卤莽闻街鼓。欲明天更寒,东风打窗雨。
> 罗幕生春寒,绣窗愁未眠。南湖一夜雨,应湿采莲船。

写的都是富贵人家青年女性的深闺情事,却不见宫体诗中的浓艳,写富贵事亦觉清新可爱,作品的重点仍是缘写女性的心理。

晚唐的女色五绝呈现出宫体与乐府相杂的风格特点,与五绝的来源相合。作品中的宫体因素用于体物,乐府因素用于缘情。体物为铺垫,缘情则是目的。

三、贵游

宫体诗是五绝的源头之一,晚唐齐梁体诗人偶尔也会将五绝用于酬赠,与五律的功能相近。

李群玉的《春日寄友》是与男性友人之间的酬赠,却用了富丽笔法:

> 晴气熏樱蕊,丰蒙雪满林。请君三斗酒,醉卧白罗岑。

韩偓的《从猎三首》是写陪同帝王游猎的经历,属于宫廷生活题材,今选二首:

> 猎犬谙斜路,宫嫔识认旗。马前双兔起,宣尔羽林儿。(其一)
> 小镫狭秋鞘,鞍轻妓细腰。有时齐走马,也学唱交交。(其二)

依稀可见女色元素与边塞元素。

不同于五律和排律,五绝篇幅短小,不适宜华丽铺陈,故很少用于贵游酬赠。偶尔一见的五绝贵游诗可以视为浓缩了的宫体五律,提示着晚唐五绝与齐梁五律之间存在的关系。

四、咏物

晚唐齐梁体诗人的五绝较多地用于咏物,与五律的题材有所重合。五绝虽然不适合铺陈描写,却因短小而直接以物象示人,因而适合创作有所寄托的咏物诗。晚唐人已能熟练运用五绝这一诗体,因此并不排斥创作这种短小的咏物诗。晚唐咏物五绝的存在,表明了五律与五绝在功能上的融合,同时我们仍可看到咏物五绝与咏物五律的区别。

温庭筠的咏物五绝不甚典型,也写得不甚认真,嘲戏色彩明显,如其《光风亭夜宴妓有醉殴者》:

吴国初成阵,王家欲解围。拂巾双雉叫,飘瓦两鸳飞。

这也许不是一首绝句,而只是一首五律的中二联单独传世。诗并非单纯咏妓,而是咏妓女宴间醉殴,附加场景较多。诗只求形似,展现语言的机制,而格调不高,殊非风雅之旨。

李商隐的咏物五绝是比较典型的咏物诗。李商隐咏物五绝的吟咏对象仍以齐梁意象为主,典型者如《风》:

撩钗盘孔雀,恼带拂鸳鸯。罗荐谁教近,斋时锁洞房。

从体式上看,此诗两联均为对仗、体物,不符合一般五绝的写法,仍有截自五律或排律的嫌疑,但在没有明确证据的情况下,姑且将其视为一首五绝。风本无形象可言,故咏风根本无法直接描写风的形象,只能通过风吹到的事物反映出风的动作。从这个意义上讲,咏风与晚唐流行的咏手诗具有一定相似性。风关合事物的可能性是无限的,而李商隐的《风》仍然具有"不是风流物不拈"的特点,只拣与女性有关的意象来写,也显示出模拟齐梁体的动机。此诗以"撩"引出"钗",以"恼"引出"带",甚至又在"钗"的基础上以"盘"引出"孔雀",在"带"的基础上以"拂"引出"鸳鸯”，是典型的齐梁咏物诗写法。甚至比齐梁诗显得更为精致，也更为细碎。后二句用宋玉《风赋》“跻于罗帷，经于洞房”之句，借用了古代经典中风与罗荐、洞房之间的关系，亦是从所咏之物生发出新的意象的一种方式。

李商隐善于从物象中发现理趣，如《忆梅》：

定定住天涯，依依向物华。寒梅最堪恨，常作去年花。

梅花的美丽与其开放的季节构成一对矛盾，一般的诗人喜欢从傲霜斗雪、特立独行的角度来赞美梅花，李商隐却从其中发现了“常作去年花”这一问题，从而寄寓无限感慨。不咏梅花之形，而咏梅花之情。又如《嘲桃》：

无赖夭桃面，平时露井东。春风为开了，却拟笑春风。

有所寄寓，诙谐而近于排调。

李群玉的《莲叶》，借鉴吴声西曲因物见情的写法：

根是泥中玉，心承露下珠。在君塘下种，埋没任春蒲。

荷花是南朝乐府中常见的意象，常被用来转喻男女交往中的种种情事。李群玉此诗继承了这一写法，以荷花之形象象征不可捉摸的男女之情。“埋没任春蒲”是荷花之形，而用以比喻恋爱中的绝望之情，也十分精确。前二句以体物为铺垫，视为体物，则刻画荷花之形，穷形尽相；视为铺垫，则又隐喻女子的自珍自怜。李群玉此诗成功地借鉴了南朝乐府的写法。需要指出的是，诗中女子以珠玉自比的自怜情怀，“埋没任春蒲”这样过于激烈的情感与忠贞，并不符合民间采莲女的情感特点，更像是士族女性的心理。这首借鉴乐府形式的作品，反映的仍是士大夫的审美趣味。

唐彦谦的咏物五绝醉心于物象，有多首单独以物象为题的作品，如

《梅》《兰二首》《春草》等，皆为美丽物象。作品的内容也体现了齐梁式审美，如：

清风摇翠环，凉露滴苍玉。美人胡不纫，幽香蔼空谷。（《兰二首》其一）

把自然物“兰”比作人工物“翠环”“苍玉”，并借《楚辞》的意象，用美人的织作加以衬托，体现了崇尚人工美的齐梁审美模式。又如其《葡萄》：

金谷风露凉，绿珠醉初醒。珠帐夜不收，月明堕清影。

借葡萄的圆润形象关合美人之名“绿珠”，又用醉中美人比喻葡萄的美好形象，用美人珠帐比喻葡萄叶，并以“帐”关合“凉”，又与葡萄光洁的外形、结果的季节不失和谐关联。全诗充满了齐梁式的想象。再如其《渔》：

相聚即为邻，烟火自成簇。约伴过前溪，撑破蘼芜绿。

渔火本为与劳动相关的物象，称不上华贵，吟咏渔火当是出于对日常琐细之物的兴趣。唐彦谦咏渔火却充满了浪漫的想象。“约伴过前溪，撑破蘼芜绿”的描写，竟不似打鱼，而似采莲。将琐屑的事物优美化，也是齐梁咏物诗的特点。

吴融的咏物五绝有的体现齐梁式审美，如《蔷薇》：

万卉春风度，繁花夏景长。馆娃人尽醉，西子始新妆。

无论是美丽意象的选取、华美的铺垫，还是人工化的比喻，都体现出齐梁式审美。而将群芳凋零解释为美人之醉，将后期而至的蔷薇比作独醒的西施,也是诗家巧妙的取譬。

有的则以历史典故关合物象,如:

染亦不可成,画亦不可得。苌弘未死时,应无此颜色。(《草》)
终日冲奔浪,何年坠乱风。谢公堪入咏,目极在云中。(《江树》)

从典故的角度去欣赏自然物象,体现了文人情怀,然终无深意。

晚唐齐梁体诗人的咏物五绝体现了齐梁式审美,由此显示出在其创作中五绝与五律功能上的重合。不同于咏物五律,这些咏物五绝又往往以意取胜,体现出二者在功能上的小小差异。

五、赋题、边塞

晚唐齐梁体诗人中,未见典型赋题、边塞题材五绝的创作。

六、山水

晚唐体的山水诗以五律为主,少有五绝。晚唐齐梁体诗人的五绝也少有体现晚唐体风格者,偶尔写到山水自然,也会以更艳丽的色泽加以点染。

李群玉的山水五绝有着齐梁式的恬静与质感,如其《静夜相思》:

山空天籁寂,水榭延轻凉。浪定一浦月,藕花闲自香。

空山水榭,得六朝之清;浦月藕花,则点出了淡淡的丽色。又如其《池塘晚景》:

风荷珠露倾,惊起睡鸡鹊。月落池塘静,金刀剪一声。

以金刀落地的声音比喻本不存在的月落之声,兼以金的光亮关合月的光亮,将月光的柔媚缥缈固化为金刀的坚硬,落想奇特,又是典型的人工化比喻。

韩偓的山水五绝同样色泽艳丽，意境优美，如：

细雨桃花水，轻鸥逆浪飞。风头阻归棹，坐睡倚蓑衣。（《野钓》）

云物阴寂历，竹木寒青苍。水冷鹭鸶立，烟月愁昏黄。（《曲江晚思》）

蓑衣野钓，本是寒僻之事，却以“细雨桃花水”点染；竹畔晚思，亦是寒僻之事，却有“烟月愁昏黄”之秀句。

同样，吴融的《溪边》也有丽句点染：

溪边花满枝，百鸟带香飞。下有一白鹭，日斜翘石矶。

白鹭石矶，本属典型的山水清音，而“百鸟带香飞”一句却又不胜秾艳。

五绝篇制短小简素，写寒僻之事，有丽句点染，方不觉枯涩，这或许是前人创作的经验。

七、怀古

晚唐偶尔有五绝体的怀古诗和咏史诗出现。

李商隐的《乐游原》为怀古名作：

向晚意不适，驱车登古原。夕阳无限好，只是近黄昏。

乐游原为汉唐长安游乐胜地，义山此作，却有兴尽悲来之致。诗作暗用六朝诗人阮籍穷途而哭之事，并未言及古原故事，也未说明何来悲凉之感，不着史实，而说理精警，有雅人深致。此诗纯属抒发个人感慨，已完全脱离了乐府形态，纯是一首二十字的文人小诗。

于武陵的怀古五绝则黏着史实，立意不高：

潺潺伊洛河，寂寞少恩波。銮驾久不幸，洛阳春草多。（《洛中有怀》）

似乎只是勉强记录登临的经历，为感慨兴亡而感慨兴亡。同样，这首诗也脱去了乐府形态，只是在意象上追忆六朝，却不再在形式上模拟六朝的诗体。

八、咏史

李群玉的《读贾谊传》是一首五绝体的咏史诗：

卑湿长沙地，空抛出世才。已齐生死理，鹏鸟莫为灾。

诗作与李商隐的七绝体咏史功能相近，只是立论较为凡近。五绝体咏史诗的出现有一定偶然性，属于特殊的文本现象。

九、其他

李商隐非齐梁题材的五绝创作，大多属于二十字的文人诗，较多个人化的抒情，已脱去了宫体诗或南朝乐府的影响。唯一与齐梁保有联系的是，这些作品更喜欢使用六朝典故，如：

沈约怜何逊，延年毁谢庄。清新俱有得，名誉底相伤。（《漫成三首》其二）

雾夕咏芙蕖，何郎得意初。此时谁最赏，沈范两尚书。（《漫成三首》其三）

下马捧椒浆，迎神白玉堂。如何铁如意，独自与姚苌。（《张恶子庙》）

陶令弃官后，仰眠书屋中。谁将五斗米，拟换北窗风。（《自贶》）

李群玉偶作非齐梁题材的五绝，亦措辞富丽，如：

益愧千金少，情将一饭殊。恨无泉客泪，尽泣感恩珠。（《病起别主人》）

不见休上人，空伤碧云思。何处开宝书，秋风海光寺。（《怀初公》）

李群玉的五绝中还出现了对闲情的描写，亦即对美好、恬静的心境的书写。这种书写与崔国辅体的唯美、闲适相似，却不涉及女色，且具有较强的主观抒情性，如《寄韦秀才》：

荆台兰渚客，寥落共含情。空馆相思夜，孤灯照雨声。

兴象唯美，与崔国辅体有相通之处，描写士大夫安静独处时产生的美好情怀。又如《火炉前坐》：

孤灯照不寐，风雨满西林。多少关心事，书灰到夜深。

"书灰到夜深"，一个简单的动作，诉诸形象，却传递出复杂的感情。这种类型的五绝可能是从"崔国辅体"衍生出来，却变得更加男性化，增强了士大夫的主观抒情，向文人抒情诗的方向靠拢。这种倾向在温李时代是没有显现的。

同样的，又有唐彦谦的经典之作《小院》：

小院无人夜，烟斜月转明。清宵易惆怅，不必有离情。

在狭小而雅致的环境中，在清丽的景物之间，产生了一种无可名状的惆怅，一种不情之情，短短二十字，颇能引起文人雅士的共鸣。这样的作品，没有涉及女色，却显得物象艳丽；没有采用乐府的手法，却能引起很多读者的共鸣。不具风诗之体，而得风人之旨。

唐彦谦也用五绝来写一般性的酬赠，同样词句清丽，如：

鹏程三万里，别酒一千钟。好景当三月，春光上国浓。(《留别四首》其一)

野花红滴滴，江燕语喃喃。鼓吹翻新调，都亭酒正酣。(《留别四首》其二)

韩偓、吴融也偶尔用五绝酬赠，如：

虽可忘忧矣，其如作病何。淋漓满襟袖，更发楚狂歌。(韩偓《答友人见寄酒》)

秋雨空山夜，非君不此来。高于剡溪雪，一棹到门回。(吴融《山居喜友人相访》)

颇见魏晋风流。

十、小结

晚唐齐梁诗风下的五绝呈现宫体诗与乐府体的混杂特征，兼具体物与缘情的功能，而总以缘情为主。晚唐齐梁诗风下的五绝表现出对女性生活的关注，以及对日常细节的欣赏，体物艳丽，缘情直致，体现出初唐崔国辅体与中晚唐七绝宫词共同影响的结果。文人的个人化抒情也从中浮现出来。

第三节　七律

七律是较为典型的唐代诗体。许学夷认为，七律也萌芽于萧梁：

> 梁简文七言八句有《乌夜啼》，乃七言律之始。下流至庾信七言八句。①

萧纲和庾信各有七言八句、基本讲究声律对仗的《乌夜啼》一首，可视为唐代以前的七律。但这样的创作非常偶然，而且这两首诗都以乐府名为题，语体也颇似乐府歌行，完全没有后世律诗的典重，因此只宜看作永明声律体歌行的特殊作品。纵观整个齐梁时代，七言诗的律化程度、七言八句体的普及程度，完全无法与五言诗的相应诗体相比。七律的定体在武朝以后而不在齐梁，七律仍是一种典型的唐代诗体。

尽管如此，晚唐诗人的七律写作仍然受到齐梁诗风的影响。晚唐诗人在五律等典型齐梁诗体创作中接受了齐梁宫体诗的写法后，难免会把类似的技巧带进以七律为代表的时新文体的创作，或者因此改变七律的写法。七律在晚唐是非常流行的诗体，影响较大，产生了很多经典之作，这些经典之作也经常能体现齐梁诗风的影响，例如晚唐的七律大家李商隐，同时又是晚唐齐梁诗风的代表人物，认真学习过齐梁文学。晚唐诗人每每借七律的形式，复活齐梁宫体诗的灵魂。一种旧的文学风气的复兴，如何去影响一种新的文体，这是值得深入讨论的问题。我们不能因为这些作品没有采用齐梁的诗体，就将其排除在齐梁诗风的研究视野之外。

七律兼有五律与歌行的特点。如果将声律体歌行视为七言版的齐梁体，那么七律是由歌行律化定型而形成的。但鉴于七律的语言较为典重，与歌行体的语言有较大差异，我们又不得不正视五律在七律定体过程中的作用。七律定体远远晚于五律，七律作为律诗，应该是参照五律的规则而成型的。从这个意义上说，也不妨将七律视为“长句”版的五律。在晚唐诗人中，创作七律较多或以七律著称者，往往创作五律和歌行较少，或不以之著称。这说明七律兼具五律与歌行的功能，兼有五律的体物与歌行的叙事、缘情，以至于七律的创作者可以不再借助五律和歌行表情达

① 《诗源辩体》卷九，第 129 页。

意。七律是比五律更适合缘情、比歌行更适合体物的诗体。

晚唐齐梁体诗人创作七律较多,比五律创作的数量更为庞大,几乎涉及五律写作的所有题材,既学习了宫体五律的体物技巧,又借鉴歌行的艺术特点,增加了缘情的内容。本节仍将晚唐齐梁体诗人的七律按不同题材分别加以介绍。

一、女色

晚唐的女色七律颇为丰富,七律常常是一位诗人实际写女色最多的诗体。齐梁时代五律体写女色的功能到晚唐已逐渐为七律所替代①。

温庭筠的女色七律仍保持着鲜明的宫体特征,设象华丽,体物而不缘情,如:

> 月出西南露气秋,绮罗河汉在斜沟。杨家绣作鸳鸯幔,张氏金为翡翠钩。香烛有花妨宿燕,画屏无睡待牵牛。万家砧杵三篙水,一夕横塘似旧游。(《池塘七夕》)
>
> 曲巷斜临一水间,小门终日不开关。红珠斗帐樱桃熟,金尾屏风孔雀闲。云髻几迷芳草蝶,额黄无限夕阳山。与君便是鸳鸯侣,休向人间觅往还。(《偶游》)

诗中与女色有关的衣饰、闺房陈设,在齐梁宫体诗和温庭筠自己的五律中都是习见的,温庭筠在这里把它们罗列出来,仅以物象本身的华美取胜,显得过于容易。七律为长句,不同于五律天然的持重,如果句法率意,不认真经营,只是堆砌华美的物象,容易流于滑调,温庭筠这两首诗就比较典型。温庭筠的近体诗创作一向有重物轻情的特点,这两首诗的立意也颇为浮浅。前首只是罗列七夕物象,唯美而不见映带情思,后首立意尤为凡近。与五律相比,七律可以容纳更多的物象,对虚字的使用也有更高的要求,立意的浮浅将成为很大的劣势。温庭筠的五律和歌行尚可与李商

① 参见张一南:《中晚唐七律向齐梁宫体诗的功能扩张》,《云南大学学报》,2015 年第 4 期。

隐分庭抗礼,七律则无法企及李商隐的艺术成就。女色七律学李商隐而不得其神的晚唐诗家,大多与温庭筠的问题相似。

李商隐的女色七律创作数量很大,质量很高,几乎可以视为晚唐七律之冠冕,也成为晚唐诗人创作女色七律的效法对象。

李商隐的七律名作,常有得力于齐梁之处。诗中的缘情深至之处,是作品成功的关键,固然出自李商隐对人情的特殊敏感,但缘情的写法并未越出齐梁宫体诗的传统;诗中为缘情做铺垫的华丽物象,也是作品吸引读者的重要原因,这种体写物象的技巧则植根于齐梁宫体诗的体物艺术。与五律一样,李商隐的七律同样以体物映带缘情见长。如:

> 来是空言去绝踪,月斜楼上五更钟。梦为远别啼难唤,书被催成墨未浓。蜡照半笼金翡翠,麝熏微度绣芙蓉。刘郎已恨蓬山远,更隔蓬山一万重。(《无题四首》其一)

中二联皆以体物映带缘情。颔联体梦、书二物,皆与精神活动关系密切,故更易见缘情。出句写因梦中远别,过于动情,以至于在梦中哭泣而难以唤醒,写做梦实有的现象,从体物的角度看十分真实,而由此可见对所梦之人的深情。对句写由于被催促答书而等不及把墨磨浓,这种细节在物质的纸面上留下了痕迹,却不易被一般人察觉,这个细节写出了真实的情事,同时从体物的角度看,“墨未浓”的书信也新鲜而有情致。写梦啼难醒、书墨未浓,为体物;写梦中深情,答数急切,为缘情。缘情真切,引起了广泛的共鸣,作为缘情基础的体物却被人们忽略。颈联体蜡、麝二物,是较为实在的物质,故更易见体物。出句写蜡烛用雕金镂玉的灯罩罩住,物象华贵,情境朦胧,是齐梁体物之笔。而此句暗承“书被”一句,暗写天色未明,报书者在迷离的烛光下,一面回思梦境,一面推敲词句。对句写香气微微飘过锦绣的床帏,同样华贵,兼有男女之情的暗示,同是齐梁体物。而此句又暗承“梦为”一句,由床帏重新提示梦境,暗写梦回之后的失落寂寞之情。这一联字面上为典型的体物,却仍映带缘情。只不过这样的体物太吸引读者的注意力，以至于细微的缘情可能被忽略。中二联一以缘情为主，而不脱落体物，一以体物为主，仍不脱落缘情，集中体现了李商隐的风格。

类似的结构在李商隐的七律中十分常见，又如：

> 凤尾香罗薄几重，碧文圆顶夜深缝。扇裁月魄羞难掩，车走雷声语未通。曾是寂寥金烬暗，断无消息石榴红。斑骓只系垂杨岸，何处西南任好风。（《无题二首》其一）

这首诗的齐梁体物色彩比前首更为浓重。颔联字面已完全是齐梁体物，而暗寓情愫。出句“扇裁月魄”承首联“碧文圆顶”，纯以婚礼所用物品的形象来暗示出嫁的期待之情，令人感到不易捉摸；对句略微透露情思，仍以“车走雷声”的具象写“语未通”的失落，以生动的形象强化了失落感，从体物的角度看，仍不失为真切的现象描写。颈联则更强化了体物。以金炉灰烬之暗、石榴裙之红直接示人，然后以静态的物象暗示等待失落后的寂寥，与温庭筠五律中的静态之美相通。这一联的意义较为稀薄，却因成功地运用虚字，恰到好处地营造出寂寥的情绪效果，维持了体物之句的静态之美，又因为并没有在七言句中滥用物象，每句只用一个名词，故无堆砌之弊，避免了流于滑调。此诗的中二联同样是皆以体物映带缘情，句句不脱落体物，句句不脱落缘情，而一联透露情思较为明显，另一联体物色彩相对更浓厚。

即使是比较空灵的作品，也遵循这一结构，并不脱离体物，如：

> 白石岩扉碧藓滋，上清沦谪得归迟。一春梦雨常飘瓦，尽日灵风不满旗。萼绿华来无定所，杜兰香去未移时。玉郎会此通仙籍，忆向天阶问紫芝。（《重过圣女祠》）

中二联写天人永隔的怅惘，读者比较容易把握其中的缘情成分，然细按其写法，仍是体物之笔。颔联写雨之飘瓦，写风力微弱而“不满旗”，本是精细准确的体物，而其中暗示的仙女因不能与凡人会合而生的寂寞之情，则是比较虚的，与物象若即若离，无迹可求。这一联其实是在用详尽的物象描写来暗示女性的寂寞心情，是齐梁宫体诗的常见写法，也经常被温李的五律借鉴。颈联更是只夸耀仙女之名，句意只是缘写凡人因仙女离去不得见面而产生的怅惘之情，而借美丽的仙女名字来填补名词的位置，写得轻松，读者也不必深究。这种奢靡地夸耀物象的写法，也是温李的五律和排律中常见的。此诗颔联更倾向于缘情，却仍依附于精细的体物；颈联缘情成分较虚，而以夸耀物象的手法与虚字的准确使用相结合。中二联仍然借鉴了典型的齐梁宫体诗技巧。

在一些率意之作中，李商隐也会熟练地运用这一结构组织诗篇，如：

> 昨夜星辰昨夜风，画楼西畔桂堂东。身无彩凤双飞翼，心有灵犀一点通。隔座送钩春酒暖，分曹射覆蜡灯红。嗟余听鼓应官去，走马兰台类断蓬。（《无题二首》其一）

从诗句推测，此诗当是李商隐“走马兰台”期间，在酒席上为歌妓应景而作。作为“轻狂从事”的李商隐，自然不可能与歌妓长相厮守，因此他需要在给歌妓的酬赠诗中为他们的萍水相逢赋予一个诗意的解释。颔联倾向于缘情，写不能与对方比翼齐飞的遗憾之情，以及与对方息息相通的知己之情，暗为尾联的“嗟余听鼓应官去”亦即与对方的分离张本。这一联的缘情很虚，为何不能与对方比翼齐飞，自己与对方的心灵究竟有何契合，并未言明，因此必须依附于美丽浪漫的物象。“彩凤”这一意象，充分体现了齐梁式的华丽；“灵犀”这一意象，在华丽和浪漫之外，写知己之情的细微与灵动，又显得十分形象。借助恰当的形象，这一联的缘情显得情真意切，引发了世代情侣们的共鸣。颈联倾向于体物，写酒席的景象，是“画楼西畔桂堂东”的具体化。这种华丽的物象，对豪奢生活的详细描述，也本是宫体诗题中应有之意。在这一联细微的体物中，读者似乎能感受到诗人对当时情景的反复追忆，因而隐隐见出对女主人公的恋恋不舍，则又是在色调浓丽的体物中暗点情思。

又如：

> 月姊曾逢下彩蟾，倾城消息隔重帘。已闻佩响知腰细，更辨弦声觉指纤。暮雨自归山悄悄，秋河不动夜厌厌。王昌且在墙东住，未必金堂得免嫌。（《天水闲话旧事》）

此诗是追忆多年前倾慕一女子而求之不得的旧事，在义山七律中算不得一流作品，然而，仍可看出，此诗与前几首经典之作遵循同样的结构。颔联倾向于体物，在"倾城消息隔重帘"，不得面见的情况下体写女子的容色。"腰细""指纤"是宫体诗人关心的典型话题，"佩响""弦声"也是宫体诗中不可或缺的道具，而能从"佩响"中感知"腰细"，从"弦声"中分辨"指纤"，这样的兴致和细心，更是非宫体诗人莫属。从体物的角度看，这样的描写有一定难度，是诗人对技巧的炫耀。而这种体物的耐心，充分表现出男主人公对帘内女子的痴情，又是由体物及于缘情。颈联缘情，通过"山悄悄""夜厌厌"的景致，烘托出男子求之不得的寂寞心境。与这一联传达出的微妙情感相比，这里写意般的景物描写是不重要的，这样的缘情又一定附着于非常具体的物象，而非直接分析爱情心理。这首诗只是追忆一段不算重要的旧情，所表现的情感不像李商隐的其他一些七律那样深至，因此显得不那么动人，但诗中体物与缘情的关系却可与其他作品类比。

李商隐的女色七律颇多由体物及于缘情的佳句，如：

> 晓镜但愁云鬓改，夜吟应觉月光寒。（《无题》）

女子对镜梳理云鬓，是宫体诗常见的意象；女子在月下吟诗，在齐梁诗歌中较为少见，但这样的句子仍然可以令人联想起闺房中华丽的陈设，女子单薄的衣裙、曼妙的身姿,仍然倚靠着宫体诗丰富的文本背景。诗写年华易逝的忧虑,仍着落于典型的宫体意象;写才人的孤标傲世,仍不忘同时塑造美好的女性形象。体写女色而不脱落缘情,因此不致流于浮浅;描述情怀而形诸具象,女色并未成为高洁情怀的滞累,反而将抽象的情怀诉诸真实的感性经验,从而成为隽永的名句。

需要指出的是,李商隐的女色七律也并非都能达到由体物及于缘情的境界,而是仍有相当一部分作品沉溺于齐梁式的体物,仅堆砌华丽的物象或追求女性容色的精细描写,因而显得立意凡近,与温庭筠的女色七律风格相近,今摘数句:

> 珠树重行怜翡翠,玉楼双舞羡鹍鸡。(《饮席戏赠同舍》)
> 舞鸾镜匣收残黛,睡鸭香炉换夕熏。(《促漏》)
> 更深欲诉蛾眉敛,衣薄临醒玉艳寒。(《天平公座中呈令狐令公时蔡京在坐京曾为僧徒故有第五句》)

从这些相对不那么高明的诗句,更容易看出,李商隐七律与温庭筠七律一样,有着齐梁宫体诗的背景。

李群玉写作女色七律相对较多,多为妓席之作,色相描写露骨,少有缘情成分。典型的例子除本书第一章所引《同郑相并歌姬小饮因以赠献》外,又如:

> 黄昏歌舞促琼筵,银烛台西见小莲。二寸横波回慢水,一双纤手语香弦。桂形浅拂梁家黛,瓜字初分碧玉年。愿托襄王云雨梦,阳台今夜降神仙。(《醉后赠冯姬》)

体物直露而意旨凡近。

与宫体诗人一样,李群玉会以直露的语言戏谑新婚的友人:

蓬莱才子即萧郎，彩服青书卜凤凰。玉佩定催红粉色，锦衾应惹翠云香。马穿暮雨荆山远，人宿寒灯郢梦长。领取和鸣好风景，石城花月送归乡。(《送萧十二校书赴郢州婚姻》)

不回避“锦衾”“暮雨荆山”“寒灯郢梦”之类的字眼，以表达对友人的友好调笑，令人联想起沈约的《少年新婚为之咏》等齐梁诗作。不同的是李群玉采用了七律的形式。

李郢的女色七律字面华丽，常形似义山，如：

江南水寺中元夜，金粟栏边见月娥。红烛影回仙态近，翠鬟光动看人多。香飘彩殿凝兰麝，露绕轻衣杂绮罗。湘水夜空巫峡远，不知归路欲如何。(《中元夜》)

乌鹊桥头双扇开，年年一度过河来。莫嫌天上稀相见，犹胜人间去不回。欲减烟花饶俗世，暂烦烟月掩妆台。别时旧路长清浅，岂肯离情似死灰。(《七夕》，一作赵璜诗)

文句工整，用字颇似义山，乍看之下几可乱真。然细玩诗意，却觉体物并未能映带缘情，诗人对女性色相投入了过分的关注，而无力寓情思于色相。从这个角度看，李郢七律比李商隐七律更明显地呈现出齐梁宫体诗重物轻情的特点。然而目前传世的李郢诗中，很少见到模拟齐梁宫体诗的五律，而李郢有与李商隐交往唱和的记录。也就是说，李郢七律中的齐梁元素，也许并不是其亲自模拟齐梁的后果，而是来自李商隐的影响。

又如：

金珠约臂近笄年，秋月嫦娥汉浦仙。云发腻垂香探妥，黛眉愁入翠连娟。花庭避客鸣环珮，凤阁持杯泥管弦。闻道彩鸾三十六，一双

双映碧池莲。(《赠李商隐赠佳人》)①

此诗与李商隐同作,可视为李郢女色七律受李商隐影响的证据。诗中把女性比作嫦娥、彩鸾,写到云发、黛眉等女性容色,提到环佩、凤阁等华贵之物,有意选用李商隐常用的词汇。颔联偏重体写女性容色,颈联尽力缘写女性情态,也与李商隐女色七律的创作结构相似。可见李郢也在学习李商隐女色七律的创作模式,只是缺乏李商隐体会精微情感的天才。

再如:

建阳门外柳千条,斜插鸾篦小错刀。紫袖握蝉声欲绝,红巾扑蝶势潜高。愁眉对照烟江柳,嫩脸初开露井桃。闲把金钗恼鹦鹉,乱声哑嘎落轻毛。(《赠》)②

虽立意不高,然写少女情态、容色,生动可爱。颔联缘写动态,尤为精准。物象美丽如温庭筠五律、歌行,自有其艺术价值。作为七律体,又比典型齐梁诗体更具近代声调,不失风趣。

李郢也会将秾艳的体物之笔用在自己妻子身上,如《为妻作生日寄意》:

谢家生日好风烟,柳暖花春二月天。金凤对翘双翡翠,蜀琴初上七丝弦。鸳鸯交颈期千岁,琴瑟谐和愿百年。应恨客程归未得,绿窗红泪冷涓涓。

妻子的地位比一般女性要崇高,即使是齐梁诗人,也避讳在诗中特别是宫

① 见《秘殿珠林石渠宝笈续编》。录自《全唐诗续补遗》卷八,陈尚君辑校《全唐诗补编》,北京:中华书局,1992年,第431页。

② 见《秘殿珠林石渠宝笈续编》。录自《全唐诗续补遗》卷八,《全唐诗补编》,第432页。

体诗中写到妻子。李郢以齐梁式的华丽辞藻为妻子贺寿，显然并无半点唐突之意，而只与晚唐流行的以辞藻华丽的七律赞美朋友类似。宫体诗式的语汇已成为李郢的创作习惯。

崔珏的女色七律与李群玉相似，多作于妓席，直露地体写女色，少有缘情，如：

> 锦里芬芳少佩兰，风流全占似君难。心迷晓梦窗犹暗，粉落香肌汗未干。两脸夭桃从镜发，一眸春水照人寒。自嗟此地非吾土，不得如花岁岁看。（《有赠》其二）
>
> 气吐幽兰出洞房，乐人先问调宫商。声和细管珠才转，曲度沉烟雪更香。公子不随肠万结，离人须落泪千行。巫山唱罢行云过，犹自微尘舞画梁。（《和人听歌》其一）

秦韬玉在写作《贫女》的同时，也会用富丽的意象描绘劳动妇女，如《织锦妇》：

> 桃花日日觅新奇，有镜何曾及画眉。只恐轻梭难作匹，岂辞纤手遍生胝。合蝉巧间双盘带，联雁斜衔小折枝。豪贵大堆酬曲彻，可怜辛苦一丝丝。

因为劳动对象是宫体诗的常用道具“锦”，所以此诗更明显地出现了宫体意象。织锦妇的工作方式是与华美打交道，“桃花日日觅新奇”；用织锦妇无暇“画眉”来证明她工作的繁忙，虽是写一位不梳妆的劳动妇女，但还是因此写到了“镜”和“画眉”；颔联在写到不唯美的“胝”之前，还是先写到了“纤手”；颈联转入对锦的形容，意在写织锦妇的劳动成果，而纯用呈现物象的方法描写华美的锦，仍是典型的宫体诗句；尾联点出讽喻之意。整首诗以不画眉写画眉，以没有“轻梭”“纤手”写“轻梭”“纤手”，以展现劳动成果的名义写织锦的纹样，实际是以否定女色的方法来写女色，是女色描写的异化，这种对女性外在形象目不转睛的关注，实与宫体诗无异。

我们回过头来看秦韬玉的名作《贫女》，会发现这首诗同样是用否定女色的方法来写女色：

> 蓬门未识绮罗香，拟托良媒益自伤。谁爱风流高格调，共怜时世俭梳妆。敢将十指夸偏巧，不把双眉斗画长。苦恨年年压金线，为他人作嫁衣裳。

以"未识"带出"绮罗香"，将"拟托良媒"而"自伤"的女性情怀归于"蓬门"的阻隔；在有所褒贬的前提下，以"高格调"的女性气质与"俭梳妆"的女性妆饰对举；在赞颂"巧"的名义下带出"十指"，在贬低"画长"的名义下带出"双眉"；将"压金线"的女性行动归于"苦恨"，将"嫁衣裳"的华美归于"为他人作"的失落。在为贫士抒愤的主题下，仍然点到了种种宫体元素。将宫体诗的传统题材做怪奇化、荒寒化的处理，将传统的女色题材放在"贫"的环境中写，可以写到很多新鲜的经验，符合晚唐人对新奇的追求。与宫体诗一样，贫女诗仍然句句不脱离对女性相关物象的关注，贫女诗首先写的仍是"女"而不是"贫"。

唐彦谦创作女色七律不多，《离鸾》一首却颇具义山风味：

> 闻道离鸾思故乡，也知情愿嫁王昌。尘埃一别杨朱路，风月三年宋玉墙。下疾不成双点泪，断多难到九回肠。庭前佳树名栀子，试结同心寄谢娘。

颔联倾向于缘情，句法灵动。以"杨朱路"写再会无期，以"宋玉墙"写徒然相望，感情浓重，而归于物象"尘埃""风月"。颈联偏向于体物，推出"双点泪""九回肠"的物象，写流泪、断肠，感情较为直露，而以纯熟的虚字使用来弥补。中二联虚字的恰当使用使诗作声调近于义山，惜颔联较为纤弱,气骨不称。

韩偓大量创作女色七律,呈现出多样的风格。有的是像李群玉、崔珏那样露骨的色相描写,如:

怀里不知金钿落,暗中唯觉绣鞋香。(《五更》)
初似洗花难抑按,终忧沃雪不胜任。(《咏浴》)

游戏意味明显,有卑琐之嫌。在韩偓的典型齐梁诗体创作中,仍然保持了接近齐梁宫体诗的节制,很少见到这样的句子,其歌行没有如此秾艳,其五律没有如此直露。韩偓在七律中的体物放诞之笔,与当时以新式诗体见长的诗人所作女色七律相似,应是受到了时风的影响。由此也说明,在韩偓心目中,七律与五律、歌行等旧式诗体存在着微妙的不同。

有的则倾向于缘情,揣摩精确,如:

缠处直应心共紧,砑时兼恐汗先融。(《余作探使以缭绫手帛子寄贺因而有诗》)

出句缘写心理感受,新颖生动。又如:

朗月清风难惬意,词人绝色多伤离。(《惆怅》)

概括悲剧性的人生体验,令人唏嘘。

韩偓还擅长用优美的自然景物衬托闺人心情,如:

柳腰入户风斜倚,榆荚堆墙水半淹。(《春尽日》)
绿屏无睡秋分簟,红叶伤心月午楼。(《拥鼻》)
但觉夜深花有露,不知人静月当楼。(《闺情》)

虚敲旁比，为后世闺情诗词提供了灵感。

与韩偓相似，吴融也擅长以自然环境代替女性色相的体写，或将女色放到自然环境中来写，如：

月临高阁帘无影，风过回廊幕有波。（《月夕追事》）
单影可堪明月照，红颜无奈落花催。（《上阳宫辞》）
云鬟照水和花重，罗袖抬风惹絮迟。（《上巳日花下闲看》）
烟花夜泊红蕖腻，兰渚春游碧草芳。（《富水驿东楹有人题诗》）

对物象的关注度不变，而将对女性身体形象的关注转向了对自然物的关注，风格较为清新。

张泌的《春夕言怀》很有齐梁色彩：

风透疏帘月满庭，倚栏无事倍伤情。烟垂柳带纤腰软，露滴花房怨脸明。愁逐野云销不尽，情随春浪去难平。幽窗谩结相思梦，欲化西园蝶未成。

颔联体物，写见到柳丝便联想到了纤腰，见到带露的花便想到了美人的脸，是很典型的齐梁句法。颈联缘情，不同于李商隐式的映带，张泌直接点出了“愁”与“情”，用类似体物的方法加以描写，是较为原始直接的缘情。张泌此诗在七律的形式中，直接借鉴了齐梁宫体诗的稚拙写法。

与韩偓、吴融一样，徐夤的女色七律也喜欢引入自然物象，如：

雪女冢头瑶草合，贵妃池里玉莲衰。（《再幸华清宫》）
机上月残香阁掩，树梢烟澹绿窗开。（《回文诗二首》其一）
晴日海霞红霭霭，晓天江树绿迢迢。（《回文诗二首》其二）
月明南浦梦初断，花落洞庭人未归。（《览柳浑汀洲采白蘋之什因成一章》）

妆台尘暗青鸾掩，宫树月明黄鸟啼。（《上阳宫词》）

在徐夤的七律中，几乎已看不到直接的女色描写。

晚唐齐梁诗风下的女色七律创作风格多样，大体可分为四个阶段：第一个阶段为温庭筠略嫌呆板的重物轻情；第二个阶段为李商隐的以体物映带缘情，写情精确深至，物情兼美；第三个阶段为中期诗人的大胆直露，对女性形体容色显示出过分的关注；第四个阶段为后期诗人以自然景物衬托代替女性形体容色的描写，有词化的倾向。

二、贵游

在酬赠中写作七律，同时用从齐梁宫体诗中借来的华丽辞藻称颂男性友人，是晚唐诗坛上流行的风气，几乎人人都参与了这一创作风气，与传统诗体五律中较少同类作品形成了对比。

温李的酬赠七律每每写得富丽堂皇。温庭筠的作品如：

人间鹓鹭杳难从，独恨金扉直九重。万象晚归仁寿镜，百花春隔景阳钟。紫微芒动词初出，红烛香残诰未封。每过朱门爱庭树，一枝何日许相容。（《投翰林萧舍人》）

九枝灯在琐窗空，希逸无聊恨不同。晓梦未离金夹膝，早寒先到石屏风。遗簪可惜三秋白，蜡烛犹残一寸红。应卷鰕帘看皓齿，镜中惆怅见梧桐。（《晚坐寄友人》）

虽与男性友人酬赠，却全部使用与齐梁时代或宫体诗相关的意象，其中不乏常见于闺情诗的意象。

李商隐也有类似的作品，如：

秘殿崔嵬拂彩霓，曹司今在殿东西。赓歌太液翻黄鹄，从猎陈仓获碧鸡。晓饮岂知金掌迥，夜吟应讶玉绳低。钧天虽许人间听，阊阖门多梦自迷。（《寄令狐学士》）

清时无事奏明光，不遣当关报早霜。中禁词臣寻引领，左川归客自回肠。郎君下笔惊鹦鹉，侍女吹笙弄凤凰。空寄大罗天上事，众仙同日咏霓裳。（《留赠畏之》其一）

然而，李商隐的贵游七律并不止于这一个类型。他会用七律写贵少年，如：

外戚平羌第一功，生年二十有重封。直登宣室螭头上，横过甘泉豹尾中。别馆觉来云雨梦，后门归去蕙兰丛。灞陵夜猎随田窦，不识寒郊自转蓬。（《少年》）

与其五律《少将》的写法十分类似。

又会写新婚嘲戏诗，如：

籍籍征西万户侯，新缘贵婿起朱楼。一名我漫居先甲，千骑君翻在上头。云路招邀回彩凤，天河迢递笑牵牛。南朝禁脔无人近，瘦尽琼枝咏四愁。（《韩同年新居饯韩西迎家室戏赠》）

更值得注意的是，李商隐写作了大量与仙道题材相关的七律。李商隐的仙道七律大多与女仙有关，这些女仙有可能是女道、歌妓的化身，因此李商隐的仙道诗大多可归为女色诗。但李商隐也会偶尔写作与女色完全无关的仙道七律，如《一片》：

一片非烟隔九枝，蓬峦仙仗俨云旗。天泉水暖龙吟细，露畹春多凤舞迟。榆荚散来星斗转，桂花寻去月轮移。人间桑海朝朝变，莫遣佳期更后期。

对仙家生活的想象，折射了李商隐在人间所见的权贵生活，又表达了一个道教徒对永生的渴望，对仙家永恒享受富贵生活的钦羡，是对人间贵游生活的夸张。

与李商隐同时的曹唐创作了大量七律体和七绝体的游仙诗，这些游仙诗同样是对人间贵游生活的夸张。曹唐的游仙诗，在意象、句法上往往具备与李商隐七律相似的元素。曹唐作为一种时代风气的代表，向我们提示着李商隐七律的创作背景。

曹唐的游仙七律大多涉及女仙，但几乎从未写到女仙的容色，而只描写她们与男仙一起享受的、凡人无法企及的仙界富贵生活，如：

> 好风吹树杏花香，花下真人道姓王。大篆龙蛇随笔札，小天星斗满衣裳。闲抛南极归期晚，笑指东溟饮兴长。要唤麻姑同一醉，使人沽酒向余杭。（《王远宴麻姑蔡经宅》）
>
> 桑叶扶疏闭日华，穆王邀命宴流霞。霓旌著地云初驻，金奏掀天月欲斜。歌咽细风吹粉蕊，饮余清露湿瑶砂。不知白马红缰解，偷吃东田碧玉花。（《穆王宴王母于九光流霞馆》）

这并非对女色的夸耀，而是对夸张了的富贵生活的夸耀。

除七律体游仙诗外，曹唐也会用七律与道人酬赠，表达对清修生活的钦羡：

> 琪树扶疏压瑞烟，玉皇朝客满花前。山川到处成三月，丝竹经时即万年。树石冥茫初缩地，杯盘狼藉未朝天。东风小饮人皆醉，从听黄龙枕水眠。（《紫河张休真》）
>
> 风前整顿紫荷巾，常向罗浮保养神。石磴倚天行带月，铁桥通海入无尘。龙蛇出洞闲邀雨，犀象眠花不避人。最爱葛洪寻药处，露苗烟蕊满山春。（《送羽人王锡归罗浮》）

措辞同样富丽堂皇，与温李在世俗生活中的酬赠诗相似，不见山中寒俭之态。

与温李、曹唐相似,陈陶也有措辞富丽的游仙和酬赠七律。其写道教神迹,辞近游仙者如:

> 子晋鸾飞古洛川,金桃再熟贺郎仙。三清乐奏嵩丘下,五色云屯御苑前。朱顶舞低迎绛节,青鬟歌对驻香軿。谁能白昼相悲泣,太极光阴亿万年。(《洛城见贺自真飞升》)

其与道人酬赠而遣词华丽者如:

> 汗漫东游黄鹤雏,缙云仙子住清都。三元麟凤推高座,六甲风雷閟小壶。日月暗资灵寿药,山河拟作化生符。若为失意居蓬岛,鳌足尘飞桑树枯。(《谪仙吟赠赵道士》,一作李群玉诗)

其与世俗官员酬赠,而仍似称美仙道者如:

> 燕台下榻玉为人,月桂曾输次第春。几日酬恩坐炎瘴,九秋高驾拂星辰。汉庭凤进鹓行喜,隋国珠还水府贫。多少嘉谟奏风俗,斗牛孤剑在平津。(《闽中送任畹端公还京》)
>
> 平南门馆凤凰毛,二十华轩立最高。几处谈天致云雨,早时文海得鲸鳌。姻联紫府萧窗贵,职称青钱绣服豪。江徼无虞才不展,衔杯终日咏离骚。(《赠江南从事张侍郎》)

由此可见,晚唐齐梁诗风前期诗人用措辞堂皇的七律酬赠是一种风气,且与仙道诗有关。

李群玉和李郢的七律创作同样以富丽的辞藻酬赠友人、称美仙道。李群玉的酬赠诗如:

东山夜宴酒成河，银烛荧煌照绮罗。四面雨声笼笑语，满堂香气泛笙歌。泠泠玉漏初三滴，滟滟金觞已半酡。共向柏台窥雅量，澄陂万顷见天和。（《长沙陪裴大夫夜宴》）

措辞颇有宫体痕迹。李群玉还热衷于在酬赠七律中使用六朝典故，如：

朝宴华堂暮未休，几人偏得谢公留。风传鼓角霜侵戟，云卷笙歌月上楼。宾馆尽开徐孺榻，客帆空恋李膺舟。谩夸书剑无归处，水远山长步步愁。（《将欲南行陪崔八宴海榴亭》）

李郢的酬赠七律同样好用六朝典故与富丽物事，如：

四朝忧国鬓如丝，龙马精神海鹤姿。天上玉书传诏夜，阵前金甲受降时。曾经庾亮三秋月，下尽羊昙两路棋。惆怅旧堂扃绿野，夕阳无限鸟飞迟。（《上裴晋公》）

又如与李商隐酬赠的《送李商隐侍御奉使入关》：

梁园相遇管弦中，君踏仙梯我转蓬。《白雪》咏歌人似玉，青云头角马生风。相逢几日虚怀待，宾幕连期醉蝶同。如有扁舟棹歌思，题诗时寄五湖东。①

因与李商隐酬赠，故酷似李商隐酬赠诗风格。再如写少年士子风流生活的《板桥重送》：

梁苑城西蘸水头，玉鞭公子醉风流。几多红粉低鬟恨，一部清商

① 见《秘殿珠林石渠宝笈续编》。录自《全唐诗续补遗》卷八，《全唐诗补编》，第429页。

驻拍留。王事有程须仃仃，客身如梦正悠悠。洛阳浸畔逢神女，莫坠金楼醉石榴。①

非女色主题，但多用女色诗语汇。

李郢写仙道题材七律，则如：

子训成仙色似花，每人思见礼烟霞。气呵云液变白发，爪入水精尝绿瓜。五岳真官随起坐，百年风烛笑荣华。明朝又跨青骡去，三十三家到几家？（《赠罗道士》）

终南雨后绝纤埃，太乙先生石室开。汉史烟霞通楚塞，秦风章句有条梅。归逢四皓收灵术，几见千官祝寿杯。会得功成毕婚嫁，幅巾藜杖独归来。（《终南山》）②

李郢的仙道七律多不见于《全唐诗》，而从逸诗中可以看出，李郢的仙道七律仍与晚唐齐梁诗风中前期的其他典型诗人呈现相似的风格。

崔珏的《哭李商隐》为悼念李商隐而作，故模仿李商隐的风格，已见前述。秦韬玉有逸诗《简寂观》，属仙道题材：

物外灵踪客到稀，竹房斜掩旧荆扉。丹书万卷题朱字，碧岫千重锁翠微。泣露白猿携子去，唳风玄鹤傍人归。只应玉阙名长在，日暮闲云空自飞。③

---

① 见《秘殿珠林石渠宝笈续编》。录自《全唐诗续补遗》卷八，《全唐诗补编》，第429—430页。

② 二诗并见《秘殿珠林石渠宝笈续编》。录自《全唐诗续补遗》卷八，《全唐诗补编》，第430页。

③ 见《吉石庵丛书》本《庐山记》卷四。录自《全唐诗续拾》卷三三，《全唐诗补编》，第1175页。

诗作称颂道人的生活环境有如仙境，兼有山水诗之幽寂与仙道诗之富丽。

此外，秦韬玉也有不少七律写世俗男女的贵游生活，如：

选胜逢君叙解携，思和芳草远烟迷。小梅香里黄莺啭，垂柳阴中白马嘶。春引美人歌遍熟，风牵公子酒旗低。早知有此关身事，悔不前年住越溪。（《春游》）

石甃通渠引御波，绿槐阴里五侯家。地衣镇角香狮子，帘额侵钩绣避邪。按彻清歌天未晓，饮回深院漏犹赊。四邻池馆吞将尽，尚自堆金为买花。（《豪家》）

造语富丽。虽有讽喻，难免讽一劝百。虽不直写女色，却与宫体诗的富丽一脉相承。

唐彦谦的《贺李昌时禁苑新命》也模仿仙道语汇写贵人生活：

玉简金文直上清，禁垣丹地闭严扃。黄扉议政参元化，紫殿称觞拂寿星。万户千门迷步武，非烟非雾隔仪形。尘中旧侣无音信，知道辽东鹤姓丁。

如果说温李等人还是用人间的富贵想象仙界的富贵，那么后期的诗人则更是借仙界的富贵赞美俗世的生活。

韩偓创作酬赠七律较多，这与他的政治地位有关。他会在酬赠七律中用到典型的宫体语汇，如《大庆堂赐宴元珰而有诗呈吴越王》：

非为亲贤展绮筵，恒常宁敢恣游盘。绿搓杨柳绵初软，红晕樱桃粉未干。谷鸟乍啼声似涩，甘霖方霁景犹寒。笙歌风紧人酣醉，却绕珍丛烂熳看。

诗凡四和，皆使用华美而略带阴柔的语汇。

又其称颂同僚而语气堂皇者如：

楼台掩映入春寒，丝竹铮鏦向夜阑。席上弟兄皆杞梓，花前宾客尽鸳鸾。孙弘莫惜频开阁，韩信终期别筑坛。削玉风姿官水土，黑头公自古来难。（《和王舍人抚州饮席赠韦司空》）

在韩偓手中，这种堂皇不仅用于对他人的称许，同时也经常用于对自己清贵生活的描述，如：

早随真侣集蓬瀛，阊阖门开尚见星。龙尾楼台迎晓日，鳌头宫殿入青冥。暗惊凡骨升仙籍，忽讶麻衣谒相庭。百辟敛容开路看，片时辉赫胜图形。（《及第过堂日作》）

鹤帔星冠羽客装，寝楼西畔坐书堂。山禽养久知人唤，窗竹芟多漏月光。粉壁不题新拙恶，小屏唯录古篇章。孜孜莫患劳心力，富国安民理道长。（《朝退书怀》）

银台直北金銮外，暑雨初晴皓月中。唯对松篁听刻漏，更无尘土翳虚空。绿香熨齿冰盘果，清冷侵肌水殿风。夜久忽闻铃索动，玉堂西畔响丁东。（《雨后月中玉堂闲坐》）

清暑帘开散异香，恩深咫尺对龙章。花应洞里寻常发，日向壶中特地长。坐久忽疑槎犯斗，归来兼恐海生桑。如今冷笑东方朔，唯用诙谐侍汉皇。（《六月十七日召对自辰及申方归本院》）

星斗疏明禁漏残，紫泥封后独凭阑。露和玉屑金盘冷，月射珠光贝阙寒。天衬楼台笼苑外，风吹歌管下云端。长卿只为长门赋，未识君臣际会难。（《中秋禁直》）

毫不掩饰对台阁生活的满足感，在富足的生活、与帝王的密切联系中发现了诗意。这种对自我清贵形象的塑造，成为宋代士大夫同类作品的先声。即使在随昭宗困于凤翔时，韩偓的七律中仍不乏堂皇与夸耀的辞藻，如：

曳裾谈笑殿西头，忽听征铙从冕旒。凤盖行时移紫气，鸾旗驻处认皇州。晓题御服颁群吏，夜发宫嫔诏列侯。雨露涵濡三百载，不知谁拟杀身酬。（《辛酉岁冬十一月随驾幸岐下作》）

中宵忽见动葭灰，料得南枝有早梅。四野便应枯草绿，九重先觉冻云开。阴冰莫向河源塞，阳气今从地底回。不道惨舒无定分，却忧蚊响又成雷。（《冬至夜作》）

未许莺偷出汉宫，上林初进半金笼。蔗浆自透银杯冷，朱实相辉玉碗红。俱有乱离终日恨，贵将滋味片时同。霜威食檗应难近，宜在纱窗绣户中。（《恩赐樱桃分寄朝士》）

即使是窘迫的处境，仍然可以被韩偓写得富丽堂皇。苏珊·桑塔格认为："风格是艺术作品中的选择原则，是艺术家的意志的标记。……每种风格都体现着一种认识论意义上的选择，体现着对我们怎样感知以及感知什么的阐释。"①将任何处境，包括日常甚至窘迫的处境写得富丽堂皇，是晚唐齐梁诗风，特别是晚唐酬赠七律对物象和语言的选择原则，亦即其最核心的风格。

此外，韩偓也有仙道七律创作，如：

紫霄宫阙五云芝，九级坛前再拜时。鹤舞鹿眠春草远，山高水阔夕阳迟。每嗟阮肇归何速，深羡张骞去不疑。澡练纯阳功力在，此心唯有玉皇知。（《梦仙》）

吴融的贵游七律内容与韩偓十分近似。其酬赠诗称羡同僚者如：

花飞絮落水和流，玉署词臣奉诏游。四面看人随画鹢，中流合乐

---

① 《论风格》，〔美〕苏珊·桑塔格著，程巍译：《反对阐释》，上海：上海译文出版社，2011年，第35—38页。

起眠鸥。皇恩自抱丹心报，清颂谁将白雪酬。不为禁钟催入宿，前峰月上未回舟。(《闻李翰林游池上有寄》)

云情鹤态莫夸慵，正上仙楼十二重。吟逸易沉鸩鹊月，梦长先断景阳钟。奇文已刻金书券，秘语看镌玉检封。何事春来待归隐，探知溪畔有风松。(《寄杨侍郎》)

其自书清贵生活者如：

玉皇新复五城居，仙馆词臣在碧虚。锦砌渐看翻芍药，锁窗还咏隔蟾蜍。敢期林上灵乌语，贪草云间彩凤书。争奈沧洲频入梦，白波无际落红蕖。(《禁直偶书》)

其酬赠僧道者如：

吾师既续惠休才，况值高秋万象开。吟处远峰横落照，定中黄叶下青苔。双林不见金兰久，丹楚空翻组绣来。闻说近郊寒尚绿，登临应待一追陪。(《酬僧》)

其描写宗教活动者如：

霓结双旌羽缀裙，七星坛上拜元君。精诚有为天应感，章奏无私鬼怕闻。鹤驭已从烟际下，凤膏还向月中焚。白云乡路看看到，好驻流年翊圣文。(《和皮博士赴上京观中修灵斋赠威仪尊师兼见寄》)

均选用华丽物象，受齐梁体物诗和晚唐贵游诗影响的痕迹明显。

张泌有酬赠道士的《赠韩道士》：

日暮秋风吹野花，上清归客意无涯。桃源寂寂烟霞闭，天路悠悠星汉斜。还似世人生白发，定知仙骨变黄芽。东城南陌频相见，应是壶中别有家。

如游仙诗，颔联设象有致。

徐夤多有造语堂皇的酬赠诗，大多艺术水平不高，兹录两首，以见唐末酬赠风气：

贫中惟是长年华，每羡君行自叹嗟。归日捧持明月宝，去时期刻刺桐花。春风避酒多游寺，晓骑听鸡早入衙。千乘侯王若相问，飞书与报白云家。(《春末送陈先辈之清源》)

渊明深念郄诜贫，踏破莓苔看甑尘。碧沼共攀红菡萏，金鞍不卸紫麒麟。残阳妒害催归客，薄酒甘尝罚主人。夜半梦醒追复想，欲长攀接有何因。(《邑宰相访翼日有寄》)

晚唐诗人在酬赠七律中以华丽辞藻称颂友人是一种风气，这些酬赠之作虽不专注女色，却以华贵物象为审美追求，因而体现出齐梁风气。在这样的称颂中，我们可以窥见一幅幅富贵人家的生活图景。在韩偓以后，这种华丽诗体的称颂对象转向了自己，转为对自我清贵生活的关注和表达。晚唐的仙道七律同样非常流行，同样贯穿晚唐齐梁诗风始终，是贵游题材的夸张和延伸。温李时代的游仙七律充满了瑰丽的想象，中后期的游仙相关内容则日趋世俗化。

三、咏物

咏物七律同样是晚唐诗的重镇。晚唐齐梁体典型诗人几乎都参与了咏物七律的创作。前期的咏物七律宫体特征较为明显，往往映带女色，与齐梁咏物诗的作法十分相似，体现出齐梁宫体诗咏物功能向七律体的转移。李群玉以下，咏物七律中的女色因素渐趋淡化，诗人的体物热情转向单纯的对物象的关注。而这种单纯关注物象的咏物诗，在齐梁宫体诗中同样常见，与盛唐以来重视托物寄意、不重形似的咏物诗传统有所不同。

温庭筠的咏物七律偏好美丽事物，吟咏对象以花卉为多，措辞富丽，如：

> 杨柳千条拂面丝，绿烟金穗不胜吹。香随静婉歌尘起，影伴娇娆舞袖垂。羌管一声何处曲，流莺百啭最高枝。千门九陌花如雪，飞过宫墙两自知。（《题柳》）
>
> 水漾晴红压叠波，晓来金粉覆庭莎。裁成艳思偏应巧，分得春光最数多。欲绽似含双靥笑，正繁疑有一声歌。华堂客散帘垂地，想凭阑干敛翠蛾。（《牡丹二首》其二）
>
> 疾眼逢春四壁空，夜来山雪破东风。未知王母千年熟，且共刘郎一笑同。已落又开横晚翠，似无如有带朝红。僧虔蜡炬高三尺，莫惜连宵照露丛。（《反生桃花发因题》）

特别是加着重号的诗句，皆以美女或神话人物做喻体，是极典型的齐梁式比喻。诗作执着于物象与女色，热衷于描绘对象的形态之美，虽采用七律的新形式，却鲜明地体现出宫体诗的特色，反映了七律形式与齐梁诗风的结合。

李商隐的咏物七律同样偏好美丽意象，且专注于物象，专取物名为题，如《蜂》《牡丹》等。李商隐咏物七律同样喜欢映带女色，或用比喻，以女色为喻体，如：

> 宓妃腰细才胜露，赵后身轻欲倚风。（《蜂》）

或用联想，从物象联想到女色，如：

> 桃绥含情依露井，柳绵相忆隔章台。（《临发崇让宅紫薇》）

或用拟人，把物象当作美女来写，如：

已悲节物同寒雁,忍委芳心与暮蝉。(《野菊》)
幽泪欲干残菊露,余香犹入败荷风。(《过伊仆射旧宅》)

或用关合,在咏物时顺便写到美女,如:

舞蝶殷勤收落蕊,佳人惆怅卧遥帷。(《回中牡丹为雨所败二首》其一)

或将自然物比作华贵的人工物,暗示佳人形象,如:

浮杯小摘开云母,带露全移缀水精。(《和马郎中移白菊见示》)
玉盘迸泪伤心数,锦瑟惊弦破梦频。(《回中牡丹为雨所败二首》其二)

关注女色和华贵物象,齐梁色彩浓厚。

李商隐在咏物的同时关注的对象甚至不限于美女,还包括美男子。李商隐会用美女与美男子交错作喻体,如《牡丹》:

锦帏初卷卫夫人,绣被犹堆越鄂君。垂手乱翻雕玉佩,招腰争舞郁金裙。石家蜡烛何曾剪,荀令香炉可待熏。我是梦中传彩笔,欲书花叶寄朝云。

前三联做了六个以牡丹为本体的比喻,在喻体中,锦帏、卫夫人、雕玉佩、郁金裙为女性意象,绣被、越鄂君、石崇、荀彧为男性意象。将花比作美男子,在当时是不太容易被接受的比喻。直到金代,王若虚还批评黄庭坚的同类比喻“露湿何郎试汤饼,日烘荀令炷炉香”(《观王主簿家酴醾》)云:

花比妇人,尚矣,盖其于类为宜,不独在颜色之间。山谷易以男子,有以见其好异之僻……不求当而求新,吾恐他日复有以白皙武夫比之者矣。①

以为比拟非类,可见此种比喻在金代仍属“求新”。而以美男子比花实非始自黄庭坚,而是始自李商隐。李商隐咏物七律中杂用美男与美女为喻体的又如:

知访寒梅过野塘,久留金勒为回肠。谢郎衣袖初翻雪,荀令熏炉更换香。何处拂胸资蝶粉,几时涂额借蜂黄。维摩一室虽多病,亦要天花作道场。(《酬崔八早梅有赠兼示之作》)

咏早梅,颔联将其比作谢郎衣袖之雪,荀令熏炉之香,只写其白其香,却有意关合美男子;颈联则又将其比作傅粉、涂黄的美女。再如《对雪二首》,前首先写到“欲舞定随曹植马,有情应湿谢庄衣”,关合美男;后首又写到“已随江令夸琼树,又入卢家妒玉堂”,关合美女。这种在咏物诗中对人类形象的突出关注,也体现出齐梁诗风的特征。

李商隐咏物七律除多用比体外,也有罗列典故,纯用赋体的,如已见于本书第一章的《泪》。另外也有以体物映带缘情,略近兴体者,如《流莺》:

流莺漂荡复参差,渡陌临流不自持。巧啭岂能无本意,良辰未必有佳期。风朝露夜阴晴里,万户千门开闭时。曾苦伤春不忍听,凤城何处有花枝。

李商隐的其他咏物七律多以巧思取胜,展现了纯熟的写作技巧,却非一流作品;唯独《流莺》一首发挥了他缘情的特长,因而能深入人心。首联和

① [金]王若虚:《滹南遗老集》卷四〇《诗话》,《四部丛刊》初编本。

尾联交代流莺的行踪,暗示流莺是寒士的象征,指引读者将诗中缘写的流莺之情看作寒士之情的比拟。中二联以体物映带缘情。颔联缘情,纯以缘情的角度看,“巧啭”一句写流莺巧啭有意,是写流莺之情,未尝不是很老实的齐梁咏物写法;“良辰”一句写“良辰”未必与“佳期”重合,也是很现实的世情,为缘情佳句。颔联首先是对物情、世情的准确体察,在此基础上才是因兴寄而见佳。颈联体物,以名词句罗列意象,呈现流莺所处的冷漠环境。这一联不着议论,不用虚词,纯以物象暗示情感。以体物论,则亦不失为华丽之句。此诗的佳处在于体物而不脱落缘情,紧贴物象的写法则是齐梁诗风影响的结果。

陈陶有一首游戏色彩明显的咏物七律,题为《和容南韦中丞题瑞亭白燕白鼠六眸龟嘉莲》:

> 伏波恩信动南夷,交趾喧传四瑞诗。燕鼠孕灵褒上德,龟莲增耀答无私。回翔雪侣窥檐处,照映红巢出水时。尽写流传在轩槛,嘉祥从此百年知。

一诗而咏四物,属骋才之作。颔联写得较笨拙,颈联试图将四物分别组合在两个画面中,稍见巧思。这种无为而作,专为竞技斗巧的写作态度,是宫体之糟粕。而以物象为中心的关注点,体现出较为普遍的齐梁风气。

李群玉的咏物七律大多已不再像温李咏物七律那样映带女色,而是专心体物,如其《望月怀友》:

> 浮云卷尽看朣胧,直出沧溟上碧空。盈手水光寒不湿,流天素彩静无风。酒花荡漾金尊里,棹影飘摇玉浪中。川路正长难可越,美人千里思何穷。

题曰“怀友”,前六句却是纯咏月色。“盈手”一句虽是化用前人成句,却又有发展,写月光似水而不湿,关合“盈手”的想象,将视觉转化为触觉,体物纤细;"流天"一句写皓月当空的静态美,宏大而华丽。颈联从体物的角度看,是以物象衬托月色,设象华丽明亮;从缘情的角度看,则是以"金尊"中的"酒花"暗示离筵,以"玉浪"中的"棹影"暗示送别,以体物映带缘情。诗作的立意未必很高,却在体物上做足了功夫。

又如其咏《宝剑》:

> 雷焕丰城掘剑池,年深事远迹依稀。泥沙难掩冲天气,风雨终思发匣时。夜电尚摇池底影,秋莲空吐锷边辉。自从星坼中台后,化作双龙去不归。

此物象与闺阁无涉。措辞奇丽,有仙道色彩,与义山七律相似,而终不映带女色。诗作努力塑造宝剑豪气干云的形象,倾向于韩孟古体诗的追求,然重象轻意,以律体论则伤于直致。此诗虽不特别艳丽,但以物象为中心的写法,仍体现出齐梁咏物诗的影响。

再如其《薛侍御处乞靴》:

> 越客南来夸桂麖,良工用意巧缝成。看时共说茱萸皱,著处嫌无鸲鹆鸣。百里奚身悲甚似,五羊皮价敢全轻。日于文苑陪高步,赢得芳尘接武名。

诗写"乞靴",而围绕靴子来写,可视为咏物诗。颔联穷形尽相,描写靴子的外在形态,过于贴近物象,反嫌笨拙。颈联引用百里奚"五羊皮"的典故,写靴子的材质,形容其贵重,借鉴汉赋的写法;又暗点自己的寒士身份,引出尾联希求援引之意,是为以体物映带缘情。尾联以"高步"关合靴子的用途和自己希冀被援引而"芳尘接武"的愿望。诗作毫不关涉女色,体物、用典都借鉴汉赋的写法,通过巧妙关合自身来达到干谒的目的,扩张了咏物七律的功能。诗作用靴子暗喻自己,作为干谒不失巧妙,作为咏物诗则显得格调不高,不像李商隐的咏物诗那样,在顾影自怜中仍不失清高的气骨，这首先与李群玉本人的气质有关，其次也透露出咏物七律在李商隐之后流于卑琐的趋势。

同样表现出赋化倾向的又如其《九子坡闻鹧鸪》：

> 落照苍茫秋草明，鹧鸪啼处远人行。正穿诘曲崎岖路，更听钩辀格磔声。曾泊桂江深岸雨，亦于梅岭阻归程。此时为尔肠千断，乞放今宵白发生。

颔联讲究形式，迭用双声叠韵，形容鹧鸪的叫声，借鉴了赋的艺术。颈联从生活环境的角度侧写鹧鸪，引入山水因素，丰富诗作内容，也是赋的写法。此诗同样并不映带女色。诗作以炫耀用字奇巧为务，立意凡近，显示出晚唐卑琐之处。

李群玉与李远唱和的贵妃袜诗却又涉于淫靡：

> 故物犹存事渺茫，把来忍见旧时香。拗连锦绮分奇样，终合飞蝉饮瑞光。常束凝酥迷圣主，应随玉步浴温汤。如今落在吾兄手，无限幽情付李郎。(《李远获贵妃袜》)[①]

颔联紧贴物象，颈联则联想到杨妃色相，体物过于露骨。李远原作《老僧续得贵妃袜》的写作思路也与此相似：

> 坠仙遗袜老僧收，一锁金函八十秋。霞色尚鲜宫锦靿，彩光依旧夹罗头。轻香为著红酥践，微绚曾经玉指构。三十六宫歌舞地，唯君独步占风流。[②]

---

① 《青琐高议前集》卷六。录自《全唐诗续补遗》卷七，《全唐诗补编》，第421—422页。

② 同上书，第421页。

颔联写物象,颈联写女色。中晚唐人咏玄宗、杨妃事,对本朝先帝不够恭敬已成惯例,但李远、李群玉身为宗室,以如此露骨的笔法体写杨妃色相,仍难免令人咋舌。由此也可见出晚唐咏物七律体写女色的轻浮游戏风气。

总的来说,李群玉咏物七律的特点为借鉴赋的写法,扩张咏物七律的功能;重物轻情,立意不高,格调凡近。

李郢的咏物七律热衷于体物,珠光宝气,如《孔雀》:

> 越鸟青春好颜色,晴轩入户看呫衣。一身金翠画不得,万里山川来者稀。丝竹惯听时独舞,楼台初上欲孤飞。刺桐花谢芳草歇,南国同巢应望归。

充满了宫体诗的常用意象。又如《题水精钗》:

> 脉脉两条秋水色,农夫贱卖古城旁。何年偶堕青丝发,问价应齐白玉珰。插去定难分镜彩,看时长似滴珠光。人间更有不足贵,金雀徒夸十二行。①

"水精钗"是足够华丽的物象,以其贵重和富于女性生活气息而符合宫体诗的审美要求。但诗人将"农夫贱卖古城旁"的背景纳入视野,引入了衰颓与追忆的因素,又体现出晚唐的审美。颔联展开联想,想象水精钗被使用时的景况,映带女色。颈联实写物象,体物切近。尾联用典,用金钗与水精钗做对比,为赋法。可以看到,在这样的咏物七律中,体物的写法不变,宫体诗式的缘情则已为咏物赋式的联想、侧面烘托所代替,情与物的对立变成了虚与实的对立,情的成分进一步弱化,物的因素进一步加重,诗作的立意也变得更为随意、浅近,尽量地描绘物象本身成为作品的

① 《秘殿珠林石渠宝笈续编》。录自《全唐诗续补遗》卷八,《全唐诗补编》,第426页。

追求。

崔珏的咏物七律也热衷于美丽意象。他曾凭借《和友人鸳鸯之什》三首获得了“崔鸳鸯”的美名,兹录其二:

寂寂春塘烟晚时,两心和影共依依。溪头日暖眠沙稳,渡口风寒浴浪稀。翡翠莫夸饶彩饰,鹏鹅须羡好毛衣。兰深芷密无人见,相逐相呼何处归。

写法与李群玉的《九子坡闻鹧鸪》颇可类比。颔联是借联想鸳鸯的生活环境映带自然景物。颈联直写鸳鸯形貌,亦非体物,而是引入繁难字面,以他物烘托。二联皆借鉴赋笔,并不以体物精细见长,更不见深婉缘情。只要指称物名,不必展示体物技巧,更不必洞彻世情,便可得到很高的赞许,由此可见出部分晚唐人对咏物诗的期许。

秦韬玉创作咏物七律较多,大多直接以所咏之物为题,体现出对物象的迷恋。这些物象以美丽者居多,诗作体写精致,往往映带女色,如《春雪》:

云重寒空思寂寥,玉尘如糁满春朝。片才著地轻轻陷,力不禁风旋旋销。惹砌任他香粉妒,萦丛自学小梅娇。谁家醉卷珠帘看,弦管堂深暖易调。

首联写得浓墨重彩。颔联体写风中细雪的姿态,不避纤弱。颈联将春雪比作极富女性色彩的物象。尾联则联想到春雪的观看者,从侧面着笔,想到珠帘之内、管弦堂上看雪的人,暗示富贵的女性形象。又如其《对花》:

长与韶光暗有期,可怜蜂蝶却先知。谁家促席临低树,何处横钗戴小枝。丽日多情疑曲照,和风得路合偏吹。向人虽道浑无语,笑劝王孙到醉时。

有一"对"字,便知非单纯咏花,而联想到对花之人。颔联直接写人,映带女色。颈联写花,以"丽日多情"暗写女性心理,字面美丽,以"和风"一句写女性惜花之情。尾联更是直写女性情态。全诗立意虽不高,却已是晚唐后期咏物七律中少见的及情之作。

秦韬玉不关涉女色的咏物诗,也写得颇具人工物的静穆之美,符合宫体诗的审美。如《八月十五日夜同卫谏议看月》:

> 常时月好赖新晴,不似年年此夜生。初出海涛疑尚湿,渐来云路觉偏清。寒光入水蛟龙起,静色当天鬼魅惊。岂独座中堪仰望,孤高应到凤凰城。

诗的内容是咏月。"疑尚湿"的通感,"渐来云路"的飘飘欲仙之感,令人联想起李贺和李商隐对仙界的描写。"寒光"一句令人联想起宝剑的锋芒,"静色当天"的审美也令人联想到齐梁。又如《钓翁》:

> 一竿青竹老江隈,荷叶衣裳可自裁。潭定静悬丝影直,风高斜飐浪纹开。朝携轻棹穿云去,暮背寒塘戴月回。世上无穷崄巇事,算应难入钓船来。

诗作立意寻常,重在以体物之笔刻画钓翁的形象。不着重体写钓翁本身,而重在体写其身处的环境。在这里的山水风光,同样表现出静态化的审美风格。

唐彦谦的咏物七律也热衷于美丽意象,如《鸂鶒》:

> 一宿南塘烟雨时,好风摇动绿波微。惊离晓岸冲花去,暖下春汀照影飞。华屋撚弦弹鼓舞,绮窗含笔澹毛衣。画屏见后长回首,争得雕笼莫放归。

诗中密集地罗列了艳丽意象，追求用字的审美。诗的前半写鸂鶒实际所处的环境，不从鸂鶒本身落笔，而是写其周围的花、水、晓岸、春汀等形象；后半写到鸂鶒本身的形象，则必关合人事，写其鼓舞为华堂奏乐者所弹奏，其毛羽为绮窗作画者所描摹，写人对其的欣赏、留恋乃至占有欲。唐彦谦的这类咏物诗虽不包含兴寄，却也非机械的描摹，而是包含了想象的飞动和对人类生活的热情，能见出诗人的作用，颇得永明咏物之体。又时或映带女色，如《绯桃》：

短墙荒圃四无邻，烈火绯桃照地春。坐久好风休掩袂，夜来微雨已沾巾。敢同俗态期青眼，似有微词动绛唇。尽日更无乡井念，此时何必见秦人。

以"掩袂"写风中之花，"沾巾"写雨中之花，"绛唇"写桃花之形，以不期"青眼"写桃花之色，形尚巧似，而不觉间引入了美女形象作为喻体。

唐彦谦的咏物七律以物象为中心，不以缘情为目的，却因曲尽物情，不时传达出一种低回幽咽的莫名情绪，如《萤》：

日下芜城莽苍中，湿萤撩乱起衰丛。寒烟陈后长门闭，夜雨隋家旧苑空。星散欲陵前槛月，影低如试北窗风。羁人此夕方愁绪，心似寒灰首似蓬。

颈联体物入微。颔联拉来陈后长门、隋家旧苑的典故，不过是为寒烟、夜雨做陪衬，并非真为表达历史感慨。写长门，实际是写有人之境独居的寂寞；写隋苑，实际是写无人之境荒废的凄凉。写萤火容易出现在这两种空寂之处，是状写客观事物本来的情态；而诗句写萤火的环境，却额外地加入了人类的不同情感，故使普通的体物之笔带上了情绪的感染力。又如其写《柳》：

春思春愁一万枝，远村遥岸寄相思。西园有雨和苔长，南内无人拂槛垂。游客寂寥缄远恨，暮莺啼叫惜芳时。晚来飞絮如霜鬓，恐为多情管别离。

诗题是典型的咏物诗，诗的技法也是体物的，却把有形的“柳”当作无形的“春思春愁”来写。中二联选取了西园、南内、游客、暮莺四种主要意象来衬托柳的形象，想象了柳与四种不同物象结合时可能产生的寂寥之情。不重写柳之形，而重写柳之情。又如其咏《牡丹》：

真宰多情巧思新，固将能事送残春。为云为雨徒虚语，倾国倾城不在人。开日绮霞应失色，落时青帝合伤神。嫦娥婺女曾相送，留下鸦黄作蕊尘。

颈联写牡丹之形，难免流于稚拙。颔联缘牡丹之情，却包含了对人情世态的体味，不失为名句。唐彦谦的咏物七律在某些地方继承了义山诗由体物及于缘情的写作特点。

韩偓也大量创作咏物七律。他的咏物七律同样热衷于美丽物象，专注于体物，但除了上文提到过的《咏手》外，未见映带女色。韩偓并非不注重写女色，他的《香奁集》中女色诗并不少，这只能说明韩偓已不认为映带女色是咏物七律题中应有之意了。韩偓的咏物七律体现出齐梁式的审美，多有人工化的比喻，如：

向阳眠处莎成毯，蹋水飞时浪作梯。(《玩水禽》)

龙笛远吹胡地月，燕钗初试汉宫妆。(《梅花》)

玉为通体依稀见，香号返魂容易回。(《湖南梅花一冬再发偶题于花援》)

玉碗深沉潭底白，金杯细碎浪头光。(《洞庭玩月》)

吴融的咏物七律与韩偓类似,热衷于美丽物象,专注于体物;有宫体风味,造语艳丽,如:

殷鲜一半霞分绮,洁澈旁边月飐波。(《红白牡丹》)

晓迷天仗归春苑,暮送鸾旗指洛宫。(《题湖城县西道中槐树》)

又有通首映带美人者,如《春雨》:

霏霏漠漠暗和春,幂翠凝红色更新。寒入腻裘浓晓睡,细随油壁静香尘。连云似织休迷雁,带柳如啼好赠人。别有空阶寂寥事,绿苔狼藉落花频。

首联"幂翠凝红"四字锤炼,写得着力。颔联以联想映带女色,联想美人在春雨中入睡和出行的情态,物象华丽,富于静态美,体现出宫体女色诗的特点,不失为艳丽的美人图。颈联以比喻映带女色,将云中滴落的雨水比作织物,让人联想起织作的美人;将落在柳叶上的雨水比作泪水,令人联想起送别的美人。尾联以"空阶寂寥",一方面明写落雨的经典背景,一方面又暗点美人的寂寥心事。又如:

粉薄红轻掩敛羞,花中占断得风流。软非因醉都无力,凝不成歌亦自愁。独照影时临水畔,最含情处出墙头。裴回尽日难成别,更待黄昏对酒楼。(《杏花》)

腻若裁云薄缀霜,春残独自殿群芳。梅妆向日霏霏暖,纨扇摇风闪闪光。月魄照来空见影,露华凝后更多香。天生洁白宜清净,何必殷红映洞房。(《僧舍白牡丹二首》其一)

都是通首用形容美人的词汇来形容杏花,把花当作美人来写。

张泌的《芍药》也是吟咏美丽物象的七律:

香清粉澹怨残春，蝶翅蜂须恋蕊尘。闲倚晚风生怅望，静留迟日学因循。休将薜荔为青琐，好与玫瑰作近邻。零落若教随暮雨，又应愁杀别离人。

颔联写芍药情态，颇似美人。颈联则又以赋法排比。

徐夤的七律体咏物诗规模较大，且仍像李峤杂咏那样涉猎面广，排列整齐，以堆砌故实为主。今试举徐夤七律咏物诗中的几个分类：其咏历史朝代，即有《魏》《蜀》《吴》《两晋》等十二首；其咏自然景物，则有《新月》《笋鞭》等诸多名目；其咏动物，则有《宫莺》《双鹭》《鹧鸪》《鹰》《鸿》《鹤》《鹊》《燕》《蝴蝶》《萤》《蝉》等；其咏闺中器物，则有《剪刀》《纸被》《纸帐》《贡余秘色茶盏》，以及《咏帘》《咏灯》《咏扇》《咏笔》《咏钱》等，或咏红手帕、新花笺等物；其咏植物，则有《柳》《草》《苔》《萍》《蒲》等；其咏人事，则有《鬓发》《愁》《别》《恨》《帆》《梦》《闲》《忙》《泪》等；其咏天象五行、季候方位，则有《水》《晓》《夜》《雨》《霜》《风》《云》《月》《露》《霞》《泉》《烟》，乃至《东》《西》《南》《北》等。即使保存不够完好，体式不能如李峤杂咏那样整齐，也足以看出其关注的物象是与李峤《杂咏》类似的。这些咏物七律的创作显然是有规模、有计划的，并非感物而发。今录三首：

漠漠金条引线微，年年先翠报春归。解笼飞霭延芳景，不逐乱花飘夕晖。啼鸟噪蝉堪怅望，舞烟摇水自因依。五株名显陶家后，见说辞荣种者稀。（《柳》）

夜长偏觉漏声迟，往往随歌惨翠眉。黄叶落催砧杵日，子规啼破梦魂时。明妃去泣千行泪，蔡琰归梳两鬓丝。四皓入山招不得，无家归客最堪欺。（《愁》）

废苑荒阶伴绿苔，恩疏长信恨难开。姑苏麋鹿食思食，楚泽王孙来不来。色嫩似将蓝汁染，叶齐如把剪刀裁。燕昭没后多卿士，千载流芳郭隗台。（《草》）

用字艳丽，形式感强，重体物而轻情意，重堆砌而轻逻辑，有如类书。这一组作品热衷于求全，往往了无深意，只是罗列相关的物象、典故，乏善可陈。

在这些咏物七律中，有一些是取用了典型的齐梁诗题，如《咏帘》《咏灯》《咏扇》等，写法也比较接近宫体诗，用字唯美，映带女色，如《咏帘》：

素节轻盈珠影匀，何人巧思间成文。闲垂别殿风应度，半掩行宫麝欲薰。绣户远笼寒焰重，玉楼高挂曙光分。无情几恨黄昏月，才到如钩便堕云。

有的则是以较为鄙俗的日常物为题，搜罗与所咏之物有关的典故，为日常物赋予文化气息，从而显示自己的才学，如：

秦代将军欲建功，截龙搜兔助英雄。用多谁念毛皆拔，抛却更嫌心不中。史氏只应归道直，江淹何独偶灵通。班超握管不成事，投掷翻从万里戎。（《咏笔二首》其一）

多蓄多藏岂足论，有谁还议济王孙。能于祸处翻为福，解向仇家买得恩。几怪邓通难免饿，须知夷甫不曾言。朝争暮竞归何处，尽入权门与幸门。（《咏钱》）

或咏美丽小物，如：

拂绿穿红丽日长，一生心事住春光。最嫌神女来行雨，爱伴西施去采香。风定只应攒蕊粉，夜寒长是宿花房。鸣蝉性分殊迂阔，空解三秋噪夕阳。（《蝴蝶二首》其二）

或咏新鲜俗物，如：

荻湾渔客巧妆成,硾铸银星一点轻。抛过碧江鸂鶒岸,轧残金井辘轳声。轴磨骍角冰光滑,轮卷春丝水面平。把向严滩寻辙迹,渔台基在辗难倾。(《钓车》)

或咏女子日常用物,映带女色,如:

鹤绫三尺晓霞浓,送与东家二八容。罗带绣裙轻好系,藕丝红缕细初缝。别来拭泪遮桃脸,行去包香坠粉胸。无事把将缠皓腕,为君池上折芙蓉。(《尚书筵中咏红手帕》)

或咏稀见果品,而用赋笔,如:

朱弹星丸粲日光,绿琼枝散小香囊。龙绡壳绽红纹粟,鱼目珠涵白膜浆。梅熟已过南岭雨,橘酸空待洞庭霜。蛮山蹋晓和烟摘,拜捧金盘奉越王。(《荔枝二首》其一)

总是在关注美丽事物与日常事物,接近元白诗派求新、求丽的一面。

徐夤赋《泪》则体现出模仿李商隐的痕迹:

发事牵情不自由,偶然惆怅即难收。已闻抱玉沾衣湿,见说迷途满目流。滴尽绮筵红烛暗,坠残妆阁晓花羞。世间何处偏留得,万点分明湘水头。

以句为单位,罗列了很多与泪有关的典故、形象,而句间的关系颇为松散。尾联似乎是在强调世间之泪都比不上湘妃之泪,但实际上在赋的写作中,这只是一种惯用的说法,并不能真的说明只有湘妃之泪才是此诗赋写的重点。这首诗很容易让我们联想起上文提到的李商隐的《泪》。与义山之作一样,此诗也是一句一事,铺陈与泪有关的典故,尾联再说一事,认为此前的“泪”都不及尾联之“泪”。这种铺陈事类的写法其实就是类书式的写法，并非李商隐所独有。徐夤的七律往往采用这一结构。应该说，这种结构是很稚拙的。义山之作曾因作者名气太大，引发不少诗论家回护。或认为此诗章法因破体而高妙，如冯浩在《玉溪生诗集笺注》中认为：

> 句句是泪不是哭。又曰：起承转合，训蒙之法也，如此诗，《三体诗》《瀛奎律髓》全用不着矣。[①]

冯浩认为此诗的好处在于“句句是泪不是哭”，亦即所写是压抑婉转的悲痛，而非对悲痛的强烈抒发，因而是着题的。此诗诚然如此，但着题只是体物的基本要求，并不足以成为特别的优点。冯浩又认为此诗破除了一般的七律章法，因而有特殊的高超之处。诚然，《瀛奎律髓》等书对律诗程式的描述有不尽合理之处，但也不能据此认为不合常理的章法都是高妙的。事实上，冯浩只是感到了此诗章法的不合理，而试图进行回护。或认为前六句对尾联起到了衬托作用，如程梦星在《重订李义山诗集笺注》中认为：

> 此篇全用兴体，至结处一点正义便住。不知者以为咏物，则通章赋体，失作者之苦心矣。八句凡七种泪，只结句一泪为切肤之痛。[②]

认为“结句一泪”是全篇唯一的描写对象，地位高于前六种泪。同时，也认为此诗绝非“咏物”，亦非“通章赋体”。然而，在徐夤诗卷中，我们可以看到，这种章法触目皆是，实在算不上什么了不起的独创。我们无法像前代诗论家为李商隐辩护那样，精心地为徐夤的所有作品辩护，因此也很难说徐夤的这些结构千篇一律的咏物七律都是有兴寄的，而只能认为这些

---

① 《玉溪生诗集笺注》，第330页。

② 《李商隐诗歌集解》，第1824页。

作品是“通章赋体”。这也提示着，李商隐的《泪》有可能只是一首艺术上的平庸之作，不过是遵从了当时的创作风气，或者引发了当时创作风气的过度追随。李商隐这类诗未见其他存留，未形成传世的组诗，直至年深日久，人们淡忘了唐代存在这样一类诗歌创作，才对李商隐此诗产生了惊诧和不适宜的关注。

徐夤的咏物七律并无特别的艺术价值。非但不能与温李认真的创作相比，甚至也不及产生于近体诗艺术尚未成熟时的永明体咏物诗。永明咏物诗往往是从题中之物出发，联想到各种形象。这些形象与所咏之物最初未必有必然的联系，诗中提到的形象与题中之物之间的联系往往是诗人独立建立起来的，体现了诗人的创造力，展示了齐梁诗人“在日常的生活中展开丰富的想象”①的能力。而徐夤的这些作品，只是现成典故的罗列，诗中的形象与诗题之间的联系，是先于诗人的劳动而存在的，因此缺乏想象力的作用，显得平滞呆板。而且，徐夤的此类作品可能带有类书的性质，并非为艺术目的而创作。

徐夤的这组律诗存在的意义是告诉我们，晚唐存在着赋题形式的近体咏物诗创作，这种创作具有类书的性质，与初唐李峤的《杂咏》具有类似的性质。这种创作具有学习齐梁的因素，且在初唐和晚唐都曾出现，只不过晚唐将初唐的五律体换成了七律体。这种创作是唐代诗歌创作中的一个文化现象，李商隐等人的一些作品很可能也是以此为背景。

咏物七律是晚唐齐梁诗风的重要组成部分，围绕着对传统宫体五律功能的替代，呈现出相对多样化的风格。温庭筠的创作相对保守，最接近咏物五律的风格。李商隐大胆创新，并能发挥由体物及于缘情的特长。中期诗人的创作多借鉴咏物赋的技巧，将物情对立转化为虚实对立，无形中增加了物的分量，情显得清浅。在晚唐后期的咏物七律中，宫体诗对女色的热情、义山诗的缘情技巧又有复归的趋势。徐夤的咏物七律显示出来的齐梁特点，则更多来自元白诗派的传统，相对游离于晚唐齐梁诗风

---

① 林庚：《中国文学简史》，北京：北京大学出版社，1995年，第175页。

之外。

四、赋题

赋题是典型的齐梁题材，晚唐不时可见赋题七律，充分体现出七律向五律的功能扩张。除本书前两章提到的例子外，尚有数例可以补充。

李商隐的《人日即事》以人日为题，实际是用赋法罗列了与人日相关的典故，接近赋题的写法：

> 文王喻复今朝是，子晋吹笙此日同。舜格有苗旬太远，周称流火月难穷。镂金作胜传荆俗，翦彩为人起晋风。独想道衡诗思苦，离家恨得二年中。

追溯了与人日有关的文化事项，体现出七律体向赋体的功能扩张。

《紫骝马》为萧梁宫体诗人曾赋的曲名，秦韬玉的《紫骝马》被视为乐府诗，实际上却是一首七律，应为以七律新体赋乐府旧题的赋题之作：

> 渥洼奇骨本难求，况是豪家重紫骝。膘大宜悬银压胯，力浑欺著玉衔头。生狞弄影风随步，踥蹀冲尘汗满沟。若遇丈夫能控驭，任从骑取觅封侯。

与萧梁的很多赋题诗一样，这实际是一首以诗题为对象的咏物诗。作为一首咏物诗，此诗过于追求语言的新奇，缺乏足够的美感。

韩偓的《后魏时相州人作李波小妹歌疑其未备因补之》是一首以北朝乐府《李波小妹歌》为题的七律。诗作并未模仿乐府语言，亦未牵扯相关史事，而是刻画了一位可爱的邻家少女形象：

> 李波小妹字雍容，窄衣短袖蛮锦红。未解有情梦梁殿，何曾自媚妒吴宫。难教牵引知酒味，因令怅望成春慵。海棠花下秋千畔，背人撩鬓道匆匆。

以乐府诗题中的人物为描写对象,属于赋题。韩偓不仅采用了齐梁人惯用的赋题法,而且其兴趣点也和萧梁的宫体诗人十分相似,着重于赋写女性的妆容、动作和心态,将神勇健朗的李波小妹描述得富艳、妩媚,甚至有些柔弱,以宫体诗的风格同化了北朝女性李波小妹,使之更符合齐梁式的审美。这种邻家少女的形象在《香奁集》中频繁出现,或有本事。

五、边塞

梁陈时代的新体边塞诗是宫体诗的一部分,往往有赋题性质,而不名言与现实中战争的关系。与此不同,晚唐齐梁体诗人创作的边塞七律,却往往指明与现实中的战事有关,或与同武人之间的酬赠有关。尽管如此,从晚唐的边塞七律中,仍不难发现与宫体边塞诗相似的辞藻。晚唐诗人对梁陈新体边塞诗的阅读,以及采用五律体对梁陈边塞诗的模拟,为晚唐诗人创作与现实结合的七律体边塞诗,做了语言和技巧上的准备。

温李的边塞七律多与现实中的战事有关,造语却规模宫体边塞诗,充满了浪漫色彩。温庭筠的《赠蜀将》自称因“蛮入成都”、蜀将“频著功劳”而作,陈尚君先生将其系于大和三年(829)南诏入侵之时[①]。此诗明确与现实中的战事有关。与宫体的赋题之作相似,此诗语言典重唯美:

> 十年分散剑关秋,万事皆随锦水流。志气已曾明汉节,功名犹自滞吴钩。雕边认箭寒云重,马上听笳塞草愁。今日逢君倍惆怅,灌婴韩信尽封侯。

看得出宫体诗写作的语言准备起到了作用。又如其写于西北边塞的《回中作》:

① 参见陈尚君:《温庭筠早年事迹考辨》,《中华文史论丛》第十八辑,上海:上海古籍出版社,1981年,第252页。

苍莽寒空远色愁，呜呜戍角上高楼。吴姬怨思吹双管，燕客悲歌别五侯。千里关山边草暮，一星烽火朔云秋。夜来霜重西风起，陇水无声冻不流。

在边塞诗中写到"吴姬"，体现出典型的宫体边塞诗特点。从诗题来看，我们有理由认为温庭筠作此诗时是亲临其境，而非为文造情的赋题。但诗作使用的意象，又无不出自传统的边塞诗，特别是梁陈的宫体边塞诗。温庭筠未必不是亲眼见到了这些物象，但他似乎又是在亲眼所见的事物中寻找他在前代诗歌文本中熟悉的意象。诗人并非用现实中的物象使文本中出现过的意象"陌生化"，反而是用文本意象使现实物象"风格化"。诗人是透过前人的诗歌文本来观照现实世界的。这或许是晚唐齐梁体诗人处理现实题材的一种方式。颈联写边塞自然风光，物象清丽，语言考究，透露出许赵体山水七律的消息。

又如李商隐的《赠别前蔚州契苾使君》：

何年部落到阴陵，奕世勤王国史称。夜卷牙旗千帐雪，朝飞羽骑一河冰。蕃儿襁负来青冢，狄女壶浆出白登。日晚䴙鹈泉畔猎，路人遥识郅都鹰。

颔联写边塞风光，华丽而不见荒寒之色。颈联用语典，又以"青""白"相对，见出义山咽噱梁陈的写作风格。与温庭筠一样，李商隐也把现实中见到的边塞风光"风格化"了，装饰成了典丽的宫体诗。

曹唐与边地官员、将领酬赠的七律中往往可见边塞诗因素，如《送康祭酒赴轮台》：

灞水桥边酒一杯，送君千里赴轮台。霜粘海眼旗声冻，风射犀文甲缝开。断碛簇烟山似米，野营轩地鼓如雷。分明会得将军意，不斩楼兰不拟回。

造语的典重,对人工物的关注,与宫体边塞诗相似。

秦韬玉的《边将》《塞下》两首七律没有提到具体的战争现实,题目简洁,带有赋题色彩,与梁陈边塞诗相似。如《边将》一诗:

> 剑光如电马如风,百捷长轻是掌中。无定河边蕃将死,受降城外虏尘空。旗缝雁翅和竿袅,箭撚雕翎逐隼雄。自指燕山最高石,不知谁为勒殊功。

诗作有意回避女色因素和早期边塞诗中的富丽辞藻,只有颈联仍保留了对人工物象的热爱。

唐末战乱频仍,乃至君臣流离,韩偓、吴融等人也会在七律中直接描写战争现实。韩偓的《老将》物象华贵而质感坚硬:

> 折枪黄马倦尘埃,掩耳凶徒怕疾雷。雪密酒酣偷号去,月明衣冷斫营回。行驱貔虎披金甲,立听笙歌掷玉杯。坐久不须轻矍铄,至今双擘硬弓开。

声调豪壮,句法纯熟。"月明衣冷"的意象明亮而坚硬,四字掷地有声。"金甲"与"玉杯"的对举,也显示出齐梁风格对华贵事物的偏好。韩偓力图写出老将的豪气,但在用词上仍不免显示出齐梁审美的影响。

吴融的《彭门用兵后经汴路三首》是实写战乱后的景象,在表达黍离之悲的同时,仍表现出形式的严整,兹录其第二首:

> 隋堤风物已凄凉,堤下仍多旧战场。金镞有苔人拾得,芦花无主鸟衔将。秋声暗促河声急,野色遥连日色黄。独上寒城正愁绝,戍鼙惊起雁行行。

"金镞"的坚硬,"芦花"的柔弱,是齐梁诗人容易注意到的物象。颈联使用当句对,将自然风光进行高度概括,纳入有意味的形式中,体现了对语言修饰的追求。

与此类似,张泌的《边上》也是对唐末战乱后实景的刻画:

> 戍楼吹角起征鸿,猎猎寒旌背晚风。千里暮烟愁不尽,一川秋草恨无穷。山河惨澹关城闭,人物萧条市井空。只此旅魂招未得,更堪回首夕阳中。

虽写荒寒景象,仍取象唯美,除了绝望萧瑟的情绪外,句法全似许赵体山水诗。

晚唐的边塞七律多与现实联系紧密,在写法上与梁陈宫体边塞诗有很大区别。但在意象的选取上,仍可见出齐梁审美的影响。齐梁体边塞诗的文学传统,为晚唐人描写战乱现实做了准备。

六、山水

晚唐山水七律蔚为大观。山水并非齐梁专有的题材,七律又非定体于齐梁,故山水七律与齐梁诗风的关系较为疏远。然而,典型的晚唐齐梁体诗人往往创作大量山水七律,风格大多近似当时流行的"许赵体"。也就是说,与晚唐体的山水五律一样,许赵体的山水七律与晚唐齐梁诗风存在共生关系。究其原因,首先是许赵体风行于晚唐,每位晚唐诗人都难免沾染这一诗风;其次,许赵体虽不涉女色,但追求物象唯美,热衷于体物,与齐梁诗风也有一致之处,故不难在同一位诗人身上兼容。

许赵体并非本书的研究对象,然鉴于本书研究的诗人大多涉足许赵体,故在此对许赵体的特征做一概述:许赵体以中晚唐诗人许浑、赵嘏、刘沧等人为代表,专工山水七律,写景清丽,体物细致,声律较一般律诗的要求更为考究。许浑的"溪云初起日沉阁,山雨欲来风满楼"(《咸阳城西楼晚眺》)为许赵体的代表诗句,本书在第一章已对此句体现出来的许赵体风格做了分析。本书规定,如果一首晚唐山水七律中二联皆写到景物,不涉及险怪之景,物象常见,有清幽格调,则视为许赵体。如果诗中的写景对句像“溪云”二句一样显示出考究的声律对称，则尽量视为许赵体。

温庭筠写山水自然的七律，仍不乏十分艳丽、显示出宫体风格者，如《寒食日作》：

红深绿暗径相交，抱暖含芳披紫袍。彩索平时墙婉娩，轻球落处晚寥梢。窗中草色妒鸡卵，盘上芹泥憎燕巢。自有玉楼春意在，不能骑马度烟郊。

虽写山水自然，却暗示了青年男女的郊游玩乐，故措辞华艳。类似的措辞华艳的山水七律又如：

微风和暖日鲜明，草色迷人向渭城。吴客卷帘闲不语，楚娥攀树独含情。红垂果蒂樱桃重，黄染花丛蝶粉轻。自恨青楼无近信，不将心事许卿卿。(《偶题》)

绿塘漾漾烟蒙蒙，张翰此来情不穷。雪羽褵褷立倒影，金鳞拨剌跳晴空。风翻荷叶一向白，雨湿蓼花千穗红。心羡夕阳波上客，片时归梦钓船中。(《溪上行》)

在山水清音中体现了旖旎的齐梁审美。

其山水诗中偶一闪现的秾丽之句又如：

浓阴似帐红薇晚，细雨如烟碧草春。(《题李处士幽居》)
烟光似带侵垂柳，露点如珠落卷荷。(《游南塘寄知者》)

除此以外，温庭筠的山水七律大多呈现许赵体风格，且创作数量颇大，兹摘数联，以见温庭筠山水七律的主体风格：

出寺马嘶秋色里，向陵鸦乱夕阳中。(《开圣寺》)

芦叶有声疑雾雨，浪花无际似潇湘。（《南湖》）

吴苑夕阳明古堞，越宫春草上高台。（《送卢处士游吴越》）

取象、体物、声律，无不符合许赵体的特点。

李商隐传世的山水七律不多，也并未呈现典型的许赵体风格。李商隐七律中山水自然的描写，多追求奇丽的效果，或使用特殊句式。

前者如《正月崇让宅》：

密锁重关掩绿苔，廊深阁迥此徘徊。先知风起月含晕，尚自露寒花未开。蝙拂帘旌终展转，鼠翻窗网小惊猜。背灯独共余香语，不觉犹歌起夜来。

写冬夜独宿于与亡妻共同居住过的旧宅中，有悼亡之意。所写自然景象奇异而险怪，写出了旧宅的凄凉与阴森，呈现出怪奇诗派不求唯美，唯求新异骇众的风格。又如《汴上送李郢之苏州》：

人高诗苦滞夷门，万里梁王有旧园。烟幌自应怜白纻，月楼谁伴咏黄昏。露桃涂颊依苔井，风柳夸腰住水村。苏小小坟今在否，紫兰香径与招魂。

措辞艳丽，多以人工物和美人形象加以映带，体现齐梁式的审美。其他又有幽僻之句如：

荻花村里鱼标在，石藓庭中鹿迹微。（《赠从兄阆之》）

体物纤小之句如：

卷帘飞燕还拂水，开户暗虫犹打窗。（《水斋》）

均呈现与许赵体不同的审美风格。

李商隐写山水自然还喜欢用当句对,如:

花须柳眼各无赖,紫蝶黄蜂俱有情。(《二月二日》)
重吟细把真无奈,已落犹开未放愁。(《即日》)

体现出对诗句形式的重视,但修饰的方向与许赵体不同。李商隐传世的诗作不少,其中不乏五言的山水诗,却很少见到七言的山水诗,这或许说明,李商隐有意回避了以许赵体创作山水七律的时尚。

陈陶的山水七律仍然在表现奇异的岭南景观,但语言受到许赵体的影响,趋于平易唯美。今摘数联,以见其风格:

秋山落照见麋鹿,南国异花开雪霜。(《钟陵道中作》)
断沙雁起金精出,孤岭猿愁木客归。(《旅泊涂江》)
侵星愁过蛟龙国,采碧时逢婺女船。(《上建溪》)
江城雪落千家梦,汀渚冰生一夕风。(《冬日暮旅泊庐陵》)

物象并不平凡,亦未严格遵循许赵体标志性的格律,但语言的优美感大于崇高感,有许赵体的清丽特色。

李群玉的山水七律有较为典型的许赵体,兹摘数联:

村梅尚敛风前笑,沙草初偷雪后春。(《送人隐居》)
浪翻新月金波浅,风损轻云玉叶疏。(《仙明洲口号》)
野云将雨渡微月,沙鸟带声飞远天。(《湖寺清明夜遣怀》)
半岭残阳衔树落,一行斜雁向人来。(《九日》)

也有追求奇特句式、险怪意象,不似许赵风格者,如:

黄叶黄花古城路，秋风秋雨别家人。（《金塘路中》）

使用当句对，追求特殊的句法形式。又如：

朝宗汉水接阳台，唅呀填坑吼作雷。莫见九江平稳去，还从三峡崄巇来。南经梦泽宽浮日，西出岷山劣泛杯。直至沧溟涵贮尽，深沉不动浸昭回。（《浔阳观水》）

险怪骇目，全无清丽之色。

李郢的山水七律不见于《全唐诗》，却多为《秘殿珠林石渠宝笈续编》收录。李郢的山水七律同样呈现出许赵体的风格，兹摘数联：

野渡遇霜杨柳尽，寒郊欲雪鹳鸰来。（《早春送友人归江南》）①

行客莫惊黄叶尽，家山只在白云中。（《送涧水陕东二十里自江南来作》）②

秋色池塘无限草，夕阳门外几千家。（《江州城楼》）③

又有稍涉丽语，写自然景物而近于女色诗者，如：

红粉人闲教鹦鹉，碧波池暖漾鸳鸯。（《春日题园林》）④

杏酪香浓寒食近，梨花影散夜风轻。（《春夜》）⑤

寒烛细烟摇寝幌，湿萤微影缀芭蕉。（《雨夜》）⑥

---

① 见《全唐诗续补遗》卷八，《全唐诗补编》，第 427 页。

② 同上书，第 428 页。

③ 同上书，第 432 页。

④ 同上书，第 432 页。

⑤ 同上书，第 428—429 页。

⑥ 同上书，第 429 页。

花当粉槛人闲立，燕拂青蘋水漫流。（阙题）[①]

可见，李郢的山水七律受到许赵体的影响，又带上了些许齐梁诗风的艳丽色彩。

于武陵唯一传世的七律是一首许赵体的山水诗，《早春日山居寄城郭知己》：

阳和潜发荡寒阴，便使川原景象新。入户风泉声沥沥，当轩云岫色沉沉。残云带雨轻飘雪，嫩柳含烟小绽金。虽有眼前诗酒兴，遨游争得称闲心。

颈联微涉艳丽。从目前传世的情况来看，于武陵创作五言更多，至少其五言更得到时人认可，是一位倾向于旧式诗体的诗人。而这位偏于保守的诗人，也受到了时新的许赵体的影响。

崔珏的《岳阳楼晚望》颔联也呈现出许赵体的风格：

乾坤千里水云间，钓艇如萍去复还。楼上北风斜卷席，湖中西日倒衔山。怀沙有恨骚人往，鼓瑟无声帝子闲。何事黄昏尚凝睇，数行烟树接荆蛮。

秦韬玉的山水七律没有许赵体的精致句法，显得更为率意，更关注日常生活中的小环境，因而更接近白居易的风格，兹摘数联：

岚收楚岫和空碧，秋染湘江到底清。（《长安书怀》）
笑吟山色同欹枕，闲背庭阴对覆棋。（《题刑部李郎中山亭》）
为向西窗添月色，岂辞南海取花栽。（《亭台》）

---

① 见《全唐诗续补遗》卷八，《全唐诗补编》，第432页。

唐彦谦的山水七律也不是典型的许赵体。他的山水诗往往遵循传统山水律诗情景交错的结构，很少两联都作景语，也不过分考究声律。然而，唐彦谦山水七律在写到景语时，往往取象清丽，还是体现出许赵风格的影响，且体物时有纤细刻尽之处。其写荒寒幽僻如：

云沙有径萦寒烧，松屋无人闻昼鸡。（《第三溪》）
露沾荒草行人过，月上高林宿鸟还。（《兴元沈氏庄》）
野莲随水无人见，寒鹭窥鱼共影知。（《东韦曲野思》）

其体物纤细者如：

晚蝶飘零惊宿雨，暮鸦凌乱报秋寒。（《秋晚高楼》）
山云不卷雨自薄，天气欲寒人正归。（《晚秋游中溪》）
霜染鸦枫迎日醉，寒冲泾水带冰流。（《高平九日》）

其境界阔大，仍不碍体物刻尽者如：

初晴鹤点青边嶂，欲雨龙移黑处潭。（《游阳明洞呈王理得诸君》）
老树背风深拓地，野云依海细分天。（《拜越公墓因游定水寺有怀源老》）
禾麻地废生边气，草木春寒起战声。（《毗陵道中》）

皆不失为晚唐佳句。

韩偓创作了大量山水七律，然非典型许赵体，更近白体，造句率意。其写旅况凄凉如：

青草湖将天暗合，白头浪与雪相和。（《雪中过重湖信笔偶题》）
岸头柳色春将尽，船背雨声天欲明。（《寄湖南从事》）

人泊孤舟青草岸,鸟鸣高树夕阳村。(《避地》)
云外日随千里雁,山根霜共一潭星。(《早发蓝关》)

写田园景致如:

菜甲未齐初出叶,树阴方合掩重门。(《再止庙居》)
一亩落花围隙地,半竿浓日界空墙。(《守愚》)

写闲适风景如:

炉为窗明僧偶坐,松因雪折鸟惊啼。(《小隐》)
清宵玩月唯红叶,永日关门但绿苔。(《深村》)

写微小事物如:

树头蜂抱花须落,池面鱼吹柳絮行。(《残春旅舍》)
船冲水鸟飞还住,袖拂杨花去却来。(《乱后春日途经野塘》)

在颠沛流离的人生中,仍然维持着白居易式的细微情趣。

吴融同样创作了大量山水七律,且非许赵体。吴融山水七律多刻尽之句,时有佳句,如:

几树好花闲白昼,满庭荒草易黄昏。(《废宅》)
草能缘岸侵罗荐,花不容枝蘸玉杯。(《浐水席上献座主侍郎》)
峭壁削成开画障,急溪飞下咽繁弦。(《谷口寓居偶题》)

张泌的山水七律为典型的许赵体,如:

鸡唱未沉函谷月,雁声新度灞陵烟。(《长安道中早行》)
青草浪高三月渡,绿杨花扑一溪烟。(《洞庭阻风》)
溪边物色堪图画,林畔莺声似管弦。(《春日旅泊桂州》)

句法精致,专注物象。又如《题华严寺木塔》:

六街晴色动秋光,雨霁凭高只易伤。一曲晚烟浮渭水,半桥斜日照咸阳。休将世路悲尘事,莫指云山认故乡。回首汉宫楼阁暮,数声钟鼓自微茫。

颔联写景,句法考究,为典型的许赵体。颈联缘情,也倾注了晚唐诗人特有的感慨,仿佛凝结了无数苍凉的人生经验。

徐夤的山水七律似乎看不出典型的风格,与许赵体的唯美差异很大,而略近白体。其平易而尚佳者如:

雨洒蓑衣芳草暗,鸟啼云树小村贫。(《鸿门》)
草色净经秋雨绿,烧痕寒入晓窗斑。(《醉题邑宰南塘屋壁》)
烟笼瑞阁僧经静,风打虚窗佛幌开。(《题泗洲塔》)

另外一些诗句则显得怪异而缺乏诗情,如:

巨灵庙破生春草,毛女峰高入绛霄。(《西华》)
三门里面千层阁,万井中心一朵山。(《题福州天王阁》)
湖头鲤去轰雷在,树杪猿啼落日低。(《春入鲤湖》)

完全不见许赵体的考究。

晚唐齐梁体诗人的山水七律创作可分为两种类型。一种明显呈现出许赵体风格,另一种则似乎受到许赵体影响不大。前者以温庭筠为代表,包括大部分中期诗人和少数后期诗人。他们普遍身份不高，人生的主要成就在于创作而非仕宦，诗学背景较为单一。无论是固守齐梁旧体，还是热衷使用新体，都与许赵体的接受并不矛盾。后者以李商隐为代表，包括大部分后期诗人。他们普遍有一定政治地位，诗学背景复杂，接受杜甫及怪奇诗派影响较多。他们不像前一类诗人那样精心创作山水七律，而是显示出一定随意性，不具备许赵体清丽唯美的特点。

七、怀古

怀古诗将山水之美与历史兴亡之叹结合在一起，与山水诗存在密切联系。许浑、赵嘏等许赵体山水的代表人物，同样也以怀古七律著称。晚唐齐梁体诗人对历史本有浓厚的兴趣，再加上许浑、赵嘏的影响，自然少不了要创作怀古七律。

温庭筠的怀古七律词色富丽，情景兼善，不乏名作，如《过陈琳墓》：

> 曾于青史见遗文，今日飘蓬过古坟。词客有灵应识我，霸才无主始怜君。石麟埋没藏春草，铜雀荒凉对暮云。莫怪临风倍惆怅，欲将书剑学从军。

颔联缘情，引发了无数失志才人的共鸣，传为名句。颈联体物，选字富丽，与诗人的《金虎台》等五言怀古诗相似，体现了齐梁式审美。又如《苏武庙》：

> 苏武魂销汉使前，古祠高树两茫然。云边雁断胡天月，陇上羊归塞草烟。回日楼台非甲帐，去时冠剑是丁年。茂陵不见封侯印，空向秋波哭逝川。

颔联写景，如果做实景看，亦不失为许赵佳句；如果想到眼前之景亦是苏武曾见之景，则又映带出苏武流落异邦的寂寥之情，由景见情。颈联缘情，想象苏武的感受，入情入理，措辞华丽，宛如义山咏史。这种情景交错的写法，将许赵体的山水描写艺术与晚唐诗人对历史的热衷结合在了一起。

温庭筠的怀古七律多与汉魏六朝旧事有关，关注宫廷生活和重大历史事件，却往往并不关涉女色，更多的只是表现出对旧时代的缅怀与思考。对六朝的追慕仅仅体现在意象层面，而非写作风格层面。

李商隐平生很少作怀古诗，其山水诗也并未介入许赵诗风，与此相关，李商隐几乎没有怀古七律。《潭州》可以算是李商隐的一首比较典型的怀古七律：

> 潭州官舍暮楼空，今古无端入望中。湘泪浅深滋竹色，楚歌重叠怨兰丛。陶公战舰空滩雨，贾傅承尘破庙风。目断故园人不至，松醪一醉与谁同。

颔联写景而联想古典，颈联怀古而映带眼前之景，是比较典型的怀古诗写法。但可以看到，此诗并不算体现许赵诗风，而是更为典雅厚重，体现出义山咏史诗的个性。

陈陶的怀古诗词色富丽之处与温庭筠相似，但显得更为豪壮，如《登宝历寺阁》：

> 金碧高层世界空，凭霓长啸八蛮风。横轩水壮蛟龙府，倚栋星开牛斗宫。三楚故墟残景北，六朝荒苑断山东。不堪怀古劳悲笑，安得鹏抟颢气中。

颔联故作壮丽之语，颈联写景，有许赵笔意，益加豪壮，然体物的华丽与切实都不如温庭筠，略显苍白空泛。

李群玉的怀古诗较为典型地体现了许赵诗风，特别是其怀古中的自然描写，往往是许赵式的山水佳句，又略微添加了几分秾丽、诡谲的色彩，如：

市朝迁变秋芜绿，坟冢高低落照红。（《秣陵怀古》）
风回日暮吹芳芷，月落山深哭杜鹃。（《黄陵庙》）

李郢有《骊山怀古》五首传世，属怀古七律。玄宗、杨妃事属涉及女色的史事，故与其有关的怀古诗也往往映带女色，想象杨妃的芳姿，李郢的这组作品也不例外，兹录其第一首：

武帝寻仙驾海游，禁门高闭水空流。深宫带日年年静，翠柏凝烟夜夜愁。鸾凤影沉归万古，歌钟声断梦千秋。晚来惆怅无人会，云水犹飞傍玉楼。①

颇具义山神韵。

秦韬玉的怀古七律有《隋堤》一首，体物、立论均未见长：

种柳开河为胜游，堤前常使路人愁。阴埋野色万条思，翠束寒声千里秋。西日至今悲兔苑，东波终不反龙舟。远山应见繁华事，不语青青对水流。

唐彦谦创作怀古七律较多，显示出流行的许赵体的影响，且颇多佳句，如：

万古云山同白骨，一庭花木自青春。（《过清凉寺王导墓下》）
耳闻明主提三尺，眼见愚民盗一坯。（《长陵》）

写景立论皆有可取之处。

韩偓、吴融的怀古七律往往重议论，轻物象，如：

---

① 《秘殿珠林石渠宝笈续编》，录自《全唐诗续补遗》卷八，《全唐诗补编》，第430页。

主暗臣忠枉就刑，遂教强国醉中倾。人亡建业空城在，花落西江春水平。万古壮夫犹抱恨，至今词客尽伤情。徒劳铁锁长千尺，不觉楼船下晋兵。（韩偓《吴郡怀古》）

时来时去若循环，双阖平云谩锁山。只道地教秦设险，不知天与汉为关。贪生莫作千年计，到了都成一梦闲。争得便如岩下水，从他兴废自潺潺。（吴融《武关》）

草白烟寒半野陂，临江旧宅指遗基。已怀湘浦招魂事，更忆高唐说梦时。穿径早曾闻客住，登墙岂复见人窥。今朝送别还经此，吟断当年几许悲。（吴融《宋玉宅》）

中二联都不涉及山水描写。颔联较实，然亦仅限于提及历史上著名的地名，仍是议论的语气，并非客观化的体物；颈联更虚，纯为对史实发表的议论，不关涉景语。可以说，韩吴的怀古七律未体现出许赵体的影响。

晚唐齐梁体诗人的怀古七律创作风格与其接受许赵体山水诗影响的程度有关。山水七律较多受到许赵体影响的诗人，创作怀古七律相对较多，在借鉴许赵怀古七律风格的基础上，又往往鲜明地表现出自己的个性，即与齐梁诗风相关的风格；山水七律较少体现许赵体影响的诗人，创作怀古七律相对较少，也很少接受许赵怀古七律的影响。

八、咏史

同是与历史题材有关，怀古诗与山水实景结合，咏史则与山水无关。怀古与咏史在晚唐齐梁体诗人的七律创作中似乎呈现对立：有较多怀古七律的诗人，则几乎不创作咏史七律；有较多咏史七律的诗人，则几乎不创作怀古七律。前者以温庭筠为代表，对许赵诗风有所接受；后者以李商隐为代表，则几乎不接受许赵诗风的影响。温庭筠未见有咏史七律传世，李商隐则大量创作咏史七律并以此著称，两类诗人形成了鲜明的对照。

李商隐的咏史七律有很高的艺术价值和过人的史识，已得到了较为充分的研究。从体现齐梁诗风的角度来看，李商隐的咏史七律风格奇丽，浓墨重彩，得力于齐梁的审美模式与体物技巧。

富丽的物象首先是义山咏史诗的标志性特征，如给读者留下深刻印象的诗句：

> 玉玺不缘归日角，锦帆应是到天涯。（《隋宫》）
> 沉香甲煎为庭燎，玉液琼苏作寿杯。（《隋宫守岁》）
> 河伯轩窗通贝阙，水宫帷箔卷冰绡。（《利州江潭作》）

珠光宝气的意象留有宫体诗的痕迹，意象本身显示出独立的美感。而真正体现义山咏史妙处的句法，是通过巧妙的虚字与典型的物象之间的结合，以客观的视角呈现物象，从而不动声色地表达自己的态度，这也是义山在其他诗体中惯用的由体物及于缘情的手法，如：

> 谁言琼树朝朝见，不及金莲步步来。（《南朝》）
> 于今腐草无萤火，终古垂杨有暮鸦。（《隋宫》）
> 空闻虎旅传宵柝，无复鸡人报晓筹。（《马嵬二首》其二）
> 长乐瓦飞随水逝，景阳钟堕失天明。（《览古》）
> 金舆不返倾城色，玉殿犹分下苑波。（《曲江》）

仅仅是温庭筠式的重物轻情，或许不能成就这样脍炙人口的名句，但诗人能冷静地使用客观呈现物象的手法，却与学习齐梁文学形成的对物象的敏感不无关系。

李郢的创作呈现出许赵体的影响，《全唐诗》也并未收录李郢的咏史七律，但其逸诗《读〈汉武内传〉》却是一首咏物七律：

> 云锦囊开得画图，岳神森耸耀灵躯。青真小童捧诀箓，紫府道士携琼苏。金鼎未成悲浊世，玉缄时捧望青都。一辞仙姥长昏醉，方朔

留言尽记无。①

语言华丽典重，有仙道色彩。无论选材还是句法，都与义山咏史诗相似。李郢与李商隐交往密切，多有酬唱，此诗或许也是有意模仿义山体而作。

秦韬玉的《陈宫》也有模拟义山的痕迹：

临春高阁拟瀛洲，贪宠张妃作胜游。更把江山为己有，岂知台榭是身仇。金城暗逐歌声碎，钱瓮潜随舞势休。谁识古宫堪恨处，井桐吟雨不胜秋。

"陈宫"是温李都用五言写过的咏史题目。颔联议论，使用虚字，显得句法纯熟，但比起义山的议论，仍嫌直露。颈联呈现物象，显示出齐梁审美的影响。

唐彦谦的《新丰》颇得义山笔意：

沛中歌舞百余人，帝业功成里巷新。半夜素灵先哭楚，一星遗火下烧秦。貔貅扫尽无三户，鸡犬归来识四邻。惆怅故园前事远，晓风长路起埃尘。

意象华丽，用典丰富，以形象取胜。

韩偓的《北齐二首》亦取材于温李五言咏史诗写过的题目，写法模仿李商隐：

任道骄奢必败亡，且将繁盛悦嫔嫱。几千奁镜成楼柱，六十间云号殿廊。后主猎回初按乐，胡姬酒醒更新妆。绮罗堆里春风畔，年少多情一帝王。

① 《秘殿珠林石渠宝笈续编》，录自《全唐诗续补遗》卷八，《全唐诗补编》，第427页。

神器传时异至公，败亡安可怨匆匆。犯寒猎士朝频戮，告急军书夜不通。并部义旗遮日暗，邺城飞焰照天红。周朝将相还无体，宁死何须入铁笼。

诗作富于形象，惜奇丽有余而蕴藉不足。

吴融的咏史七律亦借鉴李商隐的常用题材和句法：

接鹭陪鸾漫得群，未如高卧紫溪云。晋阳起义寻常见，湖口屯营取次闻。大底鹪鹏须自适，何尝玉石不同焚。回看带砺山河者，济得危时没旧勋。（《闲书》）

搔首隋堤落日斜，已无余柳可藏鸦。岸傍昔道牵龙舰，河底今来走犊车。曾笑陈家歌玉树，却随后主看琼花。四方正是无虞日，谁信黎阳有古家。（《隋堤》）

徐夤的一些咏史诗，如《蜀》《吴》《两晋》《宋》《陈》等，与其咏物诗存在密切关系，可能属于同一系列。从诗题即可看出，徐夤是把历史朝代当成物来吟咏，仍与初唐李峤的咏物五律功能类似，宛如类书。这些作品往往只是罗列典故，句法和立意都较为粗糙，如《陈》：

三惑昏昏中紫宸，万机抛却醉临春。书中不礼隋文帝，井底常携张贵嫔。玉树歌声移入哭，金陵天子化为臣。兵戈半渡前江水，狎客犹闻争酒巡。

这样的作品在艺术上乏善可陈，却可以启发我们思考晚唐咏史诗与咏物诗的内在关系。咏史诗与咏物诗的风行，可能都与晚唐人对物象的执着有关。

徐夤的另一些咏史诗则以女色为主要物象，以咏史为名而宫体色彩浓厚，如《汉宫新宠》：

位在嫔妃最上头,笑他长信女悲秋。日中月满可能久,花落色衰殊未忧。公主镜中争翠羽,君王袖底夺金钩。妾家兄弟知多少,恰要同时拜列侯。

咏史成为体写女色的由头。这种现象在温李时代较多发生在五言体中,到徐夤的时代则出现在七律中,反映了七律占据五律功能的趋势。

晚唐齐梁体诗人的咏史七律大多直接受李商隐影响,表现出齐梁式的审美和受宫体诗影响形成的对物象的敏感。模拟宫体诗为晚唐咏史七律的辉煌提供了基本的训练,特别是成就了晚唐咏史七律以客观呈现见长的句法。

九、其他

七律是晚唐的常用诗体,晚唐齐梁体诗人也创作了不少在题材上与齐梁无关的七律。在此对每位诗人在齐梁诗风以外的风格做简要的介绍。

温庭筠的其他题材七律也体现出许赵体的清丽和精致,如:

西园一曲艳阳歌,扰扰车尘负薜萝。自欲放怀犹未得,不知经世竟如何。夜闻猛雨判花尽,寒恋重衾觉梦多。钓渚别来应更好,春风还为起微波。(《春日偶作》)

柳不成丝草带烟,海槎东去鹤归天。愁肠断处春何限,病眼开时月正圆。花若有情还怅望,水应无事莫潺湲。终知此恨销难尽,辜负南华第一篇。(《李羽处士故里》)

工稳考究,实字精准而虚字流动,体现出晚唐人对律诗形式的重视。

李商隐的其他题材七律学习杜甫七律,厚重工稳,不乏名作,如:

人生何处不离群,世路干戈惜暂分。雪岭未归天外使。松州犹驻殿前军。座中醉客延醒客,江上晴云杂雨云。美酒成都堪送老,当

垆仍是卓文君。(《杜工部蜀中离席》)

迢递高城百尺楼,绿杨枝外尽汀洲。贾生年少虚垂泪,王粲春来更远游。永忆江湖归白发,欲回天地入扁舟。不知腐鼠成滋味,猜意鸳雏竟未休。(《安定城楼》)

显示出深厚的诗学功底。

陈陶的其他题材七律主要是酬赠诗,艺术价值不高,特征不甚明显,有时表现出对岭南奇景与壮丽语词的热衷,如:

无路青冥夺锦袍,耻随黄雀住蓬蒿。碧云梦后山风起,珠树诗成海月高。久滞鼎书求羽翼,未忘龙阙致波涛。闲来长得留侯癖,罗列楂梨校六韬。(《闲居寄太学卢景博士》)

旧德徐方天下闻,当年熊轼继清芬。井田异政光蛮竹,符节深恩隔瘴云。已见嘉祥生北户,尝嫌夷貊蠹南薰。几时征拜征西越,学著缦胡从使君。(《赠漳州张怡使君》)

李群玉的其他题材七律偶有佳句,如:

浮生暂寄梦中梦,世事如闻风里风。(《自遣》)
万木自凋山不动,百川皆旱海长深。(《辱绵州于中丞书信》)
诗句乱随青草发,酒肠俱逐洞庭宽。(《重经巴丘追感》)
穷达未知他日事,是非皆到此时心。(《长沙紫极宫雨夜愁坐》)

句法精巧,表现出某些成熟的人生经验,可以引起读者的共鸣,但总体来说格调不高,往往流于晚唐滑调。

李郢的其他题材七律亦多追求句法的精巧,有时过于流易,近乎白体,如:

莲沼昔为王俭府,菊篱今作孟嘉杯。(《奉陪裴相公重阳日游安乐池亭》)

诗句每多闲夜得,鬓毛终为半愁新。(《不睡》)①

无病无愁且须醉,好风好月更何为。(《春山夜雨》)②

一点秋灯人梦觉,万重寒叶雨声多。(《夜思》)③

秦韬玉的其他题材七律更关注世俗经验的传达,略似韦庄,如《寄李处士》:

吕望甘罗道已彰,只凭时数为门张。世途必竟皆应定,人事都来不在忙。要路强干情本薄,旧山归去意偏长。因君指似封侯骨,渐拟回头别醉乡。

唐彦谦的其他题材七律也接近韦庄的风格,其缘情之句如:

万事渐消闲客梦,一年虚白少年头。(《寄陈少府兼简叔高》)

良会若同鸡黍约,暂时不放酒杯空。(《道中逢故人》)

前事悲凉何足道,远书慵懒未能修。(《秋霁夜吟寄友人》)

也有以形象取胜者,如经典的《寄怀》:

有客伤春复怨离,夕阳亭畔草青时。泪从红蜡无由制,肠比朱弦恐更危。梅向好风惟是笑,柳因微雨不胜垂。双溪未去饶归梦,夜夜孤眠枕独欹。

---

① 《秘殿珠林石渠宝笈续编》,录自《全唐诗续补遗》卷八,《全唐诗补编》,第427页。

② 同上书,第430页。

③ 同上书,第431页。

此诗不是典型的女色诗，但我们仍可从中辨认出典型的宫体诗意象。

韩偓其他题材的七律多近白体，浅易率直，有时流于宋调，如：

手风慵展一行书，眼暗休寻九局图。窗里日光飞野马，案头筠管长蒲卢。谋身拙为安蛇足，报国危曾捋虎须。举世可能无默识，未知谁拟试齐竽。（《安贫》）

天似空江星似波，时时珠露滴圆荷。平生踪迹慕真隐，此夕襟怀深自多。格是厌厌饶酒病，终须的的学渔歌。无名无位堪休去，犹拟朝衣换钓蓑。（《夜坐》）

然亦偶见义山之风，如：

故都遥想草萋萋，上帝深疑亦自迷。塞雁已侵池籞宿，宫鸦犹恋女墙啼。天涯烈士空垂涕，地下强魂必噬脐。掩鼻计成终不觉，冯驩无路敩鸣鸡。（《故都》）

意象较为典重，句法较为用心，虽非宫体，但在意象的选取上可以看出六朝文学的影响。

吴融七律的白体风格更加明显，兹摘数联：

世上浮沉应念我，笔端飞动只降君。（《寄贯休上人》）

寻知世界都如梦，自喜身心甚不忙。（《禅院弈棋偶题》）

只共蝉催双鬓老，可知人已十年忙。（《岐下寓居见槐花落因寄从事》）

已得静居从马歇，不堪行色被蝉催。（《岐阳蒙相国对宅因抒怀投献》）

万事已为春弃置，百忧须赖酒医治。（《游华州飞泉亭》）

句法洒脱而嫌于率意。

徐夤的七律则更显示出白体的特点，如：

不把渔竿不灌园，策筇吟绕绿芜村。得争野老眠云乐，倍感闽王与善恩。鸟趁竹风穿静户，鱼吹烟浪喷晴轩。何人买我安贫趣，百万黄金未可论。（《不把渔竿》）

巧者多为拙者资，良筹第一在乘时。市门逐利终身饱，谷口躬耕尽日饥。琼玖鬻来燕石贵，蓬蒿芳处楚兰衰。高皇冷笑重瞳客，盖世拔山何所为。（《偶书》）

句法更为朴直率意，且创作七律的数量更多。

十、小结

在晚唐，用七律体写女色、酬赠和咏物成为一时的风气。女色七律承担了原本由五律承担的宫体诗功能；酬赠诗流行使用富丽堂皇的语言，措辞与宫体诗接近；咏物诗执着于物象，以体物精细为能，措辞同样带有宫体诗的华丽笔调。随着时代的发展，女色七律和咏物七律中的缘情成分逐渐褪去，体物成分有所增加。

许赵体的山水诗、怀古诗风行于晚唐，很多晚唐齐梁体诗人也受其影响。晚唐齐梁体诗人接受许赵体与创作山水诗、怀古诗之间均大致呈现正相关性，与创作咏史诗之间则存在负相关性。晚唐齐梁体诗人创作咏史诗多与李商隐有直接关系，且接受齐梁诗风的影响。

第四节　七绝

七绝同样是齐梁时代尚不存在的诗体，而且不同于七律，七绝并不适合体物，亦无法类比五律，承担宫体诗的功能，因此七绝可以算是离齐梁诗风最远的诗体。

尽管如此，晚唐七绝仍然给人留下绮艳的印象。绮艳尚不等于齐梁诗风，但从创作实际来看，晚唐七绝以中唐宫词为纽带，继承了齐梁宫体诗对女性生活细节的关注；又因唐代七绝与音乐文学之间的密切关系，部分地继承了南朝乐府缘情绮靡的精神；晚唐咏物七绝也与其他体裁的晚唐咏物诗一样，表现出对物象的执着。由此可见，齐梁诗风在晚唐的流行不仅仅是基于特定文体要求的拟古，而已经深刻地影响到了一些晚唐诗人的整体审美趣味，甚至影响到时新的音乐文学，成为曲子词在风行之初的底色。

一、女色

女色七绝的创作在晚唐十分普遍，每位诗人都难免创作一些与女色有关的七绝。典型的晚唐齐梁体诗人更是几乎人人都曾创作女色七绝。一些七绝的题目，如《杨柳枝》，可能有音乐文学有关，描写女色和爱情固然是题中应有之义。但晚唐的女色七绝也远远不限于与音乐有关的题目，可见音乐并非促使晚唐诗人创作女色七绝的唯一原因。如前所述，王建等元和诗人的七绝体宫词对晚唐女色七绝有着直接的影响。

温庭筠为七绝作手，创作女色七绝的数量和质量都很高。与其五律、歌行、七律等体裁的重物轻情不同，温庭筠的七绝往往物情俱长，如《弹筝人》：

> 天宝年中事玉皇，曾将新曲教宁王。钿蝉金雁今零落，一曲伊州泪万行。

以物色示人，而读者不难体会到弹筝宫人的情感。主人公的情感真切而深沉，足以震撼人心，物象的新奇和优美显得不那么重要。作品以缘情胜而不以体物胜。同样的又如《瑶瑟怨》：

> 冰簟银床梦不成，碧天如水夜云轻。雁声远过潇湘去，十二楼中月自明。

字面止于体物,而诗情不止于体物,这种寂寥的情绪、静穆的美感在温庭筠的律诗中也很常见,不同的是,其律诗中的情绪只是背景,七绝中的情绪却是被着力表现的对象。此诗在温庭筠的作品中,属于较无争议、历来受到较高评价的一类,如谢枋得评论此诗云:

> 此诗铺陈一时光景,略无悲怆怨恨之辞,枕冷衾寒、独寐寤叹之意,在其中矣。[①]

“略无悲怆怨恨之辞”,是因为不作缘情之语;“铺陈一时光景”,则纯为体物功夫。而以体物之笔缘情,最终收到了好的缘情效果。周珽亦评论云:

> 辗转反侧,所闻所见,无非悲思,含怨可知。[②]

“所闻所见”是体物的字面,而“无非悲思”则是缘情的主旨。此诗达到了由体物入于缘情的境界,这在温庭筠其他体裁的诗作中是少见的。这说明,温庭筠并不是没有缘情的能力,只是对文体的分工有着自己的理解,将乐府、七绝用于缘情,而不将律诗、歌行用于缘情。

温庭筠的七绝还擅长直接写情,借鉴民歌的表现手法,以精准和新颖见长,如《南歌子词二首》:

> 一尺深红胜曲尘,天生旧物不如新。合欢桃核终堪恨,里许元来别有人。
>
> 井底点灯深烛伊,共郎长行莫围棋。玲珑骰子安红豆,入骨相思知不知。

---

① [宋]谢枋得:《批注章泉涧泉二先生选唐诗》卷四,清嘉庆宛委别藏本。

② [明]周珽:《唐诗选脉会通评林》卷五二,《四库全书存目丛书补编》第26册,济南:齐鲁书社,2001年,第683页。

从诗题来看,这两首诗与音乐文学关系密切,很可能是用于实际演唱的曲子词。诗作采用民歌中常见的谐音手法,以解说物象代替理性议论,很可能受到南朝乐府的启发,构思机智俏皮,饶具风流之态。

又如其《杨柳八首》,一名《杨柳枝》。《杨柳枝》被《乐府诗集》归为"近代曲辞",视为"白居易洛中所制也",至薛能时尚合乐。① 中晚唐《杨柳枝》多以柳树为意象。温庭筠此作很有可能即为合乐的《杨柳枝》,即直接用于演唱的时新曲词。诗作的语言清丽优美,关注女性生活细节,富于民间说唱意味,兹录二首:

苏小门前柳万条,毵毵金线拂平桥。黄莺不语东风起,深闭朱门伴细腰。(其三)

两两黄鹂色似金,袅枝啼露动芳音。春来幸自长如线,可惜牵缠荡子心。(其六)

以物象起兴,关合物象而直叙情感,语言通俗,表现出乐府特色。比起其他体裁,温庭筠七绝中缘情的成分明显更高,更接近其拟古乐府和曲子词。温庭筠的女色七绝上承南朝乐府的传统,下启曲子词的消息。

李商隐本自擅长由体物及于缘情,其七绝的缘情特点则更加明显,往往语苦情深,道出千姿百态的人情,发人所未发,而又不失之穿凿,从而多有脍炙人口之作,如:

君问归期未有期,巴山夜雨涨秋池。何当共剪西窗烛,却话巴山夜雨时。(《夜雨寄北》)

淡云轻雨拂高唐,玉殿秋来夜正长。料得也应怜宋玉,一生惟事楚襄王。(《席上作》)

巫峡迢迢旧楚宫,至今云雨暗丹枫。微生尽恋人间乐,只有襄王

① 参见[宋]郭茂倩编《乐府诗集》,北京:中华书局,1979年,第1142—1143页。

忆梦中。(《过楚宫》)

除了直接的议论,李商隐的七绝同样善于陈列物象,以聚象为缘情,如:

远书归梦两悠悠,只有空床敌素秋。阶下青苔与红树,雨中寥落月中愁。(《端居》)

回望高城落晓河,长亭窗户压微波。水仙欲上鲤鱼去,一夜芙蓉红泪多。(《板桥晓别》)

残花啼露莫留春,尖发谁非怨别人。若但掩关劳独梦,宝钗何日不生尘。(《残花》)

不着议论,仅以明丽的物象示人,传达寂寞的情绪,营造静穆的美感,吸取了宫体诗审美的优点,而又因七绝的形式特点显得不失灵动。

李商隐并无曲子词传世,但他的一些七绝描写女子的心理和情态,入于词调,对后世长短句不无启发,如:

鸾扇斜分凤幄开,星桥横过鹊飞回。争将世上无期别,换得年年一度来。(《七夕》)

小亭闲眠微醉消,山榴海柏枝相交。水文簟上琥珀枕,傍有堕钗双翠翘。(《偶题二首》其一)

七绝之体与音乐文学较为亲近,与乐府一样长于缘情,故更容易为曲子词所借鉴。

李商隐的七绝还多有与女子酬答者,除上文提到的《夜雨寄北》《端居》等,又如:

水精如意玉连环,下蔡城危莫破颜。红绽樱桃含白雪,断肠声里唱阳关。(《赠歌妓二首》其一)

偷桃窃药事难兼,十二城中锁彩蟾。应共三英同夜赏,玉楼仍是水精帘。(《月夜重寄宋华阳姊妹》)

以七绝与女子酬答,也是晚唐的风气。

陈陶的女色七绝显示出与音乐文学更密切的关系。其中,有拟古乐府者,如《赋得古莲塘》:

阖闾宫娃能采莲,明珠作佩龙为船。三千巧笑不复见,江头废苑花年年。

题曰“赋得”,可知为拟古,“莲塘”为南朝乐府中常见的意象。此诗格律略拗,用语有民歌风味,在反映文人的怀古趣味的同时,也在语言上向民歌乐府学习。

又有以时新曲调为题,可入乐歌唱者,如《水调词十首》,兹录二首:

羽管慵调怨别离,西园新月伴愁眉。容华不分随年去,独有妆楼明镜知。(其二)

惆怅江南早雁飞,年年辛苦寄寒衣。征人岂不思乡国,只是皇恩未放归。(其四)

这组作品的主题是征夫思妇,为梁陈宫体诗的常见题材。诗作继承元和七绝体宫词的传统,关注女性的生活细节,也与梁陈宫体诗的传统遥相呼应。作为七绝体,诗作更注重缘情,借助传统的题材,注重发掘主人公的内心情绪,写出了晚唐人对边塞军旅的厌倦、对世俗日常生活的眷恋。

又有酬赠歌妓者,如《答莲花妓》:

近来诗思清于水,老去风情薄似云。已向升天得门户,锦衾深愧卓文君。

亦关涉流连歌筵的生活，与音乐文学的环境息息相关。

李群玉的女色七绝多为妓席赠答之作，以描写女子情态见长，如：

> 曾留宋玉旧衣裳，惹得巫山梦里香。云雨无情难管领，任他别嫁楚襄王。（《赠人》）
>
> 颦黛低红别怨多，深亭芳恨满横波。声中唱出缠绵意，泪落灯前一曲歌。（《和人赠别》）
>
> 骰子巡抛裹手拈，无因得见玉纤纤。但知谑道金钗落，图向人前露指尖。（《戏赠姬人》）

在这些酬赠之作中，既有体物，描写女子的外在色相，也有缘情，揣度女子的内心活动，与梁陈宫体诗对女性的关注点颇为相似。这些作品虽关涉女子色相，但仍以缘写女子内心情绪为重。

李郢的女色七绝也呈现出对女性生活细节的兴趣，遣词香艳，如：

> 新秋牛女会佳期，红粉筵开玉馔时。好与檀郎寄花朵，莫教清晓羡蛛丝。（《七夕寄张氏兄弟》）
>
> 薄雪燕蓊紫燕钗，钗垂簏簌抱香怀。一声歌罢刘郎醉，脱取明金压绣鞋。（《张郎中宅戏赠二首》其一）

或表现清雅而略显神秘的闺中生活，如：

> 桐阴覆井月斜明，百尺寒泉古甃清。越女携瓶下金索，晓天初放辘轳声。（《晓井》）

或表现风流富艳的歌筵交往，如：

> 江梅冷艳酒清光，急拍繁弦醉画堂。无限柳条多少雪，一将春恨

付刘郎。(《醉送》)

或表现惊鸿一瞥的农家少女情趣,如:

蒨蒨红裙好女儿,相偎相倚看人时。使君马上应含笑,横把金鞭为咏诗。(《自水口入茶山》)

总是在饶有兴味地窥探女性世界的奥秘,不但忠实地刻画她们的容貌衣饰,也揣测她们的心理活动。

唐彦谦的《无题十首》同样是以女性的日常活动为题材,兹录三首:

锦筝银甲响鹍弦,勾引春声上绮筵。醉倚阑干花下月,犀梳斜亸鬓云边。(其二)

夜合庭前花正开,轻罗小扇为谁裁。多情惊起双蝴蝶,飞入巫山梦里来。(其七)

忆别悠悠岁月长,酒兵无计敌愁肠。柔丝漫折长亭柳,绾得同心欲寄将。(其八)

宛如一帧帧仕女图上的题诗,描述了女性日常生活中阴柔富丽的用具和小小的生活情趣,形象具体而不失灵动。

唐彦谦又有一些有关女性和爱情的七绝,在题材和语言上显露出模仿李商隐的痕迹,如:

楚天遥望每长颦,宋玉襄王尽作尘。不会瑶姬朝与暮,更为云雨待何人。(《楚天》)

人世仙家本自殊,何须相见向中途。惊鸿瞥过游龙去,漫恼陈王一事无。(《洛神》)

从题材上看，宋玉、楚襄王和曹植、洛神的故事，都曾被李商隐反复吟咏。从写法上看，这两首诗揣测古人可能的心理或情绪，注重议论，也与李商隐七绝相似。

韩偓创作了大量的女色七绝。韩偓的女色七绝同样关注女性的生活细节，擅长靠陈列物象表现情感，与温李所作一样，大多近于词调，如：

鹅儿唼喋栀黄嘴，凤子轻盈腻粉腰。深院下帘人昼寝，红蔷薇架碧芭蕉。（《深院》）

浓烟隔帘香漏泄，斜灯映竹光参差。绕廊倚柱堪惆怅，细雨轻寒花落时。（《绕廊》）

绣裙斜立正销魂，侍女移灯掩殿门。燕子不来花著雨，春风应自怨黄昏。（《宫词》）

恻恻轻寒翦翦风，小梅飘雪杏花红。夜深斜搭秋千索，楼阁朦胧烟雨中。（《夜深》）

除了从宏观角度渲染气氛，韩偓也擅长从细部描写女性神态，如：

蹋青会散欲归时，金车久立频催上。收裙整髻故迟迟，两点深心各惆怅。（《蹋青》）

宫样衣裳浅画眉，晚来梳洗更相宜。水精鹦鹉钗头颤，举袂佯羞忍笑时。（《忍笑》）

两重门里玉堂前，寒食花枝月午天。想得那人垂手立，娇羞不肯上秋千。（《想得》）

秋千打困解罗裙，指点醍醐索一尊。见客入来和笑走，手搓梅子映中门。（《偶见》）

刻画细致，将女性的内心活动外化为可视的形象。

这种对女性生活的窥视甚至会深入闺房内部，涉及一些颇为私密的

场景,如:

眉山暗澹向残灯,一半云鬟坠枕棱。四体著人娇欲泣,自家揉损研缭绫。(《半睡》)

香侵蔽膝夜寒轻,闻雨伤春梦不成。罗帐四垂红烛背,玉钗敲著枕函声。(《闻雨》)

一夜清风动扇愁,背时容色入新秋。桃花脸里汪汪泪,忍到更深枕上流。(《新秋》)

髻根松慢玉钗垂,指点花枝又过时。坐久暗生惆怅事,背人匀却泪胭脂。(《松髻》)

用笔之绵密,取象之大胆,令人联想起萧纲的宫体诗。

在生动的形象之外,韩偓的七绝同样会直接缘写爱情心理,语苦情深,发人之所未发,如:

鞭梢乱拂暗伤情,踪迹难寻露草青。犹是玉轮曾辗处,一泓秋水涨浮萍。(《重游曲江》)

花前洒泪临寒食,醉里回头问夕阳。不管相思人老尽,朝朝容易下西墙。(《夕阳》)

年年长是阻佳期,万种恩情只自知。春色转添惆怅事,似君花发两三枝。(《中春忆赠》)

以缘情为先,体现七绝本色。

吴融的女色七绝往往切近物情,擅长在体物中传达微妙的情感,如:

四郊飞雪暗云端,唯此宫中落旋干。绿树碧檐相掩映,无人知道外边寒。(《华清宫二首》其一)

写温泉较外界气候为温暖，是描写特异事物的不凡之处，属体物之笔，而在其中又暗寓讽喻之情，暗写杨妃只顾享乐而不问世间疾苦，通过巧妙地剪裁客观事物的特点，表达自己的主观感受。又如：

迎愁敛黛一声分，吊屈江边日暮闻。何事遏云翻不定，自缘踪迹爱行云。（《荆南席上闻歌》）

借助“云”的形象，将“响遏行云”与“巫山云雨”两个典故联系起来，关合歌女的歌声之美与形体之美，构思纤细却不失巧妙。

张泌传世的女色七绝不多，却颇能动人，如《寄人》二首：

别梦依依到谢家，小廊回合曲阑斜。多情只有春庭月，犹为离人照落花。

酷怜风月为多情，还到春时别恨生。倚柱寻思倍惆怅，一场春梦不分明。

体物清丽，缘情切至，给人留下深刻印象。

徐夤的七绝《李夫人二首》《明妃》《马嵬》均咏前代美人，实则带有咏史的性质，在夸耀美丽物象的同时融入议论，如《明妃》：

不用牵心恨画工，帝家无策及边戎。香魂若得升明月，夜夜还应照汉宫。

将明妃系恋旧邦之情形象化为一轮明月。

晚唐诗人的女色七绝是一道亮丽的风景线，缘情绮靡是这些作品的共同特征。晚唐女色七绝对女性日常生活的关注体现出与宫体诗的相似性，而议论和缘情也是晚唐女色七绝中不可或缺的部分。

二、贵游

晚唐人的七绝与七律一样，也会用华丽的语言表达对友人的称许，或描写仙界和富贵人家的生活。

温庭筠的《赠少年》酬赠友人，写得潇洒高华，富于浪漫气息：

> 江海相逢客恨多，秋风叶下洞庭波。酒酣夜别淮阴市，月照高楼一曲歌。

又其以游仙语汇写道教宫观：

> 昔年曾伴玉真游，每到仙宫即是秋。曼倩不归花落尽，满丛烟露月当楼。（《题河中紫极宫》）

意象华美。

李商隐写贵少年的绝句如《公子》：

> 外戚封侯自有恩，平明通籍九华门。金唐公主年应小，二十君王未许婚。

与其五言贵游诗主题、用语相似。写自己惬意的贵游生活如《花下醉》：

> 寻芳不觉醉流霞，倚树沉眠日已斜。客散酒醒深夜后，更持红烛赏残花。

物象艳丽，沉湎于高雅的享乐而从中发现美感，意态雍容而自见深情。以华贵语言称许师友者如：

> 固漆投胶不可开，赠君珍重抵琼瑰。君王晓坐金銮殿，只待相如

草诏来。(《赠庾十二朱版》)

称许现实中的友人,引用诗人在女色诗、咏史诗中经常引用的典故,造语华丽,意境颇似诗人的咏史诗。又如《李卫公(德裕)》:

绛纱弟子音尘绝,鸾镜佳人旧会稀。今日致身歌舞地,木棉花暖鹧鸪飞。

使用"绛纱弟子""鸾镜佳人"等汉魏六朝典故,又使用"木棉花暖鹧鸪飞"的语汇,将李德裕的流放地形容为"歌舞地",在政治斗争的残酷背景之下,偏偏写出了一片华美景致。李商隐的七绝还有以艳语嘲戏友人者,如:

待得郎来月已低,寒暄不道醉如泥。五更又欲向何处,骑马出门乌夜啼。(《留赠畏之》其二)

碧云东去雨云西,苑路高高驿路低。秋水绿芜终尽分,夫君太骋锦障泥。(《雨中长乐水馆送赵十五滂不及》)

与一些梁陈宫体诗的功能相似。

李商隐的七绝体仙道诗并不多,《赠白道者》是一首带有神异色彩的酬赠诗:

十二楼前再拜辞,灵风正满碧桃枝。壶中若是有天地,又向壶中伤别离。

想象仙道世界的规则,落想奇特,渲染了与道者的别离之情。

曹唐的《小游仙诗》为七绝体的仙道诗,写仙道世界,关注仙家女子的生活细节,写法近似七绝体的宫词,已见前述。同时代的陈陶也有七绝

体的仙道诗,如:

正殿云开露冕旒,下方珠翠压鳌头。天鸡唱罢南山晓,春色光辉十二楼。(《朝元引四首》其二)

以世间宫廷为蓝本想象仙界,措辞或受到宫体诗启发。

李群玉的七绝酬赠诗有造语华丽者,如:

静里寒香触思初,开缄忽见二琼琚。一吟丽句风流极,没得弘文李校书。(《酬魏三十七》)

亦有以艳语嘲戏友人者,如:

兰浦秋来烟雨深,几多情思在琴心。知君调得东家子,早晚和鸣入锦衾。(《戏赠魏十四》)

芳草萋萋新燕飞,芷汀南望雁书稀。武陵洞里寻春客,已被桃花迷不归。(《恼从兄》)

李郢、于武陵七绝有描写贵游生活者,如:

三十骅骝一哄尘,来时不锁杏园春。东风柳絮轻如雪,应有偷游曲水人。(李郢《春晚与诸同舍出城迎座主侍郎》)

韦曲城南锦作堆,千金不惜买花栽。谁知贵戚多羁束,落尽春红不看来。(于武陵《韦曲》)①

可知描写贵游生活、嘲戏友人,也是晚唐七绝创作的风气。

---

① 《类编长安志》卷九,录自《全唐诗续拾》卷三〇,《全唐诗补编》,第1123页。

唐彦谦七绝有描写贵游生活者如：

箜篌箫管和琵琶，兴满金尊酒量赊。歌舞留春春似海，美人颜色正如花。（《春日偶成》）

有以富丽语称颂友人者如：

振鹭翔鸾集禁闱，玉堂珠树莹风仪。不知新到灵和殿，张绪何如柳一枝。（《贺李昌时禁苑新命》）

有以唯美物象表达对友人的怀念者如：

金井凉生梧叶秋，闲看新月上帘钩。冰壶总忆人如玉，目断重云十二楼。（《怀友》）

有想象仙界情景者如：

会合无由叹久违，一年一度是缘非。而予愿乞天孙巧，五色纫针补衮衣。（《七夕》）

皆措辞优美，丽而不俗，似是得益于温李诗。

韩偓的七绝间或有嘲戏之作，如：

二月春风澹荡时，旅人虚对海棠梨。不如寄与星郎去，想得朝回正画眉。（《以庭前海棠梨花一枝寄李十九员外》）

吴融的七绝有记录自己的清贵生活而绝似宫词者，如《便殿候对》：

宣呼昼入蕊珠宫,玉女窗扉薄雾笼。待得华胥春梦觉,半竿斜日下厢风。

有酬赠友人而取象高华唯美者,如《送荆南从事之岳州》:

秋拂湖光一镜开,庾郎兰棹好徘徊。遥知月落酒醒处,五十弦从波上来。

皆借用齐梁意象,并受到齐梁审美的影响。

晚唐诗人的贵游七绝创作不像贵游七律那样频繁,但基本的功能类型没有太大的区别,说明这两种文体在描写贵游的功能上没有明显的界线。晚唐诗人此类七绝也显示出齐梁诗风的影响。

三、咏物

晚唐诗人的咏物七绝创作也十分普遍。与女色七绝情况类似,几乎人人都有创作。由此可见,女色、咏物这两种典型的齐梁题材,深刻地渗透进了七绝这一原本距离齐梁最远的文体。

温庭筠的咏物七绝仍热衷于美丽事物,如:

芍药蔷薇语早梅,不知谁是艳阳才。今朝领得春风意,不复饶君雪里开。(《三月十八日雪中作》)

高低深浅一阑红,把火殷勤绕露丛。希逸近来成懒病,不能容易向春风。(《夜看牡丹》)

然而,温庭筠对美丽事物的执着,在七绝中只体现为罗列名词,而非精细的体物。这些作品都必有议论的成分,这与齐梁宫体诗的风格不同,也与温庭筠其他体裁的作品不同,是由七绝的文体特点决定的。温庭筠以议论新奇见长的咏物七绝又如:

慢笑开元有幸臣，直教天子到蒙尘。今来看画犹如此，何况亲逢绝世人。(《龙尾驿妇人图》)

虽然以玩赏美丽事物为中心，议论处语近卑琐，却也未尝放弃议论，体现了七绝与其他文体的功能差异。

李商隐创作了大量咏物七绝，亦皆热衷于美丽事物，专注物象，诗题往往比较单纯，如《霜月》《石榴》《蝶》《柳》《赋得鸡》《破镜》等。诗作大多映带女色，或与华贵生活有关，以曲尽物情见长。李商隐的咏物七绝有以对事物本身情理的精确描述见长者，如：

六曲连环接翠帷，高楼半夜酒醒时。掩灯遮雾密如此，雨落月明俱不知。(《屏风》)

三更三点万家眠，露欲为霜月堕烟。斗鼠上堂蝙蝠出，玉琴时动倚窗弦。(《夜半》)

并不过分描绘静物，而是重在点出事物与周围环境之间的关系，对事物发表精确而新颖的议论，即使是单纯的体物，仍不失落七绝的缘情本色。又有曲尽物情而通于世情，若有所谓者，如：

为有桥边拂面香，何曾自敢占流光。后庭玉树承恩泽，不信年华有断肠。(《柳》)

流莺舞蝶两相欺，不取花芳正结时。他日未开今日谢，嘉辰长短是参差。(《樱桃花下》)

过水穿楼触处明，藏人带树远含清。初生欲缺虚惆怅，未必圆时即有情。(《月》)

洞庭波冷晓侵云，日日征帆送远人。几度木兰舟上望，不知元是此花身。(《木兰花》)

读来饶有趣意。更有借题发挥,依托物情而有意缘写世情者,如:

> 曾逐东风拂舞筵,乐游春苑断肠天。如何肯到清秋日,已带斜阳又带蝉。(《柳》)

以议论见长,发人深省。义山诗本以缘情见长,七绝体更是发挥了义山缘情的优势。这些咏物七绝不重体物,以意为主,更容易获得主流诗学的认可。

陈陶的咏物七绝大多与仙道题材相关,如写僧道幽栖环境的《双桂咏》:

> 青冥结根易倾倒,沃洲山中双树好。琉璃宫殿无斧声,石上萧萧伴僧老。

寄寓求仙理想的《竹十一首》:

> 不厌东溪绿玉君,天坛双凤有时闻。一峰晓似朝仙处,青节森森倚绛云。(其一)

另外也有映带女色者如《蜀葵咏》:

> 绿衣宛地红倡倡,熏风似舞诸女郎。南邻荡子妇无赖,锦机春夜成文章。

题材与审美仍与齐梁诗风有关。

李群玉的咏物七绝大多专注物象,诗题简洁,与齐梁咏物诗的作法相似;且好用比喻,珠光宝气,反映出齐梁式的审美,如:

洞中春气蒙笼暄，尚有红英千树繁。可怜夹水锦步障，羞数石家金谷园。(《山榴》)

锦羽相呼暮沙曲，波上双声戛哀玉。霞明川静极望中，一时飞灭青山绿。(《鸂鶒》)

狂吟乱舞双白鹤，霜翎玉羽纷纷落。空庭向晚春雨微，却敛寒香抱瑶萼。(《二辛夷》)

李郢的咏物七绝诗题简洁，映带女色，与齐梁咏物诗的作法相似，如：

饮蝉惊雨落高槐，山蚁移将入石阶。若使秦楼美人见，还应一为拔金钗。(《蝉》)

咏蝉而联想到“秦楼美人”的“金钗”，是典型的宫体诗思路。而诗作的主旨写蝉的命运遭际之偶然，似有希冀援引之意，仍可看出在缘情方面的努力。

于武陵、秦韬玉的咏物七绝同样映带女色，并反映出齐梁式的审美模式，如：

王母阶前种几株，水晶帘内看如无。只应汉武金盘上，泻得珊珊白露珠。(于武陵[①]《白樱桃》)

不知大厦许栖无，频已衔泥到座隅。曾与佳人并头语，几回抛却绣工夫。(秦韬玉《燕子》)

北阙同云掩晓霞，东风春雪满山家。琼章定少千人和，银树先开六出花。(秦韬玉《奉和春日玩雪》)

---

① 《全唐诗》本诗作者题为“于邺”。

注重引入美人和美丽物象,点染字面,缘情色彩较淡。

唐彦谦咏物七绝诗题简洁,如《春草》《翡翠》《牡丹》等,似齐梁咏物诗。作品中反映出齐梁式的审美,如:

> 月瓣团栾剪赭罗,长条排蕊缀鸣珂。倾阳一点丹心在,承得中天雨露多。(《秋葵》)
>
> 紫云团影电飞瞳,骏骨龙媒自不同。骑过玉楼金辔响,一声嘶断落花风。(《咏马二首》其一)

除此以外,唐彦谦咏物七绝还呈现出学习李商隐的倾向,努力做到体物及情,如:

> 十顷狂风撼曲尘,缘堤照水露红新。世间花气皆愁绝,恰是莲香更恼人。(《黄子陂荷花》)
>
> 绊惹春风别有情,世间谁敢斗轻盈。楚王江畔无端种,饿损纤腰学不成。(《垂柳》)

前首缘写事物本身的情理,后首力图有所寄寓,在李商隐的咏物七绝中也可以看到类似的作法。

韩偓的咏物七绝有不少热衷于映带女色,其较为直致者如:

> 方寸肤圆光致致,白罗绣屧红托里。南朝天子欠风流,却重金莲轻绿齿。(《屐子》)

以咏屐子为名,关注点却是女子足趾,即使在宫体诗中,亦属大胆的题材。又如:

> 袅雨拖风不自持,全身无力向人垂。玉纤折得遥相赠,便似观音

手里时。(《咏柳》)

名为咏柳,实际是为了描写拿着柳枝的手。

其较为蕴藉者如:

扫花虽恨夜来雨,把酒却怜晴后寒。吴质谩言愁得病,当时犹不凭阑干。(《阑干》)

高在酒楼明锦幕,远随渔艇泊烟江。古来幽怨皆销骨,休向长门背雨窗。(《咏灯》)

皆不从正面落笔,咏阑干则从"凭阑干"入手,联想到凭阑之人;咏灯则从灯的"背雨窗"入手,联想到与灯一样背窗之人。所写之人未必是女子,但前二句唯美的环境铺垫,却令人联想到美女和情爱。诗作并不着意体物,只是以物象为话题,以写人为目的。

其以女性做喻体者如:

正怜香雪披千片,忽讶残霞覆一丛。还似妖姬长年后,酒酣双脸却微红。(《和吴子华侍郎令狐昭化舍人叹白菊衰谢之绝次用本韵》)

通过想象,从衰谢的白菊中看出妖冶的美人形象。

除映带女色外,韩偓的咏物七绝还大量使用齐梁式比喻,反映了齐梁式的审美,如:

应是仙人金掌露,结成冰入蒨罗囊。(《荔枝三首》其三)
何曾解报稻粱恩,金距花冠气遏云。(《观斗鸡偶作》)
碧玉眼睛云母翅,轻于粉蝶瘦于蜂。(《蜻蜓》)

吴融的咏物七绝以奇思妙想取胜,多据事物特点生发新意,后二句多

新警之语,如:

> 莫道不蚕能致此,海边何事有扶桑。(《鲛绡》)
> 蓬莱若探人间事,一日还应两度知。(《潮》)
> 清歌一曲犹能住,莫道无心胜得人。(《云》)
> 百花长恨风吹落,唯有杨花独爱风。(《杨花》)

诗题简洁,专注物象,与齐梁咏物诗的特点相似;但以机智巧妙的构思取胜,不以体物取胜,体现了七绝本身的特点。吴融甚至有一首七绝专门以《情》为题:

> 依依脉脉两如何,细似轻丝渺似波。月不长圆花易落,一生惆怅为伊多。

直接把"情"当作物来吟咏,颇与"缘情"的本意暗合。吴融的咏物七绝同样有相对关注缘情的特点。

张泌的《惜花》在咏花的同时映带女色:

> 蝶散莺啼尚数枝,日斜风定更离披。看多记得伤心事,金谷楼前委地时。

从落花联想到坠楼的美人。

徐夤的咏物七绝同样明显有映带女色的倾向。因关注女色而吟咏相关事物者如:

> 素手春溪罢浣纱,巧裁明月半弯斜。齐宫合赠东昏宠,好步黄金菡萏花。(《新刺袜》)

遣词香艳。顺便提及女性者如：

苒苒双双拂画栏，佳人偷眼再三看。莫欺翼短飞长近，试就花间扑已难。(《蝴蝶三首》其二)

做齐梁式比喻，以女性或女性劳动成果为喻体者如：

朝露洒时如濯锦，晚风飘处似遗钿。重门剩著黄金锁，莫被飞琼摘上天。(《蔷薇》)

绿绮新裁织女机，摆风摇日影离披。只应青帝行春罢，闲倚东墙卓翠旗。(《蕉叶》)

晚唐齐梁体诗人的咏物七绝体现出相似的特性：一方面，普遍映带女色、专注物象、倾向于齐梁式审美，体现出与宫体咏物诗的相似性；另一方面，普遍不过分体物，大多偏重缘情，热衷于议论，以奇思妙想取胜，体现出七绝的文体个性。晚唐齐梁体诗人的咏物七绝创作，展示了最标准的齐梁题材与最典型的唐代文体结合的一种可能性。

四、赋题与边塞

晚唐齐梁体诗人很少用七绝创作赋题诗和边塞诗。陈陶的《陇西行四首》兼具边塞诗与赋题诗的性质，其中第二首脍炙人口：

誓扫匈奴不顾身，五千貂锦丧胡尘。可怜无定河边骨，犹是春闺梦里人。

与很多齐梁边塞诗一样，此诗也是将女色与边塞放在一起来写，而与很多晚唐七绝一样，此诗以后二句缘情新警取胜。

五、山水

七绝不像律诗那样长于体物，故无法支持像晚唐体、许赵体这样与体裁密切相关的山水诗流派。晚唐齐梁体诗人在用七绝描写山水自然时,会在许赵式的清丽之上,偶尔添上一点齐梁式的秾艳。

温庭筠写自然风光的七绝大多色彩明丽,与其写自然风光的歌行相似,体现出齐梁式审美的影响,如:

> 蓼穗菱丛思蟪蛄,水萤江鸟满烟蒲。愁红一片风前落,池上秋波似五湖。(《元处士池上》)
>
> 池塘经雨更苍苍,万点荷珠晓气凉。朱瑀空偷御沟水,锦鳞红尾属严光。(《薛氏池垂钓》)

李商隐写自然风光的七绝设象唯美,落想奇特,如:

> 花明柳暗绕天愁,上尽重城更上楼。欲问孤鸿向何处,不知身世自悠悠。(《夕阳楼》)

将自然景物的描写与缘写自身情感结合起来,真切而新颖。有的作品语言略带民歌风味,如《暮秋独游曲江》:

> 荷叶生时春恨生,荷叶枯时秋恨成。深知身在情长在,怅望江头江水声。

从南朝乐府中汲取了营养。

陈陶的山水七绝丽中求奇,会用到仙道语汇,如《春日行》:

> 鹍鸡初鸣洲渚满,龙蛇洗鳞春水暖。病多欲问山寺僧,湖上人传石桥断。

李群玉的山水七绝风格唯美,有时用字艳丽,如:

斜雨飞丝织晓空，疏帘半卷野亭风。荷花向尽秋光晚，零落残红绿沼中。(《北亭》)

穿针楼上闭秋烟，织女佳期又隔年。斜笛夜深吹不落，一条银汉挂秋天。(《秋登涔阳城二首》其二)

水浮秋烟沙晓雪，皎洁无风灯影彻。海客云帆未挂时，相与缘江拾明月。(《落帆后赋得二绝》其二)

草暖沙长望去舟，微茫烟浪向巴丘。沅江寂寂春归尽，水绿蘋香人自愁。(《南庄春晚二首》其二)

受到齐梁审美的影响。

李郢的山水七绝同样取象唯美，但用字更为清淡，更接近许赵体，如：

小田微雨稻苗香，田畔清溪潏潏凉。自忆东吴榜舟日，蓼花沟水半篙强。(《山行》)

秋月斜明虚白堂，寒蛩唧唧树苍苍。江风彻晓不得睡，二十五声秋点长。(《宿杭州虚白堂》)

唐彦谦的山水七绝同样体现唯美风格，如：

柳短莎长溪水流，雨微烟暝立溪头。寒鸦闪闪前山去，杜曲黄昏独自愁。(《长溪秋望》)

蝶恋晚花终不去，鸥逢春水固难飞。野人心地都无著，伴蝶随鸥亦不归。(《野行》)

韩偓的山水七绝受到杜诗和韩孟诗派审美的影响，即使在使用艳字时，也是色调浓重，下笔有力，追求奇异的审美效果，如：

古木侵天日已沉，露华凉冷润衣襟。江城曛黑人行绝，唯有啼乌

伴夜砧。(《曛黑》)

天际霞光入水中,水中天际一时红。直须日观三更后,首送金乌上碧空。(《晓日》)

猛风飘电黑云生,霎霎高林簇雨声。夜久雨休风又定,断云流月却斜明。(《夏夜》)

吴融的山水七绝同样取象唯美,但过分关注物象,诗思流于浮浅,如:

松间小槛接波平,月淡烟沉暑气清。半夜水禽栖不定,绿荷风动露珠倾。(《凉思》)

月里青山淡如画,露中黄叶飒然秋。危栏倚遍都无寐,只恐星河堕入楼。(《秋夕楼居》)

六、怀古

李商隐没有典型的怀古七绝,温庭筠的怀古七绝数量也很少。在温庭筠的怀古七绝中,山水因素只是点缀,算不上体物,而对历史发表议论是温庭筠怀古七绝的重点,如:

古坟零落野花春,闻说中郎有后身。今日爱才非昔日,莫抛心力作词人。(《蔡中郎坟》)

王气销来水渺茫,岂能才与命相妨。虚开直渎三千里,青盖何曾到洛阳。(《过吴景帝陵》)

两首诗都是只以第一句做简单的自然描写,交代怀古的地点,后二句的议论清晰直接,力图抒发与众不同的见解。温庭筠怀古七绝与怀古歌行的写法形成了鲜明对比。温庭筠在怀古七绝中并不"深著语,浅著情",而是以议论为重,主旨绝不暧昧,也尽量不沿袭大众的观点,风景的描写则退居次要位置。这也再一次说明,温庭筠重物轻情的艺术特点只见于某些文体的创作，并不见于他的七绝。

陈陶的怀古七绝多用仄声韵脚，映带女色，追求奇诡的艺术效果，如：

伏龙山横洲渚地，人如白蘋自生死。洪崖成道二千年，唯有徐君播青史。（《题徐稚湖亭》）

今人地藏古人骨，古人花为今人发。江南何处葬西施，谢豹空闻采香月。（《吴苑思》）

凄楚的韵脚，奇异的落想，给人留下深刻的印象。

李群玉的怀古七绝与陈陶类似，同样映带女色，追求奇诡，如：

黄陵庙前春已空，子规啼血滴松风。不知精爽归何处，疑是行云秋色中。（《题二妃庙》）

兼具齐梁之丽与韩孟之奇，用近体七绝写出了李贺歌行的风味，而议论已非诗作的要务。

唐彦谦的怀古七绝不重描绘眼前景物，总以议论见长，如：

汉川城上角三呼，扈跸防边列万夫。褒姒冢前烽火起，不知泉下破颜无。（《登兴元城观烽火》）

昭烈遗黎死尚羞，挥刀斫石恨谯周。如何千载留遗庙，血食巴山伴武侯。（《邓艾庙》）

充分发挥了七绝议论的特长，几乎成为单纯的咏史诗，看不出齐梁诗风的影响。

韩偓和吴融都很少写怀古七绝，偶有创作，也命意凡近，如：

不悲霜露但伤春，孝理何因感兆民。景帝龙髯消息断，异香空见

李夫人。(韩偓《过茂陵》)

百里烟尘散杳冥,新平一隰草青青。八公山石君知否,休更中原作彗星。(吴融《经苻坚墓》)

盖因韩吴诗学大多得力于义山,而义山在怀古七绝方面并未提供成功的范例,故韩吴也未曾留心于怀古七绝创作。

晚唐齐梁体诗人的怀古七绝创作大多以温庭筠为宗,崇尚物象的唯美,甚至对李贺和温庭筠的歌行艺术有所借鉴。少数怀古诗则不重物象,几乎等同于咏史诗。

七、咏史

温庭筠几乎没有典型的咏史七绝,李商隐极为擅长咏史七绝创作。李商隐的咏史七绝多有经典之作,议论往往出人意表,仅举数首经典之作为例:

国事分明属灌均,西陵魂断夜来人。君王不得为天子,半为当时赋洛神。(《东阿王》)

武皇精魄久仙升,帐殿凄凉烟雾凝。俱是苍生留不得,鼎湖何异魏西陵。(《过景陵》)

黄昏封印点刑徒,愧负荆山入座隅。却羡卞和双刖足,一生无复没阶趋。(《任弘农尉献州刺史乞假还京》)

宣室求贤访逐臣,贾生才调更无伦。可怜夜半虚前席,不问苍生问鬼神。(《贾生》)

从这些诗例可以明显看出,李商隐咏史七绝完全以意为主,并不注重物象。

晚唐后期,唐彦谦、韩偓的咏史七绝都明显带有模仿李商隐的痕迹,关心的史事也大体与李商隐相同,只是在思想的深刻方面无法达到李商隐的程度,如:

王母清歌玉琯悲，瑶台应有再来期。穆王不得重相见，恐为无端哭盛姬。(唐彦谦《穆天子传》)

草草招提强据鞍，周师乘胜莫回看。背城肯战知虚实，争奈人前忍笑难。(唐彦谦《北齐》)

蜂黄蝶粉两依依，狎宴临春日正迟。密旨不教江令醉，丽华微笑认皇慈。(韩偓《侍宴》)

韩偓想象历史场景自有生动之处，唐彦谦所作则显得更为浅俗。

吴融、徐夤的咏史七绝也表现平平，议论不甚高妙，如：

凿河千里走黄沙，沙殿西来动日华。可道新声是亡国，且贪惆怅后庭花。(吴融《水调》)

六国商於恨最多，良弓休绾剑休磨。君王不剪如簧舌，再得张仪欲奈何。(徐夤《楚国史》)

晚唐齐梁体诗人的咏史七绝大多承袭李商隐，以意为主，重在议论，仅在关注点的选取上体现对前代的追慕，未明显体现齐梁诗风。

八、其他

七绝几乎是晚唐最常用的文体，人人都有七绝创作。晚唐齐梁体诗人浸润齐梁诗风既久，创作出的非齐梁题材的七绝有时也会带上一点齐梁色彩，在此做一简单介绍。

温庭筠的《宿城南亡友别墅》怀念亡友，意境悲凉而选字艳丽：

水流花落叹浮生，又伴游人宿杜城。还似昔年残梦里，透帘斜月独闻莺。

体现出模拟齐梁用字的创作习惯。

李商隐的一些七绝意象唯美，写得精致而自然，如：

扇风淅沥簟流离，万里南风滞所思。守到清秋还寂寞，叶丹苔碧闭门时。(《到秋》)

孤鹤不睡云无心，衲衣筇杖来西林。院门昼锁回廊静，秋日当阶柿叶阴。(《华师》)

书写个人经验，似与宋调相通，却仍不失唯美的艺术追求。

陈陶、李群玉、李郢等人有一些闲适题材的七绝，包含山水自然的因素，不失清丽唯美的风格，如：

忆昔鄱阳旅游日，曾听南家争捣衣。今夜重开旧砧杵，当时还见雁南飞。(陈陶《鄱阳秋夕》)

春与春愁逐日长，远人天畔远思乡。蘋生水绿不归去，孤负东溪七里庄。(李群玉《送客往涔阳》)

津市停桡送别难，荧荧蜡炬照更阑。东风万叠吹江月，谁伴袁褒宿夜滩。(李郢《送李判官》)

秦韬玉的《独坐吟》以意为主，颇见巧思：

客愁不尽本如水，草色含情更无已。又觉春愁似草生，何人种在情田里。

语言浅易，回环往复，富于节奏感，似乎借鉴了南朝乐府和齐梁歌行的创作经验。

唐彦谦的七绝在书写个人经验时，也会关注自然物象，如：

溪上芙蓉映醉颜，悲秋宋玉鬓毛斑。无情最恨东流水，暗逐芳年去不还。(《秋日感怀》)

丹湖湖上送行舟，白雁啼残芦叶秋。采石江头旧时路，题诗还忆水边楼。(《留别》)

竹映风窗数阵斜，旅人愁坐思无涯。夜来留得江湖梦，全为乾声似荻花。(《竹风》)

虽然不曾着力体写自然景物，却也吸收了许赵体山水诗的清丽流畅。

韩偓的七绝在书写个人经验时显得苍凉凝重，离齐梁诗风较远，如：

三月伤心仍晦日，一春多病更阴天。雄豪亦有流年恨，况是离魂易黯然。(《流年》)

吴融的七绝在写到个人经验时显得略为轻松，更多体现闲适生活和山水自然的因素，如：

万事翛然只有棋，小轩高净簟凉时。阑珊半局和微醉，花落中庭树影移。(《山居即事四首》其三)

略见丽色点染。

徐夤的七绝多为一般性的酬赠，往往索然无味，唯《初夏戏题》一诗略见亮色：

长养薰风拂晓吹，渐开荷芰落蔷薇。青虫也学庄周梦，化作南园蛱蝶飞。

取象艳丽，落想奇巧。

九、小结

在晚唐，七绝是一种以缘情、议论见长，不以体物见长的诗体。晚唐齐梁体诗人的七绝创作总体而言呈现重情轻物的倾向，往往以议论见长，与他们大多数诗体的创作情况大相径庭。

女色仍是晚唐齐梁体诗人七绝创作的重要因素。晚唐七绝的女色因素或与七绝的音乐文学背景有关,多涉及歌筵舞席、酬赠活动。晚唐女色七绝的缘情特性体现了这种诗体与乐府诗的血肉联系,其对女性生活细节的关注,则体现了齐梁宫体诗对晚唐诗人精神无微不至的影响。晚唐女色七绝所反映的女性千姿百态的日常活动和内心情绪,以及缘情的、倾向于抒写个人化情感的七绝所记录的真切的内心感受、人生经验,是晚唐七绝与齐梁诗风结合所产生的精华。

在晚唐,以七绝咏物也成为风气,与齐梁咏物诗一样,晚唐咏物七绝也往往映带女色,并表现出对物象本身的热情。

七绝缘情和议论的长处在李商隐手中发挥到了极致,李商隐的七绝艺术也引发晚唐后期诗人纷纷仿效,影响了一代诗风。

第五节　晚唐齐梁诗风文体使用状况总结

本书用两章的篇幅,对晚唐齐梁体典型诗人的全部诗作做了相对细致的分体研究,一一分析了每位诗人使用每种诗体处理不同题材的特点。总体来说,每位诗人现存的全部作品所呈现的创作结构,与《才调集》所选作品呈现的创作结构是基本一致的,每位诗人的特点在《才调集》中得到了恰如其分的彰显,《才调集》选录的作品可以反映晚唐齐梁诗风的创作实际。

从创作技法来看,体物是所有晚唐齐梁体诗人的必备技能。没有一位诗人放弃对物象的执着。华美的语言、形象化的思维是他们共同的特点。按照技巧从低到高的顺序,晚唐齐梁体诗人的体物可分为罗列物象、穷形尽相、曲尽物情、映带缘情四个层次,每位诗人在不同的作品中有不同层次的发挥。温庭筠的创作常常在穷形尽相与曲尽物情之间徘徊,李商隐的创作往往能做到曲尽物情或映带缘情,温李的一般追随者则常常满足于罗列物象。以温庭筠和李商隐为代表,晚唐齐梁体诗人可以进一步分为两类，温庭筠代表体物不及情的一类，李商隐代表体物及情的一类。温庭筠的同路人贯穿了整个晚唐齐梁诗风，尤其大行于晚唐齐梁诗风中期；李商隐的追随者以与李商隐有直接渊源的后辈为主，主要出现于晚唐齐梁诗风后期。前者包括陈陶、李群玉、于武陵、崔珏、秦韬玉、张泌、徐夤等，后者包括曹唐、李郢、唐彦谦、韩偓、吴融等。前者呈现陵替的趋势，从较好地模拟齐梁到较多地创作顺手的七言近体，从穷形尽相到罗列物象，从阐缓典重到流易佻达，从犹存古调到近于曲词。后者相对保守，表现出对李商隐的崇拜，虽然往往不能企及李商隐在缘情方面的天赋，但在文体结构、主要题材和重视缘情方面，都与李商隐较为一致。前者往往出身寒素，仕途不利（也不排除有徐夤这样寒素出身的高官），热衷于在社会上博取诗名，执着于物象的美丽，创作有时流于轻易；后者往往对科举抱有希望，有一定政治抱负，他们对齐梁体的热爱是出于对诗学的理解，故更重视形式和技巧。

从题材来看，女色和咏物这两个齐梁宫体诗的经典题材，也是晚唐齐梁诗风最重要的题材，几乎每位诗人都对这两个题材表现出浓厚的兴趣。晚唐齐梁体诗人在使用这两个题材时，并没有十分明确的文体意识，几乎会用任何一个新旧诗体来写艳情诗或咏物诗。这说明，唐代后起的文体在题材层面已经完全承担起齐梁宫体诗的功能，五言和七言的题材界限日趋模糊。特别是晚唐的七律，很大程度上继承了宫体诗的体物技巧。与齐梁宫体的情形一样，晚唐齐梁体诗人的咏物诗不是必然映带女色，但经常映带女色。女色诗与咏物诗同时风行的根源在于诗人对物象的极大关注。

除此以外，与女色题材存在相似性、大多选用宫体诗语汇的贵游诗，在晚唐大行其道，并成为仙道诗的土壤，这也应视为晚唐接受齐梁诗风影响的一个方面。赋题传统虽然有所衰落，但在晚唐的近体诗中并未断绝。边塞题材并不流行，但宫体风格的边塞诗仍然存在。齐梁诗人对山水的热爱在晚唐齐梁体诗人身上得到了很好的继承，晚唐体五律和许赵体七律与晚唐齐梁诗风密切共生。晚唐齐梁体诗人对山水的热情同样显示出对物象的热情、对体物技法的热情,这或许是山水诗得以与女色诗、咏物诗共生的原因。

与山水相关的怀古诗和与山水无关的咏史诗是晚唐齐梁体诗人热衷的新题材。温庭筠一系诗人倾向于怀古,李商隐一系诗人倾向于咏史。晚唐齐梁体诗人的怀古诗和咏史诗常常映带女色,并表现出对六朝风流的追慕。

从诗学资源看,齐梁文学、李白诗歌中的齐梁因素、李贺的创作是晚唐齐梁体诗人共同尊奉的文学经典。所有的晚唐齐梁体诗人都与白体诗风有密切关系,几乎都有近似于白体的创作,元和的齐梁诗风,特别是元白及与元白有密切关系的元和诗人所创作的"新艳小律",对晚唐齐梁诗风有着直接的影响。其中,温庭筠一系与元白诗派的关系比较明显,时有率意之作,不避忌粗疏与浅俗,对韩孟诗派的接受仅限于其中较边缘化的李贺;李商隐一系对元白诗派的接受相对隐蔽,但仍可看出痕迹,对韩孟诗派的接受相对较多,时有接近韩孟体的作品出现,韩孟诗派的言志诉求或许也影响到李商隐一系,令其始终不放弃缘情的努力。晚唐齐梁诗风受到元白诗派与韩孟诗派的交互影响。诗人们扬弃了韩孟体过于崇高或险怪的表达,药救以元白体的富艳和日常;回避了元白体的寡淡与率意,药救以韩孟体的刻尽与新奇。而体物则是韩孟体与元白体共同的追求,也为晚唐齐梁诗风所继承。晚唐齐梁诗风是韩孟体与元白体的歧异在晚唐发生妥协的一种表现。

从文体的使用看,晚唐齐梁诗风前期倾向于恢复齐梁文体结构,后期则逐渐滑入以七言近体为主的时新文体结构。具体来说,温庭筠较为标准地保持了旧式文体结构;李商隐在与温庭筠同样擅长旧式文体的同时,成功地将齐梁诗风引入了七言近体;李商隐的开拓受到晚唐中后期诗人的仿效,以七言新体结合齐梁诗风,成为晚唐中后期诗人追慕齐梁的便捷手段,像温庭筠一样追求华美意象的晚唐诗人,也纷纷采用七言近体,而不再像温庭筠那样热衷于模拟齐梁旧体,反而是李商隐的后辈仍然在熟稔新体的基础上,努力模拟齐梁旧体。齐梁格诗和杂体诗在整个晚唐都得到重视。

从文体与创作技法的结合来看，齐梁格诗、五律、排律、歌行、乐府、五绝共同构成一个旧文体的系统，七律和七绝构成新文体系统的主流。在旧文体系统中，五律代表体物的一端，齐梁格诗、排律为附属，而体物倾向比五律更强；歌行代表缘情的一端，五言古体乐府为附属，而缘情倾向比歌行更强；五绝居于二者之间，兼具宫体诗的趣味与乐府诗的语言，而更偏向于宫体诗一端，在短小的篇制内并未放弃体物的努力。五律及其附属文体以典重见长，略涉呆板，表现了诗人对“丽”的追求；歌行及其附属文体以恣肆见长，偶入险怪，释放了诗人求“奇”的一面。在整个齐梁诗风重物轻情的主题影响下，晚唐齐梁体诗人所作歌行的叙事性、缘情性有所下降，更多地流于夸耀物象，向五言宫体诗靠拢，有失歌行体本来的格调，但仍比相同诗人的五律更重缘情。五言古体拟乐府虽追求缘情，却日趋萎缩，只剩下展示古朴句法的意义。

在新文体系统中，七律兼具五律和歌行的特性，兼重体物与缘情。一方面全盘接纳了宫体五律体写物象的艺术魅力，另一方面又长于缘情，甚至比同时代的歌行做得更好，产生了经典作品。七绝继承了元和七绝体宫词对物象的热爱，但只流于物象的罗列，在体物方面有天然的缺陷；缘情和议论则是七绝的长处，晚唐七绝不乏缘情佳作，以议论见长的七绝更是晚唐的特色。

从诗人的个性来看，温庭筠重物轻情，喜好美丽物象，重视齐梁格式；李商隐长于体物及情，终以七言近体见称；曹唐专以七言近体仙道诗见长；陈陶丽中见奇，更近韩孟，长于歌行、古体；李群玉喜好古体乐府，同时又开启晚唐女色诗卑琐之端，格古而气俳；于武陵于温李之后恪守齐梁旧体，温润典丽，格卑而调古；李郢善学义山七律，得其声调而未得情韵；崔珏、秦韬玉专工七言，流于轻薄；唐彦谦兼学温李，气格谨重；韩偓体写女色，略无避忌，而兼顾缘情，展现女性生活图景，又不似温李浓艳，影响了后世的闺阁想象；吴融在文体结构、风格技巧方面与韩偓极为相似，相对更近温李；张泌真挚轻易，渐入词调；徐夤更似白体，艳丽有余而排调率意,其咏物诗大似类书,似在回应李峤;皮日休和陆龟蒙从“古”的角度改造近体诗格律,从另一个路径接近齐梁,并接受了齐梁诗风对七言近体诗的渗透,陆龟蒙比皮日休略为接近齐梁文体结构。

本书在三、四两章中,从文体、题材、作家三个维度,尽量涵盖了晚唐齐梁诗风核心作家的所有传世作品,贯穿以形式与功能、体物与缘情、古体与今体、群体与个体等各个层面的对立统一关系,力图描绘晚唐齐梁诗风的全貌,站在整体的角度阐释晚唐齐梁诗风涉及的种种文学现象。这种研究模式亦可用于唐代其他阶段,甚至其他朝代齐梁诗风的研究。

结论与展望

本书通过研究晚唐齐梁诗风，理清了晚唐齐梁诗风的边界，梳理了其中的主要诗人创作状况及其年代分期，以分体研究的方式探讨了齐梁诗风对晚唐不同诗体的影响，进而讨论了晚唐齐梁诗风在风格和创作技法方面的特点，以及晚唐齐梁诗风现象的成因。

齐梁宫体诗是近体诗的发端，晚唐则是唐诗系统发展的最后阶段，从这个角度看，晚唐出现学习齐梁的风潮，显得有些不可思议。本书通过研究分析，认为晚唐齐梁诗风的出现主要有以下几点原因：第一，齐梁诗风的影响在唐代一直存在，一直是士人学习作诗的起点，晚唐齐梁诗风直接继承了前代的诗学资源，特别是元和诗人向齐梁学习的成果；第二，晚唐与齐梁同属末世，士人有类似的心态，在审美上同样倾向于晚期风格，倾向于人工化和艳丽化，重视形象，工于体物；第三，晚唐与齐梁面临的文学阶段有相似性，都存在成熟起来的旧文体与刚刚产生的新文体重新分工的问题，艳丽化往往是这种时代的标志性现象，而体物则是成熟起来的旧文体必有的趋势和必须承担的功能；第四，晚唐齐梁诗风与同时代的其他诗歌流派有共同的发展倾向，如重体物、纤细化、追求语词力度等，晚唐齐梁诗风与晚唐姚贾体、晚唐赵许体呈现明显的相关性；第五，晚唐齐梁诗风直接脱胎于白体，与白体关系密切，直接继承了白体体写艳情的一部分题材，但同时又对整个元和诗风有反拨的意图，既否定韩孟体的枯涩、以丑为美，也否定元白体的率意、好为大言，从而形成了丽而纤的风格。齐梁诗风在盛唐和大历一度相对低落，其在元和以后，特别是晚唐的复兴现象，是在整个晚唐的诗学环境下应运而生的。

晚唐齐梁诗风的主要风格特点包括：力厚色浓，物象中心，重物轻情，温柔敦厚，重视技巧，追求雅正，装饰性强，节制情感等。通过对《才调集》等诗学典籍的爬梳，本书认定晚唐齐梁诗风代表人物包括：温庭筠、李商隐、段成式、曹唐、陈陶、李群玉、李郢、于武陵、崔珏、唐彦谦、秦韬玉、韩偓、吴融、张泌、徐夤、皮日休、陆龟蒙等，受到齐梁诗风波及而较有代表性的诗人包括：韩琮、杜牧、李远、许浑、赵嘏、刘沧、薛逢、项斯、马戴、薛能、李频、韦庄、罗隐、罗邺、郑谷、司空图、李山甫、李洞、高骈、胡曾、杜荀鹤、钱珝、崔涂、崔道融、高蟾、张乔等，另外，纪唐夫、温庭皓、温宪、韦蟾、孙棨、赵光远、翁绶、王涣、吴商浩等诗人也与晚唐齐梁诗风有不可忽视的关系。这些诗人大致可分为三期，开成、会昌诗人为前期，咸通、乾符诗人为后期，其间的过渡诗人为中期。前期诗人学习齐梁比较认真，掌握旧式文体比较全面，体物技巧较高，作品富于浪漫色彩，对李贺的创作有所借鉴；中期诗人较多使用新式文体，学习前期诗人，但对齐梁宫体诗本身无甚兴趣，笔触放荡；后期向前期回归，上层诗人较多使用旧式文体，对女性身份的看法模糊，语言流于平易，对日常生活给予了更大关注，与白体的界限不再清晰。每个时代的代表性诗人都可以大致分为上层诗人与下层诗人两类。前者以李商隐为代表，多有馆阁背景，有意识地学习齐梁，五言诗水平较高，写作严谨，在缘情方面有一定优势；下层诗人以温庭筠为代表，多沉沦下僚，并非有意识地学习齐梁，更擅长七言诗，写作相对随意放荡，以体物见长。晚唐齐梁诗风背负着沉重的文化负担，其丽而纤的风格对创作者提出了较高的要求，后期“丽”和“纤”两方面的特征都表现出难以为继的迹象，因此在唐末五代，晚唐齐梁诗风的流派个性趋于消泯。

根据与宫体诗歌题材关系的不同，受到齐梁诗风影响的晚唐诗歌共可分为八个题材。其中，女色、咏物、赋题、边塞是典型宫体题材；贵游诗借鉴了女色诗的写法，在晚唐的社会环境下大行于世；山水题材主要呈现出对齐梁山水诗的继承，并与边塞题材相关；咏史为晚唐的特色题材，在写法上借鉴了宫体诗；怀古诗介乎山水与咏史之间。随着时代的发展，晚唐齐梁体诗人越来越倾向于典型宫体题材以外的题材。

根据与齐梁诗歌体裁关系的不同,受到齐梁诗风影响的晚唐诗歌共可分为八个体裁。其中,齐梁格诗、五律、排律和歌行属于典型齐梁诗体,本身即可说明齐梁诗风的影响;古体乐府、五绝、七律、七绝属于非典型齐梁诗体,可以反映齐梁诗风的影响力。典型齐梁文体和古体乐府共同构成旧式诗体系统,自成体系,功能完备。其中,五律主要承担体物功能,古体乐府承担缘情功能,歌行介乎二者之间。唐以后产生的诗体构成新式诗体系统,亦成体系,七律兼祧五律与歌行的传统,绝句则承担缘情功能。不同时代、阶层的诗人对新老诗体系统有不同的倾向性。围绕在晚唐齐梁诗风周边,作为古老文体的赋和作为新生文体的词在功能上对诗歌系统构成潜在压力。

本书的研究以文体研究为主,具有一定探索性,重在建构晚唐齐梁诗风的文体系统,而仍然有很多空白,留待进一步的研究:

第一,晚唐诗人相对较多,本书以《才调集》《唐诗纪事》《唐才子传》为依据,主要关注以艳诗著称或关注度比较高的晚唐诗人,未能对晚唐诗人受到齐梁诗风影响的作品做全面的收罗。对于晚唐诗人零星地体现齐梁诗风的作品,只能等待后续的补充研究。

第二,本书着眼于晚唐的齐梁诗风研究,对唐代其他时期的齐梁诗风描述从略。事实上,齐梁诗风的影响贯穿唐代始终。前人对唐代其他时期的齐梁诗风虽都有研究,但毕竟未形成本书这样的分体研究体系,对唐代齐梁诗风的描述也不够全面。接下来,笔者拟运用本书建构的分体研究框架,对整个唐代的齐梁诗风演进做出研究,同时为晚唐齐梁诗风补充更完整的背景。

第三,本书对晚唐齐梁诗风的研究着眼于文本,未能深入讨论社会环境对齐梁诗风的影响。在接下来的唐代齐梁诗风研究中,笔者会着重加入相关的探讨,特别是注重家族文化对齐梁诗风的影响。

第四,本书为突出文本研究的重点,对从宋至清关于晚唐齐梁诗风的批评尽量做简略的叙述。在晚唐齐梁诗风体裁、题材、作者基本厘清的基础上,笔者将展开对晚唐齐梁诗风接受史的梳理。

第五，本书主要在诗这一文体范围内讨论不同诗歌体裁类型的功能，虽注意到齐梁诗风与赋、曲子词等其他文体创作之间的关系，但并未展开论述。笔者今后还会对晚唐齐梁体主要诗人非诗歌体裁的创作展开讨论。

第六，晚唐后期的皮日休、陆龟蒙亦有拟齐梁体的作品，但他们的拟作往往自我作古，个性突出，与齐梁诗风有较大差距，限于全书体例，姑且不做讨论。

除此以外，本书建立的研究方法可以移植于其他时代齐梁诗风的研究，为展开宋以后齐梁诗风的研究，以及文本方面的齐梁诗风影响研究提供了可能。

主要参考书目及征引文献

一、古籍类

(一)基本典籍类

1.《全唐诗》(增订本)。北京:中华书局,1999年版。

2.《全唐诗补编》,陈尚君辑校。北京:中华书局,1992年版。

3.《全唐文》,[清]董诰等编。北京:中华书局,1983年版。

4.《全唐文补编》,陈尚君辑校。北京:中华书局,2005年版。

5.《先秦汉魏晋南北朝诗》,逯钦立辑校。北京:中华书局,1983年版。

6.《全上古三代秦汉三国六朝文》,[清]严可均辑校。北京:中华书局,1958年版。

7.《艺文类聚》,[唐]欧阳询撰,王绍楹校。北京:中华书局,1965年版。

8.《汉魏六朝百三家集》,[明]张溥辑。上海:上海古籍出版社,1994年版。

9.《全宋词》,唐圭璋编纂,王仲闻参订,孔凡礼补辑。北京:中华书局,1999年版。

10.《乐府诗集》,[宋]郭茂倩编。北京:中华书局,1979年版。

11.《唐人选唐诗新编》(增订本),傅璇琮、陈尚君、徐俊编。北京:中华书局,2014年版。

12.《花间集》,[唐]赵崇祚辑,萧继宗评点校注。台北:台湾学生书局,1996年版。

13.《古小说钩沉》,鲁迅校录。济南:齐鲁书社,1997年版。

14.《全唐五代小说》,李时人编校,何满子审定。西安:陕西人民出版社,1998 年版。

15.《唐诗纪事》,[宋]计有功辑撰。上海:上海古籍出版社,2008 年版。

16.《唐才子传笺证》,[元]辛文房撰,周绍良笺证。北京:中华书局,2010 年版。

17.《四库全书总目提要》,[清]纪昀总纂。石家庄:河北人民出版社,2000 年版。

18.《唐诗品汇》,[明]高棅编纂,汪宗尼校订,葛景春、胡永杰点校。北京:中华书局,2015 年版。

(二)诗话及经史子书类

1.《新唐书》,[宋]欧阳修、宋祁撰。北京:中华书局,2000 年版。

2.《旧唐书》,[后晋]刘昫等撰。北京:中华书局,1975 年版。

3.《南史》,[唐]李延寿撰。北京:中华书局,2000 年版。

4.《资治通鉴》,[宋]司马光编著。北京:中华书局,1997 年版。

5.《唐语林》,[宋]王谠撰。上海:古典文学出版社,1957 年版。

6.《事实类苑》,[宋]江少虞撰。上海:上海古籍出版社,1993 年影印本。

7.《文赋集释》,[西晋]陆机撰,张少康集释。北京:人民文学出版社,2002 年版。

8.《诗品集注》,[南朝梁]钟嵘著,曹旭集注。上海:上海古籍出版社,1994 年版。

9.《文心雕龙注》,[南朝梁]刘勰著,范文澜注。北京:人民文学出版社,1958 年版。

10.《宋诗话全编》,吴文治主编。南京:江苏古籍出版社,1998 年版。

11.《宋诗话辑佚》,郭绍虞辑。北京:中华书局,1980 年版。

12.《沧浪诗话校释》,[宋]严羽著。北京:人民文学出版社,1983 年版。

13.《岁寒堂诗话》,[宋]张戒著。北京:中华书局,1985 年版。

14.《历代诗话》,[清]何文焕辑。北京:中华书局,2004 年版。

15.《历代诗话续编》,丁福保辑。北京:中华书局,1983年版。

16.《清诗话》,丁福保辑。上海:上海古籍出版社,1978年版。

17.《清诗话续编》,郭绍虞编选,富寿荪校点,上海:上海古籍出版社,1983年版。

18.《容斋随笔》,[宋]洪迈撰,孔凡礼点校。北京:中华书局,2005年版。

19.《升庵诗话笺证》,[明]杨慎撰,王仲镛笺证。上海:上海古籍出版社,1987年版。

20.《四友斋丛说》,[明]何良俊撰,李剑雄校点。上海:上海古籍出版社,2012年版。

21.《弇州四部稿》,[明]王世贞著。《文渊阁四库全书》本。

22.《艺苑卮言》,[明]王世贞著,陆洁栋、周明初批注。南京:凤凰出版社,2009年版。

23.《诗源辩体》,[明]许学夷著,杜维沫校点。北京:人民文学出版社,1987年版。

24.《诗薮》,[明]胡应麟著。上海:上海古籍出版社,1979年版。

25.《唐音癸签》,[明]胡震亨著。上海:上海古籍出版社,1981年版。

26.《诗镜》,[明]陆时雍著。保定:河北大学出版社,2010年版。

27.《清代诗文集汇编》,上海:上海古籍出版社,2010年版。

28.《四溟诗话 姜斋诗话》,[明]谢榛、[清]王夫之著,宛平、舒芜校点。北京:人民文学出版社,1961年版。

29.《古诗评选》,[清]王夫之评选,张国星点校。保定:河北大学出版社,2008年版。

30.《唐诗评选》,[清]王夫之评选,任慧点校。保定:河北大学出版社,2008年版。

31.《静志居诗话》,[清]朱彝尊著,姚祖恩编,黄君坦点校。北京:人民文学出版社,1990年版。

32.《唐音审体》,[清]钱良择著。上海:上海医学书局,1927年版。

33.《义门读书记》,[清]何焯著。上海:上海古籍出版社,1992年影印本。

34.《瀛奎律髓汇评》,[元]方回评选,李庆甲集评校点。上海:上海古籍出版社,2005年版。

35.《删正二冯评阅〈才调集〉》,[清]纪昀著。镜烟堂版。

36.《昭昧詹言》,[清]方东树著,汪绍楹点校。北京:人民文学出版社,1961年版。

37.《石遗室诗话》,陈衍著。沈阳:辽宁教育出版社,1998年版。

38.《中国历代文论选》,郭绍虞主编。上海:上海古籍出版社,1979年版。

39.《文史通义校注》,章学诚著,叶瑛校注。北京:中华书局,1985年版。

40.《毛诗正义》(《十三经注疏》本),[汉]毛亨传,[汉]郑玄笺,[唐]孔颖达疏。北京:北京大学出版社,1999年版。

41.《楚辞补注》,[宋]洪兴祖注,白化文、许德楠、李如鸾、方进点校。北京:中华书局,1983年版。

42.《周易正义》(《十三经注疏》本),[魏]王弼注,[唐]孔颖达疏。北京:北京大学出版社,1999年版。

43.《周易集解》,[唐]李鼎祚著,陈德述整理。成都:巴蜀书社,1991年版。

44.《周易口诀义》,[唐]史徵撰。北京:中华书局,1985年版。

45.《庄子集释》,[清]郭庆藩辑,王孝鱼整理。北京:中华书局,1961年版。

46.《荀子》,[唐]杨倞注。《四部丛刊》本。

47.《淮南子校释》,张双棣校释。北京:北京大学出版社,1997年版。

48.《论衡校笺》,[汉]王充著,杨宝忠校笺。石家庄:河北教育出版社,1999年版。

49.《大般涅槃经》,[北凉]昙无谶译。上海:上海古籍出版社,1991年版。

50.《维摩诘所说经》,[后秦]鸠摩罗什译,[后秦]僧肇注,常净校点。哈尔滨:黑龙江人民出版社,1994年版。

51.《诗人玉屑》,[宋]魏庆之著,王仲荦点校。北京:中华书局,2007年版。

52.《历代诗话统编》,[清]何文焕、丁福保编。北京:北京图书馆出版社,2003年版。

53.《词林纪事》,[清]陆以谦著,张思岩辑。上海:古典文学出版社,1957年版。

(三)别集评校类

1.《温庭筠全集校注》,[唐]温庭筠著,刘学锴校注。北京:中华书局,2007年版。

2.《李商隐全集》,[唐]李商隐著,[清]冯浩注,王步高、刘林辑校汇评。珠海:珠海出版社,2002年版。

3.《李义山诗集辑评》,[清]朱鹤龄著。清刻本。

4.《汇评本李商隐诗》,[唐]李商隐著,刘学锴编著。上海:上海社会科学院出版社,2002年版。

5.《李商隐诗歌集解》(增订重排本),[唐]李商隐著,刘学锴、余恕诚集解。北京:中华书局,2004年版。

6.《李商隐文编年校注》,[唐]李商隐著,刘学锴、余恕诚校注。北京:中华书局,2002年版。

7.《杜牧集系年校注》,[唐]杜牧著,吴在庆校注。北京:中华书局,2008年版。

8.《樊川文集》,[唐]杜牧著,陈允吉校点。上海:上海古籍出版社,2009年版。

9.《韩偓诗注》,[唐]韩偓著,陈继龙注。上海:学林出版社,2001年版。

10.《白氏长庆集》,[唐]白居易著。上海:上海古籍出版社,1994年影印本。

11.《黄庭坚全集》,[宋]黄庭坚著,刘琳、李勇先、王蓉贵校点。成都:四川大学出版社,2011年版。

12.《李群玉诗集》,[唐]李群玉著,羊春秋辑注。长沙:岳麓书社,1987年版。

13.《韩偓诗集笺注》,[唐]韩偓著,齐涛笺注。济南:山东教育出版社,2000年版。

14.《韩偓诗注》,[唐]韩偓著,陈继龙注。上海:学林出版社,2001年版。

15.《韦庄集笺注》,[五代]韦庄著,聂安福笺注。上海:上海古籍出版社,2002年版。

16.《郑谷诗集笺注》,[唐]郑谷著,严寿澂、黄明、赵昌平笺注。上海:上海古籍出版社,2009年版。

17.《皮子文薮》,[唐]皮日休著,萧涤非、郑庆笃整理。上海:上海古籍出版社,1981年版。

18.《玉溪生诗集笺注》,[唐]李商隐著,[清]冯浩笺注。上海:上海古籍出版社,1979年版。

19.《滹南遗老集》,[金]王若虚著。《四部丛刊初编》本。

二、今人专著类

(一)资料汇编与传记类

1.《全唐诗流派品汇》,孙映逵主编。太原:北岳文艺出版社,1998年版。

2.《全唐诗人名汇考》,陶敏著。沈阳:辽海出版社,2006年版。

3.《全唐诗重出误收考》,佟培基编撰。西安:陕西人民教育出版社,1996年版。

4.《温庭筠传论》,刘学锴著。合肥:安徽大学出版社,2008年版。

5.《李商隐传论》,刘学锴著。合肥:安徽大学出版社,2002年版。

6.《李商隐资料汇编》,刘学锴、余恕诚、黄世中编。北京:中华书局,2001年版。

7.《魏晋南北朝文学批评史》,王运熙、杨明编著。上海:上海古籍出版社,1996年版。

8.《魏晋南北朝文论选》,郁沅、张明高编选。北京:人民文学出版社,1996年版。

9.《隋唐五代文学批评史》,王运熙、杨明著。上海:上海古籍出版社,1989年版。

10.《隋唐五代文论选》,周祖譔编选。北京:人民文学出版社,1999年版。

11.《20世纪中国文学研究·隋唐五代文学研究》,杜晓勤撰著。北京:北京出版社,2001年版。

12.《中国古代文学通论·隋唐五代卷》,蒋寅主编。沈阳:辽宁人民出版社,2005年版。

13.《韩偓事迹考略》,陈继龙著。上海:上海古籍出版社,2004年版。

14.《中国文学批评通史·隋唐五代卷》,王运熙、杨明著。上海:上海古籍出版社,1996年版。

(二)齐梁诗风及文体学研究

1.《王运熙文集》,王运熙著。上海:上海古籍出版社,2012年版。

2.《中古文学史论集》,王瑶著。上海:古典文学出版社,1956年版。

3.《八代诗史》,葛晓音著。西安:陕西人民出版社,1989年版。

4.《汉唐文学的嬗变》,葛晓音著。北京:北京大学出版社,1990年版。

5.《魏晋南北朝诗歌史论》,傅刚著。长春:吉林教育出版社,1995年版。

6.《魏晋南北朝诗歌史述》,钱志熙著。北京:北京大学出版社,2005年版。

7.《元嘉体诗学研究》,蔡彦峰著。北京:中国社会科学出版社,2007

年版。

8.《宫体诗研究》,胡大雷著。北京:商务印书馆,2004 年版。

9.《南朝宫体诗研究》,归青著。上海:上海古籍出版社,2006 年版。

10.《兰陵萧氏与南朝文学》,曹道衡著。北京:中华书局,2004 年版。

11.《四萧研究——以文学为中心》,林大志著。北京:中华书局,2007 年版。

12.《南朝咏物诗研究》,赵红菊著。上海:上海古籍出版社,2009 年版。

13.《齐梁诗歌向盛唐诗歌的嬗变》,杜晓勤著。北京:北京大学出版社,2009 年版。

14.《八世纪诗风——探索唐诗史上“沈宋的世纪”(705—805)》,吴光兴著。北京:社会科学文献出版社,2013 年版。

15.《大历诗风》,蒋寅著。上海:上海古籍出版社,1992 年版。

16.《中唐诗歌之开拓与新变》,孟二冬著。北京:北京大学出版社,2006 年版。

17.《审美的游离——论唐代怪奇诗派》,姜剑云著。北京:东方出版社,2002 年版。

18.《中唐诗文新变》,吴相洲著。北京:学苑出版社,2007 年版。

19.《中晚唐艳体诗歌研究》,刘艳萍著。郑州:河南大学出版社,2011 年版。

20.《唐宋之际诗歌演变研究——以元白之元和体的创作影响为中心》,刘宁著。北京:北京师范大学出版社,2002 年版。

21.《〈才调集〉研究》,刘浏著。北京:对外经济贸易大学出版社,2008 年版。

22.《晚唐士风与诗风》,赵荣蔚著。上海:上海古籍出版社,2004 年版。

23.《西昆体与宋型诗建构》,傅蓉蓉著。上海:文汇出版社,2004 年版。

24.《黄庭坚诗学体系研究》,钱志熙著。北京:北京大学出版社,2003 年版。

25.《唐诗近体源流》,钱志熙著。北京:北京大学出版社,2015 年版。

26.《词曲概论》,龙榆生著。北京:北京出版社,2004 年版。

27.《李群玉诗歌探微》,毛丽珠著。台北:秀威资讯科技股份有限公司,2007 年版。

28.《韦庄诗研究》,张美丽著。北京:中国社会科学出版社,2010 年版。

29.《元白诗派研究》,陈才智著。北京:社会科学文献出版社,2007 年版。

30.《宋词体演变史》,木斋著。北京:中华书局,2008 年版。

(三)其他专著类

1.《中国文学论集》,徐复观著。香港:民主评论社,1966 年版。

2.《唐诗论丛》,陈贻焮著。长沙:湖南人民出版社,1980 年版。

3.《魏晋南北朝文学史》,胡国瑞著。上海:上海文艺出版社,1980 年版。

4.《天风阁学词日记》,夏承焘著。杭州:浙江古籍出版社,1984 年版。

5.《谈艺录》(补订本),钱锺书著。北京:中华书局,1984 年版。

6.《罗宗强古代文学思想论集》,罗宗强著,张毅编。汕头:汕头大学出版社,1999 年版。

7.《汉魏六朝文学考论》,许云和著。上海:上海古籍出版社,2006 年版。

8.《中国中古诗歌史——四百年民族心灵的展示》,王锺陵著。北京:人民出版社,2005 年版。

9.《魏晋诗歌艺术原论》,钱志熙著。北京:北京大学出版社,2005 年版。

10.《唐前生命观和文学生命主题》,钱志熙著。北京:东方出版社,

1997 年版。

11.《想象力的世界——道教与唐代文学》,葛兆光著。北京:现代出版社,1990 年版。

12.《道教与唐代文学》,孙昌武著。北京:人民文学出版社,2001 年版。

13.《诗歌意象论——微观诗史初探》,陈植锷著。北京:中国社会科学出版社,1990 年版。

14.《中国佛教史》,黄忏华著。北京:东方出版社,2008 年版。

15.《佛学概论》,姚卫群著。北京:宗教文化出版社,2002 年版。

16.《唐诗分类研究》,张浩逊著。南京:江苏教育出版社,1999 年版。

17.《唐诗的美学阐释》,李浩著。合肥:安徽大学出版社,2000 年版。

18.《唐诗十三论》,吴相洲著。北京:学苑出版社,2002 年版。

19.《隋唐制度渊源略论稿·唐代政治史述论稿》,陈寅恪著。北京:生活·读书·新知三联书店,2011 年版。

20.《唐代科举与文学》,傅璇琮著。西安:陕西人民出版社,2007 年版。

21.《唐代文士的生活心态与文学》,吴在庆著。合肥:黄山书社,2006 年版。

22.《孟二冬文存》,孟二冬著。北京:高等教育出版社,2007 年版。

23.《先秦汉魏晋妇女观与文学中的女性》,刘淑丽著。北京:学苑出版社,2008 年版。

24.《男子作闺音——中国古典文学中的男扮女装现象研究》,张晓梅著。北京:人民出版社,2008 年版。

25.《忧与游——六朝隋唐仙道文学》,李丰楙著。北京:中华书局,2010 年版。

26.《李贺诗歌渊源及影响研究》,李德辉著。南京:凤凰出版社,2010 年版。

27.《唐前志怪小说史》,李剑国著。天津:南开大学出版社,1984

年版。

28.《唐诗语言研究》,蒋绍愚著。郑州:中州古籍出版社,1990 年版。

29.《汉语诗律学》,王力著。上海:上海教育出版社,2005 年第 2 版。

30.《数理统计》(第 2 版),赵选民等编著。北京:科学出版社,2002 年版。

31.《魏晋南北朝文学思想史》,罗宗强著。北京:中华书局,1996 年版。

32.《唐末五代乱世文学研究》,李定广著。北京:中国社会科学出版社,2006 年版。

33.《唐五代文学编年史 · 晚唐卷》,吴在庆、傅璇琮著。沈阳:辽海出版社,1998 年版。

34.《宋代诗学中的晚唐观》,黄奕珍著。北京:文津出版社,1998 年版。

35.《中国文学简史》,林庚著。北京:北京大学出版社,2007 年版。

36.《浦江清文录》,浦江清著。北京:人民文学出版社,1958 年版。

(四)海外汉学类

1.《中国诗歌原理》,〔日〕松浦友久著,孙昌武、郑天刚译。沈阳:辽宁教育出版社,1990 年版。

2.《六朝文学论稿》,〔日〕兴膳宏著,彭恩华译。长沙:岳麓书社,1986 年版。

3.《节奏的美学——日中诗歌论》,〔日〕松浦友久著,石观海、赵德玉、赖幸译。沈阳:辽宁大学出版社,1995 年版。

4.《中国诗史》,〔日〕吉川幸次郎著,章培恒等译。上海:复旦大学出版社,2001 年版。

5.《距离与想象——中国诗学的唐宋转型》,〔日〕浅见洋二著,金程宇、〔日〕冈田千穗译。上海:上海古籍出版社,2005 年版。

6.《终南山的变容——中唐文学论集》,〔日〕川合康三著,刘维治、张剑、蒋寅译。上海:上海古籍出版社,2007 年版。

7.《晚唐——九世纪中叶的中国诗歌(827—860)》,〔美〕宇文所安著,贾晋华、钱彦译。北京:生活·读书·新知三联书店,2011 年版。

8.《日本的诗歌——其骨骼和肌肤》,〔日〕大冈信著,尤海燕译。合肥:安徽大学出版社,2010 年版。

(五)西方文论类

1.《“新批评”文集》,赵毅衡编选。天津:百花文艺出版社,2001 年版。

2.《给一个青年诗人的十封信》,〔奥〕里尔克著,冯至译。北京:生活·读书·新知三联书店,1994 年版。

3.《论晚期风格——反本质的音乐与文学》,〔美〕萨义德著,阎嘉译。北京:生活·读书·新知三联书店,2009 年版。

4.《人类的破坏性剖析》,〔德〕E·弗洛姆著,孟禅森译。北京:中央民族大学出版社,2000 年版。

5.《反对阐释》,〔美〕苏珊·桑塔格著,程巍译。上海:上海译文出版社,2011 年版。

三、论文类(以发表时间为序)

1.《香奁集跟韩偓》,阎简弼著。《燕京学报》第 38 期,1950 年 6 月。

2.《谈李商隐的咏史诗和咏物诗》,陈贻焮著。《文学评论》,1962 年第 6 期。

3.《陆机〈文赋〉“缘情绮靡”说的意义》,周汝昌著。《文史哲》,1963 年第 2 期。

4.《谈咏物诗的描绘和寄托》,周振甫著。《北方论丛》,1979 年第 2 期。

5.《李商隐恋爱事迹考辨》,陈贻焮著。《文史》第六辑,北京:中华书局,1979 年版。

6.《论温庭筠和他的诗》,林邦钧著。《文学遗产》,1981 年第 4 期。

7.《论韩偓及其“香奁诗”》,黄世中著。《温州师专学报》,1984 年第 2 期。

8.《李商隐诗风格分期论纲》,董乃斌著。《西北大学学报》,1982 年第3期。

9.《论五言八句式诗的形成》,吴小平著。《文学遗产》,1985年第2期。

10.《论齐梁文人革新晋宋诗风的功绩》,葛晓音著。《北京大学学报》,1985年第3期。

11.《温庭筠乐府诗中的女性形象》,张晶著。《辽宁师范大学学报》,1985年第4期。

12.《论"齐梁体"及其与五言声律形式的关系》,吴小平著。《辽宁大学学报》,1987年第2期。

13.《论五言律诗的形成》,吴小平著。《文学遗产》,1987年第6期。

14.《梁陈边塞乐府论》,阎采平著。《文学遗产》,1988年第6期。

15.《论宫体诗的审美意识新变》,曹旭著。《文学遗产》,1988年第6期。

16.《韩偓年谱》(上、中、下),霍松林、邓小军著。《陕西师范大学学报》,1988年第3、4期,1989年第1期。

17.《论谢朓诗》,王锺陵著。《四川大学学报》,1989年第3期。

18.《温庭筠笔下的女性形象及其审美意义》,刘尊明著。《湖北大学学报》,1989年第5期。

19.《初唐四杰与齐梁文风》,葛晓音著。《求索》,1990年第3期。

20.《梁代宫体诗新论》,吴云、董志广著。《文学遗产》,1990年第4期。

21.《"西昆体"平议》,吴小如著。《文学评论》,1990年第5期。

22.《温庭筠文学一侧面——时间流逝中的不稳定的存在》(上、下),〔日〕山本敏雄著,许总译。《古典文学知识》,1996年第2、3期。

23.《李商隐的托物寓怀诗及其对古代咏物诗的发展》,刘学锴著。《安徽师大学报》,1991年第1期。

24.《论佛教与梁代宫体诗的产生》,汪春泓著。《文学评论》,1991年第5期。

25.《晚唐五代诗词中的风景与绘画》,〔日〕浅见洋二著。《唐代文学研究》第三辑，桂林：广西师范大学出版社，1992 年。

26.《李商隐的托物寓怀诗及其对古代咏物诗的发展》，刘学锴著。《唐代文学研究》第三辑，桂林：广西师范大学出版社，1992 年。

27.《曹唐大游仙诗与道教传说》，李丰楙著。《唐代文学研究》第三辑，桂林：广西师范大学出版社，1992 年。

28.《李商隐咏史诗的主要特征及其对古代咏史诗的发展》，刘学锴著。《文学遗产》，1993 年第 1 期。

29.《衰绝晚唐——飞卿：温庭筠诗歌简论》，黄崑著。《江苏教育学院学报》，1993 年第 4 期。

30.《吴体与齐梁体》，邝健行著。《唐代文学研究》第五辑，桂林：广西师范大学出版社，1994 年版。

31.《简论唐代咏物诗发展轨迹》，兰甲云著。《中国文学研究》，1995 年第 2 期。

32.《齐梁拟乐府诗赋题法初探——兼论乐府诗写作方法之流变》，钱志熙著。《北京大学学报》，1995 年第 4 期。

33.《创作范式的提倡和初盛唐诗的普及——从〈李峤百咏〉谈起》，葛晓音著。《文学遗产》，1995 年第 6 期。

34.《略论李商隐的仙道观》，李乃龙著。《江汉论坛》，1995 年第 9 期。

35.《韩偓年谱补正》，周祖譔、叶之桦著。《唐代文学研究》第六辑，桂林：广西师范大学出版社，1996 年版。

36.《表现与再现的消长互补：中国诗歌发展史上的一种规律》，钱志熙著。《文学遗产》，1996 年第 1 期。

37.《五代十国的温李、贾姚诗风》，贺中复著。《阴山学刊》，1996 年第 1 期。

38.《晚唐两大诗人群落及其风貌特征》，余恕诚著。《安徽师大学报》，1996 年第 2 期。

39.《韦庄诗系年》，齐涛著。《山东大学学报》，1996 年第 2 期。

40.《白居易与李商隐》，谢思炜著。《文学遗产》，1996 年第 3 期。

41.《欲色异相与梁代宫体诗》,许云和著。《文学评论》,1996年第5期。

42.《永明文学至宫体文学的嬗变与梁代前期文学状态》,傅刚著。《社会科学战线》,1997年第3期。

43.《初盛唐七言歌行的发展——兼论歌行的形成及其与七古的分野》,葛晓音著。《文学遗产》,1997年第5期。

44.《吴融年谱》,柏俊才著。《文献》,1998年第4期。

45.《试论南朝宫体诗的历程》,胡大雷著。《文学评论》,1998年第4期。

46.《李商隐及晚唐缘情诗派》,蒋长栋著。《阴山学刊》,1999年第1期。

47.《诗歌:从韩愈到李商隐——兼谈文学演进中的穿透与移位现象》,余恕诚著。《文学遗产》,1999年第4期。

48.《宫体界说辨——兼论宫体诗的类型》,归青著。《华东师范大学学报》,2000年第6期。

49.《论晚唐诗歌唯美倾向的心理内涵与文化渊源——以许、杜、李、温四家诗为中心》,许总著。《东南大学学报》,2001年第3期。

50.《唐代怪奇诗派之衰变探微》,姜剑云著。《河北大学学报》,2001年第3期。

51.《咸、乾士风与艳情诗风》,尹楚彬著。《文学遗产》,2002年第6期。

52.《咸乾士风及其才调歌诗》,罗时进著。《文学评论》,2003年第2期。

53.《谈谈宫体诗》,钱志熙著。《文史知识》,2003年第3期。

54.《论唐末的香艳诗人》,刘宁著。《唐代文学研究》第九辑,桂林:广西师范大学出版社,2002年版。

55.《宫体诗论》,傅刚著。《中国典籍与文化》,2004年第1期。

56.《论体物潮流对宫体诗成形的影响——宫体诗渊源论之一》,归青著。《上海大学学报》,2004年第4期。

57.《中晚唐诗风与温庭筠词的内在特质》,成松柳著。《中国韵文学刊》,2004 年第 4 期。

58.《“晚唐体”详辨》,李定广著。《古代文学理论研究》第二十三辑,上海:华东师范大学出版社,2005 年版。

59.《李商隐与杜牧之比较——从李商隐赠杜牧的两首诗说起》,董乃斌著。《上海大学学报》,2005 年第 1 期。

60.《论齐梁诗风在中唐时期的复兴》,孟二冬著。《文学遗产》,1995 年第 2 期。

61.《从群体诗学到个体诗学》,钱志熙著。《文学遗产》,2005 年第 2 期。

62.《论温庭筠的新乐府》,张煜著。《乐府学》第一辑,北京:学苑出版社,2006 年版。

63.《“温李”齐名与唐末诗歌的演变趋向》,李定广著。《中南民族大学学报》,2006 年第 2 期。

64.《论早期五言体的生成途径及其对汉诗艺术的影响》,葛晓音著。《文学遗产》,2006 年第 6 期。

65.《论初唐诗歌沿袭齐梁陈隋诗风及其具体表现》,钱志熙著。《唐代文学研究》第十一辑,桂林:广西师范大学出版社,2006 年版。

66.《论浮靡诗风与近体声律的关系》,吴相洲著。《唐代文学研究》第十一辑,桂林:广西师范大学出版社,2006 年版。

67.《论温庭筠乐府诗的娱乐性——以其取材历史的乐府诗为例》,汪艳菊著。《广西师范学院学报》,2007 年第 3 期。

68.《论晚唐的虚化咏物诗——从李商隐〈泪〉谈起》,谢琰著。《励耘学刊(文学卷)》,2008 年第 2 期。

69.《论南朝咏物诗对唐代咏物诗的影响》,赵红菊著。《内蒙古大学学报》,2008 年第 2 期。

70.《李白〈清平调词〉新解——从“叶想衣裳花想容”说起》,钱志熙著。《中国典籍与文化》,2008 年第 4 期。

71.《贾岛与中晚唐诗歌的意象化进程》,蒋寅著。《文学遗产》,2008 年第 5 期。

72.《〈周易口诀义〉引书考》,张一南著。《北京大学中国古文献研究中心集刊》第八辑,北京:北京大学出版社,2009 年版。

73.《晚唐乐府诗人述论》,刘亮著。《海南大学学报》,2009 年第 2 期。

74.《中晚唐诗歌流派与晚唐五代词风》,余恕诚著。《文学评论》,2009 年第 4 期。

75.《文人文学的发生与早期文人群体的阶层特征》,钱志熙著。《北京大学学报》,2009 年第 5 期。

76.《杜牧艳诗的雅化色彩及其与元白艳诗之异同——从杜牧对元稹、白居易艳诗的批评说起》,刘艳萍著。《长春大学学报》,2009 年第 9 期。

77.《“名词语”句法的形成及其诗学意义》,李鹏飞著。《云南大学学报》,2010 年第 1 期。

78.《南朝咏物诗对促进五言诗律化的意义》,赵红菊著。《内蒙古大学学报》,2010 年第 2 期。

79.《温李诗与齐梁诗》,张巍著。《聊城大学学报》,2010 年第 3 期。

80.《杨氏家族与中晚唐文学生态》,胡可先著。《北京大学学报》,2010 年第 5 期。

81.《中唐三韵诗结构研究》,张一南著。《北京大学中国古文献研究中心集刊》第九辑,北京:北京大学出版社,2011 年版。

82.《唐诗的最后一次新变——论唐末近体诗的艺术开拓》,李定广著。《上海师范大学学报》,2011 年第 1 期。

83.《盛唐“齐梁体”诗及相关问题考论》,杜晓勤著。《北京大学学报》,2011 年第 2 期。

84.《词乃乐府的“格”、“律”化——词体生成问题新论》,曹辛华著。《江海学刊》,2011 年第 4 期。

85.《“体物”诗学观与南朝咏物诗的兴盛》,赵红菊著。《内蒙古大学学报》,2011 年第 4 期。

86.《唐宋之际清丽诗风的传承与递变》,王小兰著。《杭州师范大学学报》,2011 年第 6 期。

87.《汉唐诗歌中两种比喻模式的交替演进》,张一南著。《文学遗产》,2012 年第 1 期。

88.《温庭筠词与齐梁诗》,张巍著。《聊城大学学报》,2012 年第 5 期。

89.《论晚唐五代诗客曲子词的演变历程——以皇甫松、和凝、韩偓、孙光宪为中心》,木斋、孙艳红著。《社会科学战线》,2012 年第 7 期。

90.《晚唐的近体拟乐府》,张一南著。《文史知识》,2012 年第 12 期。

91.《郑谷承袭温李绮艳诗风论》,崔霞著。《前沿》,2012 年第 20 期。

92.《唐开成试诗变体与文宗朝党争之关系》,杜晓勤著。《文学遗产》,2013 年第 1 期。

93.《韩偓生平诗文系年简谱》(上、下),吴在庆著。《广东技术师范学院学报》,2013 年第 1、2 期。

94.《刘长卿七律的诗史定位及其诗学依据》,葛晓音著。《中山大学学报》,2013 年第 1 期。

95.《论艳诗在中晚唐的发展新变》,熊啸著。《河南师范大学学报》,2013 年第 4 期。

96.《李商隐在桂林的五律创作》,张一南著。《文史知识》,2013 年第 9 期。

97.《"温李新声"与词体艺术之先导——唐诗意象艺术转型之另面观》,陈伯海著。《江海学刊》,2014 年第 1 期。

98.《我见犹怜——唐代女诗人的齐梁体创作》,张一南著。《文史知识》,2014 年第 3 期。

99.《论隋唐之际诗学中雅正与浮艳的对立——兼论两种体制和创作观念的各自流变》,钱志熙著。《复旦学报》,2014 年第 6 期。

100.《论唐诗中南朝主题的演变》,刘青海著。《陕西师范大学学报》,2015 年第 1 期。

101.《中晚唐七律向齐梁宫体诗的功能扩张》,张一南著。《云南大学学报》,2015 年第 4 期。